TERRENCE KEELEY

SUSTAINABLE – NACHHALTIG INVESTIEREN

TERRENCE KEELEY

SUSTAINABLE – NACHHALTIG INVESTIEREN

Erfolg an der Börse und
ein gutes Gewissen – so gehts!

Börsenbuchverlag

Die Originalausgabe erschien unter dem Titel
Sustainable: Moving Beyond ESG to Impact Investing / Terrence Keeley
ISBN 978-0-231-20680-8

Übersetzung: Börsenmedien AG
Gestaltung Cover: Johanna Wack
Coverbild: iStock
Gestaltung und Satz: Sabrina Slopek
Vorlektorat: Egbert Neumüller
Lektorat: Elena Koslow
Korrektorat: Rotkel e. K.
Druck: GGP Media GmbH, Pößneck

ISBN 978-3-86470-938-8

Bibliografische Information der Deutschen Nationalbibliothek:
Die Deutsche Nationalbibliothek verzeichnet diese Publikation in der Deutschen Nationalbibliografie; detaillierte bibliografische Daten sind im Internet über <http://dnb.d-nb.de> abrufbar.

BÖRSEN MEDIEN
AKTIENGESELLSCHAFT

Postfach 1449 • 95305 Kulmbach
Tel: +49 9221 9051-0 • Fax: +49 9221 9051-4444
E-Mail: buecher@boersenmedien.de
www.boersenbuchverlag.de
www.facebook.com/plassenbuchverlage
www.instagram.com/plassen_buchverlage

Für Saskia, die alles möglich gemacht hat ...
und für Julian und Calum,
die allem einen Sinn gegeben haben.

INHALT

TEIL 2 DIE GEFAHREN ...

TEIL 3 LÖSUNGEN

VORWORT

Ich begann meine berufliche Laufbahn auf dem Hypothekenmarkt in den 1970er-Jahren, als dieser sich gerade zu entwickeln begann. In jenen frühen Tagen, als Hypothekendarlehen zum ersten Mal in Form von Anleihen verbrieft wurden, gab es viele Fragen – von Anlegern darüber, wie man effektiv in den Markt investieren konnte, von politischen Entscheidungsträgern über das Potenzial, die Wohneigentumsbildung zu fördern, und von anderen darüber, ob die Verbriefung von Hypotheken überhaupt eine gute Idee sei.

Der Markt für hypothekarisch gesicherte Wertpapiere hat seither große Höhen und Tiefen erlebt. Heute übersteigt der Markt jedoch fast zehn Billionen Dollar und spielt bei angemessenen Zeichnungsstandards eine wichtige Rolle bei der Erzielung attraktiver Renditen für Investoren, während er gleichzeitig für Millionen von Amerikanern den Erwerb von Wohneigentum erschwinglicher macht. In mehr als vier Jahrzehnten hat der Markt für hypothekarisch gesicherte Wertpapiere amerikanischen Hauskäufern über eine Billion Dollar erspart, indem er dazu beigetragen hat, die Zinssätze für ihre Hypotheken zu senken.

Nachdem ich das Wachstum und die Entwicklung des Hypothekenmarkts in seinen Anfängen beobachtet habe, sehe ich einige Parallelen zum heutigen Markt für nachhaltige Investitionen. Die Berücksichtigung dieser Parallelen könnte helfen, Exzesse zu vermeiden, wie wir sie in der Subprime-Krise 2008 erlebt haben. Nachhaltiges Investieren war in den letzten Jahren eines der am schnellsten wachsenden Segmente der Vermögensverwaltungsbranche, und es ist nach wie vor eines der häufigsten Themen, zu denen wir bei BlackRock von vielen unserer Kunden befragt werden.

Unsere Aufgabe bei BlackRock ist es, unseren Kunden (die die eigentlichen Eigentümer der von uns verwalteten Vermögenswerte sind) eine Reihe von Möglichkeiten zu bieten, aus denen sie wählen können, um ihre individuellen finanziellen Ziele zu erreichen. Einige entscheiden sich für nachhaltige Anlagemöglichkeiten, andere nicht. Die Entscheidung liegt bei ihnen. In den letzten Jahren hat die Zahl der Kunden, die Nachhaltigkeit in ihre Portfolios integrieren wollen, weiter zugenommen, gleichzeitig aber auch die der Kritiker nachhaltiger Anlagen. Das hat eine lebhafte Debatte ausgelöst. Eine Debatte, die ich begrüße. Ich war schon immer der Meinung, dass große und wichtige Fragen am besten durch eine offene und umfassende Debatte geklärt werden können – durch das Hinterfragen konventioneller Ideen und das Finden neuer Lösungen. Nur so können wir die Ergebnisse für unsere Kunden kontinuierlich verbessern. In der Debatte über nachhaltiges Investieren ist es auch wichtig, dass wir Anlagethesen nicht mit sozialen oder ökologischen Zielen verwechseln.

Mit „Sustainable“ hat der ehemalige BlackRock-Manager Terry Keeley einen ehrgeizigen Versuch unternommen, die heutige Debatte über nachhaltige Investitionen voranzutreiben. Keeley verfügt über jahrelange Erfahrung in der Zusammenarbeit mit Kunden aller Art auf der ganzen Welt, und sein Buch ist sowohl für erfahrene Anleger als auch für Neulinge auf diesem Gebiet relevant. Er konzentriert sich sowohl auf die Geschichte, wie wir dorthin gekommen sind, wo wir heute stehen, als auch auf einige der wichtigsten Fragen, mit denen sich jeder, der sich aufrichtig mit der nachhaltigen Geldanlage befasst, auseinandersetzen und zu deren Lösung er beitragen muss. In den mehr als zwei Jahrzehnten, seit denen ich mit Terry zusammenarbeite, habe ich immer wieder festgestellt, dass er alles, wofür er sich stark engagiert, mit einer einzigartigen Leidenschaft angeht. Das tut er auch in „Sustainable" – oft mit Humor, manchmal mit Respektlosigkeit.

Bei BlackRock konzentrieren wir uns darauf, unseren Kunden zu helfen, ihre Anlageziele zu erreichen. In „Sustainable" befasst sich Terry mit noch umfassenderen Themen rund um die Rolle der Wirtschaft in der Gesellschaft und wie die Gesellschaft die dringendsten Probleme der Menschheit angehen kann. In seiner Schlussfolgerung bietet er eine provokante Lösung – die er als „1,6-Prozent-Lösung" bezeichnet – an, die Vermögensinhaber bei der Zusammenstellung ihrer Portfolios berücksichtigen sollten. Ich bin nicht mit allen Ansichten und Schlussfolgerungen in Terrys Buch einverstanden, aber ich begrüße seinen Beitrag und den vieler anderer zu diesem kritischen Dialog.

Ein Thema, bei dem Terry und ich uns einig sind, ist die Ansicht, dass zuverlässige Daten und Analysen für die Zukunft des nachhaltigen Investierens entscheidend sein werden. Eine der wichtigsten Erkenntnisse, die ich zu Beginn meiner Karriere in den Anfangstagen des Hypothekenmarkts gewonnen habe, war, dass die Anleger mehr Transparenz, Daten und Analysen benötigen, um die Risiken und Chancen der Wertpapiere zu verstehen, in die sie investieren. Das war der Grundstein, auf dem meine Partner und ich BlackRock gründeten, um unseren Kunden eine technologiegestützte Risikoanalyse zu bieten.

Besitzer von Geldanlagen, die Nachhaltigkeitsfaktoren in ihre Portfolios einbeziehen wollen, verfolgen heute eine Vielzahl von Zielen. Einige wollen das Risiko minimieren, andere versuchen, die Rendite zu maximieren, und wieder andere verfolgen auch nicht finanzielle Ziele – was Terry als „Gutes tun und gut damit fahren" charakterisiert. Die kontinuierliche Weiterentwicklung von Daten und Analysen im Bereich nachhaltiger Investitionen ist entscheidend, um all diesen Anlegern zu helfen, ihre individuellen Ziele zu erreichen.

Im Laufe seiner Karriere bei BlackRock war Terry für das Geschäft mit öffentlichen Institutionen zuständig, leitete unsere Bildungsinitiativen, kümmerte sich um einige unserer wichtigsten institutionellen Kunden und rief unser Financial Inclusion Team ins Leben, ein Mitarbeiternetzwerk, das sich dafür einsetzt, Menschen am Rande der Gesellschaft zu mehr finanziellem Wohlstand zu verhelfen.

Die eine Konstante, die Terry in all diesen Rollen immer wieder an den Tag legte, war sein Engagement, anderen dabei zu helfen, ihre Ziele zu erreichen. In diesem Buch setzt Terry dieses Engagement in noch größerem Umfang fort.

Larry Fink
Geschäftsführender Direktor
BlackRock

EINFÜHRUNG

Was wäre, wenn jeder Dollar des globalen Kapitals falsch verwendet wurde, weil er aufgrund veralteter oder irgendwie fehlgeleiteter Risikomodelle falsch eingesetzt wurde? Diese Sorge überkam mich, nachdem ich einer weltbekannten Klimaexpertin auf einer großen Anlagekonferenz im Frühjahr 2021 eine scheinbar harmlose Frage gestellt hatte.

„Wir schreiben das Jahr 2070, also etwa 50 Jahre in der Zukunft. Wie viel wärmer sind die globalen Temperaturen genau?"

Ihre Antwort war ein Schlag ins Gesicht.

Meine Klimaexpertin war maßgeblich am Zustandekommen des Pariser Abkommens beteiligt, bei dem sich alle Mitgliedsstaaten der Vereinten Nationen bis auf sechs darauf geeinigt haben, Maßnahmen zu ergreifen, um die globale Erwärmung auf etwa 1,5 Grad Celsius gegenüber dem vorindustriellen Niveau zu begrenzen. Wie kaum eine andere kannte sie die gewaltigen Aufgaben, die zu bewältigen waren, um die Ziele von Paris zu erreichen. Kurz gesagt, wir Menschen müssen aufhören, Kohlenstoff in die Luft zu pumpen, und/oder einen wirtschaftlichen Weg finden, einen großen Teil des bereits vorhandenen Kohlenstoffs wieder herauszuziehen. Sie hat ihre gesamte berufliche Laufbahn der Unterstützung von politischen Entscheidungsträgern, Unternehmen und lokalen Gemeinschaften bei der Vorbereitung auf die bevorstehende Energiewende gewidmet. Meine Aufgabe war es, sie vor einem großen Publikum von Anlageberatern zu interviewen.

„Nun", begann sie zögerlich, „die Antwort ist – wir wissen es einfach nicht. Es könnte weniger sein als das, wozu wir uns im Pariser Abkommen verpflichtet haben. Aber es könnte auch viel mehr sein, vielleicht bis zu 4,5 Grad Celsius."

Es war eine verblüffende, wenn auch ehrliche Antwort. Sie schlug bei den Zuhörern ein wie eine Neutronenbombe. Um es klar zu sagen: Ein Anstieg um 4,5 Grad Celsius würde uns in die Nähe des Übergangs vom Paläozän zum Eozän vor etwa 56 Millionen Jahren versetzen, als es kein Polareis gab und der Meeresspiegel mindestens 20 Meter höher lag. Unsere Welt wäre dann nicht mehr wiederzuerkennen.

„Oh mein Gott", dachten wir alle. „Was sollen wir nur unseren Kunden sagen?"

Es war keine hypothetische Frage. Die Aufgabe aller Anwesenden, mich eingeschlossen, bestand darin, die weltweit größten Staatsfonds, Versicherungsgesellschaften, öffentlichen Pensionspläne und Stiftungen zu beraten, wo sie ihr Geld in den kommenden Jahrzehnten sicher anlegen sollten. Die überwiegende Mehrheit ihrer Vermögenswerte wurde für langfristige Verbindlichkeiten verwaltet – oft für den Ruhestand, aber auch für die Auszahlung von Versicherungsansprüchen, die Deckung künftiger Gesundheitskosten oder die Finanzierung philanthropischer Projekte wie etwa Hochschulstipendien. Diese Vermögenswerte gehörten ihnen und ihren Begünstigten. Unsere Aufgabe war es, dafür zu sorgen, dass sie auf Teufel komm raus ganz bestimmte Renditen erzielen. Plötzlich wurde uns klar, dass wir beides erreichen könnten – Höllenglut *und* Hochwasser.

Ich machte mir Gedanken darüber, was meiner Gastrednerin durch den Kopf ging, aber noch mehr Gedanken machte ich mir darüber, was die Zuhörer dachten. Sie sollten aus diesem Interview verwertbare Erkenntnisse mitnehmen. Angeblich war ich der Experte für Interviews. Tausenden von Kunden zu sagen „Tut mir leid, aber der Planet ist erledigt, und all Ihre Ersparnisse könnten sich in Rauch auflösen“ kam einfach nicht infrage. Außerdem hatte mein Gast die meisten der Leute, die sie ansprach, noch nie getroffen. Ich musste einen Ausweg aus diesem Abgrund finden.

„Ihre Aufgabe“, fuhr sie zum Glück fort, „ist es, Ihre Kunden zu beraten, wie sie sich auf die Zukunft vorbereiten können. Ungewissheit ist ein fester Bestandteil jeder Investition. Sie müssen ihnen helfen, es richtig zu machen. Natürlich müssen Sie sie auch daran erinnern, dass ihre Investitionsentscheidungen das Ergebnis beeinflussen können.“

Diese längere Antwort dämpfte die Befürchtungen ein wenig, aber sie enthielt auch einen wichtigen Punkt: *Die Anleger sind keine unschuldigen Zuschauer.* Wo die Menschen ihr Geld letztlich anlegen, hat Konsequenzen. Diese Konsequenzen können am Ende den Unterschied ausmachen.

Die existenzielle Bedrohung des Klimas ist nicht die einzige Herausforderung, mit der die Menschheit im 21. Jahrhundert konfrontiert ist, auch wenn sie sicherlich im Vordergrund steht. Es gibt eine erschreckende Liste weiterer geopolitischer und sozialer Herausforderungen, die von Russlands unverschämtem militärischen Abenteurertum und einem aufstrebenden China bis hin zu wachsenden sozialen Unruhen reicht, die durch die zunehmende Ungleichheit zwischen den Besitzenden und den Habenichtsen verursacht werden. Ebenso wichtig ist, dass sich die menschliche Familie noch immer von einem einmaligen Schicksalsschlag erholt – der scheinbar nicht enden wollenden weltweiten Covid-19-Pandemie. Länder, die ins militärische Kreuzfeuer geraten sind und/oder keinen Zugang zu Impfstoffen und medizinischer Grundversorgung haben, könnten für Generationen gezeichnet sein. Diese Narben könnten alle zurückbleiben. Viren sind dem Krieg sehr ähnlich, sie respektieren keine nationalen Grenzen. Wir müssen uns den bestehenden Herausforderungen stellen und gleichzeitig die zukünftigen angehen.

Diejenigen von uns, die das Privileg haben, ihren Lebensunterhalt in der Finanzdienstleistungsbranche zu verdienen, haben noch eine weitere Herausforderung zu bewältigen. Von uns wird zunehmend erwartet, dass wir nicht mehr Teil der Probleme der Welt sind, sondern ein wichtiger Teil ihrer Lösungen.

Seit der berüchtigten Tulpenzwiebelblase zu Beginn des 17. Jahrhunderts wird immer wieder der Vorwurf erhoben, die Finanzdienstleistungsbranche kümmere sich ausnahmslos um sich selbst, während sie für andere Ungleichgewicht und Chaos schaffe. Dies war eine der wichtigsten Schlussfolgerungen, die sich aus der globalen Finanzkrise ergab: Die Wall Street florierte, während der Mann auf der Straße zu leiden hatte. Heute ist die Meinung weitverbreitet, dass die Finanzdienstleistungsbranche die großen Öl- und Kohlekonzerne aktiv unterstützt, die Einkommensungleichheit absichtlich verschärft und nur eines im Sinn hat: sich selbst und ihre Gewinne zu schützen. Einige dieser Anschuldigungen haben zu Gewalt geführt. Vor einigen Jahren wurden Hunderte von Occupy-Wall-Street-Demonstranten gewaltsam aus Zeltlagern vertrieben, was zu drei Todesfällen und zahlreichen Krankenhausaufenthalten führte. In jüngster Zeit sind Demonstranten in Büros von Unternehmen eingebrochen, darunter auch in das meines ehemaligen Arbeitgebers, und haben Kunstblut auf Schreibtische und Flure vergossen. Einige klebten sich sogar an die Türen der Firmenzentrale und versuchten, die weltgrößte Vermögensverwaltung und andere Finanzinstitute dazu zu zwingen, von ihren vermeintlich bösen Machenschaften abzulassen. Was auch immer und wo auch immer Schlimmes passiert, Finanziers werden als mitschuldig betrachtet. Das gehört einfach zum Job dazu.

In den vergangenen vier Jahrzehnten meiner Karriere im Finanzwesen habe ich eine klare *berufliche* Verantwortung übernommen.

Diese Verantwortung besteht darin, ein *Treuhänder* zu sein. Treuhänder zu sein bedeutet, dass ich dafür verantwortlich bin, meine Kunden – Stiftungen, Staatsfonds, Zentralbanken und andere, die irgendwie auf mich hören – durch eine sehr unsichere Zukunft zu navigieren. Genauer gesagt besteht meine Aufgabe darin, dafür zu sorgen, dass sie und alle ihre Begünstigten ihre finanziellen Ziele innerhalb klar definierter und angemessener Risikogrenzen erreichen. Ihre finanziellen Interessen haben immer Vorrang vor meinen eigenen. Ich helfe ihnen, die finanziellen Mittel zu beschaffen, die sie brauchen, um das zu tun, was sie tun müssen.

Aber als Mann mit Gewissen habe ich auch *persönliche* Verantwortung. Lange bevor ich Treuhänder wurde, habe ich mich verpflichtet, ein prinzipienorientiertes Leben zu führen, das von den katholischen Traditionen, die mich geprägt haben, inspiriert ist. Meine eigentliche „Aufgabe" besteht darin, für meine Familie und die gesamte menschliche Familie zu sorgen und dabei meinen Grundüberzeugungen treu zu bleiben. Diese persönlichen Verpflichtungen beeinflussen und verstärken meine beruflichen Verpflichtungen. Sie erfordern unter anderem, dass ich meine Handlungen und Worte sowie die Handlungen und Worte jeder Organisation, der ich angehöre, auf moralische Konsistenz hin prüfe. Ich habe immer versucht, dies privat und öffentlich zu tun. So habe ich beispielsweise nach der globalen Finanzkrise über die Exzesse in der Finanzdienstleistungsbranche geschrieben und meine *persönliche* Schuld daran untersucht.[1] Daraufhin habe ich eine freiwillige Bewegung für den hippokratischen Eid im Finanzbereich ins Leben gerufen, in der ich mich zusammen mit Tausenden anderen verpflichtet habe, die goldene Regel strikt einzuhalten, das heißt, andere nur so zu behandeln, wie ich selbst behandelt werden möchte. Dieses Gelübde halte ich bis heute aufrecht, als Ergänzung zu meinen anderen treuhänderischen Verpflichtungen. Wenn die Vermögensverwaltungsbranche an Umweltschändung, egoistischer Geschäftemacherei oder anderen schändlichen Machenschaften beteiligt war, bin ich bereit, diese Übertretungen aufzudecken und alles in meiner Macht Stehende zu tun, um sie zu beenden. Schließlich ist mein oberster Richter nicht von dieser Welt. Mein oberstes Ziel in diesem Leben ist es, das nächste Leben irgendwie zu verdienen.

Jetzt verstehen Sie also, wie dieses Buch entstanden ist. Es ist das Ergebnis einer tiefen, untrennbar verwobenen persönlichen und beruflichen Verantwortung. In gewisser Weise hat es 40 Jahre gedauert, denn so lange dauert meine Karriere im Finanzdienstleistungssektor schon an. Es hat drei unbescheidene, aber miteinander verbundene Ziele.

Erstens soll es der Debatte über den „Stakeholder-Kapitalismus" mehr Klarheit und Substanz verleihen. Heute besteht ein breiter Konsens darüber, dass Unternehmen mehr tun sollten, als sich um die finanziellen Interessen ihrer Aktionäre zu kümmern. Ich stimme dem zu. Unternehmen haben nicht nur eine Verantwortung gegenüber ihren Aktionären, sondern auch gegenüber ihren Mitarbeitern, ihren Lieferanten, den Gemeinden, in denen sie tätig sind, und unserer Umwelt. Ein wesentlicher Teil dieses Buches befasst sich mit der Frage, *wie* die Unternehmenswelt mehr für die Gesellschaft tun könnte und *was* Finanziers tun können und sollten, um bessere Unternehmensergebnisse zu fördern. Doch hier werden die Dinge schnell kompliziert. Unternehmen müssen vor allem wirtschaftliche Vitalität schaffen. Das ist ihre conditio sine qua non. Wenn nicht Unternehmen das Wirtschaftswachstum fördern, dann tut es niemand. Und ohne wirtschaftliches Wachstum sind auch nur wenige andere Formen des Fortschritts möglich. Das Finanzwesen seinerseits optimiert die Abwägung von Risiko und Ertrag. Wenn das Finanzwesen versagt, versagt das gesamte System. Finanziers und Vorstandsvorsitzende von Unternehmen sind keine Kämpfer für soziale oder ökologische Gerechtigkeit, die den Interessengruppen auf lange Sicht auf Kosten ihrer Aktionäre immer Vorrang einräumen, und sollten dies auch niemals sein. Das ist nicht ihre primäre Verantwortung. Nach einem ersten Kapitel, in dem ich darlege, was alles auf dem Spiel steht, untersuche ich die hitzige Debatte zwischen Stakeholdern und Aktionären und unterstreiche die dringende Notwendigkeit eines umfassenderen, längerfristigen Denkens. Die meisten Rentner brauchen ihr Vermögen in 30 Jahren, nicht in 30 Minuten. Wir sind ihnen gegenüber verpflichtet. Glücklicherweise verändert ein 30-Jahres-Horizont viele Entscheidungen, die wir heute treffen müssen, sehr zum Positiven.

Zweitens wird versucht, das Phänomen der ESG-Investitionen zu entmystifizieren und zu erläutern, wobei „ESG" für Umwelt-, Sozial- und Governance-Ziele steht („Environmental", „Social", „Governance"). Der Grund dafür ist einfach: ESG-Investitionen sind das neueste, anspruchsvollste und am schnellsten wachsende Instrument, das die Finanzdienstleistungsbranche entwickelt hat, um zur Lösung der dringendsten Probleme der Welt beizutragen. Wenn das Finanzwesen ein entscheidender Teil der Lösung und nicht des Problems sein soll, müssen ESG-Investitionen funktionieren. Da mein gewählter Beruf sie hervorgebracht hat, bin ich zumindest indirekt für ihren Erfolg verantwortlich. Das bedeutet natürlich auch, dass ich dazu beitragen muss, dass sie nicht mehr Schaden als Nutzen anrichten – eine nicht rein akademische Sorge. Allzu oft wachsen gut gemeinte, von der Regierung abgesegnete Finanzinnovationen exponentiell, bevor sie platzen. Der sprichwörtliche Weg zur Hölle ist allzu oft mit guten Absichten gepflastert. Es ist durchaus möglich, allen Zielen von ESG-Investitionen zuzustimmen und gleichzeitig einige Bedenken hinsichtlich der wahrscheinlichen Auswirkungen zu haben – aber jetzt greife ich mir selbst vor.

Drittens wird das Prinzip des komparativen Vorteils hervorgehoben und verdeutlicht. Eine grundlegende Prämisse dieses Buches ist, dass das Finanzwesen und die Wirtschaft eine wesentliche Rolle bei der Gestaltung eines integrativeren, nachhaltigeren Wachstums spielen müssen, *dass sie aber nicht allein erfolgreich sein können und werden.* Wenn ein inklusiveres, nachhaltigeres Wachstum unser oberstes Ziel ist, wovon ich zutiefst überzeugt bin, dann brauchen Wirtschaft und

Finanzwesen Regulierungsbehörden, öffentliche Politik, private Unternehmen, die Zivilgesellschaft und Einzelpersonen, die spezifische, sich ergänzende Rollen spielen. Finanziers und Unternehmen haben keine besonderen Befugnisse, die Fehler anderer zu korrigieren oder die Kohlenstoff-Uhr zurückzudrehen. Wenn Steuergesetze, Regulierungssysteme und/oder persönliche Konsummuster nicht gleichzeitig bessere soziale und ökologische Ergebnisse unterstützen, können Wirtschaft und Finanzen diese Versäumnisse nicht ausgleichen. Der komparative Vorteil hilft uns zu verstehen, wie wir den entsprechenden Akteuren die richtigen Rollen zuweisen können. Er hilft uns auch, uns umfassende Lösungen vorzustellen. Ein letzter damit zusammenhängender und erhoffter Bonus dieses Buches ist die Hervorhebung vielversprechender Finanzstrategien und Organisationen – einschließlich grüner Anleihen, neuer Formen des Impact Investings und vieler außergewöhnlicher Nichtregierungsorganisationen (NRO), die ich als *Vorbilder der Hoffnung* bezeichne. Diese Aktivitäten, Investitionen und Organisationen können inklusiveres nachhaltiges Wachstum fördern, tun es bereits und werden es weiterhin tun. Sie sind für das Erreichen unserer angestrebten langfristigen Ziele unerlässlich. Ich glaube, dass es einen optimalen Weg in die Zukunft gibt – aber er wird mehr erfordern als unser derzeitiges Sammelsurium an ESG-Strategien und das endlose Beschimpfen von börsennotierten Unternehmen. Viel mehr.

Der mit dem Nobelpreis ausgezeichnete und zu Recht verehrte Professor für Wirtschafts- und Finanzwissenschaften in Yale, Robert Shiller, hat ein Buch geschrieben, das für meinen Berufsstand mit Sicherheit das maßgebliche Buch über die Rolle ist, die das Finanzwesen bei der Schaffung der „guten Gesellschaft“ spielen kann und sollte. Professor Shiller geht nicht im Detail darauf ein, was die gute Gesellschaft ausmacht. Dennoch lässt sich leicht ableiten, dass wirtschaftliche Effizienz und die aristotelischen Vorstellungen von Fairness – das heißt die Förderung des sozialen Gleichgewichts durch Korrektur aller

Ungerechtigkeiten – wesentliche Grundlagen sind. Shillers Hauptthese lautet, dass das Finanzwesen eine besondere Verantwortung dafür trägt, das Vermögen der Gesellschaft effizient *und* gerecht zu verwalten und gleichzeitig ihre tiefgreifendsten Bestrebungen zu fördern. Eine Folge dieser Behauptung ist, dass keine Gesellschaft gut sein kann – das heißt, keine Gesellschaft kann fair und effizient sein –, wenn das Finanzwesen die ihm zugewiesenen wesentlichen Aufgaben nicht erfüllt. In seinem Buch beschreibt Shiller in hilfreicher Weise viele spezifische Fähigkeiten und Wahrnehmungen, die mehr als ein Dutzend Arten von Finanzfachleuten leisten müssen, wenn das Finanzwesen dazu beitragen soll, allgegenwärtiges Wohlbefinden zu erreichen. Diese reichen von Hypothekenkreditgebern und Buchhaltern bis hin zu Derivatehändlern. Eine besonders wichtige Rolle weist er den Investmentmanagern zu:

> „Vermögensverwalter – also diejenigen, die Portfolios aus Unternehmensbeteiligungen, Anleihen und anderen Anlagen verwalten – gehören zu den wichtigsten Verwaltern unseres Vermögens und sind somit äußerst wichtige Akteure im Dienste gesunder und florierender Marktdemokratien – alles im Dienste der guten Gesellschaft."[2]

Natürlich bin ich mir darüber im Klaren, dass viele mit Professor Shillers Darstellung von Anlegern als lebenswichtigen Akteuren, die zum gesellschaftlichen Wohlergehen beitragen können, müssen und sollten, nicht einverstanden sein werden. Sie glauben wahrscheinlich, dass jeder, der etwas mit Geld zu tun hat, für immer zur Welt des Mammons gehört. In gewissem Sinne richtet sich dieses Buch speziell an diese größten Skeptiker der Finanzwelt. Die Finanzwelt hat uns allen im Laufe der Jahre viele Gründe für Zweifel und Verachtung gegeben. Glauben Sie mir, ich weiß es! Ich habe viele solcher Fehlschläge aus nächster Nähe und persönlich miterlebt. Shiller behauptet jedoch nicht, dass das *gesamte* Finanz- und Anlagewesen zur Verwirklichung der guten Gesellschaft beiträgt. Er argumentiert vielmehr, dass die gute Gesellschaft nur dann gedeihen kann, wenn Finanzen und Investitionen eine besondere Rolle spielen. Ich stimme mit Shiller überein. Ich hoffe, dass ich Sie auf den folgenden Seiten unter anderem davon überzeugen kann, dass Sie Shiller ebenfalls zustimmen. Finanzfachleute und Investoren spielen eine entscheidende Rolle, wenn es darum geht, die Chancen der Menschen zu maximieren und optimale ökologische, soziale und wirtschaftliche Ergebnisse zu erzielen. Die wichtigste Frage, die in diesem Buch behandelt wird, ist, welche *konkrete* Rolle die Wirtschaft und das Finanzwesen bei der Schaffung einer guten Gesellschaft spielen sollten – und was alle anderen tun müssen, damit das menschliche Experiment gelingt. Ich glaube, dass es möglich ist, die gute Gesellschaft zu schaffen, aber wir müssen mit gutem Willen beginnen und ein Gefühl für ein gemeinsames Ziel entwickeln. Wir müssen uns auch klarer darüber werden, wer was tun sollte. Ich hoffe, Sie werden mir zustimmen.

Wie es sich für ein Buch von solch unbescheidenem Umfang gehört, ist die Präsentation bewusst modular aufgebaut. Bestimmte Kapitel werden einige Leser mehr ansprechen als andere. Die Kapitel 1 bis 6 sind zum Beispiel hauptsächlich historischer Natur. Sie bilden die Grundlage für eine eher technische Vertiefung. Sie helfen zu erklären, wie und warum Stakeholder-Kapitalismus und ESG-Investitionen in ihrer heutigen Form entstanden sind und was sie bewirken sollen. Sie beleuchten die Debatte „Stakeholder gegen Shareholder" und analysieren die gängigsten Argumente der modernen Aktivisten. Sie gehen auch darauf ein, was viele Vorstandsvorsitzende in letzter Zeit versprochen haben, anders zu machen, stellen kurz die zentrale Rolle der Vereinten Nationen bei der Förderung verantwortungsbewussterer Anlagegrundsätze vor und legen die lähmenden finanziellen Zwänge des Klimawandels offen. Laien werden diesen Hintergrund zu schätzen wissen, aber auch Finanzfachleute sollten ihn kennen. Die Vergangenheit ist Prolog. Wir werden nicht in der Lage sein, die Welt zu gestalten, die wir uns wünschen, wenn wir uns nicht über all das im Klaren sind, was uns dorthin geführt hat, wo wir jetzt sind.

Die Kapitel 7 bis 11 sind die eher technischen Teile des Buches. Sie sind zwar etwas schwieriger zu navigieren, erklären aber sorgfältig, wie ESG-Investitionen heute funktionieren. Ein Verständnis des Konzepts der Materialität, der Erstellung und Aktualisierung von Börsenindizes, der Herausforderungen für die Unternehmensführung beim „hardwiring" des Guten in Unternehmen, der dynamischen Beziehung zwischen Wert und Bewertung und einer Reihe von indexbasierten und aktiven Handelsstrategien, die ESG-Themen einbeziehen, sind für das Verständnis dessen, was modernes ESG-Investing ist und was nicht, sowie dessen, was es tun kann und was nicht, unerlässlich. Wenn das Finanzwesen Ihr Fachgebiet ist, sollten Sie sich diese Kapitel nicht entgehen lassen.

Die Diskussion in den Kapiteln 12 bis 14 bringt einige der Herausforderungen auf den Punkt, mit denen ESG-Investitionen konfrontiert sind, einschließlich des nicht zu vernachlässigenden Risikos unbeabsichtigter Folgen und des Mangels an nachprüfbaren Auswirkungen. Dazu gehören die begrenzte Wirksamkeit des „Kapitalkosten-Transmissionsmechanismus", das Risiko von Investitionsblasen, die wachsende Wahrscheinlichkeit, dass unerwünschte Unternehmensaktivitäten von börsennotierten Unternehmen in private oder staatliche Hände verlagert werden, grobe Kapitalfehlallokation und die gefährliche Verschleierung der Rolle, die Regulierung und Verbraucherverhalten spielen. Bitte lassen Sie sich von diesen Begriffen nicht einschüchtern; sie werden alle klar erläutert. In diesen Kapiteln wird auch die wachsende Bedeutung von „Investment Stewardship" hervorgehoben. Wenn ESG all das leisten soll, was gefordert wird, müssen die in den Kapiteln 12 bis 14 beschriebenen spezifischen Gefahren angegangen werden. Ich hoffe, dass die Aufsichtsbehörden, die Insider der Finanzbranche und die Vorstandsvorsitzenden der Unternehmen diesen Bedenken besondere Aufmerksamkeit schenken werden. Ich hoffe auch, dass alle die Bedeutung einer aufgeklärten Unternehmensführung verstehen werden. Der beste Weg, das Verhalten von Unternehmen zu verbessern, geht von innen heraus. Und der beste Weg, das Verhalten von Unternehmen von innen heraus zu verbessern, besteht darin, den richtigen Verwaltungsrat und den richtigen Vorstand zu haben, die eifrig auf langfristige Ziele hinarbeiten, die alle gesellschaftlichen Interessen einschließlich der Rentabilität ihres Unternehmens fördern.

In den letzten drei Kapiteln des Buches geht es um Lösungen. Sie heben die Bedeutung der Zivilgesellschaft und einige der vielversprechendsten Investitionstechniken hervor, die nachweislich zu besseren ökologischen und sozialen Ergebnissen führen und gleichzeitig marktbezogene Renditen erzielen. Sie werfen ein helles Licht auf eine Reihe von Nichtregierungsorganisationen, die über bewährte, skalierbare Lösungen zur Förderung eines integrativeren, nachhaltigen Wachstums verfügen; dies sind meine Vorbilder der Hoffnung. In diesen Kapiteln werden auch mehrere Impact-Investment-Strategien wie Green Bonds und Social Impact Bonds beschrieben, die Anlageerträge generieren und gleichzeitig nachweislich Gutes bewirken. Es nützt nichts, eine Litanei gesellschaftlicher und ökologischer Probleme aufzustellen, ohne auch praktikable Lösungen aufzuzeigen. Ich bündele alle diese Argumente in einem abschließenden Kapitel mit dem großspurigen Titel „Die 1,6-Prozent-‚Lösung'", wobei „Lösung" passenderweise in Anführungszeichen steht. Lassen Sie mich die Erwartungen dämpfen, indem ich gleich erkläre, was ich damit meine.

In einer grundlegenden Hinsicht ist die Bewältigung unserer aktuellen sozialen und ökologischen Herausforderungen eine Frage der Mobilisierung der richtigen Menge und Art von Investitionen. Zufälligerweise verfügt die Menschheit gemeinsam über mehr als genug Kapital, um alle Probleme zu lösen, die wir angehen wollen. Wenn wir die übermäßigen Emissionen, den wirtschaftlichen Stillstand, die verschmutzten Ozeane, die schlechten Gesundheitsstandards und den Wiederaufbau kriegsgeschädigter Länder in den Griff bekommen wollen, müssen wir einige Vermögenswerte von ihrer derzeitigen, weniger wirkungsvollen Verwendung auf bewusstere und produktivere Zwecke umverteilen. Dies ist sowohl einfacher als auch schwieriger, als es klingt. Dennoch ist es machbar, und ich erkläre am Ende, wie es geht. Meines Erachtens wäre eine Lösung wie die von mir vorgeschlagene „1,6-Prozent-Lösung", bei der ein bescheidener Anteil des Finanzvermögens bewusst in explizite Impact-Investment-Strategien umgeschichtet wird, der beste Weg für das moderne Finanzwesen, seine äußerst wichtige Rolle bei der Schaffung einer guten Gesellschaft zu spielen. Natürlich wäre es verzeihlich, wenn man die früheren Kapitel überspringt und direkt zu diesen abschließenden Seiten übergeht, um zu sehen, ob sie Sinn ergeben; ich mache das normalerweise! Wenn ich meine Arbeit jedoch gut gemacht habe, könnten meine Schlusskapitel Sie dazu anregen, zu den vorherigen Kapiteln zurückzukehren, um zu sehen, was Sie vielleicht verpasst haben. Ich hoffe es jedenfalls.

Es gibt einen irischen Witz, der von einem Touristen erzählt, der Dublin besucht. Er hält einen vorbeieilenden Einheimischen an und fragt höflich, wie er einen der berühmtesten Pubs der Stadt, die Temple Bar, finden kann.

„Oh", scherzt der Geselle, „dorthin würde ich sicher nicht von hier losgehen." Dann schüttelt er niedergeschlagen den Kopf und schlurft davon.

Nun, wir gehen von hier aus los. Eigentlich ist „hier" der einzige Ort, an dem wir jemals beginnen können. Wie Sie wissen, ist „hier" voller Probleme und Sorgen, darunter Umweltprobleme, von denen wir wünschten, wir hätten sie nie verursacht, ein weiterer unnötiger Krieg in Europa und soziale Herausforderungen, für die wir einen umfassenden Weg finden müssen. „Hier" ist nicht der Ort, an dem wir sein wollen.

Aber „hier" ist alles, was wir haben. Und wenn wir nicht das Beste aus dem „Hier" machen, werden wir nie „dort" ankommen. Offensichtlich ist „dort" der Ort, an den wir gehen müssen.

Es ist besser, wenn wir loslegen!

TEIL 1

DAS VERSPRECHEN ...

KAPITEL 1

DIE EINSÄTZE

Lassen Sie uns nicht eher ruhen, als bis jeder Mensch auf dieser Erde ein angemessenes Auskommen hat.

SWAMI AGNIVESH

Wir sollten mehr für die Zurückgebliebenen tun – aber ich finde nicht, dass wir dabei das kapitalistische System zerstören sollten.

WARREN BUFFETT

Wir leben in einer Zeit, für die es keinen Präzedenzfall gibt, obwohl Charles Dickens' berühmte Schilderung der Jahre vor der Französischen Revolution – „Es war die beste aller Zeiten, es war die schlimmste aller Zeiten ... es war der Frühling der Hoffnung, es war der Winter der Verzweiflung" – mit Sicherheit nachhallt.

Tausende von Akademikern, Aktivisten und Social Influencern behaupten, es sei die schlimmste aller Zeiten. Ihrer Meinung nach haben unsere sorglose Haltung und unsere „Profit ist wichtiger als der Mensch"-Mentalität die Umwelt ruiniert, Millionen in die Armut getrieben und nur einige wenige an der Spitze bereichert. Zum ersten Mal in der Geschichte glauben die meisten jungen Amerikaner, dass der Sozialismus besser funktionieren würde – der *Sozialismus*, das Wirtschaftssystem, für dessen Vermeidung Generationen ihrer Vorfahren ihr Blut vergossen haben. Für eine wachsende Zahl scheint es nur noch eine schwache Hoffnung zu geben.

Vielleicht – nur vielleicht – kann der moderne Kapitalismus das wirtschaftliche Äquivalent einer Bekehrung auf dem Sterbebett erfahren.

Existenzielle Sorgen im Zusammenhang mit dem Klimawandel stehen im Mittelpunkt vieler dieser Bedenken. Auf beiden Seiten des Atlantiks sind Millionen von Menschen der Meinung, dass das Gedeihen der Menschheit – ja sogar das Überleben des Planeten – davon abhängt, dass der Umwelt Vorrang vor allen anderen Interessengruppen, insbesondere den Aktionären, eingeräumt wird. Große Worte. Im Klartext: Eine wachsende Zahl von Menschen, von Kindern im Schulalter bis zu ihren Großeltern, will, dass Unternehmen aufhören, geldgierige, kurzfristig denkende Opportunisten zu sein. Stattdessen, so fordern sie, sollten die Unternehmen ihre enormen Fähigkeiten und reichhaltigen Ressourcen dafür einsetzen, den Klimawandel zu stoppen – und zwar *sofort*! Wenn sie schon dabei sind, fügen viele Kritiker hinzu, sollten Unternehmen auch die Ungleichheit zwischen den Geschlechtern, die Rassenungerechtigkeit und die immer größer werdenden Einkommensunterschiede bekämpfen. Mit anderen Worten: Unternehmen sollten sich um ihre Mitarbeiter, Kunden, Lieferanten, Gemeinden und die Umwelt genauso kümmern wie um ihre Gewinne und Aktionäre. Jeder von ihnen ist ein Stakeholder. Jeder von ihnen verdient es, mit Würde behandelt zu werden.

Und wissen Sie, es scheint, dass da etwas dran ist: *Eine wachsende Zahl genau der Firmenchefs und Finanziers, die des Fehlverhaltens beschuldigt werden, stimmt dem zu!*

Der Kapitalismus steht unter Beschuss. Wenn er nicht für mehr Menschen besser funktioniert oder wenn er weiter ungebremst auf eine Klimakatastrophe zusteuert, könnte die Evolution einer Revolution weichen. Staatliche Verordnungen könnten die freie Marktwirtschaft verbieten. Im extremsten Fall könnte sich die Menschheit buchstäblich selbst opfern.

In der Zwischenzeit gibt es eine verwandte Initiative nach dem Motto „Show me the money“, die sich an eigensinnige Unternehmen wendet, um deren CEOs auf Trab zu halten. Sie wird von einer ebenso engagierten Armee gleich gesinnter *Investoren* angeführt, die geloben, nur Aktien und Anleihen von Unternehmen zu kaufen, die den Bedürfnissen ihrer Mitarbeiter, ihrer Gemeinden und der Umwelt bewusst Priorität einräumen. Diese Gruppe unterscheidet sich jedoch von den Aktivisten und Akademikern. Gemeinsam verwaltet sie *zig Billionen Dollar*. Sie hat mehr als Theorien, Megafone und Podcasts: Sie hat *richtig viel Geld*. Diese aufkeimende Investitionspraxis, die aufgrund ihrer Ausrichtung auf ökologische, soziale und Governance-Ziele als „ESG-Investitionen" bezeichnet wird, umfasst bereits Hunderte Millionen von Einzelanlegern und Tausende von Pensionsplänen, Staatsfonds und Stiftungen. ESG-Investitionen könnten das größte Ereignis im Finanzwesen seit der ersten Aktienemission der Niederländischen Ostindien-Kompanie im Jahr 1602 sein. Kein Unternehmen, kein Land und kein Markt wird davon unberührt bleiben. Der Erfolg oder Misserfolg von ESG könnte sich buchstäblich auf jedes Lebewesen auf der Erde auswirken.

Es ist offensichtlich, dass etwas getan werden muss, und zwar etwas Großes. Der „Stakeholder-Kapitalismus" klingt, als könnte er die Lösung sein, aber es ist nicht klar, *wie* er praktiziert würde oder *wer* genau ihn praktizieren würde. Auch ESG-Investitionen erscheinen verlockend. Können diese dazu beitragen, den Planeten zu retten, den sozialen Zusammenhalt zu fördern und gleichzeitig hohe Renditen zu erzielen?

Auf den ersten Blick scheint es, dass der Wohlstand breiter verteilt und nachhaltiger sein sollte und wäre, wenn sich die Unternehmen weniger auf die Zahlung höherer Dividenden an reiche Leute und mehr auf dringende soziale Prioritäten konzentrieren würden. Wohlhabende Menschen leben bereits komfortabel, und jeder, der bereit ist, ein existenzsicherndes Einkommen zu erzielen, verdient auch die Möglichkeit, dies zu tun. Noch wichtiger ist, dass die Menschheit die Erde nicht weiter verheizen kann: Es gibt keinen Planeten B. Es scheint auch, dass Unternehmen, die ihre Prioritäten von der Maximierung der vierteljährlichen Gewinne auf die Optimierung ihrer technischen „ESG-Scores“ ausweiten, langfristig viel bessere Investitionen wären.

Oder? Ich meine, liegt das nicht alles auf der Hand?

Ja, es liegt auf der Hand. Aber leider ist es nicht im Entferntesten zutreffend.

Auch wenn es unbestreitbar scheint, dass Unternehmen, wo immer und wann immer sie können, von Problemverursachern zu Problemlösern werden sollten, bedeutet dies nicht, dass Stakeholder-Kapitalismus und ESG-Investitionen sichere Wetten sind. Werden sie falsch umgesetzt, können beide scheitern – und zwar spektakulär. Das ist äußerst problematisch, wenn man bedenkt, was alles auf dem Spiel steht. Ein flüchtiger Blick auf die zugrunde liegenden Daten zeigt, dass einige der schrillsten Behauptungen der Stakeholder-Kapitalisten und ESG-Investoren leicht zu widerlegen sind. Beispielsweise tun viele Unternehmen viele wünschenswerte Dinge – sie schützen den Planeten, reduzieren ihren CO_2-Fußabdruck, kümmern sich um ihre Mitarbeiter und unterstützen ihre Gemeinden –, alles lobenswerte Initiativen, die durchgeführt werden müssen. Gleichzeitig sind sie aber auch miserable Investitionen. Ein gutes Unternehmen zu sein, macht einen nicht automatisch „großartig“, jedenfalls nicht im finanziellen Sinne. Es gibt auch eine ganze Reihe von Stakeholder-Kapitalismus- und ESG-Behauptungen, die auf große Skepsis stoßen. Fragen Sie nur Professor Brad Cornell von der UCLA (University of California, Los Angeles), der sagte: „Das ESG-Konzept wird überbewertet und übermäßig verkauft. Es stützt sich auf schwache bis nicht vorhandene Beweise für die versprochenen Vorteile für Unternehmen und Investoren – und ist voller innerer Ungereimtheiten, die seine Glaubwürdigkeit untergraben.“[1] Tariq Fancy, ehemaliger Leiter der Abteilung für nachhaltiges Investieren bei BlackRock, ist sogar noch kritischer: „Die Finanzdienstleistungsbranche täuscht die amerikanische Öffentlichkeit mit ihren umweltfreundlichen, nachhaltigen Anlagepraktiken. Die Wall

Street betreibt Greenwashing des Wirtschaftssystems und schafft eine tödliche Ablenkung."[2] Fancy zufolge *ist* das Finanzwesen das Problem. Niemand bezweifelt, dass ESG noch in den Kinderschuhen steckt oder dass noch viel mehr Forschung und Daten erforderlich sind, bevor endgültige Schlussfolgerungen gezogen werden können. Aber es wurden bereits mehrere Billionen Dollar in Produkte mit überzeugenden ESG-Siegeln investiert. Vieles hängt nun von ihrem Erfolg ab.

Sollten sich die Unternehmen auf Kosten der Herstellung überlegener, begehrenswerter Produkte auf die gesellschaftlichen Bedürfnisse konzentrieren? Welchen Algorithmus sollten sie anwenden, um ein Optimum zwischen dem Wachstum ihres Marktanteils und der Zahlung höherer Löhne zu erreichen? Die Priorisierung mehrerer Interessengruppen wirft schwierige Fragen wie diese auf. Optimalität beruht auf Annahmen und Ergebnissen, die nicht im Voraus bekannt sein können. CEOs unterscheiden sich nicht vom Rest von uns: Auch sie „blicken durch ein dunkles Glas". Unternehmensleiter müssen ohne den Vorteil einer perfekten Voraussicht Entscheidungen treffen, die mit erheblichen Kompromissen verbunden sind. Sie können die Zukunft gewiss nicht vorhersehen. Keiner kann das.

Sind Unternehmen mit einem kleineren CO_2-Fußabdruck bessere Investitionen als solche mit einem größeren? Wenn Sie in einen Fonds mit ESG-Siegel investieren, machen Sie dann die Erde sicherer und besser? Offensichtlich gehen viele Anleger davon aus, weil man ihnen das implizit gesagt hat. Ich stimme mit Tariq Fancy in vielen Dingen nicht überein, aber in einem Punkt hat er recht: *Wenn ESG-Produkte die Weltwirtschaft nicht nachhaltiger und gerechter machen, muss etwas anderes her.*[3] Außerdem lässt sich derzeit viel Geld damit verdienen, dass man behauptet, seine Produkte seien „nachhaltig", doch es herrscht viel zu wenig Klarheit darüber, was das wirklich bedeutet. Ja, einige ESG-Investitionen dienen bedeutenden sozialen Zwecken, und ich werde sie aufzeigen. Bei anderen ist der Nutzen jedoch nicht erwiesen. Schlimmer noch: Allzu optimistische finanzielle Behauptungen sind fast immer die Quelle von Marktverwerfungen. Warum sollte es dieses Mal anders sein?

Es gibt reichlich Grund zur Sorge. Die Nachfrage nach Anlagestrategien, die gewissenhaften Unternehmen den Vorzug geben – also Unternehmen, die Gutes tun *und* die gut laufen –, war noch nie so groß wie heute. In den letzten Jahren sind *täglich* fast acht Milliarden Dollar in spezielle ESG-Strategien geflossen. Dies ist ein erstaunlicher Trend, der sich noch verstärken wird. Es scheint nur vernünftig, sich Sorgen zu machen, wenn die Nachfrage nach „nachhaltigen Investitionen“ das Angebot an nachweislich aufgeklärten Unternehmen mit einer belegten sozialen und ökologischen Erfolgsbilanz übersteigt. Die Nachfrage der Anleger nach Qualitätsunternehmen, die die anstehende Energiewende erfolgreich bewältigen können – die Energie und die Produkte der Schwerindustrie produzieren, die wir brauchen, und gleichzeitig die Kohlenstoffmenge in der Luft senken –, ist besonders groß. Die Folgen dieses Ungleichgewichts liegen auf der Hand, müssen aber dennoch hervorgehoben werden: Die Bewertungen vieler großartiger Unternehmen mit beeindruckenden ESG-Kennzahlen sind in schwindelerregende Höhen getrieben worden. Man muss nicht viel Zeit mit dem Studium der Finanzwissenschaften verbringen, um zu wissen, dass Investitionsblasen Vorboten von weitaus größeren Problemen sind. Schwächende Überlaufeffekte können die Realwirtschaft schädigen und tun dies auch oft. In ihrem Gefolge werden oft Menschenleben ruiniert. Zu Börsencrashs kommt es, wenn die Ergebnisse die unerfüllbar hohen Erwartungen nicht erfüllen.

Ebenso offensichtlich ist ein Übermaß an akademischer Literatur und schlagzeilenträchtigen Büchern über den Stakeholder-Kapitalismus, die alle seine selbstverständlich Heil bringenden Kräfte verkünden. Die Professoren Rebecca Henderson von der Harvard Business School und Raj Sisodia vom Babson College regen uns beispielsweise dazu an, über „Reimagining Capitalism in a World on Fire“ nachzudenken und einen „Conscious Capital Field Guide“ zu befolgen. Letzteres ist ein moderner

Leitfaden für die Umgestaltung der Welt – ein Unternehmen nach dem anderen. Ein anderes Buch, „Completing Capitalism“, das von führenden Managern des Süßwaren-Riesen Mars geschrieben wurde, verspricht eine „geheilte Welt“, wenn die Unternehmen sich zunächst selbst heilen. Mit anderen Worten „Exorzismus der Führungskräfte in großem Maßstab“. Ein viertes, „Mission: Auf dem Weg zu einer neuen Wirtschaft“, propagiert einen ehrgeizigen „kühnen Leitfaden“ zur Veränderung des Kapitalismus durch eine massive Umstrukturierung der miteinander verknüpften Rollen von Regierungen, Unternehmen und der Gesellschaft, von oben nach unten. Die brillante und produktive Autorin, Mariana Mazzucato, vergleicht unsere derzeitige Situation mit der ersten erfolgreichen Mondlandung des Menschen. Zentralisierte staatliche Planung und massive Investitionen machten das Unvorstellbare zur Realität: menschliche Fußabdrücke auf dem Mare Tranquillitatis. Bedauerlicherweise hat die von ihr vorgeschlagene Lösung – dass wir aufgeklärte Bürokraten ausbilden und uns dann darauf verlassen, dass sie alles aufbringen, die Menschen überzeugen und schließlich diktieren, was nötig ist – in der Geschichte nicht sonderlich gut funktioniert.[4] Warum nicht? Es hat sich herausgestellt, dass Regierungsbeamte nicht vorausschauender sind als die eben erwähnten CEOs, die durch verdunkelte Scheiben blicken. Tatsächlich sind sie oft noch weniger vorausschauend, denn sie setzen das Geld anderer Leute ein, nicht ihr eigenes. Anreize sind wichtig. Falsche Anreize sind ein so gut wie sicheres Rezept für Korruption und Katastrophen. Sogar die 800 Jahre alte Universität von Cambridge hat sich zu Wort gemeldet. Ihr renommierter Verlag hat eine Reihe von Handbüchern über „The Art of Stakeholder Theory“ veröffentlicht, in denen globale Unternehmen angewiesen werden, ihre Prioritäten über die vierteljährlichen Gewinne hinaus zu erweitern und sich mehr um die Herzen der Menschen zu kümmern, indem sie gesellschaftliche Missstände beheben.

Der größte Teil dieser zunehmenden Menge an Literatur zum Stakeholder-Kapitalismus ist unglaublich überzeugend. Ihr breiter Konsens ist, dass der moderne Kapitalismus einen Neustart braucht, bei dem der Fokus weg von den Aktionären und hin zu anderen Stakeholdern gelenkt wird. Auf den ersten Blick scheint dies schwer zu widerlegen zu sein. Institutionen und Beratungsunternehmen, die sich verpflichtet haben, ihre Investitionen mit sogenannten ESG-integrierten Strategien zu verwalten, managten Ende 2021 zusammen mehr als 120 Billionen US-Dollar. Da jeden Tag neue Vertragsstaaten die UN-Prinzipien für verantwortungsbewusstes Investieren unterzeichnen, wird diese unglaubliche Summe bis 2025 voraussichtlich auf über 140 Billionen Dollar ansteigen. In Anbetracht dieser immensen Summen scheint es nur fair zu fragen: *Gibt es weltweit gewissenhafte Unternehmen und bewährte ESG-Strategien im Wert von über 120 Billionen Dollar, in die man investieren kann?*

Nein, das ist nicht der Fall. Und hierin liegt ein zutiefst beunruhigendes Rätsel.

ESG-Investitionen werden weitgehend von Idealismus und dem wachsenden Konsens angetrieben, dass große Geldströme das Verhalten von Unternehmen direkt verändern können. Leider ist diese Behauptung nachweislich unwahr. Desinvestitionen halten Unternehmen nicht davon ab, unerwünschte Entscheidungen zu treffen. Sie wirken sich lediglich auf die Kapitalkosten aus und verlagern das Eigentum von denjenigen, die ein bestimmtes Managementteam und eine bestimmte strategische Ausrichtung nicht unterstützen, auf diejenigen, die sie im Großen und Ganzen unterstützen. Um unerwünschtes Unternehmensverhalten zu unterbinden, ist etwas weitaus Entscheidenderes erforderlich als höhere Kapitalkosten. Die Wahrheit ist, dass die Veräußerung ein stumpfes Instrument mit begrenzter Wirksamkeit ist. Das mag der Grund sein, warum Bill Gates vor nicht allzu langer Zeit sagte: „ESG-Investitionen haben bisher wahrscheinlich nicht eine Tonne Kohlenstoff aus der Luft geholt." Nicht eine Tonne, selbst nachdem 120 Billionen Dollar ESG-integriert wurden? Wenn diese Aussage wahr ist, bedarf es keiner weiteren Kritik an ESG-Investitionen;

sie haben sich dann selbst verurteilt. In Kapitel 14, „Kämpfen oder fliehen?“, werden Sie sehen, warum der Verkauf von Aktien von Unternehmen, deren Verhalten Sie ändern wollen, das Letzte ist, was Sie tun sollten. Sie werden auch sehen, wie private Unternehmen unter weniger anspruchsvollen Regelungen agieren, was zeigt, dass man bestimmte börsennotierte Unternehmen nur bis zu einem gewissen Grad unter Druck setzen kann, bevor sie privatisiert werden. Wer Anteile verkauft, kann das Verhalten von Unternehmen nicht systematisch ändern, sondern nur Aufsichtsbehörden, engagierte Aktionäre und aufmerksame Verbraucher.

In seinem Kern ist dies ein Finanzbuch. Ein Großteil des Buches widmet sich den möglichen Vorteilen, Gefahren und unwahrscheinlichen Verheißungen von ESG-Investitionen. Um die Bühne für die kommenden Diskussionen zu bereiten, stelle ich allen ESG-Investoren und denjenigen, die ESG-Strategien fördern, zwei entscheidende Fragen: (1) Welche *nachprüfbaren* Auswirkungen hatten Ihre Investitionen bisher auf die Geschäftswelt, die reale Welt und Ihre Finanzen – also Auswirkungen, die Sie wirklich messen können? Und (2): Werden die schlimmsten ökologischen und sozialen Probleme der Menschheit gelöst, wenn Sie genau das tun, was Sie jetzt tun? Wenn diese Fragen sorgfältig durchdacht und ehrlich beantwortet werden, bezweifle ich, dass viele mit den Antworten zufrieden sein werden.

Der ESG-Enthusiasmus beruht weitgehend auf der impliziten Annahme, dass ESG-Investitionen die ökologische Nachhaltigkeit und den sozialen Fortschritt direkt fördern. Bedauerlicherweise ist diese Behauptung bestenfalls *teilweise* zutreffend. Einige tun es, andere nicht. Anlageberater, die optimale Impact-Investments und nachhaltige Anlagestrategien identifizieren – also diejenigen, die letztendlich das gewinnen, was ich später als „ESG-Wettrüsten“ bezeichnen werde –, werden wahrscheinlich in diesem Leben und vielleicht auch im nächsten Leben gut belohnt werden. Umgekehrt werden Unternehmensführer und Anlageexperten, die ökologische und soziale Fortschritte versprechen, die sie letztlich nicht erreichen oder erreichen können, möglicherweise einen höllischen Tag der Abrechnung erleben. Das haben sie auf jeden Fall verdient! Doch dieses Mal sollten wir dafür sorgen, dass wir nicht mit ihnen in die Hölle hinabgerissen werden.

Vor nicht allzu langer Zeit hat eine ebenso einflussreiche Gruppe von Finanzalchemisten, die mit vier vermeintlich vorausschauenden, staatlich akkreditierten Agenturen – Fannie Mae, Freddie Mac, Moody's und S&P – Hand in Hand arbeiten, die Welt während der globalen Finanzkrise 2008 durch die Hölle und zurück geführt. Erinnern Sie sich noch genau daran, was damals geschah? Ein Haufen guter Absichten ging, wie so oft, nach hinten los. Angeblich makellose, mit AAA bewertete Subprime-Wertpapiere infizierten unsere Bankensysteme und verursachten die größte Finanzkrise seit den 1930er-Jahren. Millionen von Menschen verloren ihren Arbeitsplatz, und Billionen von Dollar an Ersparnissen wurden entwertet. Vorhersehbarerweise traf es diejenigen am härtesten, die ganz unten standen. Wie Rumpelstilzchen behauptete eine Gruppe technisch versierter Finanziers, die eng mit staatlich zugelassenen Immobilien- und Ratingagenturen zusammenarbeiteten, einen magischen Weg gefunden zu haben, um Stroh zu Gold zu spinnen.[5] Wohnungsbaudarlehen, die an sogenannte NINJAs vergeben wurden – Menschen *ohne Einkommen, ohne Arbeit und ohne Vermögen* (no income, no job, and no assets) und damit mit geringer Aussicht auf Rückzahlung –, wurden neu verpackt und als risikofreies Gold mit AAA-Bewertung verkauft. Am Ende war es ein Schwindel im Wert von mehreren Billionen Dollar! Es war schon immer eine Schnapsidee, aus hochriskanten Subprime-Krediten Gold mit AAA-Rating zu machen. Unsere Bankensysteme und die Wirtschaft brachen auf tragische Weise zusammen, als der ganze Schwindel aufgedeckt wurde. Sind ESG-Investitionen wie Subprime-Wertpapiere? Sicherlich nicht. Der Kern der Subprime-Krise war ein Haufen unsinniger Wohnungsbaudarlehen, die niemals hätten vergeben werden dürfen. Angesichts der Tatsache, dass sich die Geschichte so oft wiederholt, müssen wir uns dennoch fragen: Was kann verhindern, dass ein weiteres staatlich abgesegnetes, offiziell sanktioniertes Anlageparadigma – nämlich akkreditierte ESG-Investitionen – vor unseren Augen in die Luft fliegt?

Die Antwort: *einfach gesunder Menschenverstand.* Die Art von gesundem Menschenverstand, die dieses Buch in reichlichem Maße zu vermitteln hofft.

Es steht natürlich viel auf dem Spiel. Unser ultimatives Ziel ist es herauszufinden, ob und wie Wirtschaft und Finanzen das menschliche Wohlergehen fördern können – indem wir reparieren, was repariert werden kann, unerwünschte Verhaltensweisen eindämmen und dazu beitragen, eine neue, integrativere Form des Marktkapitalismus einzuführen –, und gleichzeitig sicherstellen können, dass die Weltwirtschaft weiter wächst. Um dies zu erreichen, müssen wir uns jedoch zunächst auf *Ziele* einigen. Erst wenn wir uns darüber einig sind, wohin wir wollen, können wir zu einer ausführlicheren Diskussion über die *Mittel* übergehen – also darüber, wie wir am besten dorthin gelangen. Ich muss Sie jedoch warnen, dass Debatten über so gewichtige Themen ein wenig technisch werden, bevor die richtigen Lösungen angemessen beurteilt werden können. Eine Diskussion über die Vorzüge und Risiken von Stakeholder-Kapitalismus und ESG-Investitionen kann nur dann produktiv geführt werden, wenn die Bedingungen klar sind und beide Seiten zustimmen. Die Stakeholder-Kapitalisten haben eine Menge namhafter Kritiker, die solide gegen sie argumentieren können und dies oft auch tun. Nach Ansicht dieser Status-quo-Anhänger sind Zeitpunkt und Zweck der hitzigen Stakeholder-gegen-Aktionär-Debatte falsch gewählt. Ein nüchterner Blick auf die lange Linse der Geschichte, so sagen sie, zeigt, dass die ganze Aufregung um die Schaffung eines besseren Wirtschaftssystems als das im letzten halben Jahrhundert vorherrschende schlicht vermessen ist. Warum etwas reparieren, was nicht kaputt ist? Stramme Verfechter des derzeitigen Systems können ihre Ablehnung der kapitalistischen Argumente der Interessenvertreter auch mit einigen überzeugenden Statistiken untermauern. Wenn wir wirklich lernen wollen, wie wir ein besseres Wirtschafts- und Finanzsystem schaffen können – eines, das die besten Aussichten hat, Shillers gute Gesellschaft zu schmieden –, dann ist es entscheidend, dass wir zuerst das Status-quo-Lager ausreden lassen.

In den letzten fünf Jahrzehnten war der menschliche Fortschritt in fast allen wirtschaftlichen und sozialen Bereichen atemberaubend. Das reale Pro-Kopf-BIP der Babyboomer ist im Laufe ihres Lebens um mehr als das Fünffache gestiegen, das der Generation X um mehr als das Vierfache. Im Vergleich dazu hat sich das Pro-Kopf-Einkommen in den ersten 100 Jahren der US-Geschichte, die sich über vier Generationen erstrecken – von 1774 bis 1860, um genau zu sein –, *nicht einmal verdoppelt.*[6]

Bevor ich fortfahre, möchte ich im gemeinsamen Interesse des gegenseitigen Verständnisses und der Achtung der Wahrheit den letzten Absatz wiederholen. Das Pro-Kopf-Einkommen in den Vereinigten Staaten ist in den letzten beiden Generationen um das Vierfache gewachsen, während es in den ersten vier Generationen des Landes nur um das Zweifache gestiegen ist. Doppelt so schnell in der Hälfte der Zeit. Haben Sie das verstanden?

Stellen wir uns nun folgende Frage: *Macht es Sinn, alles über Bord zu werfen, was im letzten halben Jahrhundert so erstaunlich gut funktioniert hat und zu beispiellosem Wohlstand und Reichtum geführt hat, nur um mit etwas Unerprobtem und Unbewährtem zu experimentieren?* Es steht außer Frage, dass wir vor großen, vielleicht sogar existenziellen Herausforderungen stehen. Zweifelsohne sind neue Lösungen und Ansätze erforderlich. Aber vom materiellen Standpunkt aus betrachtet, hat es die menschliche Familie noch nie so gut gehabt. Wenn wir sauberere Luft, weniger katastrophale Stürme, bessere Arbeitsplätze, mehr soziale Gerechtigkeit und eine bessere Gesundheit wollen, müssen wir mehr Geld ausgeben, vielleicht sogar 275 Billionen Dollar in den nächsten 50 Jahren, wie man uns sagt. Und wenn ja, woher sollen diese Billionen kommen?

Und um es ganz klar zu sagen: Es geht nicht um Geld an sich, sondern darum, was Geld *bringt*. Die Befürworter des Status quo können mit Fug und Recht darauf verweisen, dass die erstaunliche Schaffung von Wohlstand und das Wirtschaftswachstum der letzten drei bis vier Jahrzehnte den langersehnten Fortschritt in vielen sozialen Bereichen und bei der Lebensqualität vorangetrieben haben. So hat sich beispielsweise die weltweite Alphabetisierungsquote seit 1980 fast verdoppelt – von 48 Prozent auf 90 Prozent –, während die Lebenserwartung weltweit um mehr als 26 Prozent gestiegen ist, von 56 auf 71 Jahre. Gleichzeitig stiegen die IQ-Werte um mehr als drei Punkte pro Jahrzehnt, was in erster Linie auf eine bessere Ernährung und eine bessere Gesundheit zurückzuführen ist. Die Kindersterblichkeit ist um das Zehnfache gesunken, und der Zugang zu Informationen über das Internet, Smartphones und mobile Geräte hat sich von praktisch null auf über 80 Prozent der Weltbevölkerung verbessert. Wenn wir uns der Wahrheitsfindung verschrieben haben, sollten wir zunächst einmal anerkennen, dass der sozioökonomische Fortschritt im letzten halben Jahrhundert einfach phänomenal war. Aktivisten auf der ganzen Welt setzen sich immer lauter für mehr zivilgesellschaftlichen und ökologischen Fortschritt ein – und trotz all ihrer Proteste gab es nie eine bessere Zeit, um geboren zu werden. Und auch wenn es vielen von ihnen nicht bewusst zu sein scheint, sind Millennials und Angehörige der Generation Z weitaus gesegneter als alle Menschen vor ihnen. Macht es Sinn, ein System niederzureißen, das einen solchen Überfluss möglich gemacht hat? Sollten wir nicht stattdessen analysieren, was all diese unglaublichen Gewinne möglich gemacht hat, und nur das ändern, was wir ändern müssen, um unsere neuen, sich weiterentwickelnden Prioritäten zu erfüllen? Die Befürworter des Status quo belassen es jedoch nicht dabei. Sie zeigen auch auf, wie und warum die Verfechter der sozialen Gerechtigkeit einen besonderen Grund haben, überschwänglich zu sein. Während sich die Lage aller Einkommensgruppen weltweit, von den Reichsten bis zu den Ärmsten, in den letzten 40 Jahren gebessert hat, hat sie sich für die Menschen am unteren Ende der Skala – das heißt für diejenigen, die in extremer Armut leben, was von der Weltbank als Lebensunterhalt von weniger als 1,91 Dollar pro Tag definiert wird – am meisten gebessert. Nicht nur ein bisschen, wohlgemerkt. Im Gegenteil, die ganz unten haben sehr viel gewonnen.

Im Jahr 1980 lebte fast die Hälfte der Weltbevölkerung in extremer Armut, genauer gesagt 46 Prozent. Im Jahr 2020 waren es nur noch etwa 9 Prozent. Natürlich sind neun Prozent immer noch viel zu hoch – ein verarmter Mensch ist einer zu viel! Dennoch sind neun Prozent ein kleiner Bruchteil dessen, was seit Jahrtausenden bestand, und der niedrigste jemals verzeichnete Wert. Um dieser Leistung ein menschliches Gesicht zu geben: Von 1990 bis zum Ausbruch der Covid-19-Pandemie lebten jeden Tag 128.000 Menschen weniger in extremer Armut.[7] Mit anderen Worten: Es dauerte mehr als 1.000 Jahre, um die erste Milliarde Menschen aus der bitteren Armut zu befreien, aber nur die letzten 20 Jahre, um die letzte Milliarde zu befreien.

Denken Sie einmal darüber nach. 1.000 Jahre materieller menschlicher Fortschritt – allein in den letzten 20 Jahren!

Es ist sehr wichtig, dass wir eine vollständige Bestandsaufnahme machen. Es gibt auf allen Seiten unserer aktuellen wirtschaftlichen und politischen Debatten vernünftige und ehrenwerte Menschen – aber alle müssen dieses außergewöhnliche Phänomen anerkennen und feiern: *Derselbe Kapitalismus, den viele jetzt anprangern, hat die bittere Armut fast besiegt.* Milliarden von Menschen, die früher ständig von Nahrung und Obdach besessen waren, sind jetzt in der Lage, andere Verbesserungen in ihrem Leben anzustreben, etwa eine bessere Gesundheitsversorgung für ihre Kinder, höhere Bildung und eine erfüllendere Arbeit. Dieser wundersame Wandel wäre ohne den modernen Kapitalismus niemals möglich gewesen; in der Tat ist die nahezu vollständige Ausrottung der Armut das einzigartige und größte Geschenk des modernen Kapitalismus. Und obwohl die Covid-19-

Pandemie diesen Trend im Jahr 2020/21 auf tragische Weise unterbrochen hat – zig Millionen Menschen fielen in die bittere Armut zurück, vor allem aufgrund der von der Regierung verursachten wirtschaftlichen Shutdowns –, kann und wird die bittere Armut noch weiter zurückgehen, wenn die politischen Entscheidungsträger die globalen Märkte offen halten und wir den Kurs der wirtschaftlichen Expansion beibehalten. Die Vereinten Nationen sprechen sogar offen von dem Tag – vielleicht schon 2030, spätestens aber 2035 –, an dem die extreme Armut im Wesentlichen beseitigt sein wird und nur noch in kriegsgeschüttelten Ländern wie Afghanistan und vielleicht in einigen schlecht regierten Teilen Afrikas südlich der Sahara anzutreffen sein wird. Die Beseitigung der weltweiten Armut war noch vor wenigen Jahrzehnten undenkbar. Heute scheint die Überwindung der weltweiten Armut fast unausweichlich. Alles, was wir tun müssen, ist, die Weltwirtschaft wachsen zu lassen. Wirtschaftswachstum beseitigt die Armut – zuverlässig und in großem Umfang. Das allein macht es unschätzbar.

Die moderne Rhetorik ist routinemäßig leichtsinnig. Fantasievolle Theorien werden allzu oft zum Mainstream. Die jüngsten Angriffe auf die Wahrheit haben viele Fakten unkenntlich gemacht. Ist dies eine Erklärung dafür, dass heute so wenige verstehen, wie das allgegenwärtige Wachstum die Armut in großem Umfang beseitigt hat und wahrscheinlich auch weiterhin beseitigen wird? In der jüngsten Vergangenheit hat es dies wie keine andere Kraft in der Geschichte getan.

Die Weltbevölkerung wird ihren Höchststand erst gegen Ende dieses Jahrhunderts erreichen.[8] Fortgesetztes Wirtschaftswachstum ist die beste Chance für die Menschheit, weitreichende Fortschritte im Kampf gegen Hunger, Not und Obdachlosigkeit zu erzielen. Mehr Wachstum bedeutet, dass auch andere wichtige soziale Erfordernisse wie bessere Gesundheit, umfassendere Bildung und menschliche Entfaltung möglich werden. Nachhaltiges Wirtschaftswachstum ist besonders wünschenswert. Wenn wir mehr Wirtschaftswachstum haben, können wir auch mehr soziale Fortschritte erzielen. Diejenigen, die behaupten, dass wir unsere Umweltprobleme lösen müssen, indem wir die Wirtschaft schrumpfen lassen, oder dass wir die Einkommensungleichheit allein durch eine Umverteilung unseres derzeitigen feststehenden Vermögens beseitigen können, verkennen die Anforderungen, die eine wachsende Bevölkerung mit sich bringt. Selbst wenn das Pro-Kopf-Einkommen stagniert – was seit Jahrzehnten nicht mehr der Fall war –, wird die steigende Bevölkerung mehr wirtschaftliche Aktivität erzeugen. Mehr zu ernährende Mäuler bedeuten, dass mehr Lebensmittel hergestellt werden müssen. Mehr Menschen, die sich ausruhen, bedeuten, dass mehr Betten und Häuser gebaut werden müssen. Die uninformierten Kritiker des Wachstums unterschätzen auf fatale Weise auch die politischen Herausforderungen, die Sparmaßnahmen immer mit sich bringen. Wenn man eine Revolution anzetteln will, muss man nur allen gleichzeitig die Gehälter kürzen. Unruhen sind die Stimmen der nicht Gehörten. Verärgere alle, und du wirst von allen hören. Es würde hässlich werden. Die Menschheit braucht kontinuierliches Wirtschaftswachstum, um alle Formen des Fortschritts voranzutreiben, sei es in materieller, sozialer oder – wie wir noch früh genug sehen werden – in ökologischer Hinsicht.

Aber wie ich bereits erwähnt habe, ist dies nur eine Seite der Debatte – die Sichtweise derjenigen, die den Status quo verteidigen. Meistens ist es eine rückwärtsgewandte. Daten sind ein unverzichtbarer Bestandteil der Ermittlung optimaler Ergebnisse und der Mittel zu deren Erreichung. Über den Erklärungswert von Daten und ihre Auswirkungen zweiter, dritter und vierter Ordnung muss jedoch noch diskutiert werden. Die Anhänger des Stakeholder-Kapitals können all das Gute, das unsere derzeitige Marktwirtschaft erreicht hat, anerkennen und tun dies oft auch. Stakeholder-Kapitalisten sind schließlich immer noch Kapitalisten! Im Gegenzug bestehen sie jedoch darauf, dass die Befürworter des Status quo ebenso aufgeschlossen dafür bleiben sollten, wie und wo moderne Unternehmen mehr für die

Menschheit tun könnten. Bei der Gestaltung der kommenden Debatte verdient der Standpunkt der Stakeholder-Kapitalisten die gleiche Aufmerksamkeit. Schließlich sind ihre Ziele unbestreitbar verdienstvoll: *die Aussichten der Menschheit im kommenden Jahrhundert zu optimieren und möglichst vielen Mitgliedern der Menschheitsfamilie so lange wie möglich wirtschaftliche, soziale und spirituelle Vorteile zu bringen.* Mehr für alle und mehr für länger. Das hört sich für mich gut an. Stakeholder-Kapitalisten und aufgeklärte Mitglieder der Status-quo-Bewegung sind sich auch weitgehend über die Ziele einig; nur bei den Mitteln gehen ihre Meinungen auseinander. Und schließlich scheinen sich die Stakeholder-Kapitalisten im Gegensatz zu vielen Shareholder-Kapitalisten offener für den Schutz des Planeten vor den wachsenden Klimarisiken einzusetzen. Es ist schwer vorstellbar, wie wir die grundlegendsten Bedürfnisse der Menschheit befriedigen können, wenn wir unser Land, unsere Luft und unser Wasser weiterhin unbewohnbar machen. Wie also könnten engagierte Stakeholder-Kapitalisten argumentieren?

Sie beginnen mit dem Offensichtlichen: *Unternehmen können tiefgreifende Kräfte für soziale Verbesserung sein.* Viele sind es bereits. In Anbetracht der Tatsache, dass ein großer Teil des menschlichen Fortschritts von achtsamen Unternehmen fast ohne Kosten oder Aufwand erreicht werden könnte, sollten sie es nach Ansicht von Stakeholder-Kapitalisten versuchen. Denken Sie zum Beispiel an all die Unternehmen, die heute in ihren Lieferketten Unternehmen, die sich im Besitz von Minderheiten befinden, einen höheren Stellenwert einräumen; in vielerlei Hinsicht erinnern sie an die Tausenden von Feinkostläden und anderen kleinen Unternehmen in den Südstaaten der USA, die in den 1950er- und 1960er-Jahren *endlich* ihre „Whites only"-Schilder abmontierten. Die Beendigung hasserfüllter und diskriminierender Praktiken erweitert die wirtschaftlichen Möglichkeiten für diejenigen, die sie am dringendsten benötigen – die Besitzlosen, die Vergessenen und die Ausgegrenzten. Darüber hinaus sind diskriminierungsfreie Maßnahmen wie diese oft mit keinen oder nur minimalen zusätzlichen Kosten verbunden. In großem Maßstab umgesetzt, würde die Beseitigung impliziter und expliziter diskriminierender Praktiken in der Lieferkette viel mehr Menschen mit geringen Mitteln zu finanziellem Wohlstand verhelfen. Aus all diesen Gründen sollten alle Unternehmen, die ihre Lieferketten achtsamer gestalten können, dies auch tun. Punkt.

Neben der Unterstützung vielfältigerer Lieferketten, so die Stakeholder-Kapitalisten, gibt es auch viele andere soziale Probleme, die Unternehmen und weitsichtige Unternehmensführer in einzigartiger Weise angehen können. Dazu gehören die Vielfalt in den Führungsetagen sowie die Zufriedenheit und das Wohlbefinden der Mitarbeiter. Die meisten Studien zeigen jedoch, dass sich die Ausgaben für die Verbesserung der Mitarbeiterzufriedenheit in der Regel durch höhere Produktivität bezahlt machen.[9] Tatsächlich ist die Loyalität der Mitarbeiter in den meisten Fällen im Vergleich zu dem, was sie einbringt, sehr günstig zu haben. Ein Blick auf Costco und Delta Air Lines in den Vereinigten Staaten oder Abcam im Vereinigten Königreich liefert den aktuellen Beweis.

Aber wie die Achtsamkeit in der Lieferkette sind auch die Vielfalt und das Wohlbefinden der Mitarbeiter niedrig hängende Früchte. Unternehmen können relativ einfach und zu vernachlässigbaren Nettokosten die Vielfalt in der Lieferkette, die Loyalität der Mitarbeiter und eine größere Gleichstellung der Geschlechter und Rassen in ihren Führungsetagen fördern. Wenn sie es können, sollten sie es tun. Punkt. Aber was ist mit anderen, eher systemischen Themen? Gibt es nicht auch kompliziertere und tief verwurzelte Probleme, die den menschlichen Fortschritt gefährden und zu deren Lösung Unternehmen und Finanzwelt ebenfalls beitragen sollten?

Ja, die gibt es – die komplexeste und dringlichste davon dürfte der Klimawandel sein.

Die wütende Klimadebatte ruft viele Emotionen hervor. Wenn man die Extreme – Leugnung und Hysterie – herausfiltert, bleibt eine

Tatsache unbestritten: Menschliche Aktivitäten, einschließlich industrieller Praktiken, moderner Agrarwirtschaft und kohlenstoffintensiver persönlicher Konsummuster, werden die globalen Temperaturen im Laufe der Zeit weiter ansteigen lassen. Um wie viel und wie schnell ist völlig unklar. Es ist *möglich*, dass der Temperaturanstieg nicht sehr bedeutend sein wird, aber es ist auch *möglich*, dass der Anstieg letztendlich bis zu 4,5 Grad Celsius gegenüber dem vorindustriellen Niveau betragen könnte. Die meisten seriösen Wissenschaftler gehen davon aus, dass ein Temperaturanstieg dieses Ausmaßes – mit anderen Worten: eine Treibhauswelt – katastrophal wäre.[10] Ein solcher Anstieg würde früher seltene, katastrophale Wetterereignisse zur Norm machen. Dürren, Waldbrände, Wirbelstürme, Kälteeinbrüche und Hitzewellen, die gemeinhin als einmalige Ereignisse in einem Jahrhundert angesehen wurden, sind anscheinend bereits zu alltäglichen saisonalen Ereignissen geworden. Bleibt der Klimawandel ungebremst, könnte er auch das Leben von Milliarden Menschen aus dem Gleichgewicht bringen und zu einer beispiellosen und vielleicht sogar gewalttätigen Migration führen. Sachschäden in Höhe von mehreren Billionen Dollar und Einbußen bei der Wirtschaftsleistung wären unvermeidlich. Wenn man all dies zusammenzählt, sind die Bruttokosten und das Ausmaß der immer wahrscheinlicher werdenden klimabedingten Katastrophen verblüffend. Wenn die extremsten Prognosen eintreten, wird die Welt, die wir heute kennen, nicht mehr dieselbe sein.

Da es sich hierbei um ein bekanntes Risiko handelt – wohlgemerkt, ich wähle das Wort „Risiko", nicht „Gewissheit" –, bekommen zumindest in diesem Buch die Klimaleugner in ähnlicher Weise ihr Fett weg wie die Gegner des Wachstums. Um *optimal* zu gedeihen, sollte die Menschheit meiner Meinung nach ein grüneres, viel weniger kohlenstoffintensives Wirtschaftswachstum anstreben. Ja, die Weltwirtschaft muss weiter wachsen, aber im Idealfall sollte dies auf *nachhaltige* Weise geschehen. Ein nicht nachhaltiges Wachstum könnte sich als tödlich erweisen. Nicht nachhaltig zu wachsen bedeutet, dass wir künftige Generationen gefährden, also unsere Kinder und Enkelkinder. Nicht nachhaltig zu wirtschaften ist offensichtlich egoistisch und kurzsichtig. Hand aufs Herz: Wer befürwortet ein nicht nachhaltiges Leben? Wer auch immer das ist, er scheint mir der ideale Kandidat für die Besiedlung des Mars zu sein.

Eine zweite systemische Schwachstelle unserer Zeit ist die wachsende Einkommensungleichheit mit ihren zersetzenden Auswirkungen auf den sozialen Zusammenhalt.[11] Auch wenn die Einkommensunterschiede nach Steuern und Transferzahlungen bei Weitem nicht so extrem sind wie die Einkommensunterschiede vor Steuern und Transfers[12], könnte sich das bestehende Umverteilungsniveau als unzureichend erweisen, um soziale Spannungen abzubauen und Demokratien zu stabilisieren. Hochtrabend ausgedrückt gibt es in der Finanzwelt nicht zu vernachlässigende linksseitige Tail Risks für soziale Verwerfungen; laienhaft ausgedrückt sitzen wir auf einem sozialen Pulverfass, das durch einen Funken explodieren könnte. Ohne nachweisbare Fortschritte in den Herzen und Köpfen der breiten Öffentlichkeit und ohne eine umfassendere Hilfe für die wirklich Besitzlosen könnten die Arten von Wirtschaftsprotesten, die wir in letzter Zeit in den Vereinigten Staaten und auf der ganzen Welt erlebt haben, alltäglicher werden. Das Potenzial für wachsende Gewalt seitens unzufriedener Interessengruppen sollte mit dem tödlichen Ernst angegangen werden, auf den es ausdrücklich hinweist. Gewalttätige Gesellschaften implodieren von unten nach oben. In Anbetracht dieser zunehmenden Besorgnis sollten wir die weiteren Fortschritte beachten, die wir in unserer Diagnose gerade gemacht haben. Es ist nun offensichtlich, dass nachhaltiges Wachstum nicht ausreicht, um alle dringenden Herausforderungen zu bewältigen, die vor uns liegen. Wenn sich der Wohlstand weiter verbreiten soll als bisher, reicht nachhaltiges Wirtschaftswachstum einfach nicht aus. Was wir brauchen, ist ein integrativeres nachhaltiges Wachstum – eine anhaltende wirtschaftliche Expansion, die die gefährlichsten Auswirkungen des Klimawandels dämpft und *gleichzeitig mehr*

Menschen einbezieht, die bisher zurückgeblieben sind oder sonst zurückbleiben würden. Dieses dreiteilige Gegenmittel ist eine umfassendere Lösung, die besser geeignet ist, unsere gegenwärtigen Missstände zu beseitigen. Mehr Wachstum, das mehr Menschen hilft, ohne unsere Luft, unser Wasser und unseren Boden zu überlasten. Ehrlich gesagt dürfte sich nichts weniger als ein umfassenderes, nachhaltiges Wachstum als ausreichend erweisen, um die komplexen sozialen und ökologischen Probleme zu lösen, mit denen die menschliche Familie heute konfrontiert ist.

Neben dem Klimawandel und den wachsenden Einkommensunterschieden ist die *abnehmende wirtschaftliche Mobilität* eine weitere systembedingte Schwachstelle, zu deren Behebung die Finanz- und Unternehmenswelt beitragen könnte. Eine entscheidende Folge der fehlenden wirtschaftlichen Mobilität ist die Verschwendung von Humankapital. Überall auf der Welt wird das menschliche Potenzial zu wenig ausgeschöpft.

Die Mobilisierung des ungenutzten menschlichen Potenzials könnte ein integratives, nachhaltiges Wachstum dramatisch vorantreiben. Die Möglichkeiten, die sich hier bieten, sind immens und aufregend: Hunderte Millionen von Menschen, die nicht viel leisten, könnten erwerbstätig werden und sich stärker sozial engagieren. Die nachhaltige Mobilisierung verkümmernder menschlicher Talente würde gleichzeitig einen beispiellosen Aufschwung bewirken. Stellen Sie sich nur einmal eine Welt vor, in der jeder, der einen Arbeitsplatz mit existenzsicherndem Lohn sucht, auch einen findet. Das Wachstum würde sich *von unten nach oben* vervielfachen! Wenn die Weltwirtschaft durch aufgeklärte Beschäftigungsmöglichkeiten und achtsame Konsummuster nachhaltiger und inklusiver gestaltet würde, könnte dies mehrere Vorteile mit sich bringen. Jede sozioökonomische Schicht würde davon profitieren, vor allem die am wenigsten Begünstigten. Sind Wirtschaft und Finanzwelt für die Lösung dieser Herausforderung verantwortlich? Nein, sie allein natürlich nicht. Aber könnten sie helfen? Sicher, vor allem durch ihre Einstellungspraktiken. Der Stakeholder-Kapitalismus scheint in einzigartiger Weise geeignet zu sein, diesen ehrgeizigen Plan zu entwerfen und mit umzusetzen. Der Stakeholder-Kapitalismus ist bestrebt, die Interdependenzen innerhalb ganzer unternehmerischer und gesellschaftlicher Ökosysteme systematisch zu berücksichtigen. Er befürwortet auch eine stärkere Konzentration auf die Generationengerechtigkeit. Mit anderen Worten: Der Stakeholder-Kapitalismus erkennt ausdrücklich an, dass Entscheidungen, die wir heute treffen, Auswirkungen auf die nachfolgenden Generationen haben werden. Mit seiner längerfristigen Ausrichtung nimmt der Stakeholder-Kapitalismus ausdrücklich unsere Verpflichtungen gegenüber unseren Kindern und deren Kindern wahr. Unternehmen können einen Beitrag leisten, indem sie sich bewusst für mehr wirtschaftliche Mobilität einsetzen. Wenn sie es können, sollten sie es tun.

In den meisten entwickelten Volkswirtschaften ist heute das Anfangsgehalt, das sich leicht auf die Postleitzahlen zurückführen lässt, die wichtigste Variable zur Vorhersage des endgültigen Einkommensniveaus einer Person. Dies war in den meisten westlichen Ländern noch vor wenigen Jahrzehnten nicht der Fall, auch nicht in den Vereinigten Staaten. In den 1950er-Jahren hatten amerikanische Lohnempfänger aus dem fünften Quintil eine fast 50-prozentige Chance, in das oberste Quintil aufzusteigen; heute sind es nur noch 8 Prozent. Die wirtschaftliche Mobilität in Amerika ist erstarrt. Diese wirtschaftliche Verknöcherung hat eine fatale soziale Auswirkung: Sie löscht die Hoffnung aus. Das Gleiche gilt für weite Teile Europas und andere Industrienationen. Die früher typischen Geschichten „vom Tellerwäscher zum Millionär" sind heute so gut wie unmöglich zu schreiben. Die große Mehrheit der wenigen, die heute in diese Kategorie fallen, sind Profisportler, Modeleute oder Popstars. Wie der Harvard-Ethiker John Rawls überzeugend dargelegt hat, verletzt die Vorstellung, dass jemand allein aufgrund seiner Geburtsumstände benachteiligt oder begünstigt wird, unser angeborenes Gerechtigkeitsempfinden.[13] Niemand kann vernünftigerweise davon ausgehen, dass der Ausgangspunkt im Leben oder die nicht gewählten familiären Umstände für immer die Obergrenze sein sollten. Die individuellen Wünsche, Fähigkeiten und vor allem die persönliche Initiative und Anstrengung sollten ebenfalls eine Rolle spielen. Warum sollte man sonst verkünden, dass Leben, Freiheit und das Streben nach Glück unveräußerliche Rechte sind?

Ein viertes systemisches soziales Problem, das in den letzten Jahrzehnten nur unzureichend angegangen wurde, sind die seit Langem bestehenden Ungleichheiten in Bezug auf Rasse und Geschlecht. Es ist unklar, wie viel Wirtschaft und Finanzen dagegen tun können, aber es sind hartnäckige Probleme, die gelöst werden sollten. Die amerikanische Justiz ist nicht farbenblind. Andere Rechtssysteme sind ebenso schlecht oder noch schlechter. Überall auf der Welt werden diejenigen, die als sozial oder ethnisch minderwertig gelten, durch die örtliche Rechtsprechung und die Polizeiarbeit diskriminiert. Der schockierende, sinnlose Mord an George Floyd hat die routinemäßige brutale Polizeigewalt, die in Amerika viel zu lange im Schatten stattfand, in die Häuser und ins Gewissen aller Menschen getragen. Für Millionen, mich eingeschlossen, war der Anblick von George Floyds Erstickungstod unter dem Knie eines gleichgültigen weißen Polizeibeamten ein gesellschaftlicher Ruf zu den Waffen. Der unentschuldbare Mord an George Floyd durch einen Polizeibeamten möge der letzte sein. Die weit verbreitete rassistische Profilerstellung und die routinemäßigen Hassverbrechen, die wir von Minnesota bis Myanmar und Marseille immer wieder erleben, sind abscheulich. Sie müssen ein Ende haben. Ihr Fortbestehen ist ein katastrophales Versagen unseres kollektiven Gewissens und unserer gemeinschaftlichen Verantwortung. Jeder von uns ist aufgerufen, sich über diesen Hass zu erheben. Unsere Bestrebungen sollten von den Grundsätzen der Menschenwürde und der universellen Solidarität geleitet sein. Können Unternehmen ein wichtiger Teil der Abhilfe sein? Vielleicht, zumindest zum Teil. Wenn ja, dann sollten sie es auch sein. Der Stakeholder-Kapitalismus bietet einen gangbaren Weg, die Wirtschaft als Teil einer breit angelegten Anstrengung zur Beseitigung aller Ungerechtigkeiten ins Boot zu holen. Zumindest dürfen die Wirtschaft und das Finanzwesen bei Ungerechtigkeiten nicht tatenlos zusehen.

Wie bei der Rasse kann der extreme Mangel an weiblichen Führungskräften in den Machtzentren von Politik und Unternehmen nur durch Voreingenommenheit und nicht durch Verdienste erklärt werden. Heute werden nur acht Prozent der Fortune-500-Unternehmen von Frauen geführt. Glaubt irgendjemand ernsthaft, dass es in der heutigen Zeit in Ordnung ist, wenn nur einer von zwölf Vorstandsvorsitzenden eine Frau ist? Wenn Sie das nicht glauben, werden Sie Teil der Lösung. Jede weibliche Geschäftsführerin, die trotz widriger Umstände an die Spitze gelangt ist, hat eine inspirierende Geschichte zu erzählen, zum Beispiel Indra Nooyi von PepsiCo oder Katharine Graham von der *Washington Post,* die erste Frau an der Spitze eines großen US-Unternehmens.[14] Inspirierende Geschichten wie diese sollten bekannt gemacht und nachgeahmt werden. Diese bemerkenswerten Frauen sind die Koryphäen, in deren Fußstapfen unsere Töchter und Enkelinnen nun treten können. Ohne gezieltere Bemühungen, alle Menschen in unsere wirtschaftlichen und sozialen Aufstiegsmöglichkeiten einzubeziehen und dabei Rasse und Geschlecht stärker zu berücksichtigen, werden krebserregende Ungleichheiten fortbestehen. Ein inklusiveres, nachhaltiges Wachstum ist ein hilfreiches Leitbild für systemischen Fortschritt. Inklusivität hat mehrere Dimensionen, die sich über Rasse, Geschlecht und soziale Schicht erstrecken. Wenn das Finanzwesen und die Wirtschaft Teil dieses Wandels sein können, sollten sie es auch sein. Inklusivität und Nachhaltigkeit sind das, worum es beim Stakeholder-Kapitalismus geht.

Neben diesen vier großen Kategorien gesellschaftlicher und ökologischer Herausforderungen ist es erschreckend einfach, weitere dringende gesellschaftliche Notwendigkeiten zu erkennen. Jede von ihnen erscheint unverzeihlich, wenn einige wenige Privilegierte so viel haben. Wie kann es sein, dass in einer Welt, in der es mehr als 3.000 Milliardäre gibt und allein die US-Konzerne mehr als drei Billionen Dollar Gewinn pro Jahr erwirtschaften,

- drei von zehn Menschen immer noch keinen Zugang zu sauberem Trinkwasser haben;
- 650 Millionen Jugendliche nicht über grundlegende Mathematik-, Lese- und Schreibfähigkeiten verfügen;
- weniger als die Hälfte der Weltbevölkerung grundlegende Gesundheitsleistungen erhält;
- 800 Millionen Schüler keinen Zugang zum Onlinelernen haben;
- zwei Milliarden Erwachsene von offiziellen Finanzdienstleistungen ausgeschlossen sind;
- in 40 Prozent der Länder weniger als 10 Ärzte auf 10.000 Einwohner kommen?

Diese Liste ließe sich fortsetzen. Ist es Aufgabe der Wirtschaft und der Finanzwirtschaft, zur Lösung all dieser und aller anderen Probleme beizutragen, die ich nicht aufgezählt habe? In gewisser Weise ja – *aber nur bis zu dem Punkt, der in den nächsten Kapiteln überdeutlich wird.* Wenn wir ein breiteres menschliches Wohlergehen erreichen wollen, muss die Weltwirtschaft dynamisch sein, müssen die Arbeitsmärkte fair und robust sein und muss das Kapital effizient und zielgerichtet fließen. Ergänzend zu diesen Faktoren müssen sich jedoch die öffentliche Politik, die Zivilgesellschaft und der Einzelne gleichermaßen für integrativere, nachhaltige Ergebnisse einsetzen. Wenn nicht alle gesellschaftlichen Akteure ihren Teil dazu beitragen, können und werden all die Herausforderungen, die ich hier akribisch aufgezählt habe, nicht gelöst werden. So menschlich wie möglich ist das, was auf dem Spiel steht. Es gibt eine schier unüberschaubare Anzahl von unerledigten Aufgaben und neuen Herausforderungen, die alle Männer und Frauen mit Gewissen – ob sie nun Anhänger von Interessengruppen oder Aktionären, Anhänger des Status quo, gewissenhafte Bürger oder leidenschaftliche Aktivisten sind – in den kommenden Monaten und Jahren zu Recht angegangen sehen wollen. Unser kollektiver Hunger nach Lösungen und unser aufrichtiger Wunsch nach mehr integrativem, nachhaltigem Wohlstand definieren die Herausforderungen unserer Zeit. Aus diesem Grund wird ein *integrativeres, nachhaltiges Wachstum* der Nordstern sein, der jede Seite dieses Buches erhellt. Bei der Bewertung der Maßnahmen von Unternehmen, öffentlichen Programmen, zivilgesellschaftlichen Organisationen und Anlageprodukten werden wir immer wieder die Frage stellen: Helfen oder behindern sie das dreifache Ziel eines integrativeren, nachhaltigen Wirtschaftswachstums? Und wenn wir Hindernisse für ein integratives, nachhaltiges Wachstum sehen, werden wir fragen: Wie können sie am besten gemildert oder beseitigt werden?

Wir alle – einzelne Bürgerinnen und Bürger, politische Entscheidungsträger, Unternehmen, öffentliche und private Institutionen, Finanziers, zivilgesellschaftliche Organisationen und Regulierungsbehörden – haben die Möglichkeit und die Verantwortung, uns zu einem durchdachten, ehrgeizigen Plan für ein integrativeres, nachhaltiges Wachstum zusammenzuschließen. Darüber hinaus sollten wir all das, was auf dem Spiel steht, mit erhöhter Dringlichkeit angehen; weitere Verzögerungen bedeuten mehr verschwendetes Humankapital und unnötige Verluste an Menschenleben sowie das reale Risiko, dass Teile des Planeten unbewohnbar werden. Wir brauchen mehr integratives, nachhaltiges Wachstum, *und zwar jetzt.*

Jetzt, da wir wissen, was auf dem Spiel steht, und uns über die angestrebten *Ziele* weitgehend einig sind, werden wir uns den *Mitteln* und Methoden zuwenden. Was ist der beste Weg, um ein integrativeres, nachhaltiges Wachstum zu fördern? Sollten wir ein „Stakeholder"-

oder ein „Shareholder"-Modell verwenden, was auch immer das bedeuten mag? Werden ESG-Investitionen uns auf diesem eiligen Weg helfen oder behindern? Was muss jeder von uns tun, das anders ist und mehr bringt, um das Ziel zu erreichen, auf das wir uns gerade geeinigt haben? Und schließlich, was sind die besonderen Verantwortlichkeiten von Wirtschaft und Finanzen?

Bei der Beantwortung dieser Fragen ist es angebracht, sich an John Mackey zu wenden. John Mackey ist der inspirierende Gründer von Whole Foods und in vielerlei Hinsicht die moderne menschliche Verkörperung des Stakeholder-Kapitalismus. Er ist auch eine zentrale Figur im nächsten Kapitel. Mackey hat unsere Lage und unsere Aussichten kürzlich treffend zusammengefasst:

> „Der Kapitalismus der freien Marktwirtschaft ist das mächtigste System für soziale Zusammenarbeit und menschlichen Fortschritt, das je erdacht wurde. Er ist eine der überzeugendsten Ideen, die wir Menschen je hatten. Das heißt aber nicht, dass wir nicht nach etwas noch Größerem streben sollten."

Meiner Meinung nach hat John Mackey recht. Im 21. Jahrhundert hat die Menschheitsfamilie sowohl die Möglichkeit als auch die Verantwortung, etwas noch Bedeutsameres anzustreben und zu erreichen – nämlich einen besseren Lebensstandard, mehr menschliche Erfüllung, mehr soziale Gerechtigkeit, mehr integratives Wachstum und eine nachhaltige Umwelt. Wir haben schon sehr viel erreicht, aber wir sollten unseren Blick noch weiter nach oben richten. Der Kapitalismus des freien Unternehmertums ist zweifellos ein Geschenk gewesen. Wir sollten alles feiern, was er uns gebracht hat. Aber er muss jetzt neu optimiert und neu ausgerichtet werden, um eine neue Liste einzigartiger Herausforderungen anzugehen, die Herausforderungen unserer Zeit.[15] Fortschritt ist weder automatisch noch unvermeidlich. Er muss geschmiedet werden. Um erfolgreich zu sein, müssen gemeinsame

Werte und kluge Visionen in realisierbare Aktionspläne umgesetzt werden. Gelingt es nicht, an diesen drei Fronten – Werte, Visionen und umsetzbare Aktionspläne – einen Konsens zu erzielen, wird dies letztlich zu einem Verlust an menschlichem Wohlergehen führen. Jeglicher Fortschritt hängt von der Verbesserung der Lebensgrundlagen der Menschen ab.

Was müssen wir also jetzt tun? Zunächst werden wir damit beginnen, einen Aktionsplan für ein allgegenwärtiges Wohlergehen zu entwerfen, indem wir herausfinden, welche Form des Kapitalismus am besten geeignet ist, um ein inklusiveres, nachhaltiges Wachstum zu ermöglichen: ein Kapitalismus, der darauf ausgerichtet ist, den Aktionären zu dienen, oder ein Kapitalismus, der versucht, sein Blickfeld zu erweitern, indem er sich verpflichtet, einer breiteren Klasse von Stakeholdern zu dienen. Erst wenn wir die hitzige Stakeholder-gegen-Aktionär-Debatte entwirrt haben, können wir eine tiefere Diskussion darüber führen, was ESG-Investitionen sind, woher sie kommen, wie sie funktionieren und was sie leisten können und was nicht. Und sobald wir die Verheißungen und Gefahren von ESG-Investitionen vollständig ausgelotet haben, werden wir uns der Frage zuwenden, was die Wirtschaft, das Finanzwesen und andere Wirtschaftsakteure tun müssen, um eine Zukunft zu gestalten, die den menschlichen Ansprüchen am besten gerecht wird. Schon bald werden wir in der Lage sein, die potenzielle Relevanz dessen zu begreifen, was ich die „1,6-Prozent-‚Lösung'" nenne. Durch diesen Plan erfahren wir, wo wir das zur Lösung unserer dringendsten Probleme benötigte Privatkapital finden und wie wir es am besten einsetzen können.

KAPITEL 2

STAKEHOLDER VERSUS AKTIONÄRE (SHAREHOLDER)

Ich möchte einen Nagel in den Sarg der Ideologie von Milton Friedman schlagen. Seine Ideen werden unsere Demokratie ersticken und letztlich das Ende von uns allen sein.

DARREN WALKER, PRÄSIDENT DER FORD-STIFTUNG

Shareholder-Value ist die dümmste Idee der Welt.

JACK WELCH, MANAGER DES JAHRHUNDERTS

Henry Ford ist in mehr als einer Hinsicht Amerikas erstes und wichtigstes Beispiel für einen Stakeholder-Kapitalisten. Er war der Meinung, dass alle Menschen ihr Leben auf eine Weise leben könnten und sollten, die sie sich nie hätten vorstellen können – mit dem Auto statt zu Fuß, mit dem Pferd oder mit dem Fahrrad. Infolgedessen revolutionierte er das tägliche Leben, verbesserte das Leben seiner Arbeiter dramatisch und brachte den Gemeinden, in denen er und seine Fabriken tätig waren, viel Gutes. Außerdem machte er sich und seine Mitgesellschafter auf diese Weise sagenhaft reich.

Der große Durchbruch von Ford war natürlich das Modell T (Abbildung 2.1). Das umgangssprachlich als „Tin Lizzie" oder „Leaping

Lena" bezeichnete Modell T war das erste in Massenproduktion hergestellte Auto, das sich die amerikanische Mittelschicht ohne Weiteres leisten konnte. Schon wenige Tage nach seiner ersten Vorstellung am 12. August 1908 wurden erstaunliche 15.000 Bestellungen aufgegeben. Bis 1927 wurden 15 Millionen Exemplare verkauft. Im Jahr 1999 wurde das Modell T von der Global Automotive Elections Foundation zum „Auto des 20. Jahrhunderts" gekürt. Elon Musk kann von ähnlichen Auszeichnungen für das 21. Jahrhundert nur träumen.

„Ich werde ein Auto für die große Masse bauen", versprach Henry Ford. „Es wird aus den besten Materialien und von den besten anzustellenden Männern gebaut werden, aber so billig sein, dass niemand, der ein gutes Gehalt verdient, es sich nicht leisten kann."

ABBILDUNG 2.1 Henry Ford mit seiner „Tin Lizzie", 1921.
Wikimedia Commons.

Bull's eye!

Bis 1916 hatte die Ford Motor Company einen Kapitalüberschuss von 60 Millionen Dollar angehäuft – das entspricht heute mehr als 1,6 Milliarden Dollar. In den vorangegangenen acht Jahren war der Preis von Fords wichtigstem Produkt, dem Modell T, auf *die Hälfte* des ursprünglichen Preises gesenkt worden, und gleichzeitig waren die Löhne der Ford-Mitarbeiter um mehr als *das Sechsfache* gestiegen. In der Überzeugung, dass das, was er tat, gut war, kam Ford zu dem Schluss, dass mehr noch besser wäre. Er kündigte einen Plan an, sein angesammeltes Kapital für den Bau weiterer Werke und die Ausweitung der Produktion zu verwenden. Sein öffentlich geäußerter Ehrgeiz war eines der frühesten und klarsten Argumente, die je für den Stakeholder-Kapitalismus angeführt wurden:

> „Mein Ziel ist es, noch mehr Menschen zu beschäftigen, die Vorteile dieses industriellen Systems so vielen wie möglich zukommen zu lassen und ihnen zu helfen, ihr Leben und ihr Heim aufzubauen. Um dies zu erreichen, müssen wir den größten Teil unserer Gewinne wieder in das Unternehmen stecken."

Henry Ford hatte jedoch ein Problem: Er kontrollierte sein Unternehmen nicht einseitig. Seinem angeborenen Wunsch, auf kurzfristige Kosten seiner Mitinvestoren einer breiten Schicht von Interessengruppen zu dienen, widersprachen zwei Minderheitsaktionäre heftig: John Francis und Horace Elgin Dodge. John und Horace waren Brüder und im Laufe der Zeit direkte Konkurrenten von Ford. Die Gebrüder Dodge argumentierten, dass es keinen Sinn mache, die Preise weiter zu senken, wenn Ford kaum noch mit den eingehenden Bestellungen Schritt halten könne. Sie verklagten das Unternehmen und bestanden darauf, dass der Vorstand von Ford ihnen als Aktionären weiterhin Sonderdividenden aus den Kapitalüberschüssen auszahlte, anstatt weitere Werke zu bauen oder die Gewinnspannen zu senken.

Bemerkenswerterweise entschied der Oberste Gerichtshof von Michigan am 7. Februar 1919 zu ihren Gunsten. Mit dieser Entscheidung wurden nicht nur Henry Fords Instinkte und Wünsche als Anteilseigner zurückgewiesen, sondern sie trug auch dazu bei, die vorrangigen Interessen der Anteilseigner gesetzlich und in der Praxis zu kodifizieren – ein Standard, der seither in unterschiedlichem Maße implizit und explizit aufrechterhalten wird. In der von Richter Ostrander verkündeten Mehrheitsmeinung heißt es:

> „Eine Kapitalgesellschaft ist in erster Linie für den Gewinn der Aktionäre organisiert und tätig. Die Befugnisse der Direktoren müssen zu diesem Zweck eingesetzt werden. Der Ermessensspielraum der Direktoren muss bei der Wahl der Mittel zur Erreichung dieses Zieles ausgeübt werden, erstreckt sich aber nicht auf eine Änderung des Zieles selbst, das heißt auf die Verringerung der Gewinne oder die Nichtverteilung der Gewinne unter den Aktionären."[1]

Vor dem Hintergrund der aktuellen Debatte über die Frage „Stakeholder oder Aktionäre" kann die Bedeutung der Entscheidung von Ostrander kaum überschätzt werden. Vor einem Jahrhundert wurde ein zwingendes Argument für den Stakeholder-Kapitalismus vom höchsten Gericht Michigans in denkbar unmissverständlicher Form niedergeschlagen, und den Aktionären wurde eindeutig die Oberhand zugesprochen. Damit war der Rechtsstreit um die Vorherrschaft der Aktionäre entschieden. Doch Henry Ford ließ sich nicht beirren und änderte seine Ambitionen nicht wegen ein paar umherziehender Partner. Schließlich zahlte er die Dodge-Brüder aus und baute seine Werke und seine Herrschaft weiter aus. Während des größten Teiles ihrer Geschichte verlor die Ford Motor Company auch nie die Lebensqualität ihrer Mitarbeiter oder die Gemeinden, in denen sie tätig war, aus den Augen. Im Jahr 1926 kündigte die Ford Motor Company als erstes großes US-Unternehmen zwei freie Tage pro Woche für ihre Mitarbeiter an – damals eine radikale Idee. Einige Jahre später wurden zwei freie Tage in der Woche in den USA zur Norm. Henry Ford stellte auch viele Afroamerikaner und Frauen ein, lange bevor die meisten Amerikaner Vielfalt als gesellschaftlich wünschenswert ansahen.[2] Zumindest im ersten Vierteljahrhundert ermöglichte es die Stärke von Fords Geschäftsmodell seinem Unternehmen, immer großzügiger mit Möglichkeiten, Löhnen und anderen Vorteilen umzugehen und so einen effektiven Engelskreis zu schaffen. Und bis zu seinem Tod hatte Henry Ford ein Vermögen von umgerechnet 200 Milliarden Dollar angehäuft – je nachdem, wo Amazon und Tesla heute gehandelt werden, in etwa das, was Jeff Bezos oder Elon Musk haben könnten.

Es ist verlockend zu denken, dass die Sorgen und Anliegen der eigenen Zeit einzigartig sind und dass man aus den Erfahrungen vergangener Jahrzehnte wenig lernen kann. Doch die aktuelle Diskussion darüber, wie der soziale Beitrag der Wirtschaft am besten erweitert und verbessert werden kann, reicht Jahrhunderte zurück, weit vor Henry Ford. Vor der Aufklärung verlangten mehrere Interessengruppen – darunter die Krone, die Zünfte, die Kirche und die Grundbesitzer – von den bäuerlichen Arbeitern Pacht. Mehrere Interessengruppen besteuerten ihre Unternehmen und machten sie weit weniger effizient, als sie hätten sein können und sollen. Bereits im 13. Jahrhundert wurden königliche Urkunden ausgestellt. Mit der frühesten in England wurde die Universität Cambridge gegründet. Die ersten US-amerikanischen Unternehmen erhielten Lizenzen für den Bau und den Betrieb öffentlicher Einrichtungen, um Gemeinden mit sauberem Wasser zu versorgen, grenzüberschreitende Eisenbahnen zu bauen und zu betreiben und Versicherungsgesellschaften auf Gegenseitigkeit zu gründen. Mit der Ausdehnung der Unternehmensgründungen nach den Gesetzen der verschiedenen Bundesstaaten vor dem Bürgerkrieg wuchsen die Unternehmen an

Stärke und wirtschaftlichem Einfluss, fast immer ohne jegliche Anleitung oder offizielle Regeln. Aus diesem Grund blieb der Streit zwischen Interessenvertretern und Anteilseignern in der ersten Hälfte des 19. Jahrhunderts weitgehend inaktiv. Unternehmen galten als wichtige Stützen des Gemeinwesens. Städte und Staaten bejubelten ihre Ansiedlung und ihren Erfolg. Sie ermöglichten die Erfüllung von lebenswichtigen gesellschaftlichen und wirtschaftlichen Bedürfnissen. Schließlich sind Gemeinschaften auf einen erfolgreichen, organisierten Handel angewiesen. Die moderne Debatte über den sozialen Zweck der Wirtschaft rückte erst spät im 19. Jahrhundert in den Mittelpunkt, nachdem prominente Akteure im Eisenbahn- und Ölsektor das Vertrauen der Öffentlichkeit missbraucht hatten. In den 1880er-Jahren lösten offensichtliche Missbräuche von Eisenbahn- und Ölmonopolen ebenso wie spätere Versäumnisse von Finanzunternehmen während der Großen Depression der 1930er-Jahre und der Großen Rezession 2008/2009 intensive landesweite Diskussionen darüber aus, wie sich Unternehmen verhalten sollten und was sie der Gesellschaft schulden, abgesehen von ihren kommerziellen Beiträgen und der Bereicherung ihrer Aktionäre.

Eines der aufschlussreichsten dieser Gespräche fand in den Jahren 1931 und 1932 zwischen den Rechtsprofessoren E. Merrick Dodd (Harvard) und Adolf A. Berle (Columbia) statt. In seinem Artikel „Corporate Powers as Powers in Trust“ (Unternehmensbefugnisse als Treuhandbefugnisse) in der *Harvard Law Review* von 1931 vertrat Professor Berle die Ansicht, dass die Aufgabe eines Treuhänders im Aufsichtsrat eines Unternehmens darin bestehe, die Interessen der Aktionäre als alleiniger Nutznießer des Unternehmens zu maximieren. Damit schlug sich Berle im Wesentlichen auf die Seite von Richter Russell Ostrander und des Obersten Gerichtshofs von Michigan. Ein Jahr später konterte Professor Dodd in der gleichen Zeitschrift, dass Unternehmen sowohl gewinnbringende als auch gemeinnützige Funktionen haben müssen, da das Recht auf Gründung von der Gesellschaft gewährt wird. Dodd vertrat die Ansicht, dass das Fehlen einer sozialen

Funktion die Notwendigkeit und das Recht auf Gründung von Unternehmen praktisch ausschließe. Berles anschließende Antwort bezieht sich direkt auf die Herausforderungen, mit denen Vorstände und ESG-Investoren heute konfrontiert sind. Obwohl die Gesellschaft durchaus wünscht, dass Unternehmen mehr für ihre Gemeinschaften tun, muss der Primat des Aktionärs de facto die Oberhand behalten, weil es den sogenannten Stakeholder-Bedürfnissen an klaren Maßstäben für die Festlegung und Messung des Erfolgs fehlt. Er schrieb:

> „Ein sozial-ökonomischer Absolutismus der Unternehmensverwalter – selbst wenn er vollkommen wohlwollend wäre – könnte unsicher sein und bietet auf jeden Fall kaum die solideste Grundlage für den Aufbau eines wirtschaftlichen Industrialismus, den das Gemeinwesen zu benötigen scheint."[3]

Mit anderen Worten sagt Berle, dass auch dann, wenn einige Kritiker wollen, dass Unternehmen mehr Gutes tun, ihre unabdingbare Aufgabe darin besteht, die *wirtschaftliche Vitalität* zu fördern. Gemeinwesen erfordern wirtschaftlichen Industrialismus. Unternehmen sind in ihrer ersten und letzten Inkarnation Wirtschaftsakteure. Sie sollten nicht gelähmt oder zum Scheitern verurteilt werden. Das Greifbarste, was sie zur Gesellschaft beitragen können, ist ihr Erfolg. Der greifbarste Weg, ihren Erfolg und ihre Lebensfähigkeit zu messen, ist ihre Rentabilität. Was es bedeutet, „gut" zu sein, liegt indessen im Auge des Betrachters. Wie die der Schönheit ist auch diese Definition subjektiv und Gegenstand endloser Debatten. Was heute als gut, schön oder politisch korrekt angesehen wird, kann morgen schon wieder anders sein. Das, was greifbar und notwendig ist, sollte nicht für das Illusionäre geopfert werden.

Die Geschichte von Dodge und der Ford Motor Company ist in diesem Zusammenhang besonders erwähnenswert. Sie veranschaulicht die zentrale Bedeutung von Aktionärsansprüchen sowohl für die Strategie als auch für den Erfolg eines börsennotierten Unternehmens. Zufälligerweise haben die Aktionäre nicht nur in der *akademischen* Management-Entscheidungstheorie einen einzigartigen Primat, sondern sie haben für diesen Primat auch eine *rechtliche* Grundlage. Ob es einem nun gefällt oder nicht, Unternehmensgewinne können nicht ohne die implizite oder explizite Zustimmung der Aktionäre willkürlich verteilt werden, um die Gesellschaft gerechter oder grüner zu machen. Die Aktionäre könnten ein Unternehmen verklagen, wenn es beispielsweise seinen Mitarbeitern zu viel Geld zahlt oder seine Gewinne an eine Wohltätigkeitsorganisation spendet. Wenn sie das täten, würden sie wahrscheinlich gewinnen. Der Fall des Obersten Gerichtshofs von Michigan und die berühmte Berle-Dodd-Debatte entlarven auch einen der häufigsten Mythen, die Stakeholder-Kapitalisten heute routinemäßig verbreiten: dass nämlich der Wirtschaftsnobelpreisträger Milton Friedman das Konzept des Shareholder-Value irgendwie im Alleingang entwickelt habe. Offensichtlich hat Professor Friedman nichts dergleichen getan.

Wie der Fall des Obersten Gerichtshofs von Michigan und die Berle-Dodd-Debatte zeigen, gibt es für das Konzept der Aktionärsrechte einen bedeutenden gesellschaftlichen und rechtlichen Präzedenzfall. Dennoch hatte Milton Friedman von der University of Chicago im Herbst 1970 das dringende Bedürfnis, diesem Konzept neuen Schwung zu verleihen. In dem meistzitierten Artikel, den der stets agile Professor Friedman je geschrieben hat, wurden die Interessen der Aktionäre scheinbar über alle anderen gestellt:

> „Es gibt eine und nur eine soziale Verantwortung der Wirtschaft – ihre Ressourcen zu nutzen und sich an Aktivitäten zu beteiligen, die darauf ausgerichtet sind, ihre Gewinne zu steigern, solange sie sich an die Spielregeln hält."

Es wird oft gesagt, dass Historiker mächtiger seien als Gott, weil sie die Vergangenheit verändern könnten, was Gott, selbst mit unendlichen

Kräften, nicht tun könne. Der Vorwurf an Professor Friedman, er habe die Besessenheit des Kapitalismus vom Shareholder-Value ausgelöst, veranschaulicht diese Weisheit. Als Professor Friedmans Artikel „The Social Responsibility of Business" am 17. September 1970 in der *New York Times* erschien, zuckte niemand mit der Wimper, geschweige denn protestierte auf der Straße. In vielerlei Hinsicht schienen Professor Friedmans Behauptungen damals der Inbegriff des gesunden Menschenverstands zu sein. Dennoch berufen sich diejenigen, die den Stakeholder-Kapitalismus heute leidenschaftlich verteidigen – darunter Darren Walker von der Ford Foundation[4] – oft auf Friedmans Artikel, um ihre Sache zu begründen.

So verlockend es manchen auch erscheinen mag, Professor Friedman ist nicht eines Morgens aufgewacht und hat sich entschlossen, all das abzulehnen, was Henry Ford populär gemacht und was Professor Dodd argumentiert hatte, damit Leute wie die Dodge-Brüder immer reicher werden konnten. Ganz und gar nicht. Es gab viel dringendere Angelegenheiten, die ihm durch den Kopf gingen. Wenn man diese dringenden Erwägungen nicht würdigt, erweist man nicht nur dem Intellekt, der Ethik und der Argumentation von Professor Friedman einen schlechten Dienst, sondern erhöht auch das Risiko, dass sich diese mildernden Umstände noch einmal wiederholen könnten. Milton Friedman zeichnete sich durch gesunden Menschenverstand aus. Wie es der Zufall will, haben die besonderen Umstände, die Professor Friedman damals zu schaffen machten, auch heute noch großen Einfluss auf die Debatte „Stakeholder gegen Shareholder". Kurz gesagt: Wirtschaftswachstum sollte immer an erster Stelle stehen. Ohne es können nur wenige andere gesellschaftliche Ziele erreicht werden.

Im Gegensatz zu allen anderen Mächten der Alliierten und der Achsenmächte haben die Vereinigten Staaten den Zweiten Weltkrieg mit weitgehend intakten industriellen Kapazitäten überstanden. Wie von einem tapferen Sieger zu erwarten, unternahmen die Vereinigten Staaten aktive Schritte, um ihren Vorsprung zu halten, aber auch um ihren früheren Feinden – Japan und Deutschland – bei der Erholung zu helfen. Dank ihrer Hebelwirkung und ihres komparativen Vorteils verzeichnete die amerikanische Wirtschaft zunächst ein beständiges nominales Wachstum im hohen einstelligen Bereich, vor allem in den 1950er-Jahren. In den 1960er-Jahren jedoch begann der gewaltige Wirtschaftsmotor der USA zu stottern. Die Konkurrenz aus denselben Volkswirtschaften, die die Vereinigten Staaten mit aufgebaut hatten, begann zu schmerzen. Während dieser sich abzeichnenden Verlangsamung hielt es Professor Friedman für notwendig, seine Landsleute davor zu warnen, dass die amerikanischen Unternehmen ihren Vorsprung verlieren würden. Die Inflation lag bei über fünf Prozent und stieg weiter an; das Bruttoinlandsprodukt wuchs um kaum ein Prozent und ging zurück. Die Arbeitslosigkeit verharrte hartnäckig bei über sechs Prozent, was bedeutete, dass die Arbeitsmärkte Hunderttausende von Veteranen, die aus dem Vietnamkrieg heimkehrten, nicht aufnehmen konnten. Nur wenige dieser Veteranen waren in der Zwischenzeit in ihren Häusern und Gemeinden überhaupt willkommen. Viele ihrer Mitbürger betrachteten sie als Verräter an den amerikanischen Idealen. Vier Monate zuvor hatte die Nationalgarde des Bundesstaats Ohio auf 13 Studenten der Kent State University, die friedlich gegen die Ausweitung der amerikanischen Militäraktion in Kambodscha protestiert hatten, geschossen – ein Tiefpunkt in der amerikanischen Sozialgeschichte. Zuvor hatten die Studenten der Kent State University symbolisch ein Exemplar der Verfassung vergraben und behauptet, sie sei ermordet worden, weil der Kongress den Angriff auf Kambodscha nicht genehmigt habe. Präsident Richard Nixon hatte im Alleingang Bomber und Truppen in einen souveränen Staat entsandt. Das Vertrauen in die Bundesregierung sank auf einen absoluten Tiefpunkt. Immerhin hatte Nixon versprochen, den Vietnamkrieg zu beenden und nicht auszuweiten. 4 der 13 Studenten starben. Während viele davon ausgehen, dass die sozialen Unruhen in Amerika heute die schlimmsten aller Zeiten seien, waren die späten 1960er- und frühen

1970er-Jahre wohl noch viel schlimmer. Auf protestierende Studenten wurden tödliche Schüsse abgegeben. Die US-Wirtschaft war sklerotisch.

Professor Friedmans wachsende Besorgnis über die Unternehmensgewinne war zu dieser Zeit durchaus gerechtfertigt. Die US-Bundesregierung hatte die Ausgaben für innenpolitische Prioritäten und das Militär massiv erhöht, während 28 der 30 Unternehmen, aus denen sich der damalige Dow Jones Industrial Average (DJIA) zusammensetzte, mit sinkenden Gewinnspannen und rückläufigen Umsätzen zu kämpfen hatten. Wenn der Wirtschaftsmotor, der den Wohlstand der USA in den 1950er- und 1960er-Jahren nur unzureichend angetrieben hatte, weiter ins Stocken geraten würde, wie es damals den Anschein hatte, wäre die Abwehr jeglicher Bedrohung der USA, ob aus dem Ausland oder aus dem Inland, schlichtweg unhaltbar geworden. Die Macht im Ausland beruht in erster Linie auf der Macht im eigenen Land. Kein Land kann ohne wirtschaftliche Vitalität im Inland vorankommen.

Milton Friedman war kein bösartiger Dummkopf. Und die Geschichte hat bewiesen, dass seine Befürchtungen aus dem Jahr 1970 durchaus prophetisch waren. Wie Abbildung 2.2 zeigt, verzeichnete der DJIA zwischen 1968 und 1980 eine negative Rendite, was zuvor nur einmal in einem vergleichbaren Zeitraum vorgekommen war. Dieses verlorene Wirtschaftsjahrzehnt war jedoch nicht das Ergebnis einer geplatzten Blase wie 1929 oder während der sinnlosen Dotcom-Täuschung in den späten 1990er-Jahren. Vielmehr lag es daran, dass die amerikanischen Unternehmen ihre Fähigkeit zur Innovation und zum Wachstum verloren hatten. In den späten 1960er- und 1970er-Jahren versagte „Corporate America" bei seiner wichtigsten Aufgabe: der wirtschaftlichen Vitalität. Corporate America hat in den 1970er-Jahren seine Bürger im Stich gelassen, weil es nicht genügend Wohlstand geschaffen hat. Professor Friedman schrieb 1970 absichtlich, dass sich die Unternehmen mehr auf die Rentabilität konzentrieren müssten, und zwar auf Kosten aller anderen Variablen, weil er voraussah, dass die amerikanischen Unternehmen ein chronisches Rentabilitätsproblem entwickelten.

Der Wohlstand in den USA schwand dahin. Amerika gingen die Hühner aus, die goldene Eier legen konnten.

Akademiker und Praktiker sind sich seit Langem darüber im Klaren, dass der Kapitalismus sowohl Stärken als auch Schwächen mit sich bringt. Ungezügelter Kapitalismus maximiert die Effizienz, während er bestimmte gesellschaftliche Güter wie die Umwelt oder die Arbeitsplatzsicherheit beeinträchtigt. Das alles ist nicht neu. Diese sozialen Kosten werden in Wirtschaftslehrbüchern als „negative externe Effekte" bezeichnet. Der Stakeholder-Kapitalismus zielt darauf ab, die Stärken des Kapitalismus zu maximieren und gleichzeitig alle negativen externen Effekte zu verringern oder idealerweise zu beseitigen. Darüber hinaus wollen die Anhänger des Stakeholder-Kapitalismus, dass Unternehmen gezielt *positive* externe Effekte erzeugen. Das sind Dinge wie sauberes Wasser und saubere Luft, bessere Schulen und öffentliche Parks. Für die eifrigsten Stakeholder-Kapitalisten ist es in der Tat umso besser, je mehr positive externe Effekte die Unternehmen erzeugen.

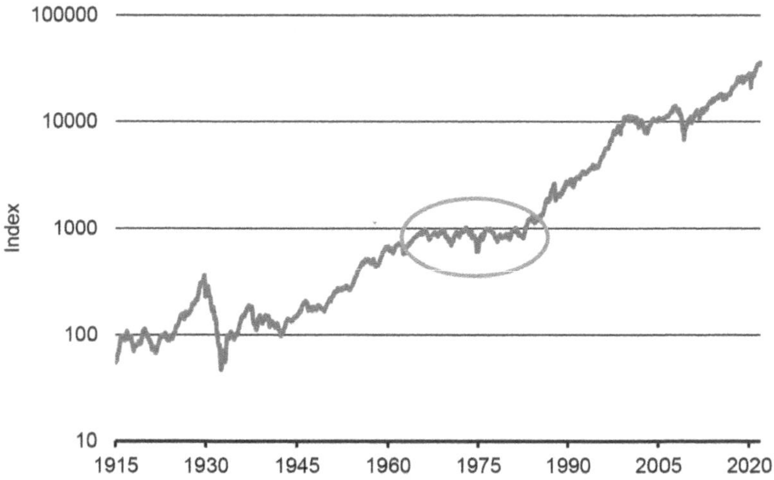

ABBILDUNG 2.2 Das verlorene Jahrzehnt des Dow Jones: Von 1968 bis 1980 kamen die US-Aktien nicht vom Fleck.

Die Abbildung stammt vom Autor.

Aber der Kapitalismus selbst hat viele Formen. Es gibt keine monolithische Definition des Kapitalismus. Die Klärung unserer „kapitalistischen Terminologie“ ist von entscheidender Bedeutung, wenn wir hoffen, *guten* Kapitalismus von *schlechtem* Kapitalismus unterscheiden zu können. Eine Einigung darüber, wie und wo Kapitalismus gut und schlecht sein kann, ist auch für das Verständnis der Debatte „Stakeholder gegen Shareholder“ unerlässlich.[5]

Die meisten Verweise auf den Kapitalismus beziehen sich indirekt auf das, was stattdessen als Kapitalismus der freien Marktwirtschaft bezeichnet werden sollte. Diese Version war zumindest bis vor Kurzem in der angelsächsischen Welt am häufigsten anzutreffen. Sie steht im Gegensatz zum *staatlich gelenkten* Kapitalismus, der heute in China zu einer neuen Kunstform erhoben worden ist. Sowohl der freie Markt als auch der staatlich gelenkte Kapitalismus lassen im Allgemeinen zu, dass die Märkte Konsumgüter und Dienstleistungen schaffen und die Preise frei festlegen. Sie unterscheiden sich in erster Linie dadurch voneinander, dass im letzteren Fall die Regierungen die Investitionsagenda bestimmen. Chinas im Inland gelobte Initiative „Made in China 2025“ ist ein relativ extremes Beispiel für staatlich geplante Investitionen. Sie legt einen Fahrplan fest, nach dem China in den kommenden Jahrzehnten mehrere technologische Wachstumsbereiche dominieren soll. Die Führer der Kommunistischen Partei Chinas planten aktiv, durch praktisch unbegrenzte staatliche Investitionen Weltmarktführer in den Bereichen künstliche Intelligenz, elektronische Fahrzeuge, Halbleiter, erneuerbare Energien und 5G zu werden. Anders als im Westen stützt sich Chinas Wirtschaft viel stärker auf staatlich gelenkte Investitionen als auf Konsum oder private Investitionen. Durch umfangreiche Investitionen in die Technologie von morgen wollte die chinesische Führung die nur allzu häufige und unglückliche „Middle-Income Trap“ umgehen. Diese „Falle des mittleren Einkommens“ tritt auf, wenn die Volkswirtschaften der Schwellenländer ihren Wachstumsspitzenwert nicht erreichen können, weil die Löhne der Arbeitnehmer nicht weiter erhöht werden können; die Exporte würden dann ihre Wettbewerbsfähigkeit verlieren. Um aus dieser Falle herauszukommen, sind qualifiziertere, hoch technisierte Industrien erforderlich.

Da die Regierung ihre Wirtschaft zentral steuert und ihre eigene Währung ausgibt, ist Chinas Fähigkeit, in Hightech-Industrien zu investieren, praktisch unbegrenzt; was auch immer an Kapital benötigt wird, wird sich finden. Heute sind die meisten westlichen Adaptionen des Kapitalismus Mischformen aus marktwirtschaftlichen und staatlich gelenkten Versionen. Dennoch ist China der unangefochtene Hegemon des staatlich gelenkten Kapitalismus.

Eine dritte Art von Kapitalismus – der *oligarchische Kapitalismus* – entwickelt sich häufig aus staatlich gelenkten kapitalistischen Konstrukten. Der oligarchische Kapitalismus weist viele der am wenigsten lobenswerten Merkmale des Sozialismus auf, darunter ein hohes Maß an Korruption, chronische Ineffizienz und unterdurchschnittliches Wachstum.[6] Russland war der unangefochtene Hegemon des oligarchischen Kapitalismus, zumindest bis zu seinem tragischen Einmarsch in die Ukraine. Weitere bemerkenswerte Beispiele sind Argentinien und Belarus. Schließlich gibt es noch den *unternehmerischen Kapitalismus*, eine vierte Kategorie. Der unternehmerische Kapitalismus erzielt die besten Ergebnisse bei der Schaffung von Wachstum und Wohlstand. Keine Gesellschaft kann ohne ein gewisses Maß an Unternehmertum dauerhaft einen besseren Lebensstandard erreichen. Die makroökonomische Dynamik hängt auch von der Mikrodynamik ab: So wie keine Wirtschaft ohne Unternehmertum optimal wachsen kann, kann kein Unternehmen lange dominieren, ohne einen gewissen Unternehmergeist zu bewahren. Das Markenzeichen des Unternehmertums ist die ständige Innovation. Unternehmertum ist notwendig, um Hühner zu züchten, die irgendwann goldene Eier legen. Ohne Unternehmertum sind die Volkswirtschaften zu weniger Wachstum, geringerer Produktivität und geringerem Lebensstandard verdammt.

Aber auch das Unternehmertum hat eine turbulente Seite. Die ihm zugrunde liegende disruptive Kraft ist das Herzstück dessen, was der österreichische Ökonom Joseph Schumpeter berühmterweise als „schöpferische Zerstörung" des Kapitalismus bezeichnete. Schumpeter beschrieb dies folgendermaßen: „Ein Sturm der schöpferischen Zerstörung treibt den Prozess der industriellen Mutation an, der die Wirtschaftsstruktur kontinuierlich von innen heraus revolutioniert, indem er unaufhörlich das Alte zerstört und unaufhörlich das Neue schafft." In Schumpeters eindringlicher Darstellung sind die positiven und negativen externen Effekte des Kapitalismus die entgegengesetzten Seiten ein und derselben Medaille. Etablierte Unternehmen (zum Beispiel Taxi- oder Ruftaxifirmen) werden oft durch technische Fortschritte und menschlichen Erfindungsreichtum untergraben, die nach größerer Effizienz streben (zum Beispiel Uber). Wenn das Alte vom Neuen weggespült wird, ist das immer unangenehm für diejenigen, die in der „disruptierten" Branche tätig sind. Letztendlich entsteht jedoch eine effizientere Übereinstimmung zwischen Verbraucherpräferenzen und Unternehmensdienstleistungen. Im Laufe der Zeit, wenn sich dieses neue, effizientere Gleichgewicht herausbildet, führt dies zu einer höheren Produktivität und letztlich zu mehr Wohlstand. Der Versuch, diese Innovationen der „schöpferischen Zerstörung" zu stoppen, ist im Übrigen oft ein Irrweg; zu viel Regulierung führt lediglich zu sklerotischen, oligarchischen Ergebnissen. Unter dem Gesichtspunkt der reinen Effizienz ist es oft besser, kurzfristige Unannehmlichkeiten für längerfristige Vorteile in Kauf zu nehmen. Wenn man dies nicht tut, können andere, produktivere Methoden, Unternehmen und Gesellschaften letztlich an einem vorbeiziehen. Es gibt aber noch einen weiteren Aspekt des Unternehmertums: Sein finanzieller Reichtum konzentriert sich fast immer auf einige wenige Begünstigte. In dieser Hinsicht erinnert der unternehmerische Kapitalismus an Winston Churchills Bemerkung über die Demokratie: So wie Churchill behauptete, die Demokratie sei die schlechteste Form der Regierung, abgesehen von allen anderen, so ist der Unternehmergeist die schlechteste Form des Kapitalismus, abgesehen von allen anderen. Jede Wirtschaft braucht für ihre ständige Erneuerung eine Form des Unternehmertums. Aber selbst die ständige Erneuerung hat ihren Preis. In Ermangelung progressiver Steuervorschriften, die den entstehenden Reichtum breiter streuen, oder einer Umschulung der Arbeitnehmer, die eine größere Mobilität der Arbeitskräfte ermöglicht, setzt das überbordende Unternehmertum die Gesellschaftsverträge unter Druck. Diesen Druck auf die Gesellschaftsverträge erleben wir heute in Amerika und China. Präsident Xi ruft zu „mehr gemeinsamem Wohlstand" auf, und in der immerwährenden amerikanischen Steuerdebatte geht es darum, dass die Reichen ihren „gerechten Anteil" zahlen sollen.

Um auf Friedman zurückzukommen: Die Zusammensetzung des DJIA im Jahr 1970 veranschaulicht auf nützliche Weise, wie wenig unternehmerisch die US-Wirtschaft geworden war. Etwa die Hälfte der 30 Unternehmen im DJIA förderte Mineralien, verhüttete Metalle und stellte Chemikalien her, darunter drei Unternehmen, die ausschließlich nach Öl bohrten und dieses raffinierten. Sechs produzierten Autos, Autoteile, Flugzeuge oder andere langlebige Güter, während vier andere – General Mills, Sears, Woolworth und General Food – in erster Linie die Bedürfnisse der amerikanischen Verbraucher bedienten. Eastman Kodak, Westinghouse Electric und AT&T entsprachen am ehesten dem, was wir heute als „Technologie" oder Wachstumsbranchen bezeichnen würden. Aber Apple, Microsoft oder Salesforce, die sich in der Frühphase befanden, waren nicht dabei. Tatsächlich ist heute nur noch einer der 30 DJIA-Aktien von 1970 im Dow Jones enthalten: Procter & Gamble. Mit anderen Worten: Der DJIA von 1970 zeigt eine US-Wirtschaft, die in eine Ära der Verknöcherung eintritt.[7] Ohne mehr schumpetersche kreative Zerstörung war ein verlorenes amerikanisches Jahrzehnt unvermeidlich. Friedman heute zu kritisieren ist nicht anders, als Jesaja oder Jeremia im 8. oder 7. Jahrhundert vor Christus zu beschimpfen – beides Propheten, die zu ihrer Zeit verschmäht wurden, weil sie vor unruhigen Zeiten warnten. Und genau wie Jesaja und Jeremia hat auch Friedman Recht behalten.

Ford Motor war zwar nie Teil des DJIA, aber auch das Vermögen des Unternehmens wurde im Laufe der Zeit durch schumpetersche Kräfte geschwächt. Der inländische und globale Wettbewerb, der von weitsichtigeren Innovationen und einer vergleichsweise hohen Kostenbasis angetrieben wurde, ließ den Anteil von Ford am weltweiten Automobilmarkt von seinem Höchststand von fast 60 Prozent zu Beginn des letzten Jahrhunderts auf zuletzt etwas mehr als 5 Prozent sinken – die Hälfte des Anteils des derzeitigen Weltmarktführers Toyota. Die aktuelle Börsenkapitalisierung von Ford in Höhe von circa 70 Milliarden US-Dollar spiegelt auch die Erwartungen der Anleger in Bezug auf die relativen Wachstumsaussichten des Unternehmens im Vergleich zu beispielsweise Tesla wider, das 16-mal größer ist. Die Märkte gehen davon aus, dass die Zukunft des Automobilmarkts in der Elektromobilität liegt und dass Tesla in der Lage ist, dieses Rennen zu gewinnen. Ford ist nach wie vor ein im Wesentlichen familiengeführtes Unternehmen mit einer guten Arbeitsbilanz; in der Tat werden in der kürzlich angekündigten Elektroautofabrik nur Gewerkschaftsmitglieder arbeiten. Jahrzehntelang war die Ford Motor Company das, wovon Stakeholder-Kapitalisten – und auch einige ESG-Investoren – träumten: ein Unternehmen, das viel Gutes für seine Mitarbeiter, die Gemeinschaft, die Lieferanten *und* die Aktionäre tat. Dennoch hat das Versäumnis, an der Spitze des kreativen Zerstörungswettlaufs in der Automobilindustrie zu stehen, Ford seit Jahrzehnten zu einer unattraktiven Aktie gemacht. Der Aktienkurs von Ford erreichte am 30. Juni 1998 einen Höchststand von 56,68 Dollar, pendelte aber von 2002 bis vor Kurzem hauptsächlich zwischen 10 und 15 Dollar. Von 1998 bis 2021 sank der Aktienkurs von Ford um 80 Prozent, während der S&P 500 um mehr als 400 Prozent stieg. Es war eine harte Zeit.

Der Gründer und CEO von Whole Foods, John Mackey, nimmt in der Debatte um den Kapitalismus zwischen Stakeholdern und Aktionären einen ebenso geschichtsträchtigen Platz ein wie Henry Ford, aber nicht aus den Gründen, an die Sie vielleicht denken. Wie Ford hat auch Whole Foods das Leben vieler Menschen revolutioniert, indem es ein äußerst erfolgreiches Supermarktkonzept für natürliche und biologische Lebensmittel entwickelte. Millionen von Menschen, die in den Vereinigten Staaten, Kanada, dem Vereinigten Königreich und Mexiko keinen Zugang zu qualitativ hochwertigen, lokal bezogenen Bio-Lebensmitteln hatten, fanden ihre sublimierten Sehnsüchte gestillt, als einer von mehr als 500 Whole-Foods-Supermärkten in ihrer Wohngegend oder in der Nähe eröffnete. Genau wie Ford gründete auch Mackey sein Unternehmen mit 45.000 Dollar, die er hauptsächlich von Familie und Freunden erhielt. In Anerkennung seines Pioniergeists wurde John Mackey 2003 von der Wirtschaftsprüfungsgesellschaft Ernst & Young zum „Entrepreneur des Jahres" ernannt. Und als Amazon im Juni 2017 Whole Foods für 13,7 Milliarden Dollar kaufte, erhielten Mackey und seine Mitgesellschafter eine beträchtliche finanzielle Entschädigung.

Aber zusätzlich zu alldem – und das ist für diese Diskussion viel wichtiger – hat John Mackey vielleicht mehr getan als jeder andere moderne CEO, um die Bewegung des Stakeholder-Kapitalismus zu fördern. Zusammen mit seinem Co-Autor Raj Sisodia schrieb er den Bestseller „Conscious Capitalism: Liberating the Heroic Spirit of Business". Und was für unsere aktuelle Diskussion am wichtigsten ist: 2005 debattierte Mackey mit dem immer noch rüstigen 93-jährigen Milton Friedman über Stakeholder- versus Shareholder-Kapitalismus. Diese Debatte bot Professor Friedman die Gelegenheit darzulegen, dass sein Verständnis von Shareholder-Kapitalismus immer auf die Interessengruppen ausgerichtet war. Wenn Sie sich diese Debatte ansehen, sollten Sie selbst entscheiden, wie viel von der Debatte „Stakeholder gegen Shareholder" semantisch ist. Beruht ihr Streit eher auf subtilen verbalen Unterscheidungen als auf grundlegenden politischen Unterschieden? Was noch wichtiger ist: Stimmen Friedmans tatsächliche und nicht nur vermeintliche Überzeugungen mit Ihren eigenen überein?

John Mackey begann seinen aufschlussreichen Austausch mit Professor Friedman im Jahr 2005 damit, dass er darlegte, wie Whole Foods den Wert, den es für sechs Kategorien von Stakeholdern schafft, akribisch überwacht: Kunden, Teammitglieder (sein Begriff für Mitarbeiter), Investoren, Verkäufer, Gemeinden und die Umwelt. Dann erzählte Mackey eine anschauliche Geschichte über die bei Whole Foods häufig praktizierten „5-Prozent-Tage". Mehrmals im Jahr kündigte Whole Foods an gut publizierten Terminen an, dass fünf Prozent des Gesamtumsatzes einer bestimmten Franchise-Filiale an eine lokale gemeinnützige Organisation, Wohltätigkeitsorganisation oder Nichtregierungsorganisation gespendet würde, die gute Arbeit leistet. Bei Gewinnspannen von weit über fünf Prozent ließ die Wohltätigkeit von Whole Foods immer noch viel Raum für Gewinne. Es ist jedoch zu beachten, dass diese Wohltätigkeitsorganisationen oft aus einem doppelten Profitmotiv heraus ausgewählt wurden. Mackey enthüllte, dass lokalen Gruppen mit einer großen Mitgliederzahl, die gleichzeitig seltene Kunden von Whole Foods waren, oft der Vorzug gegeben wurde. Die Gewinnung neuer oder ehemaliger Kunden, die es zu schätzen wussten, dass fünf Prozent ihrer Ausgaben die Sache unterstützten, die ihnen am Herzen lag, führte zu einer unmittelbaren Markentreue für Whole Foods. Aus kommerzieller Sicht war diese Loyalität der Loyalität nicht unähnlich, die Henry Ford erzeugte, indem er seine Autos für diejenigen erschwinglich machte, die sie zusammenbauten, oder indem er in die lokalen Gemeinden investierte, in denen seine Werke betrieben wurden. Es war in der Tat die Quintessenz einer Win-win-Situation: Gutes tun und gleichzeitig sich selbst etwas Gutes tun. Whole Foods sorgte für Markentreue und Umsatz und praktizierte gleichzeitig kalkulierten Altruismus.

Schließlich hat John Mackey ein erfolgreiches Unternehmen aufgebaut. Die Spitzenrentabilität von Whole Foods überstieg Hunderte von Millionen Dollar. Es überrascht nicht, dass Professor Friedman keine Zeit damit verschwendete, Mackeys selbstsüchtige Virtuosität zu feiern, indem er eine der denkwürdigsten Zeilen von Adam Smith aus „Der Wohlstand der Nationen“ zitierte: „Indem der Einzelne sein eigenes Interesse verfolgt, fördert er häufig das der Gesellschaft wirksamer, als wenn er es ohne Weiteres beabsichtigt.“ Der nicht mehr ganz junge Friedman fasste dann seine lobende Meinung über die Ziele des Stakeholder-Kapitalismus zusammen, indem er zu seiner Verteidigung seinen ursprünglichen Artikel in der *New York Times* von 1970 zitierte:

> „Die Differenzen zwischen John Mackey und mir in Bezug auf die soziale Verantwortung von Unternehmen sind größtenteils rhetorischer Natur. Blendet man all das Rauschen aus, stellt sich heraus, dass wir im Wesentlichen übereinstimmen. Außerdem verhält sich sein Unternehmen Whole Foods in Übereinstimmung mit allen Grundsätzen, die ich in meinem Artikel in der *New York Times* 1970 dargelegt habe. Es könnte kaum anders sein, denn sein Unternehmen hat sich in einer hart umkämpften Branche gut geschlagen. Hätte er einen weitaus größeren Teil seiner Ressourcen der sozialen Verantwortung gewidmet, die nichts mit seinem Gewinn zu tun hat, wäre Whole Foods schon längst pleite oder übernommen worden. Ein gewisser Gewinn musste erzielt werden.
>
> Trotz all ihrer Mängel scheint mir die gegenwärtige, weitgehend auf der freien Marktwirtschaft und dem Privateigentum basierende Welt einer alternativen Welt, in der sehr große Mengen an Ressourcen von ihren korporativen Gegenstücken an gemeinnützige Organisationen verteilt würden, die bei Weitem zu bevorzugende zu sein.“

Mit anderen Worten, Professor Friedman sagt: Lasst Unternehmen Unternehmen und wohltätige Organisationen wohltätige Organisationen sein – das heißt, verstoßt nicht gegen das Gesetz des komparativen

Vorteils. Wenn die Zusammenarbeit mit einer Wohltätigkeitsorganisation gut für das Geschäft ist, nur zu. Wenn nicht, bleiben Sie weg. Und an dieser Stelle hätte Professor Friedman die Debatte natürlich gern beendet. Aber John Mackey wollte nichts von seinen Äquivalenzen wissen. Mackey stellte seine Argumentation um, indem er eine Hypothese über die *kausale Richtung* der Gewinne aufstellte. Wenn sich der ganze Staub um die Tugenden des Stakeholder- gegen den Shareholder-Kapitalismus gelegt hat, bleibt vielleicht nichts anderes übrig als die uralte Debatte: Was war zuerst da, die Henne oder das Ei? Oder, in diesem Fall: *Ermöglicht Profitabilität Tugend oder ermöglicht Tugend Profit?* Mackey sagte:

> „Professor Friedman hat recht, wenn er argumentiert, dass Gewinnstreben an sich wertvoll für die Gesellschaft ist. Aber während er glaubt, dass die Sorge um Kunden und Mitarbeiter, die Umwelt und die Philanthropie Mittel zum Zweck der Steigerung der Investorengewinne sind, vertrete ich genau den gegenteiligen Standpunkt: Hohe Gewinne zu erzielen ist das Mittel zur Erfüllung der zentralen Geschäftsaufgabe von Whole Foods. Wir wollen die Gesundheit und das Wohlbefinden aller Menschen auf diesem Planeten durch qualitativ hochwertigere Lebensmittel und eine bessere Ernährung verbessern. Diesen Auftrag können wir nur erfüllen, wenn wir hochprofitabel sind."

Mackey behauptet zu Recht, die Kernaufgabe von Whole Foods sei edel: Gesundheit ist für das menschliche Wohlbefinden unerlässlich, und Bio-Lebensmittel tragen zur Förderung der Gesundheit bei. Aber seien wir doch mal brutal ehrlich: Wie skalierbar ist die positive Symbiose von Whole Foods? Es ist leicht, sich viele Unternehmen vorzustellen, bei denen Rentabilität und Tugend untrennbar miteinander verwoben sind, mit einer gegenseitigen Abhängigkeit, die über jeden Zweifel erhaben ist – Unternehmen wie Disney oder Humana zum

Beispiel. Whole Foods profitiert wirtschaftlich davon, dass es als gesund und altruistisch wahrgenommen wird. Aber nicht alle Unternehmen haben diese symbiotische Chance. Tatsächlich sind einige Verbrauchermarken durch eine ausdrücklich nicht wohltätige Darstellung zu globaler Bekanntheit gelangt. Die bewusste Kultivierung eines Images des Lasters oder des illegalen Zweckes ist zum Beispiel Firmen wie Victoria's Secret und Remington zugutegekommen. Und viele andere – Sony, IKEA, Coca-Cola und Rolex – haben eine starke Markenidentität erlangt, die auf Attributen weit jenseits von Tugend oder Laster beruht. Ich denke dabei an Privilegien, Exklusivität und Einfachheit. Die wertvollsten Marken der Welt – Apple, Google, Amazon und Microsoft – haben ihre Identität in erster Linie durch herausragende Produkte und Dienstleistungen erlangt, nicht durch Altruismus. Jeder von ihnen mag am Rande etwas Altruismus hinzugefügt haben, aber überlegene Telefone, Tablets, Suchmaschinen, Lieferdienste und Software waren und sind die Hauptquelle ihres Erfolgs. Ohne die gewünschten Produkte hätte es ihnen an kommerziellem Schwung gefehlt. Hätte Mackey anstelle von Bio-Lebensmitteln das Schweißen von Rohren oder das Fahren von Lastwagen als Kerngeschäft gewählt, hätte er dann denselben kausalen Zusammenhang zwischen Tugend und Gewinn herstellen können? Sicherlich nicht. Aber braucht die Welt nicht immer noch Rohrschweißer und Lkw-Fahrer? Ja, das tut sie sehr wohl.

Aus der Friedman-Mackey-Debatte ergibt sich noch eine weitere entscheidende Frage: Ist es möglich zu erkennen, ob die Verpflichtung, bei der Verfolgung höherer Gewinne seinen Stakeholdern zu dienen, etwas anderes ist als das Bestreben, sein Unternehmen *über lange Zeiträume hinweg* so gut wie möglich für seine Aktionäre zu führen? Wir haben hier kurz den Automobilbau und den Lebensmitteleinzelhandel betrachtet. Im Falle von Ford und Whole Foods hat die Berücksichtigung der verschiedenen Interessengruppen dazu beigetragen, dass beide Unternehmen über einen längeren Zeitraum erfolgreich waren, auch wenn Ford, wie wir gesehen haben, irgendwann den Fokus auf Wettbewerbsfähigkeit und Innovation verlor. Auch in vielen anderen Branchen scheinen die Umstände im Großen und Ganzen die gleichen zu sein: Die Interessen der Stakeholder und die Interessen der Aktionäre stimmen besser überein, wenn sie über einen längeren Zeitraum betrachtet werden.

Das Global Institute des Beratungsunternehmens McKinsey hat genau diese Frage eingehend untersucht. Nach einer Überprüfung der Strategien und der Aktienperformance von 615 großen und mittelgroßen Unternehmen im Zeitraum von 2001 bis 2015 stieß es auf genau das, was wir soeben vermutet haben: *Unternehmen mit einem längerfristigen Planungshorizont übertreffen ihre kurzfristig orientierten Konkurrenten bei einer Vielzahl wirtschaftlicher und finanzieller Kennzahlen deutlich.*[8] Die Daten von McKinsey zeigen, dass Unternehmen, die mehr in ihre Mitarbeiter investieren, das Margenwachstum konsequenter steuern, sich weniger auf Quartalsgewinne konzentrieren und ihre wichtigsten Stakeholder unterstützen (insbesondere in schwierigen Zeiten), ihren Aktionären im Durchschnitt deutlich höhere Renditen bieten. Das Gewinnwachstum war bei den langfristig orientierten Vorbildern in dieser McKinsey-Studie um 36 Prozent höher als bei den kurzfristig orientierten. Tatsächlich entfiel fast die Hälfte des gesamten Gewinnwachstums auf Unternehmen mit längerfristigen Verhaltensmerkmalen in ihrer Stichprobe, obwohl sie zahlenmäßig nur etwa ein Viertel der Stichprobe ausmachten. Wenn die langfristige Gewinnmaximierung tatsächlich das Ziel ist, scheint die vorrangige Berücksichtigung der Interessen aller Stakeholder – das heißt der Mitarbeiter, Kunden, Gemeinden und der Umwelt – letztlich auch den Aktionären zugutezukommen. Kurz gesagt: *Auf längere Sicht scheinen Stakeholder-Kapitalismus und Shareholder-Kapitalismus weitgehend gleichbedeutend zu sein.* Unternehmen, die sich auf kurzfristige Gewinne auf Kosten der Variablen konzentrieren, die ihr langfristiges Wachstum fördern, leben nicht lange genug, um ihre

Geschichte zu erzählen. Wie die längerfristigen Defizite von Ford zeigen, schadet die Nichtbeachtung von Aktionärsinteressen jedoch letztlich auch allen anderen Stakeholdern. Jedes Unternehmen muss ein Auge auf Schumpeter haben. Jedes Unternehmen muss ständig innovativ sein und konkurrieren, um relevant zu bleiben und all seinen Stakeholdern optimal zu dienen.

Die Aktionäre gewinnen auf Dauer nicht, wenn Unternehmen an der falschen Stelle sparen, nicht in künftige Wachstumsmärkte investieren oder ihre Mitarbeiter misshandeln. Dennoch *müssen* alle großen, börsennotierten Unternehmen letztlich profitabel sein, um die Gesellschaft in der Weise zu beeinflussen, wie es sich diejenigen wünschen, die dem Stakeholder-Kapitalismus anhängen. Wenn sie nicht profitabel sind, gehen sie unter. Dies bedeutet jedoch nicht, dass jedes Unternehmen gewinnorientiert sein muss.[9] Viele wichtige und einflussreiche kleinere Unternehmen können als gemeinnützige Gesellschaften oder als Unternehmen ohne Gewinnabsicht arbeiten und tun dies oft auch. Es ist auch möglich, ein Unternehmen zu gründen und an der Börse zu notieren, ohne Gewinne als vorletztes Ziel anzustreben. Immerhin scheint dies die implizite Strategie von Ford gewesen zu sein. Weniger klar ist jedoch, wie viele Aktien dieser sogenannten guten Unternehmen in Ihr Rentenportfolio gehören. Der Besitz von Aktien äußerst tugendhafter, aber unrentabler Aktiengesellschaften wird wahrscheinlich nicht zu einer persönlichen Altersvorsorge führen. Auch große *Privatunternehmen* können über längere Zeiträume Gewinneinbrüche verkraften und tun dies auch oft, da sie sich um andere Investitionsbedürfnisse und Prioritäten der Interessengruppen kümmern.[10] Aber auch große Privatunternehmen können sich nicht für immer den strengen Anforderungen der Gewinnerzielung entziehen. In den Vereinigten Staaten gibt es weniger als 6.000 börsennotierte Unternehmen und weit mehr als 5 Millionen Privatunternehmen. Angesichts der Tatsache, dass in den börsennotierten Unternehmen Amerikas weniger als 20 Prozent der arbeitenden Amerikaner beschäftigt sind, geht die umfassendere Diskussion über integratives, nachhaltiges Wachstum, die wir bald auspacken werden, weit über die Reichweite der öffentlichen Aktionäre hinaus. Jedes vernünftige Manifest zur Maximierung eines integrativen, nachhaltigen Wachstums muss auch über die Bereiche der öffentlichen Unternehmen hinausgehen.

Alle Stakeholder sind wichtig, auch die Aktionäre. Rentabilität ist die unabdingbare Voraussetzung für jeglichen unternehmerischen Erfolg, der nicht auf Wohltätigkeit abzielt – öffentlich und privat. Wirtschaftlicher Erfolg ist eine notwendige, aber nicht hinreichende Bedingung für menschliches Wohlergehen. Auch wenn solche Behauptungen bei denjenigen, die nicht in der Geschäftswelt tätig sind, wahrscheinlich nur Spott hervorrufen, sind sie in der Praxis unbestreitbar. Damit die Menschheit aufblühen kann, müssen die Unternehmen unseren wirtschaftlichen Erfolg vorantreiben. Wenn sie keine wirtschaftliche Vitalität erzeugen, werden der Wohlstand der Gemeinschaft und der soziale Zusammenhalt leiden. Eine Gesellschaft ohne wirtschaftlichen Wohlstand wird Schwierigkeiten haben, die Ressourcen zu finden, um die Dinge zu tun, die sie am meisten braucht und will. Eine Gesellschaft ohne wirtschaftlichen Wohlstand kann kein soziales, politisches oder gar ökologisches Wohlergehen erreichen.

Aber wie ich im ersten Kapitel erörtert habe, sehen viele Aktivisten die Welt und ihre Probleme nicht mehr so. Wenn es nach Greta Thunberg ginge, würden viel mehr transatlantische Reisen mit Segelschiffen stattfinden. Wenn es nach Reclaim Finance ginge, würde kein einziger Tropfen Öl mehr den Boden verlassen. Und wenn Engine No. 1 einen Zauberstab schwingen könnte, würden sich die Vorstände vieler Unternehmen grundlegend verändern. Sie alle sind der Meinung, dass die Dringlichkeit des bevorstehenden Klimawandels und anderer wichtiger sozialer Bedürfnisse sofort in den Vordergrund gerückt werden sollte.

Tatsächlich glauben viele Aktivisten, dass es für die Menschheit keine Möglichkeit gibt, sich weiterzuentwickeln, ohne das gesamte

System zu zerstören – ohne die Schließung aller Ölgesellschaften, die Abschaffung der freien Märkte und die gewaltsame Umverteilung des Wohlstands. Ihre Leidenschaften durchdringen viele Elemente unserer aktuellen öffentlichen politischen Debatten. Wenden wir uns nun ihren Argumenten und Leidenschaften zu.

KAPITEL 3

AKTIVISTEN, IHRE ARGUMENTE – UND EINE KLEINE MASCHINE, DIE ES KANN

Wenn es keinen Kampf gibt, gibt es auch keinen Fortschritt. Die Macht gesteht nichts zu, ohne etwas zu fordern; das hat sie nie getan und wird sie auch nie tun.

FREDERICK DOUGLASS

Die Erwachsenen haben uns im Stich gelassen.

GRETA THUNBERG

Korrupt, hinterlistig und gefährlich bis ins Mark." So beschreibt die in Australien ansässige Aktivistengruppe StopAdani das indische Energie- und Industriekonglomerat, das im Mittelpunkt ihrer Bewegung steht. Auf der Website von StopAdani wird eine ganze Reihe angeblicher Vergehen der Adani Group aufgeführt, von der illegalen Nutzung von Steuerparadiesen, Betrugsvorwürfen, Korruptionsermittlungen und Menschenrechtsverletzungen bis hin zu gesunkenen Kohleschiffen, Umweltverschmutzung, Geheimhaltung und Bestechung. Sollte etwas davon zutreffen, sollten wir alle empört sein. Die unnachgiebige Kritik von StopAdani hat die Bewegung zu einer der effektivsten globalen Kampagnen gemacht, um ein einzelnes

Unternehmen seines politischen, sozialen und finanziellen Kapitals zu berauben.

Es überrascht nicht, dass die Anschuldigungen von StopAdani in krassem Gegensatz zum Inhalt von Adanis Website stehen. Adanis Firmenmotto „Growth with Goodness“ (Wachstum mit Güte) dominiert die Homepage, und ein prominenter Dropdown-Reiter „Sustainability“ (Nachhaltigkeit) listet Dutzende von ökologischen, sozialen und gesellschaftlichen Meilensteinen auf. Während Greenwashing auf Websites und in Jahresberichten bei vielen Industrie- und Energieunternehmen zum Standard gehört, ist es bei den größten Betrügern besonders eklatant. Hinter vielen lächelnden Gesichtern, üppigen Landschaften und blauem Himmel verbergen sich in der Regel ökologische Schrecken. Im Fall von Adani werden die Bemühungen jedoch nicht nur auf der Website gelobt: 2017 gewann das Unternehmen einen Preis von CSRWorks für das beste Nachhaltigkeits-Reporting in Asien.

Über die Frage, ob die Adani Group ethisch ist oder nicht, lässt sich trefflich und leidenschaftlich streiten. Diese Debatte sollte jedoch nicht mit der Tatsache verwechselt werden, wie sehr sich die zweitbevölkerungsreichste Nation der Welt auf ihre Fähigkeiten in den Bereichen Infrastruktur, Logistik, Verteidigung, Luft- und Raumfahrt, Agrarindustrie und – am wichtigsten – Energieerzeugung verlässt. Adanis zahlreiche Kohlekraftwerke in Kombination mit einer großen und wachsenden Zahl von Solar- und Windkraftprojekten machen das Unternehmen zum mit Abstand größten privaten Stromversorger Indiens. Ohne die Kohlekraftwerke von Adani hätten mehrere Millionen Inder in Gujarat, Maharashtra, Rajasthan, Karnataka und Chhattisgarh keinen Strom. Staatliche Kraftwerke müssten dann einspringen. Zum Leidwesen Indiens und des Planeten werden jedoch fast alle öffentlichen Kraftwerke Indiens mit Kohle befeuert. Staatliche Öl- und Energieunternehmen gehören oft zu den schlimmsten Umweltsündern, aber staatliche Stellen werden selten so genau unter die

Lupe genommen wie börsennotierte Unternehmen. Und selbst wenn sie unter die Lupe genommen werden, reagieren sie oft nur langsam.

Es besteht auch kein Zweifel daran, dass die Kraftwerkskohle an der Spitze der umweltschädlichsten Stromerzeugungsquellen steht. Die Treibhausgasemissionen, die schmutzigen Abbaupraktiken und die Abfälle der Kohle stehen in Bezug auf Kohlenstoffausstoß und Umweltzerstörung an zweiter Stelle unter den Energiequellen der Welt. Dennoch ist Kraftwerkskohle in weiten Teilen Asiens nach wie vor die wichtigste Stromquelle – nicht nur in Indien, sondern auch in China und den meisten Ländern des Verbands südostasiatischer Nationen (ASEAN). Die Zuverlässigkeit, die Erschwinglichkeit, der Reichtum an Ressourcen, die machbare Technologie und die Sicherheit der Kohle machen sie in den meisten Entwicklungsländern seit Jahrzehnten zur bevorzugten Stromquelle. Kohlestrom kann jederzeit erzeugt werden (nicht nur bei Sonnenschein oder Wind) und ist eine relativ kostengünstige Brennstoffquelle, deren Vorrat auf der Welt für mehr als 300 Jahre nachgewiesen ist. Diese Vorteile und ihr historischer Kontext erklären, warum 40 Prozent der gegenwärtigen Stromerzeugung auf der Welt immer noch aus Kohle stammen – und im Falle Indiens, warum Kohle mehr als 70 Prozent der gegenwärtigen Stromerzeugung des Landes ausmacht. Trotz der jüngsten Fortschritte bei den erneuerbaren Energien erklären sie auch, warum viele asiatische Länder beabsichtigen, mehr Kohlekraftwerke zu bauen, insbesondere dort, wo Ressourcen wie Wind und Sonne weniger zuverlässig sind. Allein in fünf asiatischen Ländern sind rund 80 Prozent der künftigen Kohlekraftwerke geplant: China (187 Gigawatt), Indien (60 Gigawatt), Vietnam (24 Gigawatt), Indonesien (23 Gigawatt) und Japan (9 Gigawatt). Das bedeutet, dass die asiatischen Volkswirtschaften in den kommenden Jahren viel mehr Kohlendioxid erzeugen werden, nicht weniger.

Carbon Tracker ist eine gemeinnützige Finanzdenkfabrik mit Sitz im Vereinigten Königreich, deren Forschung sich für nachhaltigere Energiemärkte durch anspruchsvolle, klimabewusste Kapitalmarktanalysen einsetzt. Sie ist der Meinung, dass Investoren sich von all diesen Kohleprojekten fernhalten sollten. Berücksichtigt man die sinkenden Kosten für erneuerbare Energien und die Wahrscheinlichkeit, dass Regierungen und Verbraucher in Zukunft auf sauberer Energie bestehen werden, um ihre Ziele zu erreichen, stellt Carbon Tracker fest, dass mehr als 90 Prozent der kohlebasierten Kraftwerke in Asien unwirtschaftlich sein werden.[1] Darüber hinaus legt die Analyse nahe, dass kohlegefeuerte Kraftwerke viel schneller wirtschaftlich veraltet sein werden, als ihre Befürworter behaupten. Das bedeutet, dass Investoren durch die Inbetriebnahme neuer Anlagen Hunderte von Milliarden Dollar verlieren könnten. „Die letzten Bastionen der Kohlekraft schwimmen gegen den Strom, während erneuerbare Energien billigere Lösungen bieten, die mit den globalen Klimazielen übereinstimmen“, bemerkt Catharina Hillenbrand von der Neyen, leitende Research-Analystin bei Carbon Tracker, mit Nachdruck. „Investoren sollten sich von neuen Kohleprojekten fernhalten, von denen viele von Anfang an negative Renditen erwirtschaften dürften.“

Hillenbrands Argumente sind überzeugend. Sie stehen auch in bedeutendem Gegensatz zu denen von StopAdani. StopAdani versucht, einer einzelnen börsennotierten Firma das Kapital zu entziehen, indem es sie und ihr Geschäftsmodell öffentlich an den Pranger stellt. Wenn Adani niemanden findet, der seine Schulden aufkauft oder seine Projekte versichert, so scheint StopAdani zu argumentieren, wird Adani keine andere Wahl haben, als seinen Kurs zu ändern. Carbon Tracker entscheidet sich für einen anderen Kampf. Es erkennt das Recht börsennotierter Unternehmen an, privates Kapital zu beschaffen, um ihre Rendite zu maximieren, und akzeptieren es. Aber es rät den potenziellen Kapitalgebern, darauf zu achten, dass die prognostizierten Renditen von Kohleprojekten nicht so lukrativ sind, wie sie scheinen. Anstatt ein moralisches Argument gegen ein Unternehmen vorzubringen, liefert Carbon Tracker also eine Finanzanalyse, die mögliche Geldgeber von Adani und allen anderen Kohle-Enthusiasten aus wirtschaftlichen

Gründen davon abhalten sollte. Investoren sollten die Finanzierung von Kohlekraftwerken wegen der unterschätzten und oft übersehenen finanziellen Risiken vermeiden. Neben Umweltprinzipien appelliert Carbon Tracker auch an den Geldbeutel.

Reclaim Finance – eine Nichtregierungsorganisation und Denkfabrik mit Sitz in Paris – stimmt offensichtlich mit dem Ansatz von StopAdani überein. Wie StopAdani ist auch Reclaim Finance der Meinung, dass das Aushungern von fehlgeleiteten Aktiengesellschaften diese dazu zwingen wird, ihr Verhalten zu ändern. Während StopAdani sich jedoch zuerst um ein Unternehmen kümmert, das gegen die Vorschriften verstößt, beginnt Reclaim Finance bei Vermögensverwaltern und Banken. Sein Hauptaugenmerk gilt den *Kapitalgebern*, nicht den *Kapitalnehmern*. Reclaim Finance ist auch bei Weitem die ehrgeizigere der beiden Organisationen; statt ein oder mehrere Unternehmen ins Visier zu nehmen, zielt sie auf das gesamte System der freien Marktwirtschaft. Ihr Ziel ist eine umfassende Reform, ähnlich wie bei der Occupy-Wall-Street-Bewegung (Abbildung 3.1).

In mehreren Veröffentlichungen hat Reclaim Finance eine lange Liste von „Forderungen" an Finanzdienstleister aufgestellt. Erstens müssen Banken, Versicherer, Investoren, Zentralbanken und andere Akteure „jegliche direkte Unterstützung für neue oder bestehende Kohlebergwerke, Kraftwerke und Infrastrukturprojekte einstellen". Gleichzeitig müssen sofort die Veräußerung und der vollständige Ausschluss aller Finanzdienstleistungen für Unternehmen, die in der Öl- und Gasexploration, dem Bau neuer Pipelines oder dem Bau von Terminals für den Import und Export von Flüssigerdgas tätig sind, erfolgen. Ehrgeizig besteht Reclaim Finance außerdem darauf, dass Finanzinstitute „Unternehmen sanktionieren, die ihre Kohlenstoffanlagen verkaufen, anstatt sie zu schließen". Schließlich fordert es, dass die Finanzinstitute von ihren Firmenkunden verlangen, „ihre Aktivitäten am 1,5-Grad-Celsius-Ziel auszurichten" und „die Rechte von Arbeitnehmern und lokalen Gemeinschaften in die Unternehmenstransformation zu integrieren und sie [Arbeitnehmer] für nachhaltige Arbeitsplätze in der Zukunft zu schulen". Reclaim Finance verspricht die Umsetzung von Strategien, „die den Druck erhöhen und zum Einsatz kommen, wenn das Engagement scheitert oder schlechte Ergebnisse liefert". Kurz gesagt, für Reclaim Finance liegt die Verantwortung bei denen, die das Geld investieren, und nicht bei denen, die es erhalten. Die Organisation besteht darauf, dass Banken, Versicherungen und alle anderen Finanzinstitute ihre finanziellen Verbindungen zu Unternehmen kappen, die sich nicht sofort Paris anschließen oder erklären, warum sie das nicht können. Wenn die Kredit- und Investmentinstitute dem nicht nachkommen, werden sie von Reclaim Finance angegriffen, ihre Motive werden angezweifelt, ihre Handlungen verurteilt, und sie werden als Zuhelfer gebrandmarkt.

Es ist eine bemerkenswert mutige Strategie. Für Reclaim Finance liegt der Schlüssel zu einem integrativeren, nachhaltigeren Wachstum darin, dafür zu sorgen, dass Banken, Versicherungsgesellschaften, Vermögensverwalter und Finanziers alles nicht länger unterstützen, was sie für ökologisch bedenklich oder sozial inakzeptabel halten. Das Böse wird aufhören zu existieren, wenn und nur wenn die Finanziers den Übeltätern alles Geld wegnehmen. Wenn Banken, Versicherungen und Vermögensverwaltungen sich nicht von ihren Geschäften trennen, sieht Reclaim Finance sie als Mitschuldige an. Dabei spielt es keine Rolle, dass – wie im Fall der Indizes nutzenden Vermögensverwalter – die mutmaßlichen Übeltäter weder die Vermögenswerte besitzen noch die zugrunde liegenden Anlageentscheidungen treffen; ihre Kunden tun dies, indem sie bestimmte Anlagen auswählen. Bei Reclaim Finance wird jede Einrichtung, die ihren Kunden erlaubt, in Firmen zu investieren, die es nicht mag, mit Verachtung überhäuft. Dabei spielt es nicht einmal eine Rolle, ob diese Kunden denselben Index bei Dutzenden anderer Anbieter kaufen und durch einfache Derivategeschäfte dieselben Risiken eingehen können. Auch spielt es keine Rolle, wer die Indizes zusammenstellt.

ABBILDUNG 3.1 Demonstration am 1. Mai bei Occupy Wall Street.
Monika Graff/Stringer, Getty Images

Natürlich ist der Gedanke, abscheuliche Praktiken der finanziellen Ressourcen – seien sie unternehmerisch oder persönlich – zu unterbinden, nicht neu. Jahrhundertelang war die Praxis, aus Geld Geld zu machen – das heißt die Erhebung von Kreditzinsen, auch bekannt als Wucher –, in den meisten jüdischen, islamischen und christlichen Traditionen strikt untersagt. „Von deinem Stammesbruder darfst du keinen Zins annehmen", heißt es in Deuteronomium 23:20-21, dem fünftältesten Buch der Thora, das irgendwann zwischen dem 7. und 5. Jahrhundert vor Christus geschrieben wurde. Für viele gläubige Muslime ist die Kreditvergabe mit Zinsen immer noch verboten – daher die weite Verbreitung von schariakonformen Finanzprodukten in weitgehend islamischen Ländern. Die katholische Kirche verbietet nach wie vor *überhöhte* Zinsen durch c2354 des *Codex des kanonischen Rechts.* Dennoch haben diese umfassenden religiösen Gesetze gegen Wucher mit all ihrer Autorität und Reichweite die Kreditvergabe mit Zinsen nicht beendet. Ganz im Gegenteil. Im Laufe der Jahrhunderte hielten sich zwar viele Gläubige daran, aber zinsbringende Darlehen waren immer verfügbar. Ungläubige und Gläubige, die sich nicht daran hielten, vergaben weiterhin Kredite mit Zinsen und füllten so die Lücke. Ironischerweise verdienten diese Kreditgeber auch mehr Geld, als sie es ohne Wuchergesetze getan hätten, da sie weniger Konkurrenz hatten.

In jüngerer Zeit – genauer gesagt in den letzten Jahrzehnten – wurde eine ausgrenzende Finanzpraxis am aggressivsten auf sogenannte Sündenaktien angewandt: Unternehmen, die in sozial fragwürdige Aktivitäten verwickelt sind, oft in Branchen wie Tabak, Glücksspiel, Alkohol und Schusswaffen. Diese Praxis erfolgte unter dem weit gefassten Begriff des „sozial verantwortlichen Investierens“ (SRI = Socially Responsible Investing). Die Sündenaktien wurden in erster Linie dadurch bestraft, dass sie aus den Anlageportfolios und Benchmarks entfernt wurden. Wie bei den religiösen Vorschriften gegen Wucher hatte der Ausschluss von Sündenaktien jedoch praktisch keine Auswirkungen auf das Verhalten einzelner Unternehmen. Wer Sündenaktien ausschloss, folgte seinem Glauben und genoss dabei Seelenfrieden – aber Glücksspiel, Alkohol- und Tabakkonsum sowie der Kauf von Schusswaffen gingen unvermindert weiter, ebenso wie ihre Produktion. Für die Betroffenen hatte der Ausschluss von Investitionen keine Auswirkungen auf ihre Kerngeschäftspraktiken.

Wie beim Wucher besteht die größte praktische Herausforderung für diejenigen, die versuchen, bestimmten Unternehmen die Finanzierung zu entziehen, darin, dass es nur eine kleine Anzahl von Personen und Institutionen braucht, die sich nicht an die Vorschriften halten, um die Strategie zu untergraben. Sozialaktivisten scheinen für ein vernünftiges Finanzprinzip unempfänglich zu sein: *Angemessene Finanzmittel werden immer dann gefunden, wenn die zugrunde liegende kommerzielle Aktivität, die sie unterstützt, weitgehend legal ist und finanziell akzeptable Renditen erzielt.* Ja, weit verbreitete Ausschlüsse können die Kapitalkosten in die Höhe treiben, aber sie erreichen dann ein neues

Gleichgewicht. Dieses neue Gleichgewicht bedeutet in der Regel *höhere* Renditen für die verbleibenden Investoren und nicht etwa niedrigere. Das ist nämlich das Gegenteil von „höheren Kapitalkosten“: mehr Lohn für den Kapitalgeber in Form von höheren Dividenden oder Zinszahlungen. So erging es jedenfalls den meisten Unternehmen in ausgewiesenen Sündenbranchen. Während einige Menschen aufhörten, die Aktien der sündigen Industrien zu besitzen, waren andere ganz froh, mehr davon zu besitzen. Und natürlich sind die Aktienkurse von Philip Morris, Wynn Resorts, Anheuser-Busch, Smith & Wesson und ihren industriellen Brüdern nie auf null gesunken. Auch hat keiner dieser „Sünder“ jemals sein Kerngeschäft aufgegeben. Die Aktien der führenden Tabak-, Glücksspiel-, Alkohol- und Schusswaffenunternehmen wechselten lediglich von denjenigen, die sich weigerten, sie zu besitzen, zu denjenigen, die das in Konflikte stürzte. Es ging auch nicht einfach darum, dass jemand anderes *weniger* ethisch war. In den meisten Rechtsordnungen sind die Anleger durch die sogenannten Treuhandregeln, über die ich in der Einleitung gesprochen habe, verpflichtet, Aktien wie Sündenpapiere zu besitzen. Die Treuhandregeln fördern eine objektive Risiko-Ertrags-Entscheidung. Treuhänderische Standards verlangen von Finanzvermittlern, dass sie die finanziellen Interessen ihrer Kunden an erste Stelle setzen, unabhängig von deren Werten oder anderen Überlegungen, die einer besseren Rendite im Wege stehen könnten. Das bedeutet, dass Kampagnen zum finanziellen Ausschluss Investitionsmöglichkeiten schaffen, die andere oft nutzen müssen. Die ins Visier genommenen Unternehmen waren natürlich gezwungen, ihre geschäftlichen Aktivitäten zu überdenken. Dies führte zu einer stärkeren Konzentration auf ihre Hauptkunden und -akteure. Ironischerweise führte dies jedoch bei vielen der betroffenen Unternehmen zu beständigeren und qualitativ besseren Gewinnen.

Wissenschaftliche Studien, in denen die Renditen von Aktienkörben mit sündigen Werten im Vergleich zu sozial verantwortlichen Unternehmen bewertet wurden, zeigen ebenfalls, dass es oft besser ist, „böse“

zu sein als „gut“, zumindest aus finanzieller Sicht. „Wenn Sie unabhängig von Ihren moralischen Überzeugungen eine solide Investition tätigen wollen, ist ein diversifiziertes Portfolio, das sowohl Heilige als auch Sünder enthält, oft die bessere Wahl“, folgert Lisa Smith.[2] Und natürlich sind Glücksspiel, Waffen und Rauschmittel nicht die einzigen „Sündeninvestitionen“, die man anführen kann. Ein noch erschreckenderes, milliardenschweres Geschäft – die Pornografie – findet weiterhin reichlich Investitionskapital, und zwar aus einem kaltherzigen Grund: wegen der starken Nachfrage der Verbraucher nach dem zugrunde liegenden Produkt.[3] Da die öffentliche Anprangerung der Pornoindustrie nicht das Kapital entzogen hat, sollte man sich fragen, welche kommerzielle Aktivität wohl durch Anprangern gestoppt werden könnte.

Um auf unser Eingangsbeispiel zurückzukommen: Wenn die Verbraucher weiterhin zuverlässigen und billigen Strom verlangen und wenn kohlebefeuerte Kraftwerke diesen Strom besser liefern als Alternativen – beides in weiten Teilen der Welt ziemlich vernünftige Wetten –, werden Unternehmen wie Adani und Regierungen wie die von Indien und China das Kapital finden, um ihn zu produzieren, egal was die Aktivisten sagen. Der Angriff auf die Angebotsseite von unsauberer Energie hat natürlich eine gewisse Wirkung: Er treibt die Kapitalkosten in die Höhe. Aber höhere Kapitalkosten allein können und werden den Bau weiterer Kohlekraftwerke nicht verhindern. Wenn man solche Verhaltensweisen ändern will, muss man auch auf das regulatorische Umfeld und auf die Nachfragedynamik für Strom einwirken.

Es ist bemerkenswert, dass dieses Argument, wenn man es auf die Spitze treibt, nur noch verstärkt wird. Selbst die *Ächtung* unerwünschter Unternehmen kann die Nachfrage nicht ausreichend beeinflussen, um ihre Finanzierung zu ändern, und dies ist auch häufig der Fall. In der Ära der amerikanischen Prohibition von 1920 bis 1933 hat ein landesweites verfassungsmäßiges Verbot der Herstellung, der Einfuhr, des Transports und des Verkaufs alkoholischer Getränke so gut wie nichts bewirkt, um die amerikanische Nachfrage nach Alkohol zu beenden. Anstatt die Herstellung und Lieferung von Rauschmitteln zu unterbinden, machte die Prohibition den Alkohol zu einem lukrativen Geschäft, indem sie ihn in den Untergrund trieb. Das organisierte Verbrechen und kleinkriminelle Banden erbeuteten Millionen durch den Schmuggel von Bier- und Schnapslieferungen. Für die Allgemeinheit wurde die Prohibition zu einem doppelten Schlag: Die Gemeinden verloren wertvolle Verbrauchssteuereinnahmen, während die Kosten für die Polizeiarbeit in die Höhe schnellten. Letztlich war die Ablehnung der Prohibition populärer als ihre Einführung. Der 18. Verfassungszusatz, mit dem die Prohibition eingeführt worden war, wurde durch die Verabschiedung des 21. Verfassungszusatzes außer Kraft gesetzt. Die Nachfrage der Verbraucher übertrumpfte am Ende alle anderen Überlegungen. Es wird gemunkelt, dass Präsident Roosevelt unmittelbar nach der Unterzeichnung des 21. Verfassungszusatzes einen Dirty Martini trank – seinen Lieblingsdrink mit einem Spritzer Olivenlake.

Die Professoren Brad Cornell von der UCLA und Aswath Damodaran von der NYU haben in einer kürzlich durchgeführten Untersuchung hoch bewerteter ESG-Firmen dieselben Argumentationslinien verwendet, um den möglichen Zusammenhang zwischen „gut" sein und guter Leistung zu ermitteln. Sie fanden heraus, dass die „Beweise dafür, dass sozial verantwortliche Unternehmen niedrigere Diskontsätze haben und Investoren daher niedrigere Renditeerwartungen haben, stärker sind als die Beweise dafür, dass sozial verantwortliche Unternehmen höhere Gewinne oder höheres Wachstum liefern".[4] Das ist natürlich das Gegenteil von dem, was die meisten ESG-Befürworter glauben. Cornell und Damodaran stellen fest: „Es gibt Unternehmen, die davon profitieren, sozial verantwortlich zu handeln, aber es gibt ebenso eindeutig Unternehmen, bei denen sozial verantwortliches Handeln Kosten verursacht, die durch die Vorteile nicht ausgeglichen werden." Ihre Schlussfolgerung ist bezeichnend: „Die Aussage, dass sozial verantwortliches Handeln zu höherem Wachstum, höheren

Gewinnen und höherem Wert führt, ist falsche Werbung." Niedrigere Dividendenausschüttungen begünstigter Unternehmen und höhere Dividendenausschüttungen ausgeschlossener Unternehmen entsprechen einfach dem gesunden Menschenverstand.

Natürlich wird keines dieser Argumente Reclaim Finance und andere, die mit dieser Organisation sympathisieren, aufhalten. Sie werden weiterhin Finanzmittler angreifen, die sich mit Unternehmen zusammenschließen, die sie als nicht ausreichend bürgerlich gesinnt betrachten. Dennoch wissen wir jetzt, dass dieser Ansatz nur begrenzt wirksam ist. Kampagnen, die auf Zerschlagung bestehen, lenken die Aufmerksamkeit der Öffentlichkeit auf Unternehmen und Branchen. Die Unternehmen, auf die sich ihr Zorn richtet, und die Finanzinstitute, die sie beliefern, sind gezwungen, etwas zur Kenntnis zu nehmen. Negative Publicity ist niemandem willkommen. Adani hat begonnen, sich stärker für erneuerbare Energien einzusetzen und seine Finanzpraktiken zu ändern – Erfolge, für die den Aktivisten von StopAdani zweifellos Anerkennung gebührt. Aber Reclaim Finance und seine Sympathisanten werden niemals alle ihre finanziellen Ziele erreichen. Zweifelsohne wird weiterhin Kapital in Unternehmen und Praktiken fließen, die sie verachten. Dabei können sie durchaus dazu beitragen, diejenigen zu bereichern, die sie am meisten davon abzubringen hoffen.

Während StopAdani ein Unternehmen und diejenigen angreift, die es ermöglichen, und während Reclaim Finance jedes Finanzdienstleistungsunternehmen beschimpft, das seine undurchführbaren Forderungen nicht erfüllt, hat eine andere prominente Aktivistenbewegung, Fridays for Future, ein ganz anderes Ziel im Visier: globale politische Entscheidungsträger. Sie hat auch eine ganz andere, animierende Zielgruppe: Schulkinder. Die von der unschätzbaren Greta Thunberg ins Leben gerufene Bewegung Fridays for Future will „moralischen Druck auf die politischen Entscheidungsträger ausüben, sie dazu bringen, auf die Wissenschaftler zu hören und dann energische Maßnahmen zu ergreifen, um die globale Erwärmung zu begrenzen".

Die Website von Fridays for Future ist mit dem Hashtag #uprootthesystem überschrieben. Sie zählt drei Forderungen aus ihrer sogenannten Deklaration von Lausanne auf: „(1) Begrenzung des globalen Temperaturanstiegs auf unter 1,5 Grad Celsius im Vergleich zum vorindustriellen Niveau; (2) Sicherstellung von Klimagerechtigkeit und -gleichheit; und (3) Anhören der besten derzeit verfügbaren vereinten Wissenschaft." Seit August 2012 hat Fridays for Future dazu beigetragen, mehr als 100.000 von Jugendlichen geführte Streiks in 212 Ländern rund um den Globus zu organisieren. Greta Thunberg, die nur 1,70 Meter groß und 20 Jahre alt ist, wurde dreimal in Folge für den Friedensnobelpreis nominiert, erhielt ein Ehrenstipendium der Royal Scottish Geographical Society und wurde in die *Forbes*-Liste der „World's One Hundred Most Powerful Women" aufgenommen. Außerdem wurde sie vom *Time Magazine* zur jüngsten „Person des Jahres" gekürt. So unwahrscheinlich es auch sein mag, es besteht kein Zweifel, dass Greta Thunberg eine tiefe Resonanz gefunden hat (Abbildung 3.2).

ABBILDUNG 3.2 Legen Sie sich nicht mit Greta an!
Greta Thunberg. Nicholas Kamm/Contributor, Getty Images

Auch die politischen Entscheidungsträger haben von Frau Thunberg und ihren jungen Mitstreitern Notiz genommen. Nach einem 90-minütigen Treffen mit der damaligen deutschen Bundeskanzlerin Angela Merkel am 20. August 2020 gab das Kanzleramt die folgende Erklärung ab: „Beide Seiten waren sich einig, dass die Erderwärmung eine globale Herausforderung ist, für deren Bewältigung die Industrieländer eine besondere Verantwortung haben. Die Grundlage dafür ist die konsequente Umsetzung des Pariser Klimaabkommens."

„Beide Seiten" bedeutet Bundeskanzlerin Merkel im Namen aller Industriestaaten und Greta. Thunbergs Fazit des Treffens fiel wie immer knapper aus: „Wir wollen, dass die Staats- und Regierungschefs Verantwortung übernehmen und die Klimakrise wie eine Krise behandeln."

Der Erfolg von Greta Thunberg hat dazu beigetragen, dass sich viele andere von Erwachsenen geführten Aktivistenorganisationen in ähnlicher Weise für politische Veränderungen einsetzen. Demand Progress, die Good Lobby (mit Sitz in Europa), die Sunrise-Bewegung und Extinction Rebellion, um nur einige zu nennen, kombinieren öffentliche Proteste mit gezielten Marketingkampagnen für oder gegen die öffentliche Politik und Politiker, die sie unterstützen oder ablehnen. Einige dieser Bewegungen – wie Black Lives Matter – sind sehr zielgerichtet und konzentrieren sich auf bestimmte Themen wie Rassenungerechtigkeit oder Klimafragen. Andere, wie die Operation Libero in der Schweiz, verfolgen mehrere Ziele, die von der Gleichstellung der Ehe und den Rechten von Migranten bis hin zu Klimaschutzmaßnahmen und höheren Unternehmenssteuern reichen. Alle streben spezifische soziale und ökologische Veränderungen an. Und alle erwarten, dass Wirtschaft und Finanzwelt sie und die Erreichung ihrer Ziele unterstützen.

Viele andere Organisationen haben ähnliche Ziele, verfolgen aber andere Ansätze. Anstatt sich an einflussreiche Persönlichkeiten zu wenden, um gemeinsame ökologische und soziale Probleme zu lösen, verfolgen einige Bewegungen und aktivistische Organisationen einen Ansatz, der eher von unten nach oben gerichtet ist. Diese Nichtregierungsorganisationen – wie das Green Belt Movement (GBM) in Kenia, das Climate Reality Project und die Charter for Compassion, um nur einige zu nennen – versuchen, durch die Mobilisierung von Millionen, wenn nicht gar Milliarden von Einzelakteuren und Aktionen Auswirkungen auf sozioökonomische Ergebnisse zu erzielen. Diese Bottom-up-Organisationen sind der Meinung, dass man nicht nur das System ändern sollte, wenn man Makroprobleme lösen will. Man solle sich gleichzeitig darum bemühen, *individuelle* Verhaltensweisen zu ändern, die letztlich die Räder der Wirtschaft antreiben, einschließlich der eigenen. Kurz gesagt: Seien Sie die Veränderung, die Sie in der Welt sehen wollen, und ermutigen Sie andere, das Gleiche zu tun.

Wie so oft bei wirkungsvollen Nichtregierungsorganisationen ist auch die GBM aus einer lokalen, visionären und inspirierenden weiblichen Führung hervorgegangen. Die GBM wurde von der Nobelpreisträgerin, Professorin und Autorin Wangari Maathai als Ableger ihres Nationalen Frauenrats von Kenia gegründet. Als „Arbeiterinnen an vorderster Front" mussten die kenianischen Mütter schmerzlich erleben, wie der Klimawandel dazu führte, dass ihre Flüsse versiegten und ihre Nahrungsquellen immer unsicherer wurden. Anstatt die Umweltzerstörung als unvermeidlichen Preis für die wirtschaftliche Entwicklung zu akzeptieren, ermutigte die GBM die Frauen, sich *mit ihren bloßen Händen* zu wehren. Konkret hat sich die GBM für eine äußerst erfolgreiche Wiederaufforstungsinitiative eingesetzt, die sich letztlich über 8.000 Kilometer quer durch Afrika erstrecken könnte. Bis heute haben GBM-Freiwillige Setzlinge aufgezogen und mehr als 50 Millionen Bäume gepflanzt. Diese Bäume haben dazu beigetragen, den Boden zu halten, Kohlenstoff zu binden und Regenwasser zu speichern. Die GBM-Aktivisten haben auch einfache Umweltpraktiken wie den sparsamen Umgang mit Brennholz bekannt gemacht. Mehr als 4.000 Gemeindegruppen haben sich beteiligt und bewährte Methoden eingeführt, die einen sichtbaren und direkten Einfluss auf ihre lokalen Ökosysteme haben. Infolgedessen sind Hunderte von Flussläufen und üppigere Ernten zurückgekehrt. Kurz gesagt, die GBM-Methoden sind erfolgreich. GBM ist das, was ich ein „Beispiel der Hoffnung" nenne. GBM ist ein bemerkenswertes, von der Gemeinschaft geführtes Beispiel dafür, wie man am besten ein integratives, nachhaltiges Wachstum auf höchst skalierbare Weise fördern kann.

In ähnlicher Weise äußerte die Bestsellerautorin und anerkannte Wissenschaftlerin Karen Armstrong nach der Verleihung des TED-Preises im Jahr 2008 ihren Wunsch, eine lebensfähigere und geeinte Menschheitsfamilie zu schaffen und zu erhalten. Armstrong hat ihre Bemühungen in einer neuen globalen „Charta für Mitgefühl" festgehalten. Ihre Charta ermutigt mehr und mehr Menschen, Künstler, Schulen, Unternehmen, Städte und schließlich große Gemeinschaften, nach der Goldenen Regel zu leben. Die Goldene Regel beruht auf dem unantastbaren Grundsatz der Menschenwürde. Sie verlangt, dass man alle mit dem gleichen Maß an Gerechtigkeit, Gleichheit und Respekt behandelt, das man sich selbst wünscht. Eine logische Folge dieses Gebots ist es, anderen keinen Schmerz zuzufügen und sie und ihre Lebensumstände mit unerschütterlichem Mitgefühl zu behandeln. Eine weniger offensichtliche Anforderung an ein mitfühlendes Leben ist die Koexistenz in völliger Harmonie mit der Umwelt, um sie nicht für künftige Generationen zu ruinieren.[5] Die Umweltkomponente der Charta des Mitgefühls konzentriert sich auf sauberes Wasser und sanitäre Einrichtungen, verantwortungsvollen Konsum und verantwortungsvolle Produktion, sinnvolle Klimaschutzmaßnahmen und die Erhaltung des Lebens auf dem Land: 4 der 17 Ziele für nachhaltige Entwicklung der Vereinten Nationen, die wir bald diskutieren werden.

Während die aktivistischen Initiativen, die ich aufgezählt habe, danach streben, das System grundlegend zu verändern – entweder indem sie sich gegen anstößige Unternehmen, ihre Finanziers, allzu willfährige Politiker oder zugrunde liegende persönliche Verhaltensweisen richten –, gibt es eine letzte Art von aktivistischen Bemühungen, die es wert ist, hervorgehoben zu werden, eine, die den entgegengesetzten Ansatz verfolgt. Anstatt zu versuchen, den Verlauf der Unternehmensaktivitäten von außen zu ändern, zielt diese Strategie darauf ab, Veränderungen *in den Vorstandsetagen* der Unternehmen zu bewirken. Die Aktivisten versuchen, dies durch die formelle Verabschiedung von Aktionärsresolutionen und die Wahl neuer Vorstandsmitglieder zu erreichen, die sich als Reformer ausweisen können. Solche Organisationen, etwa Engine No. 1, kaufen die Aktien von Unternehmen, die sie verändern wollen, anstatt sie zu verkaufen, und werden zu Insider-Aktivisten. Ihrer Ansicht nach lassen sich Unternehmen am besten ohne gewaltsame Proteste und Bombast neu ausrichten und erneuern. Vielmehr streben sie einen strategischen Wandel durch engagierten Aktienbesitz an.

Auf der Homepage von Engine No. 1 wird das Unternehmen als „eine Investmentfirma, die darauf ausgerichtet ist, langfristige Werte zu schaffen und den gesunden Menschenverstand in den Kapitalismus zurückzubringen" beschrieben. In der Tat besteht seine Strategie darin, den Kapitalismus zu retten, indem es engagierter kapitalistisch ist: „Wir sind der Meinung, dass die Leistung eines Unternehmens durch die Investitionen, die es in Arbeitnehmer, Gemeinden und die Umwelt tätigt, erheblich gesteigert wird. Außerdem glauben wir, dass sich die Interessen der Main Street und der Wall Street mit der Zeit angleichen – und wir können uns als aktive Eigentümer engagieren, um Werte zu schaffen, indem wir uns auf diese Angleichung konzentrieren."

Obwohl es erst ein paar Jahre alt ist, hat Engine No. 1 bereits Wirkung gezeigt. Nachdem Exxon Mobil jahrelang die Forderungen von Aktivisten ignoriert hatte, seine Kerngeschäftsstrategie weg von Öl und Gas hin zu anderen Formen sauberer, nachhaltigerer Energie zu diversifizieren, wurde das Unternehmen durch eine von Engine No. 1 konzipierte und geleitete Kampagne gezwungen, drei neue Direktoren in seinen Verwaltungsrat aufzunehmen. Der Zweck dieser Kampagne mit dem Namen „Reenergize Exxon" bestand nicht darin, Exxon das Kapital zu entziehen – eine Strategie, die, wie wir erörtert haben, nur begrenzt wirksam ist. Stattdessen wurde versucht, den Wert für alle Exxon-Aktionäre und den Planeten zu steigern, indem das Exxon-Management dazu gebracht wurde, die Investitionen in saubere Energie zu erhöhen, die langfristige Kapitalallokation zu verbessern und eine Führungspersönlichkeit einzusetzen, die nachweislich in der Lage ist, den anstehenden Emissionswechsel zu bewältigen. Wo andere Aktivisten scheiterten, war Engine No. 1 erfolgreich. Allerdings wäre es vielleicht noch wertvoller gewesen, wenn es früher geschehen wäre. In den zehn Jahren vor der Kampagne von Engine No. 1 lag die Aktionärsrendite von Exxon bei minus 15 Prozent, einschließlich Dividenden. Diese schwache Leistung steht im Gegensatz zur positiven Rendite des S&P 500 von rund 300 Prozent im gleichen Zeitraum. Mit anderen Worten: Die langfristige Strategie von Exxon ging nicht nur zulasten der Mitarbeiter, Zulieferer, Gemeinden und der Umwelt, sondern schadete auch den Aktionären.

Wie diese Diskussion gezeigt hat, haben die amerikanischen Unternehmen von Demonstranten und Aufrührern aus fast allen Interessengruppen, Regionen und Bevölkerungsschichten die Quittung bekommen. Angesichts der wachsenden Zahl gewaltiger, oft verheerender Stürme – sozialer und ökologischer Art – sehen sich viele globale CEOs mit leeren Händen dastehen und zunehmend in die Defensive gedrängt. Senator James E. Watson – ein Republikaner aus Indiana, der seinen Sitz wie viele andere 1932 an den Demokraten Frederick Van Nuys verlor, weil er an Roosevelts Rockzipfel hing – gilt als Urheber des bekannten Satzes „If you can't beat 'em, join 'em".

Wenn wir unsere Aufmerksamkeit auf die wachsende Schar der Aufständischen in den Chefetagen richten, die sich viele der in diesem Kapitel beschriebenen aktivistischen Argumente zu eigen gemacht haben, scheint es so, als hätten sich viele globale Wirtschaftsbosse dazu entschlossen, „sich ihnen anzuschließen". Werden die verbalen Zusagen dieses wachsenden Chors von CEOs zu mehr integrativem, nachhaltigem Wohlstand führen – oder werden ihre Taten ihren Worten nicht folgen?

Urteilen Sie selbst.

KAPITEL 4

AUFRÜHRER IN DER CHEFETAGE

Es ist eine Frage, ob die Gesellschaft einem vertraut oder nicht. Wir brauchen die Akzeptanz der Gesellschaft für das, was wir tun.

GINNI ROMETTY, CEO, IBM

Geld verdienen kommt vom Lösen von Problemen. Das Lösen von Problemen kommt nicht vom Geldverdienen.

PROFESSOR COLIN MAYER, UNIVERSITY OF OXFORD

Wenn es in der amerikanischen Wirtschaft einen echten „Weg nach Damaskus"-Moment gegeben hat, so scheint er irgendwann vor dem Sommer 2019 stattgefunden zu haben.[1] Damals hat der Business Roundtable (BRT) – eine gemeinnützige Vereinigung amerikanischer CEOs, deren Unternehmen 20 Millionen Menschen beschäftigen, mehr als 10 Billionen Dollar Umsatz erwirtschaften und eine Börsenkapitalisierung von 20 Billionen Dollar aufweisen – den Zweck ihrer Organisationen überarbeitet und neu formuliert. Ihr neues, öffentlichkeitswirksames Credo sieht eine viel umfassendere Verpflichtung vor, jedem ihrer Stakeholder zu dienen.

Seit seiner Gründung im Jahr 1972 sieht das BRT seine Hauptaufgabe darin, die breite Öffentlichkeit von der Bedeutung und dem Wert der

Wirtschaft zu überzeugen. Wie der Mitbegründer John Harper, CEO von Alcoa, damals sagte: „Die Wirtschaft muss eine aktive, aggressive Rolle bei der Entwicklung des Verständnisses und der Unterstützung für das System der freien Marktwirtschaft übernehmen, indem sie das Vertrauen der Öffentlichkeit wiederherstellt." Damals, 1972 – nur ein paar Jahre nach dem verlorenen Wirtschaftsjahrzehnt Amerikas –, wurden Unternehmen eher als Problemverursacher denn als Problemlöser angesehen, was auch heute noch kritisiert wird. Als sie im darauffolgenden Jahrzehnt darum kämpften, mehr Menschen zufriedenzustellen, ließ ihr wirtschaftlicher Scharfsinn nach. In den ersten Jahrzehnten arbeitete das BRT wie ein Selbstregulierungsgremium, das sich in erster Linie der Verbesserung der Grundsätze der Unternehmensführung widmete. In einer Reihe von Weißbüchern und Verlautbarungen betonte das BRT die vorrangige Rolle, die Vorstände bei der Steigerung des Shareholder-Value spielen müssen. Im Jahr 1997 gab das BRT eine pointierte Erklärung darüber ab, dass die Hauptverantwortung der Unternehmen bei den Aktionären liegt; die Interessen der Stakeholder wurden als zweitrangig betrachtet. In Übereinstimmung mit unserem Überblick über die Debatte zwischen Stakeholdern und Aktionären behauptete das BRT in seinem Erlass von 1997, dass es auf *längere* Sicht keinen Konflikt zwischen den gegenseitigen Ansprüchen gebe:

> „Einige sagen, Unternehmen sollten ausschließlich im Interesse der Aktionäre geführt werden, genauer gesagt im Interesse der gegenwärtigen und zukünftigen Aktionäre. Andere fordern, dass Direktoren auch die Interessen anderer Stakeholder wie Mitarbeiter, Kunden, Lieferanten, Gläubiger und Gemeinschaft berücksichtigen sollten. Nach Ansicht des Business Roundtable stehen diese Positionen nicht im Widerspruch zueinander. [...]
>
> Es liegt im langfristigen Interesse der Aktionäre, dass ein Unternehmen seine Mitarbeiter gut behandelt, seine Kunden gut bedient, seine Lieferanten dazu ermutigt, es weiterhin zu

beliefern, seine Schulden begleicht und einen guten Ruf in Bezug auf seine gesellschaftliche Verantwortung genießt. [...]

Nach Ansicht des Business Roundtable sind die Geschäftsführung und die Vorstände in erster Linie den Aktionären des Unternehmens verpflichtet; die Interessen anderer Stakeholder sind nur als Ableitung dieser Pflicht von Bedeutung. Die Vorstellung, dass der Vorstand irgendwie die Interessen der Aktionäre gegen die Interessen anderer Stakeholder abwägen muss, führt zu einem grundlegenden Missverständnis der Rolle der Vorstände. Außerdem ist diese Vorstellung nicht praktikabel, da sie dem Vorstand kein Kriterium für die Lösung von Konflikten zwischen den Interessen von Aktionären und anderen Interessengruppen oder zwischen verschiedenen Gruppen von Interessengruppen an die Hand geben würde."

Das BRT vertrat 1997 im Namen der amerikanischen Unternehmen eindeutig den Standpunkt, dass die Stakeholder zwar wichtig sind, aber nur insoweit, als ihre Interessen den langfristigen Interessen der Aktionäre dienen. Wenn die Ersteren jemals mit den Letzteren in Konflikt geraten, ist es Aufgabe der Unternehmensvorstände, dafür zu sorgen, dass sie *langfristig* zugunsten der Aktionäre entschieden werden. Der Versuch, andere Stakeholder gegenüber den Aktionären in Echtzeit zu beschwichtigen, war nicht nur schwierig, sondern nach Ansicht des BRT auch „undurchführbar". 1997 behauptete das BRT, dass die Unternehmensvorstände nicht über eine solche salomonische Weisheit oder Superkraft verfügten, um die Interessen der einen Stakeholder gegen die der anderen abzuwägen. Für sie gab es nur ein klares Ziel: *die langfristigen Interessen der Aktionäre.*

22 Jahre später sah sich das BRT gezwungen, seine im Wesentlichen Friedmaneske Position von 1997 in mehreren wichtigen Punkten neu zu formulieren und davon abzuweichen. In ihrer Neuformulierung zum Zweck eines Unternehmens im Jahr 2019 gaben sich der

BRT-Vorsitzende Jamie Dimon, damals auch Vorsitzender und CEO von JPMorgan Chase, und der Vorsitzende des BRT-Corporate-Governance-Ausschusses, Alex Gorsky, damals Vorsitzender und CEO von Johnson & Johnson, außerordentlich viel Mühe, um zu beschreiben, wie anders die neuen Grundsätze des BRT sind. „Diese neue Erklärung spiegelt besser wider, wie Unternehmen heute arbeiten können und sollten“, so Gorsky. „Sie bekräftigt die wesentliche Rolle, die Unternehmen bei der Verbesserung unserer Gesellschaft spielen können, wenn CEOs sich wirklich dafür einsetzen, die Bedürfnisse aller Stakeholder zu erfüllen.“ „Unsere überarbeitete Erklärung ist ein Bekenntnis dazu, dass die Wirtschaft mehr tun kann, um dem Durchschnittsamerikaner zu helfen“, fügte Jamie Dimon hinzu. Aber wie genau unterscheidet sich die Position des BRT von 2019 zum Unternehmenszweck von der Vision, die 1997 formuliert wurde?

**„Die Erklärung des BRT 2019
über den Zweck eines Unternehmens**

Wir glauben, dass die freie Marktwirtschaft das beste Mittel ist, um gute Arbeitsplätze, eine starke und nachhaltige Wirtschaft, Innovation, eine gesunde Umwelt und wirtschaftliche Chancen für alle zu schaffen. [...]

Auch wenn jedes unserer einzelnen Unternehmen seinen eigenen Unternehmenszweck verfolgt, so haben wir doch eine grundlegende Verpflichtung gegenüber allen unseren Interessengruppen. Wir verpflichten uns zu Folgendem:

- Wir bieten unseren Kunden einen Mehrwert. [...]
- Wir investieren in unsere Mitarbeiter. [...]
- Fairer und ethischer Umgang mit unseren Lieferanten. [...]
- Wir unterstützen die Gemeinschaften, in denen wir arbeiten. [...]
- Schaffung von langfristigem Wert für die Aktionäre. [...]

> Jeder unserer Stakeholder ist wichtig. Wir verpflichten uns, für den künftigen Erfolg unserer Unternehmen, unserer Gemeinschaften und unseres Landes einen Mehrwert für sie alle zu schaffen."

Mit seiner zusätzlichen Betonung von Mitarbeitern, Zulieferern und den Gemeinden, in denen sie tätig sind, scheint der BRT seine Messlatte für 1997 in Bezug auf Verantwortung und Umfang höher gelegt zu haben. „Die traditionelle Rolle des BRT bestand in der Förderung des Wirtschaftswachstums", erklärte der Präsident des BRT, Joshua Bolten. „Das haben wir nicht verloren. Aber wir haben eine ‚Chancenagenda' hinzugefügt und die Notwendigkeit von Maßnahmen erkannt, die die Vorteile des Wirtschaftswachstums besser verteilen." Mit anderen Worten, so Bolten, findet der BRT, dass das Wirtschaftswachstum integrativer sein muss. Er weist auch auf die Bedeutung von Klimafragen hin und erwähnt ausdrücklich die Bedeutung des Umweltschutzes und der Nachhaltigkeit. Er geht jedoch keine ausdrücklichen Verpflichtungen zur Reduzierung der Kohlendioxidemissionen ein, geschweige denn zur Anpassung an das Pariser Abkommen. Die Weigerung, sich genauer zur Klimadebatte zu äußern, deutet darauf hin, dass es bei diesem Thema weiterhin erhebliche Differenzen zwischen den Mitgliedern gibt. Es gab jedoch keine offensichtlichen, disqualifizierenden Meinungsverschiedenheiten in Bezug auf Kunden, Mitarbeiter, Zulieferer, lokale Gemeinschaften oder den langfristigen Wert für Aktionäre.

„Ich begrüße diese durchdachte Erklärung der CEOs des Business Roundtable über den Zweck eines Unternehmens", sagte Bill McNabb, damals CEO von Vanguard, bei der Veröffentlichung. „Durch eine breitere, umfassendere Betrachtung des Unternehmenszwecks können sich die Vorstände auf die Schaffung langfristiger Werte konzentrieren und damit allen Beteiligten – Investoren, Mitarbeitern, Gemeinden, Lieferanten und Kunden – besser dienen."

Die meisten Print- und Rundfunkmedien waren in ihrem Lob noch überschwänglicher als McNabb. Das *Wall Street Journal* bezeichnete die neue Position des BRT zum Unternehmenszweck als „einen bedeutenden philosophischen Wandel", während die *Washington Post* schrieb, es sei „der bisher lauteste Reformaufruf aus dem Inneren des Systems, … ein potenzieller grundlegender Wandel … sehr bedeutsam und sehr willkommen". In der *New York Times* hieß es, es handele sich um „einen bedeutenden Wandel, der mit der jahrzehntelangen Orthodoxie der Unternehmen bricht". *USA Today* und *NBC News* gingen sogar noch weiter: Es sei „ein atemberaubendes neues Leitbild" und „seismisch".

Andere waren weniger überzeugt.

„Was ich sehe, sind gut gemeinte Aktivitäten, die kaum mehr als tugendhafte Nebenbetätigungen sind", sagte der Sozialkommentator Anand Giridharadas dem CEO des Magazins *Fortune*, Alan Murray, in einem Artikel über die neue Doktrin des BRT. „Viele Unternehmen konzentrieren sich darauf, mehr Gutes zu tun, achten aber weniger darauf, weniger Schaden anzurichten."[2] Giridharadas' Bestseller „Winners Take All: The Elite Charade of Changing the World" erregte Aufmerksamkeit durch sein überzeugendes Argument, dass gesellschaftliche Probleme am besten durch die öffentliche Politik gelöst werden sollten und nicht durch nebenbei betriebene und Kompromissen unterworfene Bemühungen von Unternehmen. Da das oberste Ziel von Unternehmen die Erzielung von Gewinnen ist, ist Giridharadas der Ansicht, dass Unternehmen ungeeignet sind, einen umfassenden sozialen und ökologischen Wandel herbeizuführen, und das wahrscheinlich auch nicht tun werden: „Wenn eine Gesellschaft den Menschen durch ihre gemeinsamen demokratischen Institutionen hilft, tut sie dies im Namen aller und in einem Kontext der Gleichheit. Wenn eine Gesellschaft ein Problem politisch und systemisch löst, spricht sie im Namen aller Bürger." Die progressive Standartenträgerin Senatorin Elizabeth Warren vertritt ähnliche Ansichten wie Giridharadas, formuliert sie aber etwas konkreter: „Wenn Jamie Dimon meint, dass es eine gute Idee ist, wenn riesige Konzerne mehrfache Verpflichtungen haben, dann stimmen er und ich überein. Aber dann lasst sie uns zum Gesetz machen."

Warren und Giridharadas mögen überrascht sein, aber ihre Skepsis gegenüber einer echten Bekehrung von Unternehmensführern zu echten „Stakeholder-Enthusiasten" wird von mehreren namhaften Akademikern geteilt, darunter auch von einigen zuverlässig konservativen. „Die Erklärung ist weitgehend eine rhetorische PR-Maßnahme und nicht der Vorbote eines bedeutenden Wandels", schreiben Roberto Tallarita und Lucian Bebchuk von der Harvard Law School. „Die Unterstützung von Unternehmensführern und ihren Beratern für Stakeholder ist durch den Wunsch motiviert, sich vor Hedgefonds-Aktivisten und institutionellen Anlegern zu schützen. Aber Stakeholderismus nützt weder den Stakeholdern noch den Aktionären noch der Gesellschaft. Wenn die Interessen der Stakeholder ernst genommen werden sollen, sollte der Stakeholderismus abgelehnt werden."[3] Bebchuk und Tallarita sind der Meinung, dass sich Unternehmen unabänderlich auf das Endergebnis konzentrieren sollten. Wie das BRT 1997 feststellte, sollten Unternehmen nicht das Unmögliche versuchen, indem sie von Vorstandsmitgliedern verlangen, wiederholt schwierige Abwägungen zwischen konkurrierenden Interessengruppen mit höchst ungewissem Ausgang zu treffen. Wie Giridharadas sind auch Bebchuk und Tallarita der Meinung, dass öffentliche Politik, Regulierung und individuelles Verhalten besser für Social Engineering geeignet sind und nicht für eine sich ständig ändernde Liste von vermeintlichen Unternehmensverantwortlichkeiten. Unternehmen können und wollen die konkurrierenden Interessen der Stakeholder nicht optimal ausgleichen: Es ist einfach zu schwierig. Bebchuk und Tallarita sind auch nicht allein. Der Unternehmensberater Andrew Winston – Mitautor des Bestsellers „Green to Gold" – sieht die neue BRT-Erklärung ebenfalls mit Spott: „Diese neue Diskussion über den Zweck ist gut, und sie spiegelt wider, was einige große Investoren sagen. Aber wir brauchen einen viel größeren Schwenk hin zu kreislaufwirtschaftlichen, auf erneuerbaren Energien basierenden Geschäftsmodellen, die auf Langfristigkeit setzen, das Naturkapital schützen und in menschliche Entwicklung und Gleichberechtigung investieren. Dieser Wandel geht derzeit Lichtjahre über die BRT-Erklärung hinaus."[4]

Mit der Behauptung, die Erklärung des BRT spiegele wider, was einige Großinvestoren sagen, scheint Winston sich zumindest teilweise auf den Vorsitzenden und CEO von BlackRock, Larry Fink, zu beziehen. Damit hätte er recht. Das BRT war weder der erste noch der lauteste Befürworter einer umfassenderen Unternehmensverantwortung im letzten Jahrzehnt. Nach den meisten Maßstäben, einschließlich gelegentlicher Google-Suchen, scheint diese Rolle Fink zuzukommen. Larry Fink hat die Neuformulierung der Unternehmensziele des BRT für 2019 im Namen des 31 Jahre alten Unternehmens, das er gegründet hat und leitet, mitunterzeichnet. Er ist wohl auch der CEO, der sich weltweit am lautesten über das Versagen der Regierungen bei der Bewältigung der wachsenden sozialen Herausforderungen geäußert hat. Fink hat wiederholt betont, dass die Finanzwelt und die Wirtschaft dazu beitragen müssen, diese Lücken zu schließen. Und das wichtigste Mittel, mit dem Fink ein wirkungsvolleres Verhalten der Unternehmen anmahnt, ist sein viel zitierter jährlicher Brief an die CEOs.

Es lohnt sich, ein paar Minuten auf die jährlichen CEO-Briefe von Larry Fink zu verwenden. Bei näherer Betrachtung spiegeln sie den Bogen der Debatte über den Stakeholder-Kapitalismus im letzten Jahrzehnt wider. Seit 2012 werden sie jedes Jahr an Tausende von Unternehmensleitern in aller Welt verschickt. Darin versucht Fink, im Namen der Kunden zu sprechen, die BlackRock gebeten haben, ihre Renditen nicht in den nächsten ein oder zwei Quartalen, sondern über Jahrzehnte zu maximieren. Ein Großteil der rund zehn Billionen US-Dollar, die BlackRock verwaltet, wird im Namen von Einzelrentnern, Versicherungsnehmern, öffentlichen Pensionsplänen, Stiftungen und

Fonds verwaltet – also von Institutionen mit langfristigen Verbindlichkeiten.

Fink schreibt seine CEO-Briefe in erster Linie für diese Personen – nicht für sich selbst und schon gar nicht für seine persönlichen Werte. Sein erster CEO-Brief war nur 260 Wörter lang. Er konzentrierte sich auf die Bedeutung der Unternehmensführung und den Wunsch von BlackRock, sich direkter mit der Unternehmensführung über deren langfristige Pläne und Verantwortlichkeiten auszutauschen. Sein Schreiben aus dem Jahr 2021 umfasste mehr als 2.000 Wörter, ausführliche Fußnoten nicht eingerechnet. Offensichtlich hat Fink im Laufe der Jahre mehr Themen gefunden, über die er sprechen kann.

Bevor wir seine jährlichen Botschaften analysieren, ist es hilfreich, ein paar Worte über die Kunden von BlackRock und darüber zu verlieren, warum Larry Fink und seine Kollegen so besessen von ihrem finanziellen Wohl sind.

Zu den Rentnern, die sich bei ihrer Altersvorsorge auf BlackRock verlassen, gehören Milliarden von Menschen aus allen Gesellschaftsschichten: Arbeiter in Kohlebergwerken und Piloten von Fluggesellschaften aus roten, blauen und violetten Bundesstaaten; Zentralbanker und Anhänger aller erdenklichen christlichen, muslimischen und jüdischen Traditionen; Lehrer an öffentlichen Schulen und amerikanische Militärangehörige aus Tausenden von Gemeinden; Bürger aus mehr als 110 Ländern; Millionen von Staats- und Bundesangestellten in den USA; Staats- und Bundesbedienstete, Hunderttausende von Mitarbeitern von Öl-, Gas- und Mineralgewinnungsunternehmen, Beschäftigte im Gesundheitswesen und Mitglieder von Industriegewerkschaften sowie zahllose Bürger im Ruhestand, die von ihren kapitalgedeckten staatlichen Rentenplänen in Abu Dhabi, Australien, Kanada, Chile, China, Frankreich, Japan, Kasachstan, Neuseeland, Norwegen, Saudi-Arabien, Singapur, Südafrika, Schweden und Taiwan abhängig sind, um nur die Länder zu nennen, für die öffentliche Daten verfügbar sind. Ebenso wichtig ist, dass sich Tausende von

Unternehmen auf die Portfoliomanager und Treuhänder von BlackRock verlassen, um ihre Schuldtitel zu kaufen und bei Vorstandsbeschlüssen abzustimmen. Darüber hinaus schätzen Hunderte von Finanzministern, politischen Führern, Vertretern multilateraler Organisationen und Zentralbankern die makroökonomischen Ratschläge von BlackRock, wie sie am besten integratives, nachhaltiges Wachstum erreichen können.

Aus gutem Grund wird heute viel von der existenziellen Herausforderung des Klimarisikos und der dringenden Notwendigkeit gesprochen, eine größere wirtschaftliche Mobilität und soziale Gerechtigkeit zu fördern. Ein ebenso schwerwiegendes und potenziell katastrophales Problem ist jedoch unsere drohende Rentenkrise. Wie der Wirtschaftswissenschaftler George Magnus treffend formulierte, leben die Menschen heute im „Zeitalter der Überalterung".[5] Kurz gesagt: Wir leben länger, bekommen weniger Kinder und lassen – in Ländern wie Japan und in weiten Teilen Europas – nicht genügend Einwanderer zu, um die verlorenen Seelen zu ersetzen. Der Nettoeffekt ist in vielen Ländern eine immer ältere, schrumpfende Bevölkerung und eine immer stärker belastete Erwerbsbevölkerung. Schon bald werden diese lähmenden demografischen Herausforderungen einen Großteil des Globus erfassen – einschließlich China und, wenn wir nicht weitsichtig genug sind, auch die Vereinigten Staaten.[6] Leider hat mit Ausnahme von Norwegen, den Niederlanden und vielleicht ein oder zwei Golfstaaten kein Land genug Geld gespart, um die wachsende Zahl seiner Rentner auf Dauer komfortabel zu versorgen.

Während die Regierungen finanziell nicht auf ihre Rentner vorbereitet sind, haben noch weniger Einzelpersonen ihre Ersparnisse ausreichend aufgestockt, um die unvermeidlich drohenden Engpässe bei der sozialen Sicherheit auszugleichen. Eine aktuelle Studie kommt zu dem Ergebnis, dass die Hälfte aller amerikanischen Haushalte im Ruhestand nicht genug Einkommen haben wird, um ihren Lebensstandard von vor der Pensionierung zu halten. Selbst wenn die meisten bis zum Alter von 65 Jahren arbeiten und ihr gesamtes finanzielles Vermögen verrenten, indem sie zum Beispiel Umkehrhypotheken auf ihre Häuser aufnehmen, werden sie sich einschränken müssen.[7] In der Zwischenzeit wird eine Vielzahl älterer Amerikaner nicht mehr als die Sozialversicherungsleistungen zum Leben haben; für sie ist alles, worauf sie im Ruhestand hoffen können, der Lebensunterhalt durch staatliche Unterstützung, Familienhilfe und gelegentliche Wohltätigkeit. Tatsächlich können weniger als zehn Prozent der Weltbevölkerung davon ausgehen, dass sie ihren Lebensstandard im Ruhestand halten können. Weder die Regierungen noch die Arbeitgeber noch der Einzelne haben ausreichend gespart, um die Legionen von Alten und Kranken zu versorgen, die bald in den Ruhestand gehen werden. Von den neun Milliarden Menschen, die im Jahr 2050, wenn die Pariser Ziele erreicht sein sollen, leben werden, wird etwa ein Viertel älter als 65 Jahre sein. Wie Abbildung 4.1 zeigt, werden nur wenige Länder in der Lage sein, ihre älteren Bürger mit Nahrung, Wohnraum und einer angemessenen Gesundheitsversorgung zu versorgen, es sei denn, die von BlackRock und allen anderen Vermögensverwaltern betreuten Altersvorsorgevermögen schaffen es, in den kommenden Jahrzehnten eine Rendite von etwa sieben bis acht Prozent pro Jahr zu erzielen. Länder mit einer alternden Bevölkerung und sogenannten umlagefinanzierten Rentenplänen werden besonders gefordert sein, wenn es darum geht, ihre Versprechen gegenüber ihren Bürgern in Bezug auf den täglichen Grundbedarf und die medizinische Versorgung einzuhalten. Eine offene Frage für die nächsten Jahrzehnte ist, wie viel Prozent unserer Eltern und Großeltern wirklich in der Lage sein werden, in Würde in den Ruhestand zu gehen.[8] Es ist eine berechtigte Annahme, dass Millionen von Menschen unnötig leiden werden, wenn wir nicht vorausschauend planen und heute die richtigen Schritte unternehmen.

System	Overall Index Value	Sub-Index Values		
		Adequacy	Sustainability	Integrity
Iceland	84.2	82.7	84.6	86.0
Netherlands	83.5	82.3	81.6	87.9
Denmark	82.0	81.1	83.5	81.4
Israel	77.1	73.6	76.1	83.9
Norway	75.2	81.2	57.4	90.2
Australia	75.0	67.4	75.7	86.3
Finland	73.3	71.4	61.5	93.1
Sweden	72.9	67.8	73.7	80.0
UK	71.6	73.9	59.8	84.4
Singapore	70.7	73.5	59.8	81.5
Switzerland	70.0	65.4	67.2	81.3
Canada	69.8	69.0	65.7	76.7
Ireland	68.3	78.0	47.4	82.1
Germany	67.9	79.3	45.4	81.2
New Zealand	67.4	61.8	62.5	83.2
Chile	67.0	57.6	68.8	79.3
Belgium	64.5	74.9	36.3	87.4
Hong Kong SAR	61.8	55.1	51.1	87.7
USA	61.4	60.9	63.6	59.2
Uruguay	60.7	62.1	49.2	74.4
France	60.5	79.1	41.8	56.8
Malaysia	59.6	50.6	57.5	76.8
UAE	59.6	59.7	50.2	72.6
Spain	58.6	72.9	28.1	78.3
Colombia	58.4	62.0	46.2	69.8
Saudi Arabia	58.1	61.7	50.9	62.5
Poland	55.2	60.9	41.3	65.6
China	55.1	62.6	43.5	59.4
Peru	55.0	58.8	44.2	64.1
Brazil	54.7	71.2	24.1	71.2
South Africa	53.6	44.3	46.5	78.5
Italy	53.4	68.2	21.3	74.9
Austria	53.0	65.3	23.5	74.5
Taiwan	51.8	40.8	51.9	69.3
Indonesia	50.4	44.7	43.6	69.2
Japan	49.8	52.9	37.5	61.9
Mexico	49.0	47.3	54.7	43.8
Korea	48.3	43.4	52.7	50.0
Turkey	45.8	47.7	28.6	66.7
India	43.3	33.5	41.8	61.0
Philippines	42.7	38.9	52.5	35.0
Argentina	41.5	52.7	27.7	43.0
Thailand	40.6	35.2	40.0	50.0
Average	**61.0**	**62.2**	**51.7**	**72.1**

ABBILDUNG 4.1 Das Zeitalter der Überalterung:
Kein Land ist zu 100 Prozent auf seine Ruheständler vorbereitet.

Nachdruck mit Genehmigung von Mercer (2021), Mercer CFA Institute Global Pension Index. Verfügbar unter: www.mercer.com/globalpensionindex

Wenn man genau hinsieht, spiegeln die Themen der CEO-Briefe von Larry Fink immer diese ernsten menschlichen Sorgen und die gemeinsame soziale Dringlichkeit wider, langfristig bessere Anlageergebnisse zu erzielen. Wenn die Weltwirtschaft nicht weiter wächst oder die Rentenersparnisse im Vergleich zur Inflation nicht weiter an Wert gewinnen, ist es eigentlich egal, wie hoch die globale Temperatur ist: Millionen, wenn nicht Milliarden, werden nicht in der Lage sein, sich selbst zu ernähren, zu kleiden und/oder zu schützen. Fink begann mit dem Verfassen seiner Briefe, um ein weitverbreitetes Problem anzusprechen, das durch die globale Finanzkrise von 2008 aufgedeckt wurde: Die Unternehmen waren nicht ausreichend transparent in Bezug auf die Risiken, die sie in ihren Bilanzen führten. In den letzten zehn Jahren waren viele der Probleme, mit denen Unternehmen wie General Electric zu kämpfen hatten, auf ein verworrenes Geflecht finanzieller Risiken zurückzuführen, die sie achtlos in ihren Bilanzen behielten. Für ein Unternehmen, das angeblich in den Bereichen Flugzeugteile, Stromerzeugung und Gesundheitsfürsorge überragend war, war GE ein bedeutender Misserfolg. Enron, WorldCom und andere Unternehmen scheiterten in ähnlicher Weise, weil sie sich von ihren Kernkompetenzen entfernten und katastrophale Ausflüge in den Finanzsektor unternahmen, wo sich der vermeintliche Reichtum als illusorisch erwies.

Als die Erinnerung an die globale Finanzkrise verblasste, wurde deutlich, dass zu wenige Unternehmen ihr künftiges Wachstum planen und in dieses investieren. Noch weniger dachten an ihre zahlreichen Stakeholder. Aus seiner globalen Perspektive und mit einem multinationalen Blick, den nur wenige andere haben, konnte Fink erkennen, dass einige Unternehmen ihre Strategien besser auf neue Verbraucherpräferenzen und -bedürfnisse ausrichten konnten als andere. Er konnte auch erkennen, dass einige Länder bei den öffentlichen Investitionen in Bildung, Infrastruktur und strategische Industrien weitsichtiger waren als andere. Als Reaktion darauf hat Fink in seinen Briefen vor allem auf eine bessere Regierungsführung und eine stärkere Beachtung strategischer langfristiger Wachstumspläne hingewiesen. Anfang 2014 schrieb er:

> „Allein in den USA beliefen sich die Dividenden und Rückkäufe auf insgesamt mehr als 900 Milliarden US-Dollar und damit auf den höchsten Wert aller Zeiten. Angesichts von Zinssätzen, die sich der Nulllinie nähern, ist die übermäßige Rückgabe von Kapital an die Anleger ein entmutigendes Zeichen für die Fähigkeit eines Unternehmens, seine Ressourcen sinnvoll zu nutzen und einen kohärenten Plan zur langfristigen Wertschöpfung zu entwickeln."

Unternehmen dafür zu kritisieren, dass sie zu viel Bargeld an ihre Aktionäre zurückschicken, mag wie ein kontraintuitiver Weg erscheinen, ein Vermögensverwaltungsgeschäft aufzubauen. Aber Finks Kritik ist verständlich, wenn man bedenkt, dass sein Hauptziel darin besteht, die Renditen seiner Kunden über Jahrzehnte und nicht nur über einige Monate oder Quartale zu maximieren. Wenn sich die Ziele einer Person über Generationen erstrecken, erhalten die Sorgen und Bedenken einen anderen Fokus und Tenor. Angesichts der zahlreichen Herausforderungen, denen sich die Menschheit in den kommenden Jahrzehnten stellen muss, scheint es, dass die Unterstützung der Rentner oberste Priorität haben sollte – vermutlich noch vor den ökologischen Herausforderungen, denen wir uns gleichzeitig stellen müssen. Und warum? Weil unterfinanzierte Pensionen eine Gewissheit sind, während anhaltende Klimaprobleme und ihre menschlichen Kosten lediglich eine hohe Wahrscheinlichkeit darstellen.

Wie Abbildung 4.2 zeigt, fand kein Brief von Fink an den CEO mehr Anklang als seine Botschaft von 2018 zum *Unternehmenszweck*. Dieser Brief enthielt mehrere Behauptungen und wichtige Ermahnungen:

> „Um langfristig zu florieren, muss jedes Unternehmen finanzielle Leistungen erbringen und zeigen, wie es einen positiven Beitrag zur Gesellschaft leistet.
>
> Ohne Sinn und Zweck kann kein Unternehmen, ob öffentlich oder privat, sein volles Potenzial ausschöpfen. Unternehmen

ohne Zweckbestimmung werden den Anlegern, die auf sie angewiesen sind, um ihren Ruhestand, den Kauf eines Eigenheims oder eine höhere Ausbildung zu finanzieren, nur unterdurchschnittliche Renditen bieten."

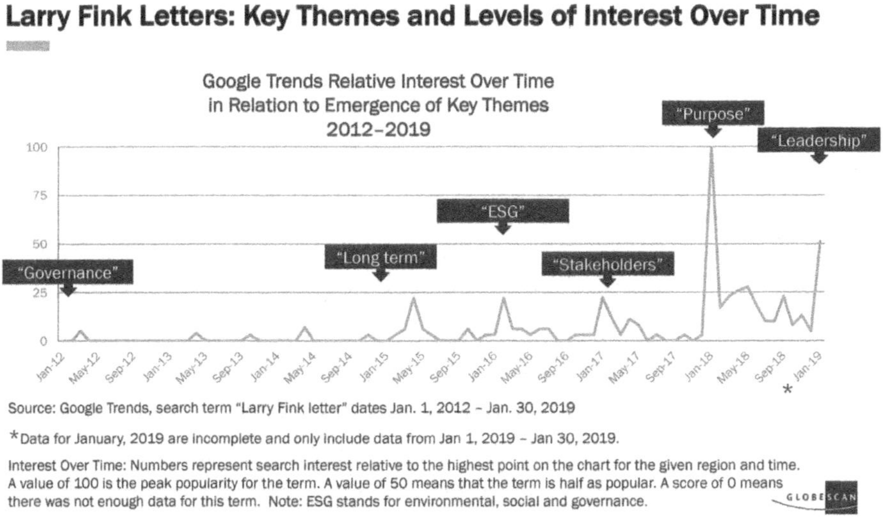

ABBILDUNG 4.2 Maßnahmen von Interesse in Larry Finks CEO-Briefen. Mit freundlicher Genehmigung von Globescan.

„Alle Unternehmen müssen sich fragen: Welche Rolle spielen wir in der Gemeinschaft? Wie gehen wir mit unseren Auswirkungen auf die Umwelt um? Arbeiten wir daran, eine vielfältige Belegschaft zu schaffen? Passen wir uns dem technologischen Wandel an? Bieten wir die Umschulungen und Möglichkeiten an, die unsere Mitarbeiter und unser Unternehmen benötigen, um sich an eine zunehmend automatisierte Welt anzupassen? Nutzen wir verhaltensorientierte Finanzinstrumente und andere Instrumente, um unsere Mitarbeiter auf den Ruhestand vorzubereiten, damit sie so investieren, dass sie ihre Ziele erreichen können?"

Die Resonanz auf dieses eindringliche „Corporate Purpose“-Thema kann gar nicht hoch genug eingeschätzt werden. Die Einbindung eines legitimen Zweckes in das Ethos eines Unternehmens erhöht nicht nur den Einsatz, sondern bringt auch oft Dividenden für alle mit sich. „Zweckbestimmung löst das Problem sowohl für Aktionäre als auch für Stakeholder“, hat Professor Colin Mayer von der Universität Oxford beobachtet. „Sie sagt, wozu ein Unternehmen nicht da ist und wozu es da ist. Sie legt fest, in wessen Interesse das Unternehmen geführt wird und was seine Werte sind. Sie vereinfacht und präzisiert, was die Philosophie ‚Nur die Aktionäre zählen‘ vage und verworren lässt.“

Ein Beispiel für Mayers pauschalen Anspruch findet sich in den jüngsten Maßnahmen des 112 Jahre alten Unternehmens General Motors. Im Jahr 2017 fasste General Motors sein soziales Leitbild in sechs prägnanten Worten zusammen: „Null Unfälle, null Emissionen, null Staus.“ Knapp, prosaisch, überzeugend. Die Führung von GM hat diese Worte mit Taten untermauert. Die neue Ultium-Plattform von GM versprach, ein Elektrofahrzeug in die Reichweite eines jeden Verbrauchers zu bringen, so wie es Henry Ford ein Jahrhundert zuvor mit seiner Tin Lizzie versprochen hatte. „Es gab einen riesigen Ansturm an Unterstützung“, berichtete GM-CEO Mary Barra wenige Wochen nach dem Start der neuen Kampagne. Wie sich herausstellte, waren die GM-Mitarbeiter viel stärker motiviert, das Leben der Menschen zu verbessern und die Umwelt nachhaltiger zu gestalten, als es ihnen jemals möglich gewesen wäre, den Gewinn des Unternehmens im nächsten Quartal um zwei Cent pro Aktie zu steigern. Es zeigt sich auch, dass Kunden mit Firmen Geschäfte machen wollen, die ihre Werte und Bestrebungen teilen, indem sie sich um das Wohlergehen ihrer Mitarbeiter kümmern. *Warum hat es so lange gedauert, bis die Unternehmen dies verstanden haben?* Jeder Mensch ist auf der Suche nach Sinn und Erfüllung. Das gilt auch für jeden Mitarbeiter eines jeden Unternehmens. Unternehmen haben die Möglichkeit, diese Sehnsucht anzuzapfen. Wenn sie dies tun, erhöhen sie oft das Engagement ihrer Mitarbeiter und die Loyalität ihrer Kunden um ein Vielfaches. Viele dieser Vorteile können sich zudem ergeben, ohne dass ein zusätzlicher Cent ausgegeben wird. Unternehmen, die einen echten, lebensverbessernden Zweck entwickeln und umsetzen, verändern sich oft durch Vision und Willenskraft. Zweckbestimmung klärt und motiviert. Und zweckorientierte Unternehmen erzielen oft bessere Ergebnisse als solche ohne Zweck, wie Professor Mayer feststellt.

Mit Larry Fink scheinen die Stakeholder-Kapitalisten einen CEO der CEOs als Vorreiter gefunden zu haben. Stakeholder-Kapitalisten glauben grundsätzlich, dass kurzfristiges Denken der Fluch dessen ist, was der moderne Kapitalismus falsch gemacht hat, von der Umwelt über gerechtere Löhne und Arbeitsbedingungen bis hin zu mehr Integration und Vielfalt. Wenn man langfristiges Denken fördert, indem man nachdrücklich aufzeigt, wie sich solche Themen auf die Unternehmensleistung und die Gesellschaft insgesamt auswirken, scheint es so gut wie sicher zu sein, dass ein integrativeres, nachhaltiges Wachstum entsteht. Einen CEO zu haben, der sich für die Belange der Stakeholder einsetzt, hat sich auch für die Aktionäre von BlackRock als lohnend erwiesen. Von 2005 bis Anfang 2022 hat sich der Aktienkurs von BlackRock mehr als verzehnfacht, während sich der DJIA in diesem Zeitraum lediglich verdreifacht hat. Eine mehr als dreifache Outperformance gegenüber dem breiteren Markt ist eine erstaunliche Leistung. Der Kampf gegen Kurzfristigkeit ist auch der Kern aller ESG-Investitionen, wenn auch nicht explizit. Würden sich mehr Unternehmen wirklich auf die langfristige Perspektive konzentrieren, würden Umwelt-, Sozial- und Governance-Belange stärker in den Vordergrund rücken. Und wenn ESG-Denken zur zweiten Natur wird, können mehr vernünftige langfristige Lösungen konzipiert und umgesetzt werden. Ein ESG-Ethos sollte dazu beitragen, ein integratives, nachhaltiges Wachstum zu fördern.

Doch wie der Stakeholder-Kapitalismus selbst hat sich auch Larry Fink nicht nur langfristig und nachhaltig orientiert. Irgendwann im Jahr 2019 scheint Fink eine zusätzliche Erleuchtung gehabt zu haben:

Umwelt und Klima nur als eines von mehreren Themen zu betrachten war nicht ausreichend. Als er genauer hinhörte, was seine Kunden ihm sagten, kam Fink zu dem Schluss, dass er und seine Kollegen eine stärkere Position zum Thema Klima einnehmen mussten. Finks Brief an die CEOs aus dem Jahr 2020 ist Ausdruck dieser neu gewonnenen Überzeugung:

> „Die Erkenntnisse über das Klimarisiko zwingen die Anleger dazu, grundlegende Annahmen über das moderne Finanzwesen zu überdenken. Die Forschung ... vertieft unser Verständnis dafür, wie sich das Klimarisiko sowohl auf unsere physische Welt als auch auf das globale System zur Finanzierung des Wirtschaftswachstums auswirken wird. Werden Städte beispielsweise in der Lage sein, ihren Infrastrukturbedarf zu decken, wenn das Klimarisiko den Markt für kommunale Anleihen umgestaltet? Was wird aus der 30-jährigen Hypothek – einem wichtigen Baustein der Finanzierung –, wenn die Kreditgeber die Auswirkungen des Klimarisikos über einen so langen Zeitraum nicht abschätzen können und wenn es in den betroffenen Gebieten keinen tragfähigen Markt für Hochwasser- oder Feuerversicherungen gibt? Was passiert mit der Inflation und damit mit den Zinssätzen, wenn die Kosten für Lebensmittel aufgrund von Dürren und Überschwemmungen steigen? Wie können wir das Wirtschaftswachstum modellieren, wenn die Produktivität in den Schwellenländern aufgrund von extremer Hitze und anderen Klimaauswirkungen zurückgeht?
>
> Das Klimarisiko ist ein Investitionsrisiko. Jede Regierung, jedes Unternehmen und jeder Aktionär muss sich dem Klimawandel stellen!“

Diese Auszüge aus Larry Finks Brief aus dem Jahr 2020 markierten einen der bedeutendsten und strategischsten Wendepunkte in der

30-jährigen Geschichte seines Unternehmens, der vielleicht mit der Einführung der Risikoanalyseplattform Aladdin im Jahr 1999 oder dem kühnen Kauf von iShares von Barclays im Jahr 2009 vergleichbar ist, auch wenn dies der Außenwelt zu diesem Zeitpunkt nicht bewusst war. 2020 war das erste Jahr, in dem Fink seinen Kollegen und der Welt verkündete, dass alle Investitionsrisikomodelle den Klimawandel systematisch berücksichtigen sollten. Anlageanalysen, die den Klimawandel nicht als eigenständiges Risiko einbeziehen, sind fehlerhafte und unangemessene Instrumente für die Kapitalallokation. Infolgedessen sollte nachhaltiges Investieren – das heißt Anlageentscheidungen, die auf dem bewussten Bemühen beruhen zu verstehen, wie sich Umwelt-, Sozial- und Governance-Belange auf die Preise von Vermögenswerten auswirken können – von nun an ein neuer, umfassender Standard für die gesamte Produktentwicklung und das aktive Portfoliomanagement bei BlackRock werden. Dieses neue Risikoparadigma würde einige frühere Praktiken verbessern, während andere übersprungen würden.

Finks Entscheidung, das Klimarisiko in den Vordergrund zu rücken, hatte seismische Auswirkungen. Andere Vermögensverwaltungsfirmen hatten sich schon früher als BlackRock zum Thema Klimarisiko geäußert – doch zusammengenommen stellten diese Firmen nur einen Bruchteil der Multi-Billionen-Dollar-Größe von BlackRock dar. Dieser Wandel hallte in allen Vorstandsetagen, Investmentbüros, Aufsichtsbehörden und gesetzgebenden Gremien der Welt nach. Auch bei BlackRock war sie zu spüren. Das Ausfallrisiko war schon lange in allen Kreditmodellen von BlackRock berücksichtigt. Ebenso wurden Vorfälligkeitsrisiken schon immer bei jedem hypothekarisch gesicherten Wertpapier berücksichtigt. Auch in Zukunft würden ESG-Risiken bei allen aktiven Kapitalengagements des Unternehmens eine wesentliche Rolle spielen. Keine Anlageklasse – ob öffentlich oder privat, Schulden, Aktien oder Bargeld – würde dieser zusätzlichen Prüfung entgehen. Kein Portfoliomanager könnte ein Leugner des Klimawandels oder ein Klimaskeptiker sein. Die Risiken von Umwelt-, Sozial- und

Governance-Belangen würden in die Investitionsentscheidungen jedes BlackRock-Portfoliomanagers einfließen, da sie reale Risiken darstellen.

Der Brief von Larry Fink aus dem Jahr 2020 tat jedoch noch mehr als dies. Er sagte gleichzeitig voraus, dass die finanziellen Auswirkungen des Klimarisikos viel früher zu spüren sein werden, als es die Außenthermometer vermuten lassen. Eine weitere Auswirkung besteht darin, dass die Anleger in Erwartung der immer wahrscheinlicher werdenden Veränderungen mit der Umschichtung von Kapital beginnen würden, was sich auf die Preise einiger klimasensibler Vermögenswerte viel früher, wenn auch nicht sofort, auswirken würde. Und im Laufe der Zeit würden weitere Veränderungen durch politische Entscheidungen der Regierung vorangetrieben, wie etwa die Vorgabe von mehr Offenlegungen, die Einführung einer Nutzungssteuer auf Kohlenstoff und die Umetikettierung von Anlageprodukten. Andere würden durch sich ändernde Verbraucher- und Anlegerpräferenzen tiefgreifend beeinflusst werden. Die Märkte sind vorausschauend und erstaunlich effizient; sie müssen die wachsende Wahrscheinlichkeit von Klimarisiken einkalkulieren, bevor sich der Klimawandel vollständig manifestiert. Wie die steigenden Aktienkurse von Tesla und Beyond Meat bald darauf zeigten, war es nicht das erste Mal, dass sich eine von Larry Finks Vermutungen als vorausschauend erwies.

Und wie man es von einem anspruchsvollen CEO erwarten kann, der ein sehr erfolgreiches Unternehmen aufgebaut und geleitet hat, wurden die Standards, die Fink für andere Unternehmen befürwortete, zuerst auf das eigene Team angewendet. Das Buchhaltungsteam von BlackRock musste alle relevanten klimabezogenen Finanzangaben und die Richtlinien des Sustainable Accounting Standards Board (SASB) umsetzen, bevor andere Unternehmen aufgefordert wurden, dasselbe zu tun. Der Vorwurf der Heuchelei – „Tu, was ich sage, nicht, was ich tue“ – ist ein allzu häufiges Schicksal vieler Menschen, die ihren Lebensunterhalt zum Teil damit verdienen, anderen vorzuschlagen, wie sie sich verhalten sollen. Im Jahr 2019 hat BlackRock damit begonnen, seine Ergebnisse in Übereinstimmung mit der Task Force on Climate-Related Financial Disclosures (TCFD) und dem SASB zu berichten. In den Jahren 2020 und 2021 wird im Jahresbericht von BlackRock auch ein klimaneutraler Fußabdruck des Unternehmens ausgewiesen, da das Unternehmen Emissionszertifikate erworben hat, um die mit seiner Geschäftstätigkeit verbundenen Emissionen auszugleichen.

Dennoch hat keine Mitteilung von BlackRock die Messlatte höher gelegt oder alle Kollegen von Fink und die anderen Mitglieder des Group Executive Committee mehr herausgefordert als sein Schreiben aus dem Jahr 2021, in dem er alle Analysen und Investitionen des Unternehmens auf das Ziel von Netto-Null-Treibhausgasemissionen bis 2050 verpflichtet. Das Konzept der Netto-Null-Emissionen ist kompliziert, und die Aussichten auf eine erfolgreiche Umsetzung bleiben höchst ungewiss. Netto-Null-Emissionen bedeuten, dass Unternehmen und Gesellschaften innerhalb eines bestimmten Zeitraums, in der Regel bis 2050, nicht mehr Kohlendioxid in die Atmosphäre abgeben, als sie auf andere Weise entnehmen. Auf den ersten Blick scheinen die gewaltigen Herausforderungen zu zeigen, dass dies unmöglich ist. Wie können Unternehmen genau messen, wie viel Kohlenstoff sie in die Atmosphäre einbringen und aus ihr entfernen? Sollen sie nur ihre direkten Emissionen (Scope 1) messen oder auch die indirekten Emissionen und die ihrer Zulieferer (Scopes 2 beziehungsweise 3)? Wenn sie nicht wissen, welche das sind, wie viel Zeit sollte ihnen gegeben werden, um das herauszufinden? Kein Unternehmen kann versprechen, etwas zu managen, was es selbst und niemand sonst noch messen kann. Zu dieser Netto-Null-Zusage fügte BlackRock bald zwei weitere hinzu: ein neues Prinzip der „verstärkten Kontrolle", das alle ihre Investment-Stewardship-Praktiken einbezieht, und das weitere Versprechen von „Temperaturanpassungsmetriken" für alle seine Fonds, wo immer qualitative und quantitative Daten dies erlauben. „Erhöhte Kontrolle" bedeutet, dass Unternehmen, die nicht genug für den Schutz der Umwelt, ihrer Arbeitnehmer und ihrer langfristigen

Wachstumsaussichten tun, im Auge behalten werden. Wenn also ein börsennotiertes Unternehmen keine ausreichenden Anstrengungen unternimmt, um die Ziele und Anforderungen einer Netto-Null-Wirtschaft zu erreichen, seine Mitarbeiter schlecht behandelt oder sein Kapital ineffizient einsetzt, kann es durchaus sein, dass das Stewardship-Team von BlackRock davon erfährt. Wenn es nach diesen Gesprächen unnachgiebig bleibt, könnte es Vorstandsmitglieder abberufen oder in künftigen Abstimmungskämpfen Niederlagen erleiden. Finks Brief an die CEOs aus dem Jahr 2021 ließ keinen Zweifel daran, was erwartet wurde:

> „Da die Energiewende für die Wachstumsaussichten eines jeden Unternehmens von zentraler Bedeutung ist, fordern wir die Unternehmen auf, einen Plan offenzulegen, wie ihr Geschäftsmodell mit einer Netto-Null-Wirtschaft vereinbar sein wird, das heißt einer Wirtschaft, in der die globale Erwärmung auf deutlich unter zwei Grad Celsius begrenzt wird, was mit dem globalen Ziel von Netto-Null-Treibhausgasemissionen bis 2050 vereinbar ist. Wir fordern Sie auf offenzulegen, wie dieser Plan in Ihre langfristige Strategie eingebunden und von Ihrem Vorstand überprüft wird."

Während die verstärkte Kontrolle eher eine externe Initiative ist – eine, die sich auf die Unternehmen konzentriert, in die BlackRock im Namen seiner Kunden investiert –, sind die Bemühungen, jedem Produkt und jeder Strategie eine Kennzahl für die Temperaturausrichtung zuzuweisen, rein intern bei BlackRock. Sie bezieht sich auf den Prozentsatz der Unternehmen in einem Index oder Fonds, die nachweislich auf die Erreichung der Ziele des Pariser Abkommens ausgerichtet sind. Angesichts des Fehlens zuverlässiger Daten ist dies ein außerordentlich ehrgeiziges Ziel. Aufgrund des Mangels an verlässlichen Daten zu den Unternehmensemissionen ist es in der Tat schwer zu sagen, wann oder ob dieses Ziel überhaupt erreicht werden kann. Wenn die Unternehmen nicht die erforderlichen Daten melden, wird die versprochene Anpassung der Berichterstattung sehr schwierig, wenn nicht gar unmöglich sein. Wie dem auch sei. Mit diesem kühnen Versprechen stellte Fink sicher, dass der extreme Druck, das Versprechen einzulösen, sowohl innerhalb als auch außerhalb von BlackRock zu spüren sein würde.[9]

Natürlich ist BlackRock nicht das einzige Vermögensverwaltungsunternehmen, das seine Anlagepraktiken auf vollständigere und strengere Klimadaten stützen möchte. Die meisten, wenn nicht sogar alle der 7.000 Unterzeichner der UN-Grundsätze für verantwortungsbewusstes Investment würden dies ebenfalls gern tun. Ihr Erfolg hängt zu einem nicht geringen Teil von der Bereitschaft und Fähigkeit der Unternehmen ab, die oben erwähnten SASB- und TCFD-Standards zu übernehmen, die wir später noch genauer untersuchen werden. Angesichts dieser Bestrebungen ist es auch keine Überraschung, dass das direkte Engagement vieler Corporate-Stewardship-Teams exponentiell zugenommen hat. So führte das Stewardship-Team von BlackRock im Aktionärs-Abstimmungsjahr 2020/21 mehr als 3.600 Gespräche mit mehr als 2.300 börsennotierten Unternehmen in 55 Märkten, was einem Anstieg von 50 Prozent gegenüber der Saison 2019/20 entspricht. Die Überprüfungen betrafen mehr als 70 Prozent der Vermögenswerte, die BlackRock im Namen seiner Kunden verwaltet. Das explizite Umweltengagement hat sich in den letzten Jahren vervielfacht, während sich das soziale Engagement – also die Überprüfung von Unternehmen mit dem „S“ von „ESG“ – gleichzeitig verdoppelt hat. Hunderte von kohlenstoffintensiven Unternehmen, die 60 Prozent der globalen Scope-1- und Scope-2-Emissionen[10] repräsentieren, wurden aktiv und persönlich überprüft. Vielen von ihnen drohte 2021 ein negatives Abstimmungsverhalten, weil sie keine ausreichenden Fortschritte in Bezug auf Klima- und/oder Naturkapital gemacht hatten. Unternehmen müssen zunehmend die Veränderung sein, die ihre Endinvestoren in der Weltwirtschaft sehen wollen – integrativer, nachhaltiger und vor allem manisch in Bezug auf Pläne für langfristiges Wachstum. Wenn dies nicht der Fall ist, wird eine wachsende Zahl von Investment-Stewardship-Teams von sich hören lassen. Für alles andere steht zu viel auf dem Spiel.

Neben anderen Prioritäten tragen viele Vermögensverwaltungsfirmen zur Förderung des Netto-Null-Ziels bei, indem sie immer mehr Unternehmen an Bord holen. Sie tun dies jedoch nicht aus moralischen Bedenken heraus. Viele Anlageberater setzen sich für Netto-Null-Ziele ein, weil sie von der Optimierung langfristiger finanzieller Ergebnisse überzeugt sind. Wie viele Aktivisten glaubt auch eine wachsende Zahl von Finanziers und Unternehmensvorständen, dass sich die Menschheit in einem Wettlauf befindet, um sich vor einer unbekannten und unvorhersehbaren Klimakatastrophe zu retten. Sie setzen erhebliche Mittel ein, um alles in ihrer Macht Stehende zu tun, damit der Wettlauf gegen die globale Erwärmung gewonnen wird. Sie setzen umfangreiche Mittel ein, weil sie glauben, dass Rentner auf der ganzen Welt eine Klimakatastrophe vermeiden müssen, wenn sie die Hoffnung haben sollen, so in den Ruhestand gehen zu können, wie sie es sich erhoffen und verdienen – in Komfort und mit Würde.

Wie bereits erwähnt, ist das Konzept der Netto-Null-Emissionen, wie alle Fragen im Zusammenhang mit der globalen Klimaherausforderung, leicht zu erklären, aber schwer umzusetzen. Hunderttausende von Vertretern, Aktivisten und Investoren fordern nun jedes Land und jedes Unternehmen auf, einen Plan zu entwerfen und umzusetzen, aus dem genau hervorgeht, wie sie bis 2050 – wenn nicht früher – nicht mehr Kohlendioxid in die Atmosphäre emittieren, als sie abbauen. Aber beachten Sie das Wort „netto“. Die Zusagen verlangen nicht, dass keine Kohlenstoffbrennstoffe mehr verwendet werden; stattdessen erfordert der Begriff „netto“ nachprüfbare Kompensationen für den möglicherweise emittierten Kohlenstoff. Die vom Menschen verursachten Nettoemissionen müssen in den nächsten drei Jahrzehnten ab jetzt um erstaunliche acht bis zehn Prozent pro Jahr sinken, um überhaupt eine Chance zu haben, das Ziel von Paris zu erreichen, den Anstieg der globalen Durchschnittstemperatur auf 1,5 Grad Celsius über dem vorindustriellen Niveau zu begrenzen. Wie mein Klimaexperte in der Einleitung schreibt, ist keine Zeit zu verlieren. Der Erfolg hängt entscheidend davon ab, was in den nächsten Jahren geschieht. Das Reduktionstempo von acht bis zehn Prozent pro Jahr mag unmöglich erscheinen, aber die Covid-19-bedingten Einschränkungen der Wirtschaftstätigkeit im Jahr 2020 haben diesen Wert leicht überschritten. Dies vermittelt ein Gefühl dafür, wie dramatisch die Weltwirtschaft neu geordnet werden muss, nur um mit Paris in Einklang zu stehen.

Niemand sollte jedoch erwarten, dass ständige selbst verschuldete Verlangsamungen zur Norm werden. In einer idealen Welt erfordert das Erreichen von Netto-Null beispiellose Anstrengungen, um Lieferketten umzugestalten, Büroräume und Geräte zu modernisieren, mehr Telearbeit zu leisten, weniger zu reisen, eine Kreislaufwirtschaft zu schaffen, die Industrie nachhaltiger zu betreiben und vieles mehr. Der Weg zum Netto-Null-Punkt wird auch technologische Durchbrüche bei der Erzeugung und dem Verbrauch sauberer Energie erfordern, einschließlich der Entfernung von Kohlendioxid aus der Atmosphäre. Die Verhaltensweisen aller Menschen müssen sich ändern, von der Energie, auf die sie angewiesen sind, bis hin zu den Produkten, die sie verbrauchen. Kein Aspekt des menschlichen Handelns wird davon unberührt bleiben.

„Adam Smith war in ‚Der Wohlstand der Nationen' sehr deutlich", sagte der damalige Seniorpartner von McKinsey, Kevin Sneader, während einer Podiumsdiskussion in Davos im Jahr 2021 über die Unternehmensführung im 21. Jahrhundert. „Die Verantwortung eines Unternehmers besteht darin, der Gemeinschaft etwas zu geben und alle zu bereichern." Sneader nannte die zunehmende Einkommensungleichheit, den Druck der Globalisierung und den Verlust des öffentlichen Vertrauens als drei von vielen Faktoren, die Führungskräfte dazu veranlassen, sich anderen Aktivisten für Veränderungen anzuschließen:

„Nimmt man all diese Faktoren zusammen, [erhält man] einen Cocktail, der sagt: ‚Die Zeit ist um. Wir müssen anfangen, die Dinge anders zu machen.'" Sneader ist ein weiteres Mitglied der Unternehmenselite, das darauf besteht, dass es an der Zeit ist, etwas zu ändern. Aber werden seine, die des BRTs, Finks und aller anderen Bemühungen in den Führungsetagen in Verbindung mit den Bestrebungen der Befürworter von ESG-Investitionen das Verhalten der Unternehmen ausreichend und schnell genug ändern, um die Ziele des Pariser Abkommens und andere soziale Ziele erreichbar zu machen? In diesem Buch geht es darum, die richtige Rolle der Wirtschaft und des Finanzwesens zu identifizieren, um ein inklusiveres, nachhaltiges Wachstum zu schaffen. Aber ist es nicht schon zu spät, um zu verhindern, dass die schlimmsten Auswirkungen des Klimawandels unsere Lebensweise und auch unsere Altersvorsorge verwüsten?

Vielleicht. Deshalb muss ein umfassenderes Verständnis des Klimarisikos in klaren, unaufgeregten und wissenschaftlichen Details dargelegt werden.

KAPITEL 5

WAS WÄRE, WENN +1 °C = −100 BILLIONEN DOLLAR?

Die Realität ist, dass der Klimawandel real ist.

SYLVESTER TURNER, BÜRGERMEISTER VON HOUSTON

Die Warnung von Jacques Blanchette, Richter in Tyler County, am 29. August 2017, als Hurrikan Harvey sich Houston näherte, war nicht einfach zu ignorieren: „Jeder, der sich entscheidet, diese Evakuierungsanweisung nicht zu befolgen, kann nicht damit rechnen, gerettet zu werden, und sollte sich seine Sozialversicherungsnummer mit einem Permanentmarker auf den Arm schreiben, damit seine Leiche identifiziert werden kann." Hurrikan Harvey wurde zum nassesten Hurrikan in der Geschichte der USA und brachte in vier Tagen 60 Zentimeter Niederschlag – eine Menge, die dem Abfluss der Niagarafälle über vier Monate hinweg entspricht. 68 Menschen kamen ums Leben, darunter die Mutter eines dreijährigen Mädchens, das am leblosen Körper seiner Mutter gefunden wurde. Zusätzlich zu dem unermesslichen menschlichen Blutbad wurden mehr als 300.000 Gebäude und eine halbe Million Autos beschädigt.

Der Klimawandel *wird* nicht kommen. Er *ist bereits* im Gange. Fragen Sie einfach Bürgermeister Turner.

Bill Gates' Bestseller „Wie wir die Klimakatastrophe verhindern" lenkt die Aufmerksamkeit seiner Leser auf die gewaltige Herausforderung, dem Klimawandel entgegenzuwirken, indem er zwei Zahlen hervorhebt: 51 Milliarden und 0. Die erste Zahl steht für die Netto-Kohlendioxidmenge in Tonnen, die wir Menschen gemeinsam *jedes Jahr* in die Atmosphäre blasen (Abbildung 5.1). Letzteres ist der Wert, auf den wir unsere Netto-Kohlendioxidemissionen bis 2050 senken müssen, um den Anstieg der globalen Durchschnittstemperatur auf deutlich unter zwei Grad Celsius gegenüber dem Industriezeitalter zu begrenzen – das erklärte Ziel des Pariser Abkommens. Gates' Buch ist eine ernüchternde Lektüre. Wenn man bedenkt, dass wir die Erde bereits um ein Grad Celsius erwärmt haben, scheint es so, als ob wir nur noch ein weiteres Grad vor uns haben.

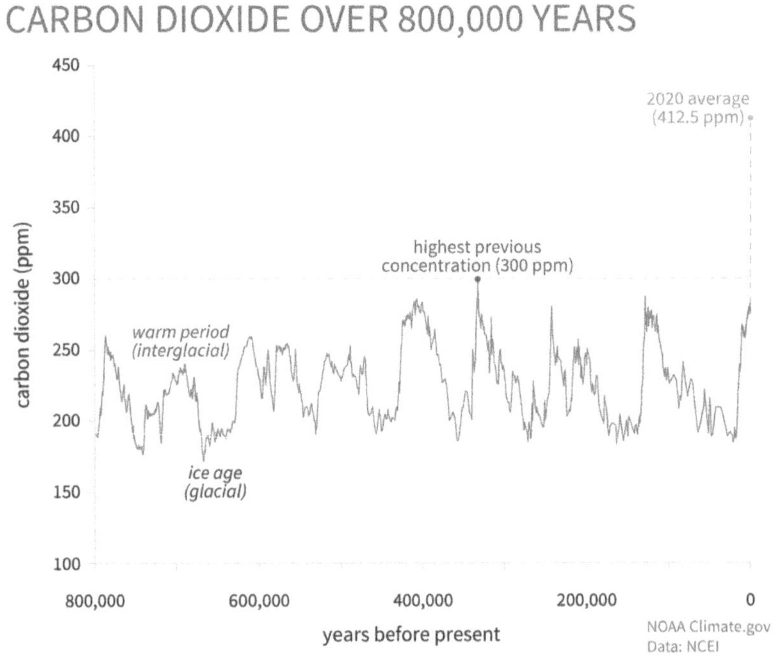

Abbildung 5.1 Die CO_2-Werte der Erde haben einen historischen Höchststand erreicht.

National Oceanic and Atmospheric Administration

Ein Grad Celsius scheint nicht sehr viel zu sein. Man könnte sich fragen: Was soll die ganze Aufregung?

Es stellt sich heraus, dass der einzige Planet, von dem Astronomen und Astrophysiker glauben, dass er in einem Radius von etwa 1.000 Lichtjahren komplexes Leben beherbergt – unser Planet Erde –, eine Gesamttemperaturabstufung von seinem niedrigsten bis zu seinem höchsten Niveau von nur zehn Grad Celsius hatte. Das bedeutet, dass ein bis zwei Grad Celsius 10 bis 20 Prozent der tatsächlichen Temperaturveränderung auf der Erde seit der Entstehung des Lebens ausmachen.

Das ist natürlich viel, aber es stellt die ein bis zwei Grad Celsius noch nicht in den vollen Zusammenhang. Mal ehrlich, wie viel Unterschied könnte ein weiteres Grad ausmachen?

Während der letzten Eiszeit war es auf der Erde etwa sechs Grad Celsius kälter als heute. Damals waren 30 Prozent der Erde mit Eis bedeckt, darunter der größte Teil Nordamerikas. Und während des Mesozoikums vor etwa 65 Millionen Jahren, als die Dinosaurier umherwanderten, war es etwas weniger als vier Grad Celsius wärmer als heute. Als die Dinosaurier umherstreiften, gab es natürlich kein Eis in der Antarktis oder in Grönland. Der Meeresspiegel lag etwa einen Meter höher. Kamele streiften durch Kanada, und Krokodile lebten oberhalb des Polarkreises. Tatsächlich waren Grönland und große Teile der Arktis und Antarktis nicht vereist, als es das letzte Mal so warm war wie *heute*. Damals gab es kein Eis, was bedeutet, dass mehr als sieben Millionen Quadratkilometer des vorhandenen Eises *jetzt* instabil sind – selbst wenn sich die Erde nicht weiter erwärmt. Was mit diesem Eis in den nächsten 10, 20, 50 oder 100 Jahren geschieht, kann man nur vermuten. Sicher ist nur, dass es viel weniger davon geben wird, wenn die Erdtemperatur nicht bald deutlich sinkt. Unser gesamtes verbliebenes Eis kann weiterhin langsam und stetig schmelzen, oder es kann massiv, schnell und sogar in katastrophaler Weise abtauen. Da es praktisch keine Möglichkeit gibt, die globale Erwärmung jetzt noch zu stoppen, wird der Meeresspiegel zweifellos weiter steigen. Vielleicht steigt er im nächsten Jahrhundert nur um ein paar Zentimeter, aber einige Modelle zeigen, dass er bis zu 13 Meter ansteigen könnte. Wir wissen es einfach nicht.

Mehr als vier Milliarden Menschen leben heute innerhalb einer Entfernung von 80 Kilometern vom Meer – mehr als die Hälfte der Menschheit. Sollte der Meeresspiegel auch nur um ein paar Meter steigen, werden viele Menschen umziehen müssen. Bangkok, Kalkutta, Dhaka, Guangzhou, Houston, Lagos, Miami, Mumbai, New Orleans und Schanghai sind nur einige der Städte, die überflutet werden könnten, wenn keine nennenswerten Gegenmaßnahmen ergriffen werden. Diese Städte und ihre Umgebung beherbergen heute öffentliche Infrastrukturen und Privateigentum im Wert von Billionen von Dollar sowie Hunderte von Millionen Einwohnern. Mehr als ein paar dieser Städte könnten unbewohnbar werden. Einige könnten sogar verschwinden (Abbildung 5.2).

Ernüchternd, nicht wahr? Wenn man sich jedoch näher damit befasst, was erforderlich ist, um diese 51 Milliarden Tonnen Kohlenstoff auf null zu reduzieren, scheint Nüchternheit nicht mehr so verlockend zu sein; ein steifer Drink klingt viel besser. Kennen Sie die millionenschweren Immobilien am Meer in den Hamptons, Miami und Bondi Beach? Nun, sie scheinen keine guten langfristigen Investitionen zu sein. Wenn Sie auf der Suche nach einem Strandgrundstück sind, kann jedes Angebot, das sich sechs Meter über dem Meeresspiegel befindet, durchaus ausreichen. Dänemark, Gambia, die Malediven, die Niederlande und Katar sollten Sie allerdings von Ihrer Einkaufsliste streichen. Dies sind die fünf niedrigsten Länder der Erde. Die Logistik in und aus ihren Flughäfen könnte sich als äußerst schwierig erweisen.

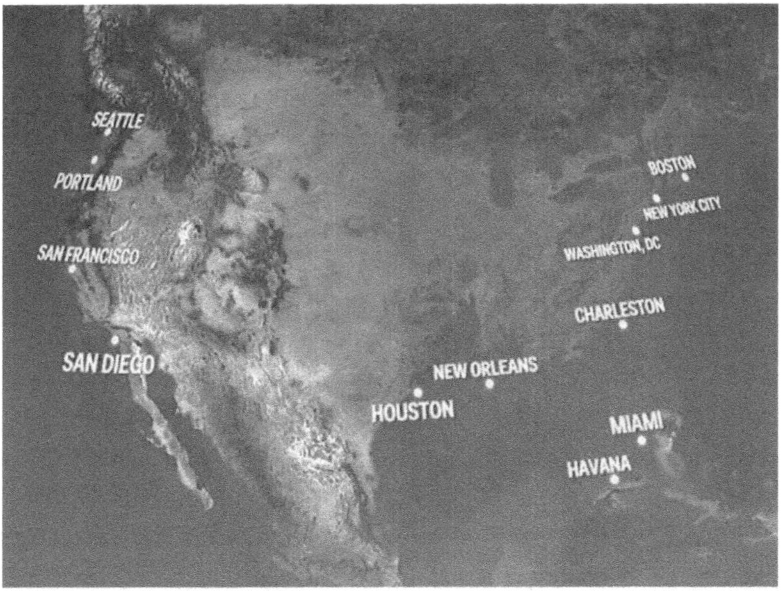

ABBILDUNG 5.2 Was von den Vereinigten Staaten übrig bleiben könnte, wenn das gesamte Eis schmilzt.
Mit freundlicher Genehmigung von *Business Insider*.

Den von Bill Gates angeführten Daten zufolge würden wir, wenn jedes Kraftfahrzeug auf der Erde – Pkw und Lkw – morgen elektrifiziert würde und wenn dieser Strom nachhaltig erzeugt würde, etwa sieben Prozent dieser 51 Milliarden Tonnen neutralisieren. Mit anderen Worten: nicht sehr viel. Und wenn jedes Haus und jedes gewerblich genutzte Gebäude auf der Erde mit einer Kombination aus Sonne, Wind und Erdwärme beheizt und gekühlt würde, die ebenfalls alle erneuerbar sind, hätten wir weitere acht Prozent neutralisiert. Das wären natürlich erstaunliche Erfolge, und diese Innovationen beflügeln die Fantasie aller Investoren und politischen Entscheidungsträger gleichermaßen. Aber selbst wenn es uns gelänge, diese beiden erstaunlichen Leistungen zu vollbringen – 100 Prozent nachhaltig erzeugte

Elektrizität für Fahrzeuge und 100 Prozent erneuerbare Energien für Heizung und Kühlung in allen Wohn- und Geschäftsgebäuden –, müssten wir immer noch 43,35 Milliarden Tonnen Kohlenstoff pro Jahr beseitigen (Abbildung 5.3). Elektrofahrzeuge und kohlenstofffreie Häuser bewegen die Pariser Nadel kaum. Es sind viel umfassendere Lösungen erforderlich, wenn Netto-Null etwas anderes sein soll als der Wunschtraum einiger Bürokraten.

Das Projekt Drawdown ist eines von mehreren wissenschaftlichen Projekten, die gangbare Wege und Strategien zur Erreichung von Netto-Null bis 2050 aufzeigen. Die vorgeschlagenen Lösungen werden in vier „Wellen" eingeteilt: (1) schnelle Erfolge, (2) neue Infrastruktur, (3) Ausbau natürlicher Senken und (4) Einsatz neuer Technologien. Eine der schnellsten Lösungen ist die Beendigung der Abholzung von Wäldern. Die Erhaltung oder Vergrößerung der bestehenden Flora erscheint zwingend und scheinbar leicht zu bewerkstelligen. Regenwälder tragen dazu bei, die Schäden, die unser Kohlenstoffverbrauch verursacht, rückgängig zu machen. Das einzige Problem ist, dass die Rettung der Regenwälder dort, wo sie sich befinden, also auch in Brasilien und Indonesien, nicht sonderlich beliebt ist. Ohne eine angemessene Entschädigung durch andere souveräne Nationen für die Erhaltung der Regenwälder auf Dauer werden die regenwaldreichen Entwicklungsländer diese wahrscheinlich weiterhin für eine kurzfristigere, produktivere Nutzung abbrennen. Schließlich schafft die Nachfrage nach Sojabohnen und Palmöl sinnvolle, unmittelbare Einkommensmöglichkeiten, und frisch gerodete Regenwälder eignen sich hervorragend zum Anlegen von Feldern. Die Abholzung ist natürlich ein doppeltes Übel. Die dichte tropische Flora ist eine „natürliche Senke", etwas, von dem wir mehr brauchen und wollen. Tropische Wälder sind eine der effektivsten Methoden der Natur, Kohlendioxid in Sauerstoff in der Luft und Kohlenstoff im Boden umzuwandeln. Wenn wir Regenwälder abbrennen, wird ihr gesamter gespeicherter Kohlenstoff freigesetzt. Anstatt eine Kohlendioxidsenke zu sein, werden sie zu einem Kohlendioxidhahn. Doppeltes Pech.

Bill Gates teilt den Optimismus von Project Drawdown für „neue Technologien". Das sollten wir alle. Gates hat zugesagt, alle vielversprechenden neuen Technologien in den Bereichen Kohlenstoffabscheidung, Stahl- und Zementherstellung, moderne Agrarwirtschaft, fortschrittliche Biokraftstoffe, Kernfusion und Netzeffizienz zu finanzieren. Diese Technologien haben alle die Möglichkeit, mindestens ein Prozent dieser 51 Milliarden Tonnen Kohlenstoff zu beseitigen, wenn sie in vollem Umfang eingesetzt werden. Eine Sache, in die jeder seine Rente investieren sollte, ist jede skalierbare Technologie, die das, was Gates als „grünen Aufpreis" bezeichnet, spürbar senkt. Ein grüner Aufpreis sind die zusätzlichen Kosten, die entstehen, wenn man seine Geschäfte auf die gleiche Art und Weise wie bisher führt, im Vergleich zu einer neu erdachten Methode, die Netto-Null-Ziele fördert. So wurde kürzlich geschätzt, dass die Umstellung des gesamten amerikanischen Stromnetzes auf bekannte kohlenstofffreie Quellen die monatlichen Stromrechnungen um etwa 15 Prozent erhöhen würde, was für einen durchschnittlichen Haushalt 18 Dollar pro Monat bedeutet. Natürlich scheinen 18 Dollar pro Monat überschaubar zu sein, aber der größte Teil dieser Erhöhung würde von Haushalten mit geringem Einkommen und denjenigen, die es sich am wenigsten leisten können, getragen werden. Für einige bedeuten höhere Stromrechnungen weniger Lebensmittel. Ein geringerer Anstieg der Kosten wäre noch besser. Die Senkung der Umweltaufpreises für die Stahl- und Zementproduktion ist viel schwerer zu stemmen. „Außer der Schließung dieser Bereiche des verarbeitenden Gewerbes", so Gates, „können wir heute nichts tun, um diese Emissionen zu vermeiden." Wie Abbildung 5.3 zeigt, verursacht das verarbeitende Gewerbe 16 Milliarden Tonnen Kohlendioxidemissionen pro Jahr, also etwa doppelt so viel wie der Verkehr und die Heizung und Kühlung von Haushalten. Es gibt keine Möglichkeit, die Ziele von Paris zu erreichen, ohne unser Konzept für die Schwerindustrie grundlegend zu ändern. Haben Sie eine innovative Idee, wie man Stahl oder Zement ohne die derzeitige Temperatur-

und Energieintensität herstellen kann? Wenn ja, dann haben Sie mit ziemlicher Sicherheit einen Nobelpreis in Aussicht.

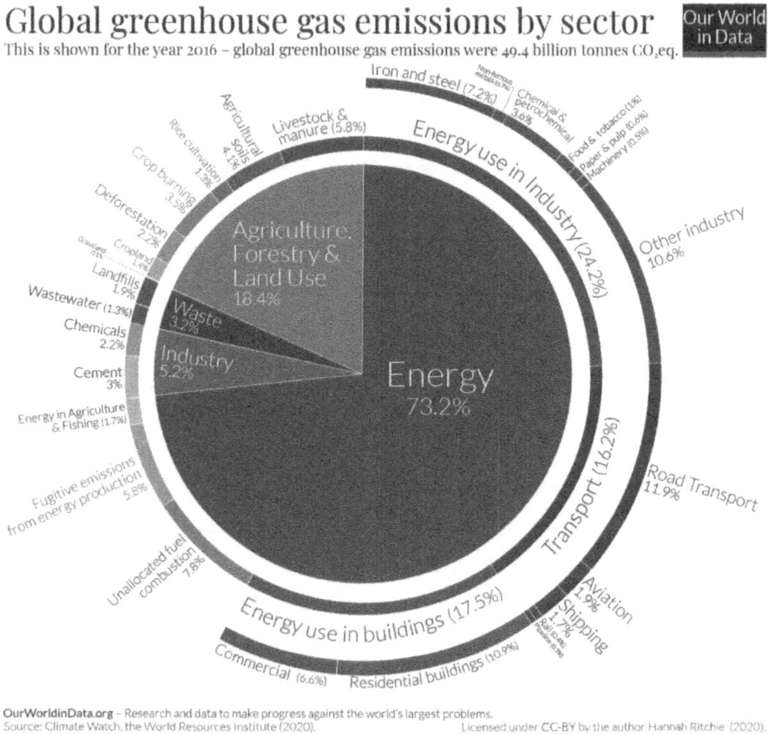

ABBILDUNG 5.3 Darstellung des (unmöglichen?) Weges zum Netto-Null-Verbrauch nach Branchen.

Climate Watch, das World Resources Institute (2020). Lizenziert unter CC-BY durch die Autorin Hannah Ritchie (2020).

So herausfordernd das alles auch klingt, es gibt auch Grund zur Hoffnung. Zum einen haben die neuen Technologien seit Thomas Malthus im Jahr 1798 immer wieder die katastrophalen Vorhersagen der Fachleute Lügen gestraft. Es hat sich herausgestellt, dass der Mensch bemerkenswert geschickt darin ist, erkannte Probleme viel schneller und umfassender zu lösen, als die Schwarzmaler je erwartet hätten. Malthus prophezeite, dass Krankheiten, Hungersnöte, Kriege und Katastrophen unvermeidlich seien, weil die Menschheit nie genug Nahrungsmittel erzeugen könne, um ihre wachsende Zahl zu ernähren. Innovation und Erfindungsreichtum haben ihn eines Besseren belehrt. Es wurde auch angenommen, dass die moderne Zivilisation mit dem Jahrtausendwechsel enden würde, da keine Computer richtig für das Ende des Jahrtausends programmiert waren – und doch sind wir noch da. Bis heute wurde noch jeder Weltuntergangspessimist widerlegt. Das soll nicht heißen, dass das Klima kein Problem darstellt; das tut es eindeutig. Aber die Behauptung, die Menschheit könne nicht überleben, wenn die Temperaturen um weitere zwei bis vier Grad Celsius steigen, ist schlichtweg unwahr. Die Hysterie, die diese Behauptung hervorruft, ist auch nicht hilfreich für die Entwicklung einer Reihe von Energielösungen, die sauber, erschwinglich, sicher und zuverlässig genug sind, um das Wirtschaftswachstum fortzusetzen.

Tatsächlich sieht es sehr danach aus, dass die Menschheit weiterhin beträchtliche sozioökonomische Fortschritte machen kann, egal ob die Ziele von Paris erreicht werden oder nicht. Nach fast allen Schätzungen für das globale Wachstum – von den Vereinten Nationen über die Organisation für wirtschaftliche Zusammenarbeit und Entwicklung bis hin zu zahlreichen Prognosen des Privatsektors – wird sich das BIP bis 2050 mindestens verdoppeln, *selbst wenn die politischen Entscheidungsträger weltweit keine vorbeugenden Klimaschutzmaßnahmen ergreifen*. Dieser Datenpunkt muss wahrscheinlich wiederholt werden, um zu verdeutlichen, *dass sich die Weltwirtschaft in den nächsten 30 Jahren verdoppeln wird, selbst wenn Einzelpersonen und Regierungen keine aktiven Schritte zur Verringerung der Kohlenstoffemissionen unternehmen und die Temperaturen deutlich ansteigen*. Wachsende Bevölkerungen erzeugen Wachstum, da mehr Menschen mehr Wohnungen, Mahlzeiten, Reisen und medizinische Versorgung benötigen. Kurz gesagt, selbst wenn wir die Ziele von Paris nicht aggressiv anstreben, scheint es sehr wahrscheinlich, dass die guten wirtschaftlichen Zeiten noch eine Weile andauern können (Abbildung 5.4).

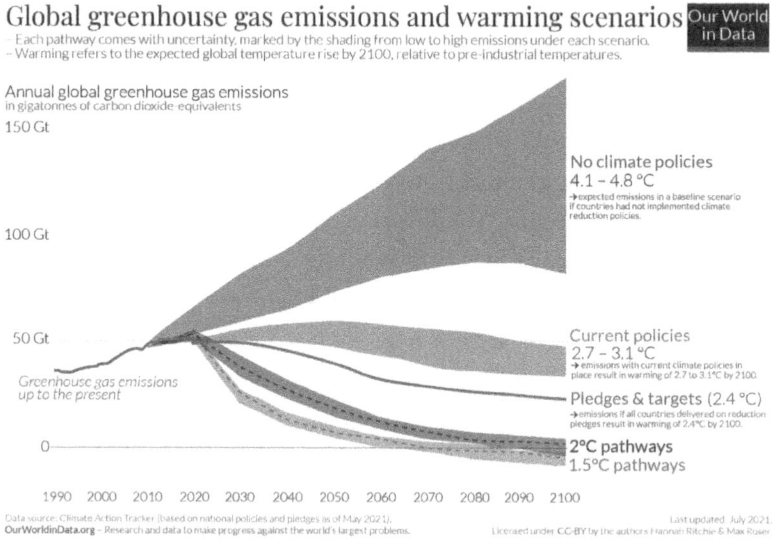

ABBILDUNG 5.4 Szenarioanalyse: plausible Kohlenstoff- und Temperaturpfade bis 2100.

Datenquelle: Climate Action Tracker. OurWorldinData.org. Lizensiert unter CC-BY von den Autoren Hannah Ritchie & Max Roser.

Toll, sagen Sie. Warum also Billionen ausgeben, die wir nicht haben, um einen Anstieg der globalen Durchschnittstemperatur abzumildern, der unser Wachstum nicht beeinträchtigt? Nun, aus zwei Gründen. Erstens wird prognostiziert, dass das Wachstum nach 30 Jahren dramatisch zurückgehen wird, wenn wir nichts unternehmen. Untätigkeit bedeutet, dass wir in einer „Treibhaus“-Welt leben könnten, ohne vernünftige Möglichkeiten, die Uhr oder die Temperaturen zurückzudrehen.[1] Heute ist 1 Prozent des Globus aufgrund von Hitze unbewohnbar; in einer Treibhaus-Welt könnten es bis zu 19 Prozent sein. Außerdem: Wenn Einzelpersonen, Unternehmen und politische Entscheidungsträger einen erfolgreichen grünen Übergang aktiv unterstützen, führen diese Wirtschaftsprognosen zu einem viel höheren kumulativen Wachstum. Wie viel mehr? Einem maßgeblichen Bericht zufolge bis zum Jahr 2040 um bis zu 25 Billionen Dollar.[2] Dieses zusätzliche Wachstum würde sich in zwei Hauptdimensionen ergeben. Eine wichtige Komponente wären die zusätzlichen Ausgaben für die benötigte Infrastruktur und für Maßnahmen zur Vorbereitung auf den Klimawandel. Schließlich schlagen sich erfolgreiche öffentliche Arbeiten direkt in einem höheren BIP nieder. Der Rest käme aus der erfolgreichen Schadensbegrenzung bei extremen Wetterereignissen. Natürlich würde keiner dieser Vorteile linear sein. Je nach den ergriffenen Maßnahmen könnte und würde sich die Zusammensetzung des künftigen Wirtschaftswachstums je nach Land, Branche und Unternehmen innerhalb der Branchen sehr unterschiedlich gestalten. Die Bewältigung der anstehenden Energiewende wird viele Gewinner und Verlierer auf nationaler, sektoraler und unternehmensbezogener Ebene hervorbringen. In extremen Szenarien würden einige Länder und viele Unternehmen aufhören zu existieren.

Nehmen wir zum Beispiel den Fall China. Analysten sind sich weitgehend einig, dass China am meisten zu gewinnen oder zu verlieren hat, wenn es erhebliche Maßnahmen zur Verlangsamung des Klimawandels ergreift oder nicht. Die kumulierten Einsparungen durch die für einen erfolgreichen Übergang erforderlichen Investitionen – eine fürstliche Summe, die auf etwa 18 Prozent des gesamten BIPs des Landes in den nächsten 20 Jahren geschätzt wird – wären mehr als doppelt so hoch wie die Verluste, die das Land durch Nichtstun erleiden würde. Wie viel könnte China verlieren, wenn es keine Umweltmaßnahmen ergreift? Vielleicht bis zu 45 Prozent seines BIPs.[3] Von der Weltmacht China würde nicht mehr viel bleiben, wenn es die Hälfte seiner Wirtschaft und seines Wohlstands verlieren würde. Kein Land könnte oder würde das tun.

Wie in anderen Ländern würde auch in China der größte Teil der Einsparungen aus der Abwendung klimabedingter Schäden an der bestehenden Infrastruktur und am Humankapital stammen. Sie haben wahrscheinlich schon bemerkt, dass Peking einen unangenehmen Vorgeschmack auf die Schäden bekommt, die auf es zukommen können, wenn es die klimabedingten Risiken nicht ernster nimmt. Lähmende Sandstürme in der Wüste Gobi, ausgelöst durch Chinas heißere und trockenere Temperaturen, haben bereits begonnen, Chinas Hauptstadt zeitweise unbewohnbar zu machen. Im März 2021 erlebte Peking den schlimmsten Sandsturm seit mehr als einem Jahrzehnt, wobei die Luftverschmutzung auf das *160-Fache* des empfohlenen Grenzwerts anstieg. Der Flugverkehr in und aus der Hauptstadt wurde eingestellt. „Es sieht aus wie das Ende der Welt“, berichtete die Pekingerin Flora Zou. Wenn die Entwicklung so weitergeht, wird sich die Luftqualität in Peking mit Sicherheit weiter verschlechtern. Tatsächlich scheint die Verödung Pekings nur noch eine Frage des Wann und nicht des Ob zu sein. Versuchen Sie einmal, die Kosten für die Aufgabe der Infrastruktur Pekings und die Umsiedlung von 40 Millionen Einwohnern nach Nanking, der Hauptstadt Chinas während der Ming-Dynastie, zu schätzen. Das wäre nicht billig.

Peking ist nicht die einzige Stadt, die mit teuren wetterbedingten Kosten konfrontiert ist. Im Jahr 2020 verursachten Naturkatastrophen weltweit Sachschäden in Höhe von schätzungsweise 210 Milliarden Dollar – der höchste jemals verzeichnete Betrag und ein Anstieg von 15 Prozent gegenüber dem inflationsbereinigten Durchschnitt der letzten zehn Jahre. Durch die Hurrikans Henri und Ida war auch das Jahr 2021 sehr teuer. Die geschätzten Kosten, die 2021 durch den Frost in Texas und seine Auswirkungen auf das Stromnetz des Bundesstaats entstanden, beliefen sich zunächst auf über 80 Milliarden Dollar. Viele US-Bundesstaaten und lokale Emittenten, Stromversorgungsunternehmen und gewerbliche Immobiliengesellschaften sind seit 2010 von der Insolvenz bedroht. One-Pacific Gas and Electric, der größte Stromversorger Kaliforniens, musste schließlich wegen Hunderter von Klagen wegen tödlicher Waldbrände, die durch die zerstörten Stromleitungen verursacht wurden, Konkurs anmelden. Einer Schätzung zufolge sind fast neun Billionen US-Dollar an ausstehenden Schulden – mehr als zehn Prozent aller ausstehenden Anleihen – nun von klimabedingten Herabstufungen bedroht. Diese Probleme werden auch in nächster Zeit nicht verschwinden. Der Klimawandel könnte die Kosten für den Schuldendienst von Unternehmen und Staaten bis zum Ende dieses Jahrhunderts um bis zu 300 Milliarden Dollar *pro Jahr* in die Höhe treiben.

Der Klimawandel ist und wird weiterhin unglaublich teuer sein. Sie sehen jetzt, dass ein Temperaturanstieg von einem Grad Celsius im Laufe der Zeit leicht zu einem Verlust von 100 Billionen Dollar führen kann. Das ist der Grund, warum viele Regulierungsbehörden, Zentralbanker, Wissenschaftler und Politiker so alarmiert sind. Die Menschheit steckt in einer noch nie da gewesenen Zwickmühle. Die Art und Weise, wie wir bisher gelebt haben und weiter leben, scheint unhaltbar zu sein. Bleibt der Klimawandel ungebremst, werden Milliarden von Menschen vertrieben werden. Die Zahl der wetterbedingten Todesfälle lag weltweit im Durchschnitt bei etwa 60.000 pro Jahr. Ein Anstieg auf 600.000 oder eine Million wetterbedingter Todesfälle pro Jahr ist in den kommenden Jahrzehnten möglich.

Eine Möglichkeit, die Gewinner und Verlierer eines nicht vorhandenen, teilweisen oder vollständigen Übergangs zur Netto-Null zu ermitteln, besteht darin, die erwarteten Kosten und Einsparungen der einzelnen Branchen zu betrachten. Dies ist besonders für Investoren wichtig. Es ist auch die Hauptanalyse, die viele Innovationen hinter indexierten ESG-Anlagestrategien vorantreibt. So werden sich beispielsweise die kumulativen Auswirkungen von Regulierungs- und Verhaltensänderungen, Innovationen und die Umgestaltung der Lieferketten auf Unternehmen wie Microsoft und Edison Electric sehr unterschiedlich auswirken. Ebenso wird United Healthcare stärker von den variablen Effekten der sich verändernden Fundamentaldaten und den durch den Klimawandel bedingten Anlegerpräferenzen betroffen sein als Rohstoff- oder Energieunternehmen wie BHP oder TotalEnergies. Wenn indexierte ESG-Strategien diese divergierenden Trends erfolgreich steuern könnten, wären sie äußerst wertvoll. Genau das versuchen die meisten indexierten ESG-Strategien zu erreichen.

Die bereits erwähnte BlackRock-Studie versucht, diese unterschiedlichen Faktoren für die Wertentwicklung in Zahlen zu fassen.[4] Sie schätzt die annualisierten Finanzrenditen von Unternehmen aus den Bereichen Informationstechnologie und Energie und kommt zu dem Ergebnis, dass sie in den nächsten fünf Jahren bis zu 800 Basispunkte pro Jahr betragen könnten. Wenn dies zutrifft, könnte die Wahl der richtigen Klimagewinner und -verlierer in Ihrem Rentenfonds in den nächsten fünf Jahren Ihre Anlageergebnisse um den Faktor 2 beeinflussen. Mit anderen Worten: 10.000 Dollar Ihres investierten Kapitals könnten auf 7.000 Dollar fallen oder auf 14.000 Dollar steigen. Ein großer Unterschied!

Verschiedene ESG-Anlagestrategien versuchen, diese Gefahren und Chancen zu umgehen, indem sie bei ihrer aktiven und indexierten Positionierung bewusst eine Branchenausrichtung auf weniger bedrohte Sektoren und Unternehmen vornehmen. Geschickte Anleger werden damit Erfolg haben, ebenso wie ihre Vermögensverwalter. Die oben zitierten Daten spiegeln die Schätzung von BlackRock wider, wie viel von der erwarteten relativen Outperformance auf einem „Repricing-Kanal" beruht. Dabei handelt es sich um eine Erhöhung oder Verringerung des Gewinnmultiplikators, der die Erwartungen an das künftige Wachstum widerspiegelt, im Gegensatz zu dem Anteil, der sich aus dem „Fundamentalkanal" ergibt, das heißt den tatsächlichen Gewinnsteigerungen oder -verlusten. Die gesamte Under- oder Outperformance ergibt sich aus der Summe dieser beiden Kanäle. Unternehmen der Informationstechnologie und des Gesundheitswesens sind viel besser positioniert als Versorgungs- und Energieunternehmen, da sie besser vorhersehbare *und* höhere Erträge erzielen werden. Besser vorhersehbare und höhere Erträge werden im Laufe der Zeit immer mit höheren Anlagemultiplikatoren belohnt. Indexierte Aktienprodukte, die risikoreichere Branchen aussortieren und die weniger exponierten übergewichten, werden von diesen Kurssteigerungen grundsätzlich profitieren, falls sie eintreten. Wenn diese Gewinnannahmen und Repricing-Prognosen korrekt sind, werden viele intelligente indexierte ESG-Strategien gut funktionieren.

So wie es ein messbares Klimarisiko von Branchen gibt, wird es auch innerhalb der Branchen und innerhalb von Unternehmen derselben Branche Outperformer und Underperformer geben. Nehmen wir die großen Ölkonzerne. Die Weltwirtschaft wird zweifellos noch für Generationen, wenn nicht für immer, einige traditionelle Ölprodukte und Dienstleistungen von Unternehmen wie Chevron, Exxon Mobil, Saudi Aramco, Shell, TotalEnergies und anderen Energiekonglomeraten benötigen. Eine Zukunft ohne einen gewissen kohlenstoffbasierten Energieverbrauch ist nicht vorstellbar. Aber selbst unter diesen Konzernen gibt es ein oder zwei, die die Herausforderung, unsere Zukunft mit Energie zu versorgen, sicherlich nachhaltiger und strategischer angehen werden als andere. Welche das sind? Ich weiß es nicht – aber ich hoffe sehr, dass mein Ruhestandsvermögen von denen verwaltet wird, die das können.

Die schumpeterschen Kräfte der schöpferischen Zerstörung werden sich im Energiesektor als nicht weniger wirksam erweisen als im Automobilsektor. Die schöpferische Zerstörung wird sich im Energiesektor sogar als noch entscheidender erweisen, wenn man den massiven Wandel bedenkt, der jetzt stattfindet und sich fortsetzen wird. Ein großer Teil dieser Under- und Outperformance ist bereits erkennbar. So schätzt der Index-Gigant Morgan Stanley Capital International (MSCI), dass der kumulierte Unterschied zwischen den am besten und den am schlechtesten vorbereiteten Energieunternehmen zwischen 2013 und 2020 beim Gewinn pro Aktie mehr als 75 Prozent beträgt. Der Unterschied in der Aktienkursentwicklung betrug im gleichen Zeitraum etwa 25 Prozent. Das sind enorme Unterschiede. Zurück zu unserem Beispiel mit den 10.000 Dollar Altersvorsorge: Eine erfolgreiche Positionierung bedeutet, dass Ihr Konto 12.500 Dollar oder 7.500 Dollar wert sein könnte. Huch! Viele indexierte Produkte, die mit einem Screening versehen sind, können solche Unterschiede nicht erfassen, weil sie sich von ganzen Sektoren fernhalten. Wenn Sie alle Investitionen in den Energiesektor verbieten, entgehen Ihnen effektiv die Möglichkeiten, innovativere Unternehmen in einem wichtigen Industriesektor auszuwählen, der darüber entscheidet, ob und wie Net Zero erreicht wird. Indexierte Strategien haben zwar den Vorteil, dass sie billiger und annähernd korrekt sind, aber sie haben auch geringere Chancen, idiosynkratische Alpha-Gelegenheiten zu nutzen, und das in einer Zeit, in der es solche Gelegenheiten mit Sicherheit zuhauf geben wird. Kurz gesagt: Viele indexierte ESG-Strategien werden entweder ungefähr richtig oder genau falsch liegen.

Wahrscheinlichkeiten sind ein fester Bestandteil jeder Anlagestrategie. Die Entscheidung, zu verschiedenen Zeitpunkten des Konjunkturzyklus Aktien gegenüber Anleihen zu bevorzugen, beruht beispielsweise auf der Annahme, dass die Unternehmensgewinne aufgrund des sich beschleunigenden Wirtschaftswachstums wahrscheinlich steigen werden und dass die Zinssätze im Zuge dessen wahrscheinlich steigen werden. Da sich die Anleihekurse in die entgegengesetzte Richtung wie die Anleiherenditen entwickeln, ist es fast immer besser, mehr Aktien und weniger Anleihen zu besitzen, wenn die Wirtschaft zu expandieren beginnt, und mehr Anleihen und weniger Aktien kurz vor einer Rezession.

Wenn es darum geht, Wahrscheinlichkeiten für die Umsetzung klimapolitischer Maßnahmen einzupreisen und zu berücksichtigen, wie sich diese Wahrscheinlichkeiten auf bestimmte Anlageklassen wie Aktien oder Anleihen auswirken könnten, führt eine breite Palette von Annahmen letztlich zu einer noch umfassenderen Palette möglicher Ergebnisse. In dem Bericht von BlackRock wird beispielsweise auf frühere Projekte verwiesen, wonach europäische Aktien mit guten klimapolitischen Maßnahmen eine Rendite von fast neun Prozent pro

Jahr und ohne diese Maßnahmen eine Rendite von sieben Prozent pro Jahr erzielen könnten – allerdings wird eine Unsicherheitsspanne von fast 20 Prozent um diese Schätzungen eingeräumt. Interessant ist, dass im Falle Chinas die erwarteten jährlichen Aktienrenditen mit oder ohne Klimamaßnahmen mit etwa fünf Prozent pro Jahr gleich hoch ausfallen. BlackRock räumt jedoch ein, dass die Interquartilsperformance zwischen –8 Prozent und +17 Prozent liegen könnte – eine gewaltige Schwankung von einem Viertel des gesamten Risikokapitals! Selbst wenn man also die Politik beiseitelässt – was man nicht tun sollte –, sind Investitionen in China in den kommenden Jahrzehnten nichts für schwache Nerven. Es gilt das traditionelle Investment-Axiom: Für eine überdurchschnittliche Rendite muss man bereit sein, ernsthafte überdurchschnittliche Risiken einzugehen.

Auch der Einsatz von Optionsstrategien für die eigenen Aktienpositionen – Put- oder Call-Optionen, mit denen man einzelne Aktien zu bestimmten Preisen und in bestimmten Zeiträumen kaufen oder verkaufen kann – basiert auf probabilistischen Preisbildungsmodellen und dem Zeitwert des Geldes. Wenn Sie das Privileg haben möchten, eine Aktie in der Zukunft zu kaufen oder zu verkaufen, müssen Sie eine „Optionsprämie" zahlen, die den Marktwert des Eintretens dieses spezifischen Ereignisses widerspiegelt. Viele Anleger verkaufen das Recht, Aktien zu kaufen, die sie besitzen, gern an andere, um ein zusätzliches Einkommen zu erzielen. Wenn die Aktie fällt, behalten sie lediglich die erhaltene Prämie. Steigt die Aktie, behalten sie die Prämieneinnahmen, sind aber auch verpflichtet, die Aktie zum vereinbarten Ausübungspreis zu verkaufen.

Aus einer rein finanziellen Versicherungsperspektive betrachtet, braucht die Welt heute vor allem eine große Verkaufsoption auf sich selbst. Im Idealfall könnten Rentner und Investoren eine Versicherung abschließen, um ihre Portfolios gegen die schlimmsten Szenarien physischer Schäden durch den Klimawandel zu schützen. Aber wer könnte eine solche Versicherung anbieten, und zu welchem Preis?

Zwar decken die Versicherungsgesellschaften immer noch bestimmte Arten von Risiken im Zusammenhang mit Klimaschäden, aber eine umfassende Deckung für Katastrophenfälle ist vielerorts zu teuer geworden. Dafür gibt es einen guten Grund: Die wachsende Aussicht auf totale Verwüstung ist mit Kosten verbunden, die kein privater Versicherer vernünftigerweise tragen kann und die kein öffentlicher Versicherer vernünftigerweise bereitstellen kann.

Bisher haben wir uns in diesem Kapitel bei unseren Diskussionen über das Klimarisiko auf eine Hauptdimension konzentriert: das physische Risiko. Bei der Bewertung der finanziellen Kosten oder Investitionskosten des Klimarisikos kommen jedoch mindestens drei weitere Dimensionen ins Spiel. Die erste dieser Dimensionen ist das regulatorische Risiko.

Heute haben 130 Regierungen rund um den Globus entweder Regeln und Vorschriften zur Beschleunigung des Übergangs zu einer kohlenstoffärmeren Zukunft eingeführt oder erwägen deren Einführung nachdrücklich. Die Vereinigten Staaten traten dem Pariser Abkommen kurz nach dem Einzug von Präsident Joe Biden ins Weiße Haus bei und schlossen sich damit der Europäischen Union, China, Japan, Südkorea und 190 weiteren Staaten an. Zusammengenommen sind diese Länder für mehr als 90 Prozent der weltweiten Emissionen verantwortlich. Mehr als 2.100 Gesetze wurden von diesen Ländern bereits vorgeschlagen, darunter Sanktionen und Anreize wie Kohlenstoffsteuern und nachhaltige Steuergutschriften. Auf der COP 26 in Glasgow im Jahr 2021 wurden zusätzliche Verpflichtungen zur Senkung der Methanemissionen und zum schrittweisen Ausstieg aus anderen, kohlenstoffintensiveren Stromquellen wie Kohle eingegangen. Die kumulativen Auswirkungen dieser politischen Maßnahmen könnten erhebliche Auswirkungen auf die Aktien- und Vermögensbewertungen in allen Ländern und Branchen haben. Energieunternehmen geben an, dass mehr als eine Billion Dollar ihres Unternehmenswerts aus nachgewiesenen Ölreserven stammen; sie betrachten ihr nachgewiesenes Öl im Boden wie Geld auf der Bank. Das Problem ist, dass diese börsennotierten Vermögenswerte aufgrund der oben erwähnten politischen Maßnahmen schnell an Wert verlieren oder sogar „stranden" könnten. Da immer mehr Unternehmen und Kommunen Pläne entwickeln, um die Nutzung fossiler Brennstoffe einzustellen und in den kommenden Jahren Netto-Null-Emissionen anzustreben, könnten viele Erdölvorkommen dort verbleiben. Die Abschreibung der Werte einiger dieser Energieanlagen könnte sich als sehr wichtig erweisen. Einige Energieanlagen könnten in der Unternehmensbilanz sogar die Seiten wechseln; von Aktiva könnten sie zu Passiva werden.

Ein zweites, positiveres Risiko ergibt sich aus all den Innovationen, die neue Technologien mit sich bringen. Während fossile Brennstoffe derzeit mehr als 80 Prozent des weltweiten Energiebedarfs decken, wird prognostiziert, dass erneuerbare Energien in den nächsten 50 Jahren sogar die Hälfte davon liefern werden. Die Zahl der Patente für saubere Energien nimmt zu, was die Wahrscheinlichkeit erhöht, dass einige Unternehmen die bestehenden Anbieter überholen und deren Geschäftsmodelle und Sachanlagen überflüssig machen werden. Die Produktionskosten für Photovoltaikzellen sind zwischen 2009 und 2019 um 89 Prozent gesunken, wodurch sich die Umweltprämie zwischen Solarstrom und anderen Stromoptionen massiv verringert hat. Dies ist eine gute Nachricht für die Verbraucher, für die Treibhausgasemissionen und den Planeten. Weniger gut ist es jedoch, wenn man ein teurer Hersteller dieser Zellen ist oder ein Unternehmen oder ein Kohlebergwerk, das jahrzehntelang Rohstoffe für die Energieerzeugung geliefert hat. Verdammt, da ist er wieder, der alte Schumpeter!

Seit 2007 hat sich die Zahl der Unternehmen, die damit begonnen haben, verlässliche Daten über ihren Energieverbrauch und ihren CO_2-Fußabdruck zu melden, versiebenfacht und liegt nun bei fast 10.000. Dieses Wachstum verdeutlicht den letzten potenziellen Übertragungsmechanismus von Klimarisiken auf Investitionsrisiken. Zu den physischen, regulatorischen und Innovationsrisiken kommen noch *Reputationsrisiken* hinzu. Reputationsrisiken lassen sich leicht in Verbraucherpräferenzen, verlorene Kundentreue und gefährdete Einnahmen umsetzen.

Eine logische Reaktion der weltweiten Verbraucher auf historische Hitzewellen, noch nie da gewesene Überschwemmungen und wütende Waldbrände, die das Leben der Menschen unauslöschlich beeinträchtigen, könnte darin bestehen, die nachweislichen Verursacher des Klimawandels herauszufiltern und zu bestrafen. Im Laufe der Zeit werden Unternehmen, die erfolgreich Lösungen für unsere zunehmenden klimatischen Herausforderungen entwickeln, wahrscheinlich die Gunst der Verbraucher und Marktanteile gewinnen. Natürlich gilt auch der umgekehrte Fall: Unternehmen, die den Klimawandel sträflich vernachlässigen, könnten schnell von den Verbrauchern gemieden und von den Regulierungsbehörden finanziell bestraft werden. So fielen beispielsweise die Aktien von Volkswagen in den Tagen unmittelbar nach der Enthüllung, dass das Unternehmen die Emissionsdaten seiner Dieselfahrzeuge gefälscht hatte, um 37 Prozent. Infolgedessen musste Volkswagen mehr als 27 Milliarden Euro an Strafen zahlen und zwei Jahre lang zusehen, wie sein Marktanteil sank, bevor er sich stabilisierte. In einer Zeit, in der die Verbraucher stärker sensibilisiert sind und die Unternehmen mehr Informationen offenlegen, steigt die Wahrscheinlichkeit, dass weitere Vorfälle wie der von Volkswagen ans Licht kommen.

Die Internationale Agentur für erneuerbare Energien – eine zwischenstaatliche Organisation mit Sitz in Abu Dhabi – schätzt, dass die Welt bis 2050 allein für sauberere Technologien und nachhaltigere Lösungen 115 Billionen Dollar investieren muss. Außerdem wird geschätzt, dass eine solche Umstellung dreimal mehr Arbeitsplätze schaffen als vernichten könnte. Und warum? Es hat sich herausgestellt, dass die Branche der erneuerbaren Energien arbeitsintensiver ist als die der fossilen Brennstoffe. Die Internationale Arbeitsorganisation (ILO) mit Sitz in Genf schätzt ebenfalls ähnliche Arbeitsplatzgewinne. Im Jahr 2018 behauptete sie, dass durch eine Umstellung auf nachhaltigere Lösungen 6 Millionen Arbeitsplätze wegfallen, aber 24 Millionen geschaffen würden. Ihre Analyse legt nahe, dass die Energiewende früheren tektonischen Verschiebungen im menschlichen Verhalten ähneln könnte – wie dem Übergang zur Industrialisierung im 17. und 18. Jahrhundert oder dem jüngeren digitalen Zeitalter. Natürlich klingt das alles auf der Makroebene ermutigend. Für einen Bergarbeiter in West Virginia oder einen spekulativen Ölbohrer in Westtexas sieht das zweifellos anders aus.

Lassen Sie uns also kurz rekapitulieren. Das Klimarisiko ist ein Investitionsrisiko. Das Klimarisiko ist auch ein Länderrisiko, ein Risiko für Sachanlagen und Ausrüstung, ein Unternehmensrisiko und ein Reputationsrisiko. Ach ja, und das Klimarisiko wird bleiben.

Angesichts der Billionen von Dollar, die in Bewegung sind, ist das Klimarisiko jedoch auch eine *Investitionschance* – mit anderen Worten eine Chance, von günstigen neuen Trends und aufkommenden Lösungen zu profitieren und Gewinner von Verlierern zu trennen. Das bedeutet, dass es für eine erfolgreiche Risikominderung und Alpha-Generierung entscheidend sein wird, das „E“ in ESG-Investitionen richtig einzusetzen. Es wird viel Geld verdient und verloren werden. Tatsächlich ist das „E“ bei ESG-Investitionen so wichtig, dass es in vielen Fällen die „S“- und „G“-Überlegungen überlagert. Da die Optimierung risikobereinigter Renditen so entscheidend ist, müssen umsichtige Anleger und Finanzberater die „E“-, „S“- und „G“-Risiken und -Chancen sehr bewusst segmentieren.

Stellen Sie es sich so vor: Viele Menschen mögen süße, saure, scharfe und pikante Gewürze – aber sie würden sie nie alle in ein und dasselbe Gericht geben. Eine Geschmacksrichtung oder ein Duft würde alle anderen überwältigen. Würde man alle zusammen verwenden, käme keines der Gewürze so zur Geltung, wie es ist.

Der Besitz von Unternehmen mit ausgezeichneten „S“- und „G“-Werten, aber problematischen „E“-Werten, die alle zusammengemischt werden, kann zu demselben Problem führen: Das Gericht, das herauskommt, kann ungenießbar sein. Die Durchschnittsbetrachtung dieser drei Variablen verdeckt oft, wie verheerend bestimmte „E"-Engagements sein können. In ähnlicher Weise können schwächende „G"-Bedenken die positiven „E"- und „S"-Attribute überlagern. Wenn ein Unternehmen gefälschte Bilanzen verwendet oder chronisch Insidergeschäfte tätigt – zwei klassische „G"-Fehler –, sind die hervorragenden „E"- und „S"-Zeugnisse völlig egal. Bedauerlicherweise ist es genau das, was einige Vermögensverwalter und Anlageberater tun, wenn sie behaupten, ihre Fonds seien „ESG-integriert". Sie stützen ihre Anlageentscheidungen auf aggregierte ESG-Bewertungen, die den disqualifizierenden Charakter spezifischer „E"-, „S"- oder „G"-Erwägungen möglicherweise gar nicht berücksichtigen.

Es ist zwar noch sehr früh, und wir müssen noch viel mehr über ESG lernen, aber eine wichtige Erkenntnis scheint bereits festzustehen. Wenn Anleger, Aufsichtsbehörden, Aktivisten und Wissenschaftler wollen, dass ESG-Investitionen die Transparenz und die Interessen aller Stakeholder fördern, dann wird immer deutlicher, dass eine Eheberatung möglicherweise nicht ausreicht. Im Interesse aller Beteiligten ist es vielleicht das Beste, wenn sich „E", „S" und „G" scheiden lassen. Ihre Beziehung scheint unversöhnlich zu sein. Wenn gegenseitiges Verständnis und Klarheit wichtig sind, ist es wahrscheinlich im besten Interesse aller Beteiligten, dass sie getrennte Wege gehen.

Doch anstatt den Kurs allmählich zu korrigieren und sich selbst zu sortieren, nimmt der Zustrom zu Anlageprodukten, die auf der Neigung und dem Timing zusammengesetzter ESG-Bewertungen basieren, zu. Sie wachsen nicht zuletzt deshalb, weil die Menschen implizit glauben, dass sie nützliche Instrumente zur Rettung des Planeten und zur Behebung sozialer und ökologischer Missstände seien. Die ESG-Ströme nehmen auch deshalb zu, weil viele Regulierungsbehörden und Einflussnehmer dies fordern.

Und die größte internationale Organisation in der Geschichte, die Vereinten Nationen, die von ihren 193 Mitgliedsstaaten unterstützt wird, steht an der Spitze des offiziellen Zuges für die Verbreitung von ESG.

KAPITEL 6

WAS HABEN DIE VEREINTEN NATIONEN DAMIT ZU TUN?

> Wir, die Völker der Vereinten Nationen, [sind] fest entschlossen, den sozialen Fortschritt und einen besseren Lebensstandard in größerer Freiheit zu fördern.
>
> *AUS DER PRÄAMBEL DER CHARTA DER VEREINTEN NATIONEN*

Wir nähern uns der technischen Vertiefung von ESG, die ich in der Einleitung versprochen habe, aber es stellt sich heraus, dass wir nicht über ESG-Investitionen sprechen können – wie sie entstanden sind, was sie zu tun versuchen, wie sie gestärkt und optimiert werden könnten und welche Vorbehalte sie mit sich bringen –, ohne zuerst über die Vereinten Nationen zu sprechen. Und es stellt sich heraus, dass wir nicht über die Vereinten Nationen sprechen können, ohne zuerst andere historische Bemühungen um globale Zusammenarbeit und Kooperation zu untersuchen. Kurz gesagt, bevor wir nach vorn schauen, müssen wir zurückblicken. Weit zurück.

Globale Zusammenarbeit ist unglaublich schwierig. Sie ist auch bemerkenswert ungewöhnlich. Nationen betrachten andere fast immer als

Konkurrenten oder Feinde, nicht als Kooperationspartner. Das tun sie selbst dann, wenn sie gemeinsame Ziele haben. „Die Nation wird weiterhin ein zentraler Identifikationspol bleiben, selbst wenn immer mehr Nationen gemeinsame wirtschaftliche und politische Organisationsformen finden", behauptet der führende Politikwissenschaftler Francis Fukuyama.[1] Wenn Fukuyama recht hat, scheinen Nationen dazu bestimmt zu sein, sich zu zanken, oder Schlimmeres, wie wir jetzt in Osteuropa sehen.

Dennoch scheint sich das kollektive Gewissen der Menschheit hin und wieder – höchstens ein- oder zweimal pro Jahrhundert – auf einige wenige Grundprinzipien und kühne Ideen zur Förderung von Frieden, Sicherheit und menschlichem Fortschritt zu einigen. Noch seltener kommt es vor, dass sich eine Gruppe von gleich gesinnten und aufgeklärten Nationen formell zusammenschließt und verspricht, diese Grundsätze und Ziele zu verkünden und zu verteidigen. Der Westfälische Friede, der 1648 den Dreißigjährigen Krieg beendete, ist ein Beispiel dafür. Die *Pax Mongolica*, die im 13. und 14. Jahrhundert nach dem Tod von Dschingis Khan relative Stabilität in Eurasien brachte, ist vielleicht ein weiteres.

Die Allgemeine Erklärung der Menschenrechte der Vereinten Nationen (AEMR) ist mit Sicherheit das monumentalste und folgenreichste Beispiel für diese Art von kollektivem moralischem Engagement in der Neuzeit.[2] Sie wurde in einem einzigartigen Moment moralischer Rechtschaffenheit verfasst, der durch den tödlichsten und zerstörerischsten Krieg, den die Menschheit je erlebt hatte, geprägt war, und Sieger und Besiegte gelobten nicht nur, „nie wieder" zu kämpfen, sondern auch ein weitaus umfassenderes wirtschaftliches und soziales Wohlergehen zu erreichen, als es die Menschheit je gekannt hatte. Am 10. Dezember 1948, nur drei Jahre nach der Gründung der Vereinten Nationen selbst, wurde die AEMR von der noch im Aufbau befindlichen 58-köpfigen UN-Generalversammlung formell angenommen.[3] Die AEMR definierte eine Agenda für menschliches Wohlergehen, die in ihrem Umfang kühn war. Seitdem hat sie als soziales Leitbild der UNO gewirkt.

Den Vorsitz im Redaktionsausschuss der Erklärung führte die beeindruckende Eleanor Roosevelt (Abbildung 6.1). Ich bin mir nicht sicher, wie viel Sie über Eleanor Roosevelt wissen, aber ich wette, dass es nicht genug ist. Frau Roosevelt gehört zu den am meisten unterschätzten Heldinnen der Geschichte. Als erste Präsidentengattin, die regelmäßig Pressekonferenzen abhielt, wöchentliche Radiosendungen moderierte und tägliche Zeitungskolumnen schrieb, setzte Frau Roosevelt zahlreiche Präzedenzfälle und Standards. Auf diese Weise lehrte sie jeden aufstrebenden Berufstätigen – ob Mann oder Frau – wie man seinen persönlichen Einfluss durch unverrückbare Prinzipien und unermüdliches Streben maximieren kann. Zu diesen Eigenschaften gesellten sich Anmut und Eleganz hinzu. Wie so oft bei berühmten Männern gehört auch ein Großteil des beachtlichen historischen Vermächtnisses von Präsident Roosevelt seiner Frau Eleanor.

ABBILDUNG 6.1 Eleanor Roosevelt und die Allgemeine Erklärung der Menschenrechte.

Die Erklärung beginnt mit einem Eckpfeiler: der Universalität der Menschenwürde. Dies ist eine starke erste Behauptung, die mit anderen langjährigen Traditionen, einschließlich der katholischen Soziallehre, geteilt wird. Die Implikationen der universellen Menschenwürde sind tiefgreifend. Die AEMR behauptet, dass jeder Mensch das angeborene Recht hat, um seiner selbst willen geschätzt und geachtet zu werden, ein Recht, das ihm durch göttliche Eingebung aufgrund seiner Geburt anvertraut wurde. Diese Würde ist angeboren. Sie wird nicht vom Menschen gegeben. Die Menschenwürde wird allein durch die Geburt begründet. Jeder Versuch, sie zu negieren oder wegzunehmen, ist ein grober Verstoß gegen die Ordnung der Natur. In der Erklärung wird eine scheinbar unstrittige Reihe weiterer unveräußerlicher Rechte aufgezählt, darunter Leben, Freiheit, Sicherheit, Rechtsschutz, Meinungsfreiheit und Eigentum. Anschließend werden eine Reihe von hochgesteckten sozioökonomischen Zielen genannt. Jeder Mensch, so heißt es in der Erklärung, hat das Recht auf Arbeit, soziale Sicherheit, gleichen Lohn für gleiche Arbeit, das Recht auf Ruhe und Freizeit, ein existenzsicherndes Einkommen, freie Bildung und volle künstlerische Entfaltung. Die existenzsichernden Löhne müssen ausreichen, um Wohnung, Nahrung, Kleidung und medizinische Versorgung sowie einen komfortablen Ruhestand zu gewährleisten.

Für alle Menschen – und nicht nur für einige wenige Auserwählte.

Angesichts der moralischen Präsenz und Überzeugungskraft von Frau Roosevelt gab es fast keine Meinungsverschiedenheiten über die Grundprinzipien der Erklärung. Bemerkenswerterweise gab es auch relativ wenige Debatten über wirtschaftliche Endziele. Tatsächlich bestritt kein Land und keine Delegation energisch die Universalität der Menschenwürde oder wie ein gut gelebtes Leben aussehen könnte. Es ist schwer vorstellbar, warum man das tun sollte. Die Vision, dass alle Menschen nach einem Leben in Harmonie und gemeinsamem Wohlstand streben sollten, wie es die AEMR vorsieht, war absichtlich utopisch. Sie werden sich daran erinnern, dass Utopia die perfekte, wenn auch imaginäre Welt ist, über die der heilige Thomas Morus erstmals 1516 schrieb. Der Begriff outopía stammt aus dem Griechischen, was wörtlich übersetzt „Nicht-Ort" bedeutet. Die Welt, die sich die AEMR vorstellt und fordert, hat nie existiert. Sie existierte nicht, als die AEMR geschrieben wurde. Sie existiert heute nirgendwo auf der Erde.

Es überrascht nicht, dass die Debatte unter den Delegierten hitziger wurde, als es um die Frage ging, wie die Unterzeichner die utopischen Ziele der Erklärung in die Praxis umsetzen sollten – mit anderen Worten, vom „Zweck" zum „Mittel" überzugehen. Die ärmeren Länder, allen voran Ägypten und Indien, beklagten zu Recht ihren offensichtlichen Mangel an materiellen Ressourcen und ihre Unfähigkeit, in den Genuss des in der Erklärung geforderten allgemeinen Wohlstands zu kommen. Das lag natürlich nicht an mangelndem Wunsch. Die ärmeren Länder wollten, dass ihre Völker genauso leben wie die Menschen in den reicheren Ländern, und zwar in all den Formen, die in der Erklärung gefordert werden. Ohne die entsprechenden Mittel schienen die Ziele der Erklärung jedoch unerreichbar zu sein, eher eine Ansammlung unerreichbarer Wünsche als konkrete, praktische politische Ziele. Im Jahr 1948 verfügte kein Land – ob reich oder arm – über einen *gangbaren Weg*, um alle Ideale der Erklärung umzusetzen, geschweige denn sie annähernd zu verwirklichen. Die Ziele der AEMR waren selbst bei einer gleichmäßigeren Verteilung der vorhandenen Ressourcen nicht möglich. Die soziale Infrastruktur, allgegenwärtige Freizeit, erfüllende Arbeit und die Annehmlichkeiten im Alter, von denen die Erklärung träumte, waren 1948 in den Vereinigten Staaten nicht möglich, obwohl Amerika damals die reichste und stärkste Nation der Welt war. Diese universellen Lücken und expliziten Ideale bedeuteten letztlich, dass die Erklärung als Wunschvorstellung gedacht war, als idyllische Vision dessen, was man sich erhoffte, und nicht als etwas, das zu einem bestimmten Zeitpunkt in der Praxis möglich war.

Neben den ausreichenden finanziellen Mitteln gab es jedoch noch lautstärkere Meinungsverschiedenheiten über die Philosophien und

Methoden, die nötig wären, um mehr Wohlstand und Wohlergehen zu erreichen, vor allem im Hinblick auf die politischen Strukturen. Die Sowjetunion lehnte fast jeden Punkt der Bürgerrechte ab und legte wiederholt ihr Veto gegen jede Befürwortung der Demokratie oder demokratischer Grundsätze ein. Bemerkenswerterweise führten diese Differenzen jedoch nicht zum Scheitern der Erklärung. Am Ende stimmten 48 der 56 Mitglieder der UN-Generalversammlung für die Resolution. Neun Mitglieder enthielten sich oder verweigerten ihre Stimme. Zu den Stimmenthaltungen gehörten fünf mit der Sowjetunion verbündete Länder sowie Saudi-Arabien und Südafrika und natürlich die Sowjetunion.[4] Damals wie heute war unklar, ob sich die Führer der Sowjetunion (oder Russlands) jemals für andere Länder als ihr eigenes interessierten.

Die Weltwirtschaft erlebte in den 1960er- und 1970er-Jahren regionale Wachstumsschübe. Regionale Kriege verhinderten Fortschritte in Teilen Asiens, Südamerikas und Afrikas, und das aggressive Vorgehen der Staaten der Organisation Erdöl exportierender Länder (OPEC) bestrafte die Rohstoffimporteure in den Jahren 1973 und 1974 schmerzlich. Ein weiterer Ölschock ereignete sich 1979 im Gefolge der Iranischen Revolution. In den 1980er- und 1990er-Jahren entwickelte sich das weltweite Wachstum beständiger und umfassender. Die wirtschaftliche Liberalisierung und die Ausweitung des grenzüberschreitenden Handels – ein Prozess, der heute als „Globalisierung" bezeichnet wird – nahm nach der Wahl von Präsident Ronald Reagan an Fahrt auf. Er beschleunigte sich bis zur Präsidentschaft von Bill Clinton und zeigte, dass weder die Republikanische noch die Demokratische Partei einen ausschließlichen Einfluss auf markante, marktorientierte politische Maßnahmen hat. Marktliberalisierung und Globalisierung führten dazu, dass mehr Länder gleichzeitig bessere Wachstumsergebnisse erzielten. Asien – genauer gesagt China – war ein zentraler Bestandteil dieser wachsenden Wachstumsdynamik. Nachdem China 1980 nur 2,8 Prozent des weltweiten BIPs ausmachte, hat sich sein Anteil bis zum Jahr 2000 mehr als verdoppelt und bis 2013 auf mehr als 15 Prozent verfünffacht. In dem Maße, in dem sich der Lebensstandard weltweit verbesserte, rückten die in der AEMR formulierten wirtschaftlichen und sozialen Ziele für immer mehr Länder in greifbare Nähe. Steigender Wohlstand brachte sozialen Fortschritt, verbesserte Gesundheitsversorgung und bessere Bildung. Der rasche Rückgang der Armutsraten in weiten Teilen der Welt steigerte den weltweiten Konsum und führte zu einem positiven Kreislauf mit steigenden Einkommen. Gleichzeitig wurde immer deutlicher, dass das beispiellose globale Wirtschaftswachstum zu einer Verschlechterung der Umwelt führte und die Einkommensunterschiede *innerhalb* der Industrie- und Entwicklungsländer weiter verschärfte.[5] Die gleichen Risse, die viele Aktivisten heute beschäftigen, waren bereits vor Jahrzehnten zu erkennen.

Vor diesem weitgehend positiven wirtschaftlichen Hintergrund und dem bedeutsamen Ereignis eines neuen Jahrtausends haben die Vereinten Nationen die größte Versammlung von Staats- und Regierungschefs in der Geschichte einberufen. Anfang September 2000 kamen 100 Staatsoberhäupter, 47 Regierungschefs und 3 Monarchen zusammen mit 8.000 anderen Ministern und Diplomaten am UN-Hauptsitz in New York City zusammen, um eine ehrgeizige Sammlung von Millenniums-Entwicklungszielen zu erörtern und schließlich zu verabschieden. Mehr als 150 Länder nahmen daran teil – eine erstaunliche Leistung. In der Millenniumserklärung der Vereinten Nationen wurden schließlich viele der Werte und Grundsätze der AEMR bekräftigt. Hinzu kamen die Achtung der Natur und die Abrüstung sowie ein Kapitel, das den besonderen Bedürfnissen Afrikas gewidmet ist. Die Unterzeichner verpflichteten sich außerdem zu acht spezifischen Zielen, die bis 2015 erreicht werden sollten: (1) Beseitigung von Armut und Hunger, (2) Grundschulbildung für alle, (3) stärkere Gleichstellung der Geschlechter, (4) Senkung der Kindersterblichkeit, (5) Verbesserung der Gesundheit von Müttern, (6) Ausrottung von HIV und AIDS,

Malaria und anderen Krankheiten, (7) ökologische Nachhaltigkeit und (8) eine globale Partnerschaft für Entwicklung. Es ist wichtig festzuhalten, dass keines dieser Ziele zuvor in Reichweite gewesen war; erst die wirtschaftliche Expansion, die zwei Jahrzehnte der Globalisierung und der freien Märkte ermöglicht hatten, machte sie möglich. Anders als bei der AEMR wurden zudem konkrete Maßstäbe und Zeitpläne festgelegt. Jedem Ziel wurden messbare Vorgaben und Termine zugeordnet, bis zu denen quantifizierbare Meilensteine erreicht werden sollten. 52 Jahre nach ihrer Verabschiedung ging die AEMR von der Theorie zur Praxis über, vom Anspruch zur Umsetzung. Ein beispielloses globales Wachstum bedeutete, dass viele der wirtschaftlichen Träume, die in der utopischen AEMR enthalten waren, endlich unbestrittene Realität werden konnten. Das Wirtschaftswachstum untermauerte den sozialen Fortschritt.

Von 2000 bis 2010 wurden bei jedem dieser Ziele erhebliche Fortschritte erzielt. Und zwar so sehr, dass einige Ziele in mehreren Kategorien deutlich früher als geplant erreicht wurden. Dazu gehörten deutlich niedrigere Armutsraten, eine geringere Kindersterblichkeit und höhere Alphabetisierungsraten. Auf einer UN-Konferenz über nachhaltige Entwicklung in Rio de Janeiro im Jahr 2012 wurden einige Elemente der Millenniumserklärung sogar als nicht ehrgeizig genug bezeichnet. Unerwartete und noch nie da gewesene Fortschritte veranlassten viele UN-Mitglieder zu der Ansicht, dass es an der Zeit sei, noch höhere Ziele für die menschliche Entwicklung festzulegen. Der soziale und wirtschaftliche Fortschritt beschleunigte sich wie nie zuvor! In den folgenden drei Jahren diskutierten und verabschiedeten die Vereinten Nationen insgesamt 17 Ziele für nachhaltige Entwicklung (Sustainable Development Goals, SDGs), die alle bis 2030 erreicht werden sollen (Abbildung 6.2). Viele dieser Ziele – etwa die Beseitigung von Armut und Hunger, die Förderung von Gesundheit und Wohlbefinden und die Bereitstellung besserer Bildung – gehen auf die AEMR zurück.

ABBILDUNG 6.2 Die 17 Ziele für nachhaltige Entwicklung der Vereinten Nationen.

https://www.un.org/sustainabledevelopment/. Der Inhalt dieser Veröffentlichung wurde nicht von den Vereinten Nationen genehmigt und spiegelt nicht die Ansichten der Vereinten Nationen oder ihrer Beamten oder Mitgliedstaaten wider.

Hinzu kamen sechs neue Ziele: (1) sauberes Wasser, (2) erschwingliche und saubere Energie, (3) verantwortungsvoller Konsum und verantwortungsvolle Produktion, (4) Verringerung der Ungleichheit, (5) nachhaltige Städte und Gemeinden und (6) Klimaschutz. Keines dieser Ziele war 1948 geplant worden, weil die zugrunde liegenden Ursachen und Probleme damals nicht erkennbar waren. Die Umweltprioritäten kamen als Letztes zu den SDGs, weil sie sich zuletzt im Bewusstsein der Öffentlichkeit manifestiert hatten.

Übrigens ist es relativ einfach, alle 17 SDGs auf unseren Nordstern zurückzuführen, nämlich ein inklusiveres und nachhaltigeres Wirtschaftswachstum. Die SDGs 1, 2, 10, 12 und 16 beziehen sich alle auf Inklusivität; die SDGs 3, 4, 5, 6, 11, 13, 14 und 15 betreffen alle Nachhaltigkeit; und die SDGs 7, 8, 9 und 17 betreffen Wachstum und Wohlstand.

Sie fragen sich jetzt sicher: Was hat *irgendetwas davon* mit ESG-Investitionen zu tun? Ich werde es Ihnen sagen.

Im Jahr 2005 lud der damalige UN-Generalsekretär Kofi Annan im Rahmen all dieser Entwicklungsinitiativen ein paar Dutzend internationale Investmentfirmen und Finanzorganisationen ein, eine Reihe von Investitionsgrundsätzen zu erarbeiten, die dazu beitragen könnten, die Erreichung der SDGs zu beschleunigen. Annans Investorengruppe setzte sich aus Institutionen aus zwölf Ländern zusammen und wurde von einer 70-köpfigen Gruppe von Experten aus der Investmentbranche, zwischenstaatlichen Organisationen und der Zivilgesellschaft unterstützt. Zu dieser Gründungsgruppe gehörten Vertreter mehrerer der weltweit größten Pensionspläne aus den Vereinigten Staaten, Europa, Afrika und Asien, vier religiöse Pensionskassen und eine Handvoll Banken aus Europa und Japan. Diese Beratergruppe machte es sich zur Aufgabe zu definieren, was ihrer Meinung nach die unmittelbare Verantwortung des Finanzsektors für die Förderung der wirtschaftlichen und sozialen Ziele der AEMR und der sich daraus ergebenden SDGs ist. Sie stellten ihre Grundsätze für verantwortungsbewusstes Investment (PRI) im April 2006 an der New Yorker Börse vor. Generalsekretär Annan[6] selbst läutete die Glocke.

Heute bilden die von den Vereinten Nationen unterstützten PRI-Prinzipien die theoretische Grundlage für praktisch alle globalen Initiativen in Bezug auf ESG-Investitionen. Die PRI unterstützen ihre Mitglieder bei der Planung, wie sie ESG-Faktoren in ihre Entscheidungsfindung einbeziehen können. Genau wie die AEMR und die SDGs sind die PRI-Prinzipien ehrgeizig und freiwillig. Die Unterzeichner verpflichten sich, die Grundsätze zu befolgen, sind aber nicht an bestimmte Maßnahmen oder prüfbare Prozesse gebunden.

Die sechs Grundsätze der PRI für verantwortungsbewusste Investitionen

- **Grundsatz 1:** Wir werden ESG-Aspekte in die Investitionsanalyse und in die Entscheidungsprozesse einbeziehen.
- **Grundsatz 2:** Wir werden aktive Inhaber sein und ESG-Themen in unsere Eigentümerpolitik und -praxis einbeziehen.
- **Grundsatz 3:** Wir bemühen uns um eine angemessene Offenlegung von ESG-Themen durch die Unternehmen, in die wir investieren.
- **Grundsatz 4:** Wir werden die Akzeptanz und Umsetzung der Grundsätze innerhalb der Investmentbranche fördern.
- **Grundsatz 5:** Wir werden zusammenarbeiten, um unsere Wirksamkeit bei der Umsetzung der Grundsätze zu erhöhen.
- **Grundsatz 6:** Wir werden jeweils über unsere Aktivitäten und Fortschritte bei der Umsetzung der Grundsätze berichten.

Im Dezember 2021 waren mehr als 3.700 Investmentmanager und 650 vermögende Organisationen aus 86 Ländern Unterzeichner der PRI. Die Gesamtzahl steigt auf mehr als 7.000 Institutionen, wenn man alle anderen Unternehmensverpflichtungen hinzurechnet. Insgesamt betreuen diese Institutionen mehr als 120 Billionen Dollar an Vermögenswerten. Damit ist die PRI die weltweit größte Organisation, die sich mit verantwortungsvollen Investitionen und der Entwicklung von ESG-Investitionstechniken und -grundsätzen befasst. Sie ist supranational, das heißt, sie ist keiner Regierung oder Behörde unterstellt. Tatsächlich ist sie nicht einmal formell Teil der UNO, auch wenn sie nominell von ihr unterstützt wird. Die PRI wird von einem separaten Vorstand geleitet, der von den Unterzeichnern gewählt wird. Der PRI-Vorstand verpflichtet sich, im langfristigen Interesse der Unterzeichner, der Finanzmärkte und der Weltwirtschaft im Allgemeinen sowie letztlich der Umwelt und der Gesellschaft als Ganzes zu arbeiten.[7]

„Investoren spielen eine entscheidende Rolle bei der Bewältigung aller Probleme, mit denen die Welt konfrontiert ist", verkündet die PRI-Website in einem Video, in dem sie ihren Master Blueprint for Responsible Investment vorstellt. Die 120 Billionen Dollar an Vermögenswerten, die die Unterzeichner verwalten, „können genutzt werden, um nachhaltige Projekte jetzt zu unterstützen und gleichzeitig einen würdigen Ruhestand für alle in der Zukunft zu ermöglichen. Unser Ziel ist es, verantwortungsvolle Investoren, nachhaltige Märkte und eine wohlhabende Welt für alle zu schaffen." Mit anderen Worten: mehr integratives und nachhaltiges Wachstum.

Aber die PRI gibt gleichzeitig zu, dass sie keines ihrer Ziele ohne die Hilfe vieler anderer erreichen kann.

„Wir können das nicht allein schaffen", heißt es in dem Video weiter. „Nur wenn verantwortungsbewusstes Investieren zu einer Lebensweise für alle wird, können wir eine wohlhabende Welt für alle schaffen." Die pädagogischen Instrumente der PRI vertiefen zwar die Anwendung der einzelnen Grundsätze, lassen aber auch viel Spielraum für die Interpretation, wie sie in die Praxis umgesetzt werden können. Für jedes Prinzip werden detaillierte Beschreibungen möglicher Maßnahmen gegeben. So werden beispielsweise unter Grundsatz 1 auf der PRI-Website sieben mögliche Maßnahmen aufgeführt, die Unterzeichner ergreifen können.

Grundsatz 1: Wir werden ESG-Aspekte in die Investitionsanalyse und in die Entscheidungsprozesse einbeziehen.

Mögliche Maßnahmen:

- Behandlung von ESG-Themen in Erklärungen zur Investitionspolitik.
- Unterstützung der Entwicklung von ESG-bezogenen Instrumenten, Metriken und Analysen.

- Bewertung der Fähigkeiten interner Investmentmanager, ESG-Aspekte einzubeziehen.
- Bewertung der Fähigkeiten externer Investmentmanager, ESG-Themen zu berücksichtigen.
- Anbieter von Wertpapierdienstleistungen (wie Finanzanalysten, Berater, Makler, Forschungsunternehmen oder Ratingagenturen) auffordern, ESG-Faktoren in ihre Forschung und Analyse zu integrieren.
- Förderung der akademischen und sonstigen Forschung zu diesem Thema.
- ESG-Schulungen für Anlageexperten fördern.[8]

Mit anderen Worten: Wie viele Selbstregulierungsgremien ist die PRI dazu da, ihre Mitglieder bei der Förderung bewährter Verfahren zu unterstützen, die sie im Laufe der Zeit selbst definieren. Ihre Mitglieder erkennen an, dass sich diese Praktiken weiterentwickeln werden und dass sie offen dafür sein müssen, voneinander zu lernen. Sie bemühen sich nicht darum, Grundsätze in verbindlichen Vorschriften zu kodifizieren. Die PRI ist keine Polizeibehörde. Vielmehr existiert sie zum Nutzen ihrer Mitglieder, die sich alle verpflichtet haben, Finanzinstrumente und Anlagepraktiken einzusetzen, um zur Verwirklichung der SDGs beizutragen. In dieser Hinsicht ähneln sie eher dem Weltbund der Kochverbände, auch wenn sie sich eher auf die Schaffung optimaler Finanz- und Investitionsergebnisse als auf globale kulinarische Standards konzentrieren.

Die PRI definieren verantwortungsbewusstes Investieren als eine Strategie oder Praxis, die Umwelt-, Sozial- und Governance-Faktoren in Investitionsentscheidungen und aktives Eigentum einbezieht. Wie in Abbildung 6.3 dargestellt, zählen die PRI 15 Beispiele für wesentliche ESG-Themen auf. Diese erheben keinen Anspruch auf Vollständigkeit und sind auch nicht in eine Rangfolge gebracht worden. Sie dienen der Veranschaulichung und sind offen für weitere Verbesserungen und differenziertere Überlegungen.

In den Grundsätzen 1 und 2 und immer wieder in Dokumenten und Briefings der PRI wird ein merkwürdiger Fachbegriff verwendet: „wesentlich“. Die Unterzeichner haben sich verpflichtet, „wesentliche ESG-Aspekte“ in ihre gesamte Investitionsanalyse, Entscheidungsfindung, Eigentümerpolitik und -praxis einzubeziehen. In Abbildung 6.3 zählen die PRI 15 wesentliche Anliegen auf, die es zu beachten gilt.

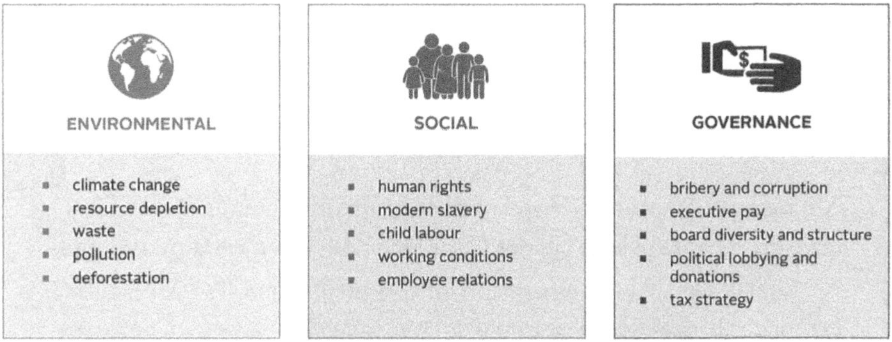

ABBILDUNG 6.3 Von den PRI aufgezählte ESG-Belange.
Nachdruck mit Genehmigung der von der UN unterstützten Principles for Responsible Investment (PRI). https://www.unpri.org/an-introduction-to-responsible-investment/what-is-responsible-investment/4780. Artikel; https://www.unpri.org/pri/what-are-the-principles-for-responsible-investment.

Es ist ganz klar, dass wesentliche ESG-Themen wichtig sind. Sie sind sogar die wichtigste Variable hinter jeder ESG-Risikominderung und -Vermögensallokation. Deshalb werden wir ein ganzes Kapitel damit zubringen, sie zu erörtern.

KAPITEL 7

WESENTLICHKEIT

> Nicht alles, was zählt, kann gezählt werden, und nicht alles, was gezählt werden kann, zählt.
>
> *ALBERT EINSTEIN*

> Wenn man die Daten lange genug quält, werden sie alles gestehen.
>
> *RONALD COASE*

Am 24. Juli 2019 verhängte die Federal Trade Commission eine rekordverdächtige Geldstrafe in Höhe von fünf Milliarden Dollar gegen Facebook[1] für etwas, das sich nur wenige andere Unternehmen überhaupt vorstellen können: die Verletzung der Privatsphäre ihrer Kunden. Diese Summe war 20-mal höher als die höchste jemals verhängte Datenschutz- oder Datensicherheitsstrafe und eine der höchsten Strafen, die jemals von der US-Bundesregierung gegen ein Unternehmen wegen eines Verstoßes verhängt wurde.[2] Was zum Teufel haben Mark Zuckerberg und seine Kollegen getan, um eine solche Schmach zu verdienen?

Etwas Wesentliches.

Die ungeheuerlichsten Übertretungen von Facebook ereigneten sich in mehreren kritischen Monaten im Jahr 2016. Damals stimmten die britischen Wähler knapp mit 51,9 Prozent zu 48,1 Prozent für den Brexit. Einige Monate später schockierte Donald Trump die Welt, indem er in Wisconsin, Michigan und Pennsylvania mit weniger als einem Prozent Vorsprung der abgegebenen Stimmen gewann und Hillary Clinton den scheinbar sicheren Sieg entriss. Der Facebook-Skandal kam erst im Frühjahr 2018 ans Licht, als eine Gruppe Whistleblower, Ex-Mitarbeiter von Cambridge Analytica, enthüllte, dass ihr Unternehmen systematisch persönliche Daten von fast 90 Millionen Facebook-Nutzern gesammelt hatte. Cambridge Analytica nutzte diese persönlichen Daten, um hochbrisante politische Werbung zu schalten und Fehlinformationen im Zusammenhang mit den Präsidentschaftswahlen 2016 in den USA und dem Brexit im Vereinigten Königreich zu verbreiten. So haarsträubend es auch klingen mag, die Verfehlungen von Facebook haben angeblich Donald Trump ins Weiße Haus gebracht und das destabilisierendste politische Ereignis in der Geschichte der Europäischen Union ausgelöst. Fünf Milliarden Dollar scheinen angesichts der potenziellen Bedeutung dieser Ereignisse kaum ausreichend. In den Wochen unmittelbar nach den Enthüllungen über Cambridge Analytica stürzten die Facebook-Aktien um mehr als 43 Prozent ab und vernichteten Hunderte von Milliarden Dollar an Aktionärswert. Dutzende Millionen Facebook-Kunden schlossen kurzerhand ihre Konten, darunter auch ich. Das Konzept der Wesentlichkeit in Bezug auf die UN-Grundsätze für verantwortungsbewusstes Investieren bezieht sich auf finanzielle Risiken. Ein ESG-Risiko wird nur dann als wesentlich angesehen, wenn es greifbare finanzielle Folgen hat. Bei wesentlichen ESG-Risiken geht es also nicht um Moral, sondern um Geld.

Viele aufgeregte Analysten behaupten, sie hätten die Probleme von Facebook kommen sehen. Ein frühes Signal leuchtete 2010 rot auf, als der Gründer von Facebook, Mark Zuckerberg, eine anzügliche Rede darüber hielt, dass das globale Zeitalter der Privatsphäre zu Ende gehe, weil die Menschen immer mehr Daten über sich selbst öffentlich teilen wollten. Seine implizite Befürwortung aufstrebender Plattformen wie Twitter fiel praktischerweise mit dem Wunsch von Facebook zusammen, die Einnahmen aus gesponserten Inhalten und Seitenaufrufen zu steigern. Seine Aussage vor dem Kongress neun Jahre später bestätigte seine katastrophale Fehleinschätzung: „Es ist jetzt klar, dass wir nicht genug getan haben, um zu verhindern, dass unsere Werkzeuge zum Schaden eingesetzt werden. Das gilt für Fake News, ausländische Einmischung in Wahlen und Hassreden, aber auch für Entwickler und Datenschutz." Es scheint, dass Facebooks Erklärungen zum Datenschutz und zur Datenweitergabe jetzt von Vorsicht geprägt sind. Doch hinter der öffentlichen Zurückhaltung verbergen sich erhebliche finanzielle Bedenken. In einem Update aus dem Jahr 2021 an seine mehr als drei Milliarden Nutzer erklärte Facebook: „Wir bitten nicht um neue Rechte, um Ihre Daten auf Facebook zu sammeln, zu verwenden oder weiterzugeben. Wir ändern auch keine der Datenschutzentscheidungen, die Sie in der Vergangenheit getroffen haben." Offensichtlich haben eine Geldstrafe in Höhe von fünf Milliarden Dollar und ein freier Fall der Aktie um 43 Prozent dazu beigetragen, das strategische Denken des Unternehmens zu klären.

Die Bedeutung des Datenschutzes ist für Social-Media-Konzerne und Bankunternehmen viel wichtiger als für andere Branchen, etwa Getränke- oder Bergbauunternehmen. Aber Bergbauunternehmen – wie Massey Energy – haben andere, ebenso wichtige Sorgen. Die besonderen Schwachstellen von Massey Energy wurden am 5. April 2010 schmerzlich deutlich, als sich in der Kohlemine Upper Big Branch in West Virginia eine Explosion ereignete, bei der 29 der 31 Bergleute ums Leben kamen. Dieses tragische, aber völlig vermeidbare Ereignis war das tödlichste Grubenunglück in den Vereinigten Staaten seit 1970. Bemerkenswert ist, dass die Bundesaufsichtsbehörde Mine Safety and Health Administration zwischen 1995 und 2010 mehr als *3.000* Sicherheitsverstöße von Massey Energy festgestellt hatte, aber keine Vorschrift die Offenlegung dieser Verstöße vorschrieb. Massey hatte jahrelang immer wieder gegen die Sicherheit der Arbeiter verstoßen, aber erst nach der unsäglichen Tragödie von Upper

Big Branch seine Versäumnisse aufgearbeitet. Infolgedessen erklärte sich Alpha Natural Resources 2011 bereit, das Unternehmen zu kaufen und alle seine Verbindlichkeiten zu übernehmen. Vier lange Jahre später wurde Don Blankenship – der CEO von Massey zum Zeitpunkt der Explosion – wegen vorsätzlicher Verschwörung zur Verletzung bundesstaatlich geregelter Sicherheitsstandards zu einem Jahr Gefängnis verurteilt.

Die Ursachen für die katastrophalen Rückschläge von Facebook und Massey könnten kaum unterschiedlicher sein, aber sie haben wesentliche Gemeinsamkeiten. Beide Unternehmen hatten unternehmensgefährdende Risiken in ihren Geschäftsmodellen – aber diese Risiken lauerten unter der Oberfläche. Im Fall von Massey waren sie zwar legal, aber unverantwortlich, da die Offenlegung der 3.000 Sicherheitsverstöße nicht vorgeschrieben war. Im Fall von Facebook waren sie sowohl illegal als auch unverantwortlich. Da diese Risiken der breiten Öffentlichkeit unbekannt waren, konnten sie im Unternehmenswert nicht angemessen berücksichtigt werden. Das Hauptziel der ESG-Offenlegungsbewegung besteht darin, alle Arten von wesentlichen Risiken systematisch aufzudecken, bevor sie sich manifestieren. Da die Anleger letztlich die Kosten für Fehlverhalten tragen, ist das wesentliche Risiko gleichbedeutend mit ihrer finanziellen Verwundbarkeit. Eine größere Transparenz in Bezug auf marktbewegende Umwelt-, Sozial- und Governance-Probleme würde die Führungskräfte und ihre Vorstände wahrscheinlich dazu veranlassen, diese Schwachstellen, wo immer und wann immer möglich, abzuschwächen. Eine ordnungsgemäße Offenlegung würde auch den Anlegern helfen, kritischer zu sein und bisher nicht erkannte und neu auftretende Risiken in den Aktien- und Anleihekursen dieser Unternehmen angemessener zu bewerten. Für Anleger ist mehr Transparenz immer gut. Dank der Transparenz können aufmerksame Marktteilnehmer die Wahrscheinlichkeit eines breiteren Spektrums möglicher Ergebnisse genauer bewerten.

Aber es ist auch leicht zu erkennen, dass verbesserte Verfahren zur Offenlegung von Unternehmensdaten immer noch scheitern können. Was für eine Person, einen Ort oder eine Branche zu einem bestimmten Zeitpunkt von finanzieller Bedeutung ist, muss es für eine andere nicht sein. Auch die Abwägung zwischen Datensicherheit und öffentlicher Sicherheit je nach Unternehmen und Branche ist nicht ganz klar; es ist sogar schwer vorstellbar, dass sie jemals völlig objektiv sein könnte. Wie wir inzwischen wissen, ändert sich auch die öffentliche Meinung darüber, was wesentlich ist. So hat beispielsweise der Fokus auf die Diversität des Managements und die Eingliederung der Mitarbeiter nach Jahren der Gleichgültigkeit in den letzten Jahren nachweislich zugenommen. In dem Maße, wie sich der gesellschaftliche Fokus auf Vielfalt, Gleichberechtigung und Eingliederung (Diversity, Equity, and Inclusion – DEI) verstärkt hat, sind auch die materiellen finanziellen Bedenken im Zusammenhang mit diesem Fokus gestiegen. DEI-Themen wurden erst vor relativ kurzer Zeit zu einem wesentlichen Risiko, was vorher nicht der Fall war. Soziale Belange entwickeln sich weiter. Das bedeutet, dass sich die „S“-Risiken mit ihnen weiterentwickeln.

Am wichtigsten ist, dass handlungsrelevante Offenlegungen entscheidend davon abhängen, welche Informationen die Unternehmen veröffentlichen. Zunächst einmal ist die Integrität der bereitgestellten Informationen entscheidend. Es ist bedauerlich und bemerkenswert, dass viele Unternehmen absichtlich lügen – wie Volkswagen bei seinen außergewöhnlichen, langwierigen Bemühungen, die Emissionen seiner Dieselfahrzeuge falsch darzustellen. Andere sagen die Wahrheit, nur nicht die ganze Wahrheit – wie in dem Werbevideo von Nikola aus dem Jahr 2018 für einen Elektro-Lkw, der angeblich keine Emissionen verursacht (in dem Video rollte er einen Hügel hinunter – und ja, Schwerkraft ist kohlenstofffrei). Von ebenso großer Bedeutung ist die Konsistenz der Daten zwischen Unternehmen und Branchen. So ist beispielsweise die Angabe der selbst eingeschätzten Mitarbeiterzufriedenheit sehr subjektiv und hängt davon ab, wie diese Umfragen durchgeführt und welche Fragen gestellt werden. Solange nicht dieselben Methoden von und unter Gleichrangigen verwendet werden, können sich vergleichbare Kennzahlen zur Mitarbeiterzufriedenheit und zu vielen anderen ESG-Kategorien eher als irreführend denn als aufschlussreich erweisen. Ebenso wichtig ist die Art und Weise, wie die gemeldeten Daten letztendlich aggregiert und gemeldet werden. Sollte man ein numerisches Punktesystem oder eine Farbcodierung verwenden, um das relative Wesentlichkeitsrisiko zu vermitteln? Wenn Farben, was genau bedeuten dann zum Beispiel Rot, Gelb und Grün? Schließlich befinden sich die Aufsichtsbehörden und Rechnungslegungsstandards in den verschiedenen Rechtsordnungen in sehr unterschiedlichen Stadien ihrer Offenlegung. Wenn die Berichterstattungsstandards in einem Land anspruchsvoller und die offengelegten Informationen belastender sind als in einem anderen, können Unternehmen, die in diesen Ländern ansässig sind, benachteiligt werden. Umgekehrt können ehrliche und gut gemeinte Offenlegungen gut meinende, transparente Unternehmen angreifbarer machen.

Die Gefahr, dass die besten Akteure durch unterschiedliche Rechtssysteme ungerechtfertigt benachteiligt werden, ist keine theoretische Sorge. Zufälligerweise ist Europa bei der detaillierten Regulierung führend, eine natürliche Reaktion, vielleicht um den relativen Überfluss an technologischen und industriellen Innovationen auszugleichen.[3] Amerika ist laxer, und Asien hinkt stark hinterher. Wenn sich die Schlinge der ESG-Berichterstattung in Europa weiterhin enger zieht als in Amerika, könnten sich Unternehmen durchaus dafür entscheiden, wieder in den Vereinigten Staaten zu gründen, um von einem entgegenkommenderen Umfeld zu profitieren. So war es schließlich auch bei der Körperschaftsteuer und in jüngster Zeit bei Shell.[4] Unternehmen zieht es natürlich in Länder, die ihnen entgegenkommen. Aus Sicht der Aktionäre wäre es unverantwortlich, dies nicht zu tun.

Alle drei Hauptvariablen – Unternehmensangaben, zugehörige Aggregationsverfahren und regulatorische Anforderungen – entwickeln sich ständig weiter. Das bedeutet, dass die ESG-Optimierung ein dynamisches, multivariables Kalkül beinhaltet. Aufsichtsbehörden und Unternehmensleiter müssen mehrere Ziele gleichzeitig verfolgen. Es wird immer Kompromisse geben. Regulatorische Trends, die von Klima- und sozialen Gerechtigkeitsbedenken angetrieben werden, verändern sich selbst ständig. Unternehmen müssen sowohl bestehende soziale Normen und Vorschriften einhalten als auch neue vorhersehen.

Der größte Anbieter von Aktienindizes, Morgan Stanley Capital International (MSCI), leitet die nach Meinung vieler umfangreichste Forschungsarbeit zur Quantifizierung wesentlicher Risiken im Zusammenhang mit Umwelt-, Sozial- und Governance-Belangen. Das Hauptziel von MSCI besteht darin, den Anlegern fundierte Entscheidungen zu ermöglichen, die genau die von ihnen angestrebten Engagements widerspiegeln. Es geht nicht darum, Entscheidungen zu erzwingen, sondern eine fundierte Auswahl zu ermöglichen. In seiner einzigartigen ESG-Ranking-Methode werden ökologische und soziale Belange in vier große Kategorien unterteilt. Die Governance-Belange werden weiter in zwei Gruppen gefasst. Jede Kategorie hat bis zu sechs Unterkategorien, was bedeutet, dass MSCI bestrebt ist, insgesamt 35 spezifische Quellen potenzieller wesentlicher Risiken zu messen. Abbildung 7.1 veranschaulicht das ESG-Risiko-Spektrum von MSCI. Daraus lässt sich leicht ableiten, dass es sich um eine ziemlich anspruchsvolle und detaillierte Anstrengung handelt.

Sie ist auch kompliziert. In dieser Abbildung werden die finanziell bedeutendsten ESG-Belange in einer der MSCI-Branchenkategorien aufgezeigt: Erfrischungsgetränke. Wenn Sie die grauen Kästchen mit den gestrichelten Umrissen betrachten, denken Sie bitte an Coca-Cola oder Pepsi. Nach Angaben von MSCI betreffen weniger als ein Drittel der von MSCI identifizierten potenziellen Quellen wesentlicher ökologischer und sozialer Risiken Unternehmen aus der Erfrischungsgetränkebranche.

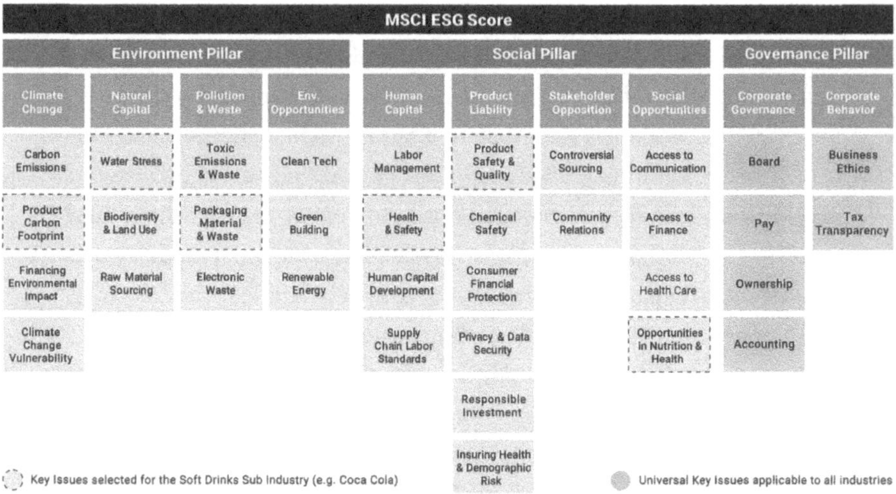

ABBILDUNG 7.1 Der ESG-Bewertungsmethodik von MSCI liegen Dutzende von unterschiedlichen materiellen Überlegungen zugrunde.

Dazu gehören der CO_2-Fußabdruck des Produkts, Wasserbelastung, Verpackungsmaterial und Abfall, Gesundheit und Sicherheit der Arbeitnehmer, Produktsicherheit und -qualität sowie Ernährung und Gesundheit. Darüber hinaus betrachtet MSCI alle sechs Aspekte der Unternehmensführung als finanziell wichtig für Softdrink-Unternehmen wie Coca-Cola oder Pepsi, einschließlich Geschäftsethik, Steuertransparenz, Rechnungslegung, Zusammensetzung des Vorstands, Vergütung und Eigentumsverhältnisse. Nach MSCIs einzigartigem Kalkül stellt jeder dieser Faktoren ein wesentliches finanzielles Risiko für die Geschäftstätigkeit und den Unternehmenswert eines jeden Erfrischungsgetränkeunternehmens dar. Keine der anderen Risikokategorien wird von MSCI als wesentlich angesehen. Man kann auch verstehen, warum dies so ist. Die Anfälligkeit für Datensicherheit und Klimawandel ist für Pepsi und Coca-Cola nicht wesentlich, zumindest nicht so wie für Facebook oder Massey Energy. Für jede Branche und jedes Unternehmen, das MSCI bewertet, werden nur die wesentlichen Risiken berücksichtigt, die wirklich wichtig sind, und keine anderen.

MSCI verwendet alle von den Unternehmen gemeldeten Daten als primären Input für sein ESG-Rating-Modell, wobei den standardisiertesten Datenquellen der Branche ein größeres Gewicht beigemessen wird. Hinzu kommen weitere Datenquellen und qualitative Einschätzungen. Laut ihrer Website sind diese nicht gemeldeten Quellen und qualitativen Überlegungen von entscheidender Bedeutung und machen oft die Hälfte der endgültigen Bewertung aus:

> „Für ein durchschnittliches Unternehmen machen die selbst veröffentlichten ESG-Informationen etwa 50 Prozent der gesamten Informationen aus, die zur Bewertung der ESG-Leistung benötigt werden. Anleger benötigen jedoch noch einige unabhängige Informationsquellen, die über die Unternehmensangaben hinausgehen, um ein genaueres Bild der ESG-Risiken und -Leistungen zu erhalten."

All dies bedeutet, dass die ESG-Rankings von MSCI, so streng sie auch sein mögen, immer noch stark von Subjektivität abhängen. Dort, wo standardisierte Berichtsdaten für die angestrebten Vergleiche nicht ausreichen, nutzt MSCI eigene Datenquellen und qualitative Einschätzungen, um die Lücke zu schließen.

Das Problem ist, dass sehr subjektive, qualitative Überlegungen mit einem Gewicht von 50 Prozent viel Raum für Zufälligkeiten lassen.

Dane Christensen von der University of Oregon sowie George Serafeim und Anywhere Sikochi von der Harvard Business School haben sich eingehend mit der Qualität und der Art der ESG-Berichterstattung von Unternehmen befasst und untersucht, wie diese die Rankings von Organisationen wie MSCI beeinflussen. Eine kürzlich durchgeführte Studie hat ergeben, dass die Quantität und Qualität der Unternehmensberichterstattung die Hauptursache für die Unterschiede in den zusammengesetzten ESG-Ratings ist, allerdings nicht aus den Gründen, die man erwarten würde.[5] Ihren Untersuchungen zufolge werden die Unterschiede in den Ratings bei der Bewertung der Wesentlichkeit und bei den Anlageentscheidungen umso größer, je mehr Informationen die Unternehmen offenlegen – also genau das Gegenteil von dem, was angestrebt wird und was man erwarten würde! Dies bedeutet, dass, zumindest bis jetzt, verbesserte ESG-Informationen zu weniger Klarheit über relative Risiken und Bewertungen führen, nicht zu mehr. Christensen, Serafeim und Sikochi stellten außerdem fest, dass die Offenlegung von ESG-Informationen bedeutsamer war und dass die daraus resultierenden Bewertungsunterschiede einen wesentlichen und direkten Einfluss auf die Kursbewegungen von Aktien und Anleihen hatten. Zusammenfassend stellten sie fest, dass eine erhöhte ESG-Offenlegung die Unternehmensbewertungen weitaus *volatiler* machte, was sich auf den Zugang zu zuverlässigen öffentlichen Finanzierungen auswirken kann. Auch dies ist nicht das, was man erwarten würde: Mehr ESG-Offenlegungen haben bisher zu *größeren ESG-Bewertungsdiskrepanzen* geführt. Offensichtlich bleibt keine gute Tat ungestraft, selbst wenn man ein Unternehmen ist. Umfangreichere Offenlegungen führen oft zu einer Benachteiligung der Offenleger, zumindest auf kurze Sicht. Man kann davon ausgehen, dass diese Diskrepanzen im Laufe der Zeit, wenn andere Unternehmen mehr offenlegen, abnehmen dürften.

Vielleicht erklärt dies auch, warum MSCI bei der Zusammenstellung und Zuweisung relativer ESG-Bewertungen ein erhebliches qualitatives

Urteilsvermögen einsetzt. MSCI hat sich schließlich für eine regelbasierte Methodik und eine alphanumerische Bewertung entschieden, die Unternehmen nach Branchen in drei große qualitative Kategorien einteilt: Vorreiter, Durchschnitt und Nachzügler. Führende Unternehmen werden mit AA oder besser bewertet, Nachzügler mit B oder schlechter, und durchschnittliche Bewertungen liegen zwischen AA und B, wie in Abbildung 7.2 dargestellt.

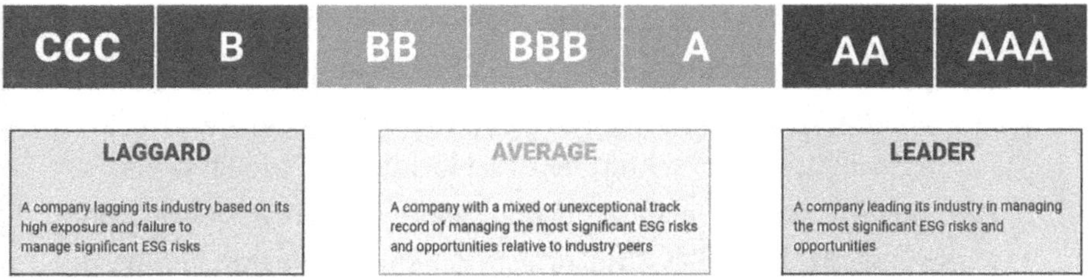

ABBILDUNG 7.2 Die wichtigsten ESG-Bewertungsergebnisse von MSCI.

Unter den ESG-Rankingsystemen verdient das von MSCI ein großes Lob, weil es die wesentlichen Risiken so systematisch und genau misst, wie es die verfügbaren Daten erlauben. Es verdient auch Lob für die Entwicklung einer robusten und intuitiven Ranking-Methode: Welcher Anleger oder Finanzanalyst versteht schließlich nicht sein Abc? Wenn man jedoch etwas tiefer in die Materie einsteigt, fragt man sich zu Recht, wie der Rest des subjektiven Bewertungsprozesses funktioniert. Es stellt sich auch die Frage, ob ein alphanumerisches System, das von großen Mengen geschützter Daten und qualitativen Einschätzungen abhängt, stabil genug ist, um allein die Auswahl einzelner Wertpapiere und die Aufteilung von Vermögenswerten im Wert von Billionen von Dollar zu steuern.

Nehmen wir als Beispiel noch einmal die MSCI-Rangliste von Mitte 2021 für die beiden schärfsten Konkurrenten im Softdrinkbereich, Coca-Cola und Pepsi. Betrachtet man ihre detaillierten ESG-Bewertungen nebeneinander, so scheint Pepsi Coca-Cola bei den relativen Wesentlichkeitsrisiken zu schlagen. Schließlich hat Pepsi in vier Kategorien besser abgeschnitten als Coke: Ernährung und Gesundheit, Unternehmensführung, Wasserstress und Unternehmensverhalten. Nur in zwei Kategorien schnitt Pepsi schlechter ab: Produktsicherheit und -qualität sowie Gesundheit und Sicherheit der Arbeitnehmer. Würde man für jede ESG-Kategorie, in der ein Unternehmen führend ist, zwei Punkte vergeben, einen Punkt für eine durchschnittliche Leistung, und einen Punkt für eine unterdurchschnittliche Leistung abziehen, würde Pepsi Coke mit zwölf zu neun Punkten leicht übertreffen. Nachdem jedoch die qualitativen Bewertungen von MSCI zum Tragen kamen, wurde Coke irgendwie als überlegen eingestuft. Als dieses Kapitel zum ersten Mal geschrieben wurde, erhielt Coke schließlich das begehrte AAA-Rating von MSCI, während PepsiCo nur das AA-Rating verdiente.[6] Wie dies geschah oder was genau den Ausschlag gab, ist unklar. Alle numerischen Analysen, die in das MSCI-System einflossen, wurden den qualitativen Beurteilungen, auf die sich MSCI stützte, untergeordnet. Dennoch ist das Ergebnis für Portfoliomanager und Analysten, die sich bei ihren relativen Aktiengewichtungen und Indizes auf MSCI verlassen, von Bedeutung. Wer würde schon ein mit AA bewertetes Unternehmen in einer Branche besitzen wollen, in der es eine mit AAA bewertete Alternative gibt?

Gemessen am Kurs-Gewinn-Verhältnis (KGV) wurde die Aktie von Coca-Cola in der Vergangenheit mit einem leichten Aufschlag gegenüber der Aktie von Pepsi gehandelt. Aktien mit einem höheren KGV spiegeln in der Regel die Erwartung des Marktes hinsichtlich besserer zukünftiger Gewinnaussichten wider. In der ursprünglichen Rangliste für 2021 war MSCI offenbar der Meinung, dass Coke ebenfalls einen solchen Aufschlag verdiente. In der Tat könnte das firmeneigene Modell einer der Faktoren sein, die zu der historisch höheren Bewertung von Coke gegenüber Pepsi beigetragen haben.

Die Entwicklung einer einheitlichen, transparenten und umsetzbaren Methodik für die Zuweisung aussagekräftiger ESG-Bewertungen ist eine besondere Herausforderung, da die Daten nicht zwischen verschiedenen Branchen oder zwischen Unternehmen derselben Branche ausgetauscht werden können. Das Fehlen einheitlicher Standards für die Unternehmensberichterstattung bringt diejenigen, die für einen strengen ESG-Investitionsprozess bezahlt werden, in eine wirklich unhaltbare Lage. Die meisten Datenwissenschaftler sagen, dass, wenn einige Daten gut sind, mehr Daten noch besser sind. Das Ratingverfahren von MSCI ist gut, wahrscheinlich sogar das beste – aber 50 Prozent Subjektivität lassen immer noch einen beträchtlichen Spielraum für Meinungsverschiedenheiten. Schließlich können die ESG-Ratings von MSCI nie besser sein als die Daten und der Prozess, von denen sie letztlich abhängen, und wir wissen inzwischen, dass die Berichterstattung über ESG-Daten noch nicht abgeschlossen ist. In Anbetracht dessen sollte die Ergänzung des MSCI-Ansatzes durch andere Methoden oder sogar durch die eigene Arbeit zu besseren ESG-Bewertungsentscheidungen führen. MSCI sieht nicht in die Zukunft – niemand tut das – und MSCI behauptet auch nicht, über unbegrenzte Ressourcen zu verfügen. Andere Investment- und Wirtschaftsprüfungsgesellschaften haben möglicherweise einen gewissen Vorteil, was den Zugang zu Unternehmen oder Analysen angeht. Anleger, die ein möglichst umfassendes Bild erhalten möchten, sollten auch diese in Betracht ziehen.

Einer der frühesten Versuche, wesentliche ESG-Risiken systematisch zu kategorisieren und zu messen, wurde von Sustainalytics unternommen.

Michael Jantzi, der Gründer von Sustainalytics, begann 1992 mit der Veröffentlichung von Forschungsergebnissen zu verantwortungsbewusstem Investieren und ist seither einer der Marktführer im Bereich nachhaltiger Investitionen. Im Jahr 2010 wurde Jantzi von der Responsible Investment Association mit einem Preis für sein Lebenswerk ausgezeichnet. Im Laufe der Jahre wurde Sustainalytics in mehreren Branchenumfragen als führendes unabhängiges Research-Unternehmen für verantwortungsbewusstes Investieren anerkannt.

Der Ansatz, den Sustainalytics bei der Messung und Zuordnung von ESG-Bewertungen zu Unternehmen verfolgt, unterscheidet sich grundlegend von dem von MSCI (Abbildung 7.3). Sustainalytics beginnt mit der Identifizierung aller wesentlichen ESG-Risiken, denen jede Branche und jedes Unternehmen ausgesetzt ist, und teilt diese Risiken dann in zwei Kategorien ein: solche, die gemindert werden können, und solche, die nicht gemindert werden können. Das scheint eine vielversprechende Idee zu sein, denn schließlich sollten Unternehmen wie Menschen danach beurteilt werden, was sie kontrollieren können, und nicht danach, was sie nicht kontrollieren können. Nehmen wir als Beispiel den Goldbergbau. Goldminenunternehmen gefährden die Umwelt in größerem Maße als Software- oder Einzelhandelsunternehmen. In Anbetracht der Art ihrer Arbeit können nicht alle diese Risiken gemildert werden; schließlich muss man unter Tage nach Gold suchen. Sustainalytics misst rigoros, wie effektiv jedes Unternehmen die wesentlichen Risiken verwaltet, die in seinem Einflussbereich liegen. Obwohl es sich beim Goldabbau um eine umweltbelastende Branche handelt, leisten einige Bergbauunternehmen beispielsweise bei der Minimierung des Einsatzes ätzender Chemikalien oder der Förderung der Sicherheit am Arbeitsplatz bessere Arbeit als andere. Sustainalytics vergibt an Unternehmen, die die Risiken, die sie eingehen müssen, bewusst angehen, bevorzugte brancheninterne Bewertungen. Sie belohnen dann die besseren Akteure.

Die Vorteile eines numerischen Rankingsystems gegenüber einem alphabetischen Klassifizierungssystem liegen ebenfalls auf der Hand.

Mit Zahlen lässt sich ein Unternehmen oder eine Branche ganz konkret mit einem anderen vergleichen, und die quantitativen Unterschiede zwischen Unternehmen und Branchen lassen sich unmittelbarer erfassen. Auch kann man eine Gruppe von Unternehmen in einem Portfolio mit unterschiedlichen numerischen Kennzahlen besser messen, indem man den Durchschnitt oder den Median berechnet. So ist es beispielsweise einfacher, das relative Risiko von 80 gegenüber 20 auf einer 100-Punkte-Skala zu bewerten, als ein Unternehmen mit einem A-Rating gegenüber einem B-Rating einzustufen. Ersteres ist rein quantitativ, während Letzteres qualitativ und eher subjektiv ist.

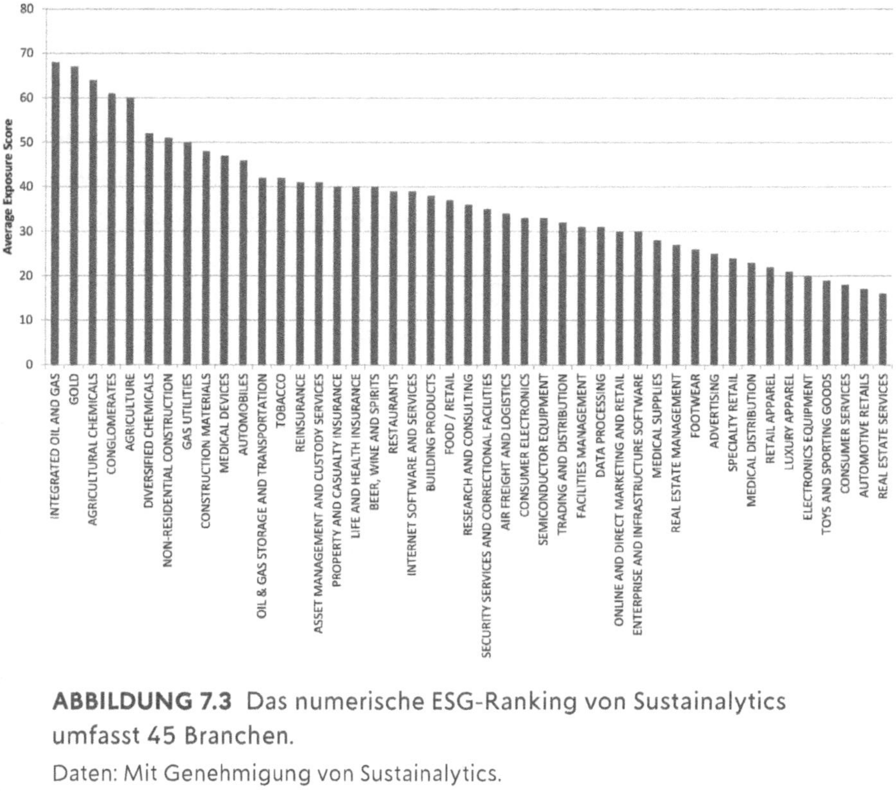

ABBILDUNG 7.3 Das numerische ESG-Ranking von Sustainalytics umfasst 45 Branchen.

Daten: Mit Genehmigung von Sustainalytics.

Doch kehren wir zu unserem Beispiel Coca-Cola gegen Pepsi zurück. Dieser Fall zeigt, wie problematisch es ist, nur ein ESG-Ranking-System zu verwenden, um große taktische Gewichtungen oder Neigungen zwischen Unternehmen in oder zwischen Branchen vorzunehmen. Er unterstreicht auch die Erkenntnisse von Christensen, Serafeim und Sikochi. Im Gegensatz zu MSCI, das im Laufe der Zeit Coca-Cola gegenüber Pepsi geringfügig bevorzugt hat, stellt sich heraus, dass Sustainalytics Pepsi gegenüber Coke bevorzugt – und zwar nicht nur ein wenig, sondern sehr stark (Abbildung 7.4). In seinem Ranking für 2021 führt Sustainalytics die Coca-Cola Company nicht einmal unter den ersten zehn Prozent in ihrem Bereich, während PepsiCo in den ersten Prozent rangiert. Insgesamt wird Coca-Cola von Sustainalytics als Unternehmen mit mittlerem Risiko eingestuft, während Pepsi ein geringes Risiko darstellt. Von den 14.000 Unternehmen, die Sustainalytics systematisch bewertet hat, liegen 3.615 Unternehmen zwischen den beiden. Sustainalytics empfiehlt daher, Pepsi im Portfolio so lange überzugewichten, bis es einen Aufschlag gegenüber Coca-Cola aufweist – das Gegenteil der von MSCI vorgeschlagenen Bewertung.

The Coca-Cola Co.

Industry Group: **Food Products** Country: **United States**

Identifier: **NYS:KO**

Coca-Cola is the largest nonalcoholic beverage entity in the world, owning and marketing some of the leading carbonated beverage brands, such as Coke, Fanta, and Sprite, as well as nonsparkling brands, such as Minute Maid, Georgia Coffee, Costa, and Glaceau. Operationally, the firm focuses its manufacturing efforts early in the supply chai...
+ Show More

Full time employees: **80,300**

ESG Risk Rating COMPREHENSIVE

22.5 Medium Risk

Negligible	Low	Medium	High	Severe
0-10	10-20	20-30	30-40	40+

Ranking

Industry Group (1st = lowest risk)
Food Products **43** out of 598

Universe
Global Universe **4697** out of 15096

Last Update: **Oct 5, 2021**

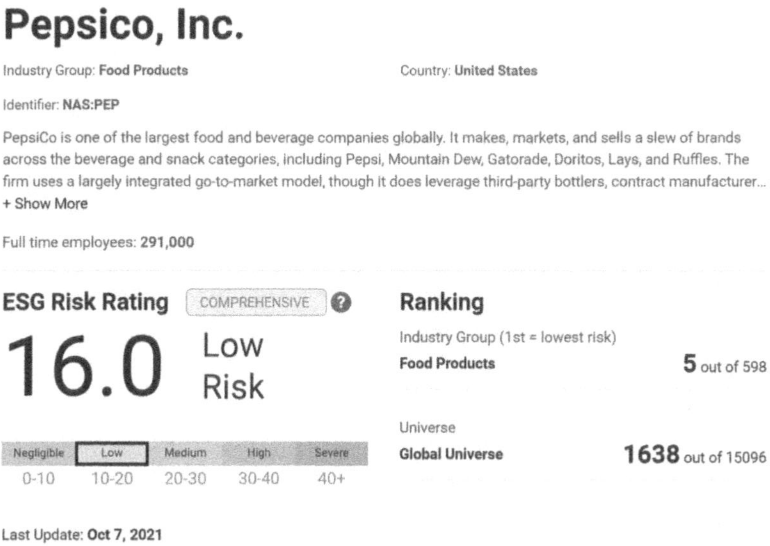

ABBILDUNG 7.4 Laut Sustainalytics ist Pepsi besser als Coca-Cola – viel besser.
Mit Genehmigung von Sustainalytics.

Dieses einfache, aber aufschlussreiche Beispiel, wie zwei hoch entwickelte Anbieter von ESG-Bewertungen zu grundlegend unterschiedlichen Schlussfolgerungen in Bezug auf zwei äußerst transparente und gut recherchierte Unternehmen – Cola und Pepsi – kommen, vermittelt eine Vorstellung davon, wie schwierig die Zuweisung zuverlässiger ESG-Bewertungen sein kann, während sich die offengelegten ESG-Daten noch in der Entwicklung befinden. Wenn große Mengen an Daten und Nachweisen zur Verfügung stehen, können zwei marktführende ESG-Ratingagenturen zu entgegengesetzten Schlussfolgerungen kommen und tun dies auch. Was Christensen, Serafeim und Sikochi auf der Makroebene festgestellt haben, haben wir gerade auf der Mikroebene entdeckt. Es stellt sich die Frage, was dies wohl für Unternehmen und Branchen bedeutet, für die genaue Daten schwieriger zu beschaffen sind und bei denen subjektive Einschätzungen in der endgültigen Bewertung zwangsläufig weitaus stärker zum Tragen kommen.

MSCI und Sustainalytics sind natürlich nicht die einzigen Ratingagenturen, die um überlegene ESG-Informationen wetteifern. Neben MSCI und Sustainalytics gibt es mehr als ein Dutzend weiterer seriöser Anbieter von primären ESG-Daten und -Rankings. Einige – wie Refinitiv, Fitch Solutions, S&P Global und das Sustainability Accounting Standards Board (SASB) – bieten umfassende Messungen an, die mehrere wesentliche Risikokategorien in den drei Bereichen Umwelt, Soziales und Unternehmensführung umfassen. Andere – wie Vivid Economics, GlobalData, die Climate Bonds Initiative und das Carbon Disclosure Project – sind weitaus stärker auf bestimmte Risikokategorien wie etwa das Klima ausgerichtet. Ein Beispiel für Letzteres – Trucost – ist jetzt Teil eines bekannteren Indexforschungsunternehmens, S&P Global. In der Praxis hat Trucost seine Bemühungen bewusst auf kohlenstoffbezogene Belange konzentriert, einschließlich marktführender Arbeiten zu physischen Risiken und Einschränkungen bei natürlichen Ressourcen. Aufgrund der überlegenen Analytik von Trucost verlassen sich viele Investmentfirmen bei ihren Klimaerkenntnissen stärker auf Trucost als auf MSCI oder Sustainalytics.

Mein Beispiel mit Coca-Cola und Pepsi ist nicht einzigartig. Neben der Arbeit von Christensen, Serafeim und Sikochi haben auch andere strenge Studien untersucht, wie und warum sich ESG-Rating-Anbieter in verschiedenen Branchen unterscheiden. Eine Studie von Florian Berg vom MIT, Julian Kölbel von der Universität Zürich und Roberto Rigobon, ebenfalls vom MIT, ergab, dass die Korrelation zwischen den ESG-Bewertungen verschiedener Anbieter nur 0,54 beträgt. Das bedeutet, dass die ESG-Bewertungen der verschiedenen Anbieter stark voneinander abweichen. Die Korrelationen sind sogar noch geringer, wenn man die einzelnen Säulen „E", „S" und „G" betrachtet.[7] Diese Ergebnisse stehen in deutlichem Gegensatz zu denen der Ratingagenturen. Die Korrelation zwischen den Ratings von Moody's und S&P liegt bei bemerkenswerten 0,99. Kurz gesagt, die aktuelle ESG-Analyse ist eindeutig eine Aufgabe, die noch nicht abgeschlossen ist. Die Methoden und Ergebnisse gehen weit auseinander, und das wird wohl auch noch eine ganze Weile so bleiben. ESG-Bewertungen sind zum Teil Kunst, zum Teil Wissenschaft.

In einem weiteren maßgeblichen Bericht, der die Praktiken, Fortschritte und Herausforderungen von ESG-Investitionen untersucht, bietet die OECD eine überzeugende visuelle Darstellung, wie uneinheitliche ESG-Bewertungsmethoden zu inkongruenten Ergebnissen führen.[8] Wie Sie in Abbildung 7.5 sehen können, zeigen die Bewertungen von zehn Unternehmen aus acht Branchen, die von fünf ESG-Rating-anbietern bewertet wurden, wenig bis keine Konsistenz, insbesondere

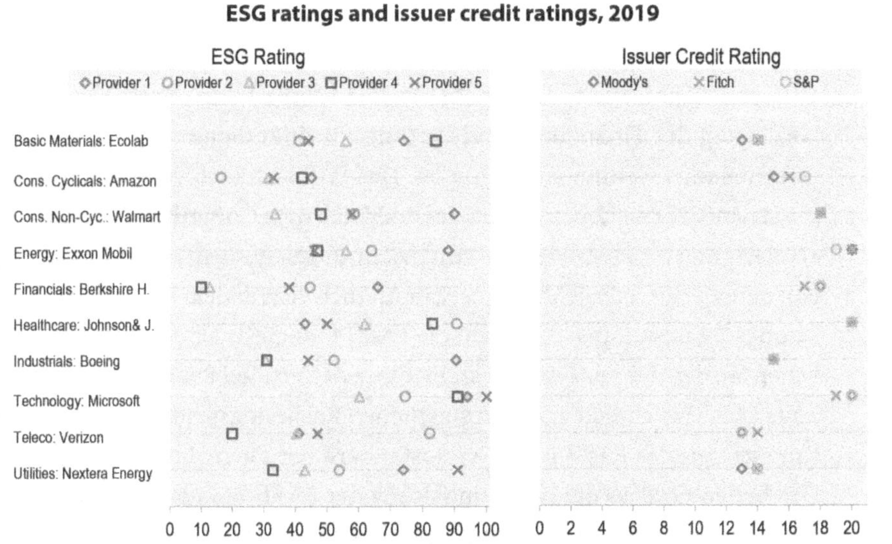

Note: Sample of public companies selected by largest market capitalisation as to represent different industries in the United States. The issuer credit ratings are transformed using a projection to the scale from 0 to 20, where 0 represents the lowest rating (C/D) and 20 the highest rating (Aaa/AAA).
Source: Refinitiv, Bloomberg, MSCI, Yahoo finance, Moody's, Fitch, S&P; OECD calculations

ABBILDUNG 7.5 Irgendetwas stimmt hier nicht: Die ESG-Ratings sind eigenwillig, die Bonitätsratings hingegen dicht beisammen.

Boffo, R., und R. Patalano (2020), „ESG Investing: Practices, Progress and Challenges", OECD Paris, www.oecd.org/finance/ESG-Investing-Practices-Progress-and-Challenges.pdf

im Vergleich zu den entsprechenden Bonitätsratings auf der rechten Seite. Diese Ergebnisse sollten jedoch nicht überraschen. Wann immer Daten und Methoden stark voneinander abweichen, werden auch die Ergebnisse unterschiedlich ausfallen.

Wenn, wie es den Anschein hat, bessere Daten zu besseren Indizes und einer fundierteren Entscheidungsfindung führen würden, dann sollten folglich auch mehr Anstrengungen zur Verbesserung der Daten unternommen werden. Wie bereits erwähnt, ist ein wesentlicher Aspekt der Schaffung besserer Daten eine genauere Standardisierung. Die Bemühungen um eine Standardisierung der Datenerfassung von Unternehmen sind seit Langem ein Ziel der Zusammenarbeit zwischen dem privaten und dem öffentlichen Sektor. Das Financial Accounting Standards Board (FASB) beispielsweise ist eine unabhängige, gemeinnützige Organisation, die für ihre strenge Vorgehensweise bei der Förderung der Finanzberichterstattung für öffentliche und private Unternehmen weithin anerkannt ist. Das FASB ist auch von der US-Börsenaufsichtsbehörde (Securities and Exchange Commission, SEC) als designierter Herausgeber von Rechnungslegungsstandards für börsennotierte Unternehmen anerkannt. Auch viele andere Rechnungslegungsorganisationen erkennen die FASB-Standards als die maßgeblichen an, darunter das American Institute of Certified Public Accountants (AICPA) und die meisten staatlichen Rechnungsprüfungsämter. Kurz gesagt, das FASB ist der Goldstandard der Finanzbuchhaltung. Das bedeutet, dass die Nichteinhaltung der FASB-Standards riskant ist und von den meisten Investmentanalysten und Wirtschaftsprüfern als rotes Tuch betrachtet wird. Das FASB hat auch eine Schwesterorganisation, das Governmental Accounting Standards Board (GASB). Das GASB legt Berichtsstandards für staatliche und kommunale Organisationen fest. FASB und GASB fördern im Großen und Ganzen die Generally Accepted Accounting Principles (GAAP), den von der SEC und der Europäischen Kommission gebilligten Rechnungslegungsrahmen. Die GAAP-Standards unterscheiden sich oft erheblich von dem globalen Standard, der als International Financial Reporting Standards (IFRS) bekannt ist.

Ich gehe davon aus, dass Sie inzwischen aufgehört haben, dem, was Sie gelesen haben, wirklich Aufmerksamkeit zu schenken. Bedauerlicherweise muss man tief in diese Materie eintauchen. Lassen Sie mich zu meinem Kernargument zurückkehren, indem ich einfach hervorhebe, *dass es keine allgemein anerkannten Rechnungslegungsstandards für Emissionen, Arbeitssicherheit, Mitarbeitervergütung oder -zufriedenheit, Vielfalt oder andere primäre ökologische oder soziale Belange gibt.* Mit anderen Worten: Praktisch keine der bisherigen Diskussionen darüber, was MSCI, Sustainalytics oder andere seriöse Anbieter von ESG-Daten vorhaben, wurde bisher in die anerkanntesten Gremien für Rechnungslegungsstandards wie FASB oder GASB aufgenommen. Es ist daher vielleicht keine Überraschung, dass eine neue private, gemeinnützige Initiative zur Verbesserung der Rechnungslegungsstandards im Bereich der Nachhaltigkeit entstanden ist. Das Sustainability Accounting Standards Board sieht so aus, wie man es erwarten würde: detailliert und kompliziert. Investoren, die sich auf wesentliche ESG-Risiken konzentrieren, brauchen eindeutig Kompilatoren fungibler Daten wie das SASB, um erfolgreich zu sein. Ich hoffe, dass sie im Laufe der Zeit – Jahre, sicherlich nicht Monate – Erfolg haben werden.

Das SASB wurde 2011 mit der gleichen Struktur und Aufsicht wie das FASB gegründet. Das SASB hofft, alle Informationen über Nachhaltigkeit, die finanziell wesentlich sind – das heißt von potenzieller Relevanz für die Erträge und die letztendliche Bewertung eines Unternehmens – an die Oberfläche zu bringen (Abbildung 7.6). Zur Erinnerung: Es geht nicht darum festzustellen, ob ein Unternehmen gut, gerecht, ausgewogen oder ethisch ist. Stattdessen sucht man nach branchenspezifischen Informationen, die für die Entscheidungsfindung nützlich und evidenzbasiert sind, und zwar in einer hochgradig standardisierten Form, die es den Anlegern ermöglicht, aussagekräftige Urteile über die relativen finanziellen Risiken zu fällen, die durch

Umwelt-, Sozial- und Governance-Belange entstehen. Das ist eine lobenswerte Initiative. Sie ist auch dringend notwendig. Wäre das SASB jedoch ein Baseballspiel, so befände es sich wahrscheinlich erst im ersten oder zweiten Inning. Von den mehr als 50.000 börsennotierten Unternehmen weltweit haben nur etwa 1.000 in ihren jährlichen Offenlegungen regelmäßig auf SASB verwiesen (Abbildung 7.7), und nur etwa 500 haben es vollständig erfüllt. Es ist verständlich, dass die meisten Vermögensverwalter und viele Aufsichtsbehörden auf eine schnellere Einführung des SASB drängen – schließlich ist mehr Transparenz für die Anleger immer gut. Aber einige dieser Finanzunternehmen müssen die SASB-Protokolle selbst noch übernehmen. Wir müssen alle mehr Daten auf einheitlichere Weise melden, damit echte Vergleiche gezogen werden können.

Ein letzter wichtiger Versuch, standardisierte Informationen über das Klimarisiko zu erstellen, ist die Task Force on Climate-Related Financial Disclosures (TCFD). Unter dem Vorsitz des ehemaligen Bürgermeisters von New York und milliardenschweren Philanthropen Michael Bloomberg wurde die TCFD vom Financial Stability Board (FSB) in Auftrag gegeben. Ziel des FSB ist es, die internationale Finanzstabilität zu fördern, indem nationale Finanzbehörden und internationale Normungsgremien dazu gebracht werden, bei gemeinsamen Prioritäten zusammenzuarbeiten. Das FSB hat die TCFD als direkte Antwort auf eine Anfrage der G20 erstellt, um besser beurteilen zu können, inwiefern alle Fragen im Zusammenhang mit dem Klimawandel Risiken für die globale Finanzstabilität darstellen. Die G20 sind das, was einem globalen Entscheidungsgremium der Menschheit am nächsten kommt. Wenn es jemals zu einer erfolgreichen globalen Zusammenarbeit in den Bereichen Klima, Regulierung und Rechnungslegungsstandards in der modernen Welt kommen soll, müssen die G20 eine entscheidende Rolle spielen. Bislang haben sie dies jedoch nicht getan.

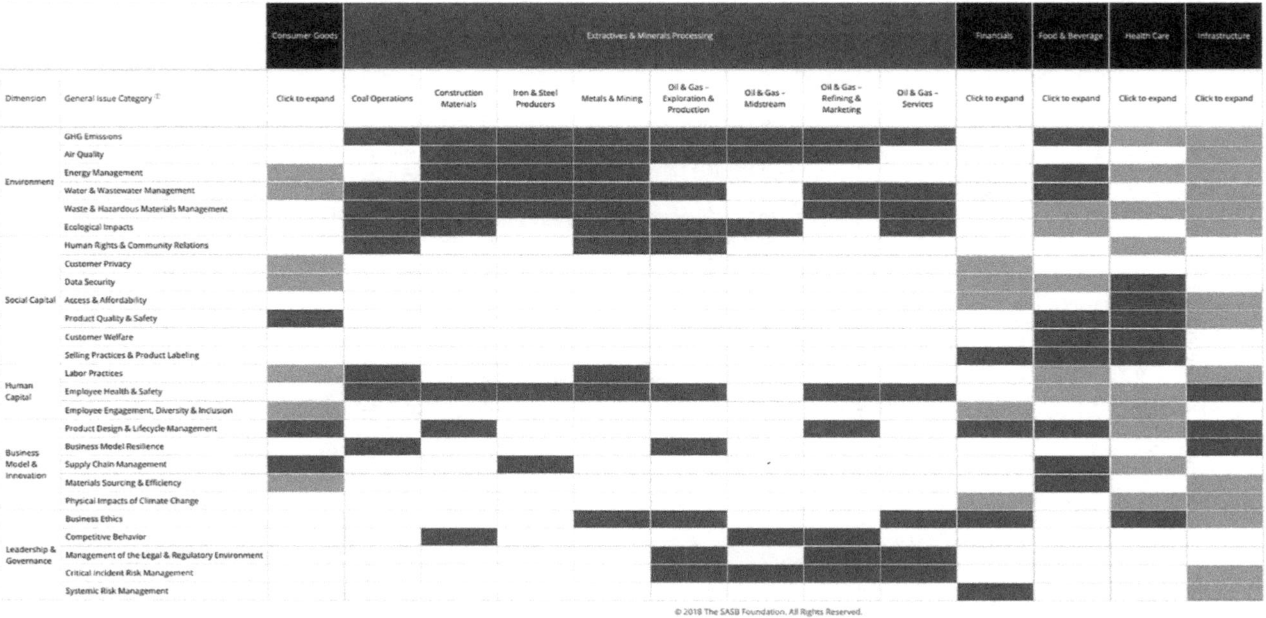

ABBILDUNG 7.6 Die sich entwickelnde Wesentlichkeitstafel des SASB.

Nachdruck mit Genehmigung der Value Reporting Foundation. Alle Rechte vorbehalten.

Number of Unique Reporting and Referencing Companies, by Year

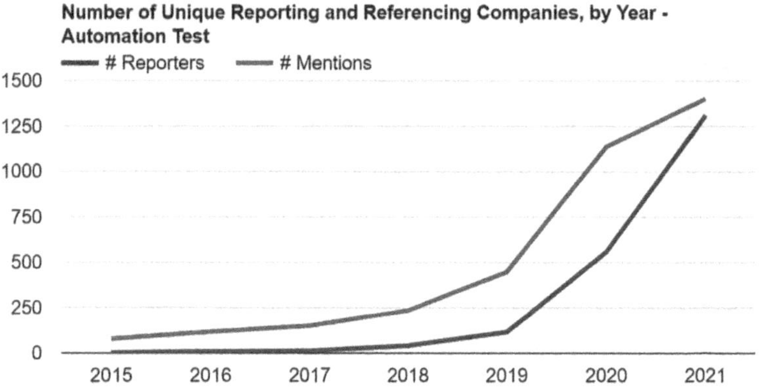

Reporting companies account for a subset of referencing companies

ABBILDUNG 7.7 Die Einführung von SASB ist wichtig – aber es liegt noch ein langer, langer Weg vor uns.

Die wichtigsten Beiträge des TCFD bestehen bisher darin, empfohlene Standards für die Berichterstattung über finanzielle Risiken im Zusammenhang mit dem Klima aufzuzeigen, einschließlich Klima-Stresstest-Szenarien. Dies ist ein ernsthaftes Unterfangen, das aber noch in den Kinderschuhen steckt. In der jährlichen Aktualisierung des TCFD für das Jahr 2021 wurden fünf Meilensteine angeführt:

1) 42 Prozent der Unternehmen mit einer Marktkapitalisierung von mehr als zehn Milliarden US-Dollar haben Informationen gemäß den einzelnen TCFD-Empfehlungen veröffentlicht.
2) Fast 60 Prozent der 100 größten börsennotierten Unternehmen der Welt unterstützen entweder den Zweck der TCFD, berichten im Einklang mit den Empfehlungen der TCFD oder beides (Anmerkung: Hauptsächlich unterstützen sie sie).

3) Unternehmen aus den Bereichen Energie sowie Baustoffe und Gebäude sind jetzt führend bei der Offenlegung, mit einem durchschnittlichen Niveau der TCFD-konformen Offenlegung von 40 Prozent für Energieunternehmen und 30 Prozent für Unternehmen aus dem Bereich Baustoffe und Gebäude.
4) Experten, die die Offenlegung nutzen, haben die Auswirkungen des Klimawandels auf das Geschäft und die Strategie eines Unternehmens als die „nützlichsten" Informationen für finanzielle Entscheidungen bezeichnet.
5) Die Berichterstattung von Vermögensverwaltern und -eigentümern an ihre Kunden und Begünstigten über TCFD-Risiken ist nach wie vor mangelhaft.

Kurz gesagt, SASB und TCFD sind kritische, im Gange befindliche Projekte. Und der Nettoeffekt all dieser Bemühungen – von MSCI und Sustainalytics bis zu SASB und TCFD – lässt sich am besten mit einem Wort zusammenfassen: *unvollständig.*

Was ist also von all diesen Bemühungen aus der Sicht der Anleger zu halten? Wie sehr sollten wir uns angesichts unvollständiger Datensätze und so unterschiedlicher Methoden auf einen einzelnen ESG-Algorithmus, -Prozess oder -Score verlassen?

Der damalige SEC-Vorsitzende Jay Clayton äußerte sich im Jahr 2020 zu ESG-Analysen. Das war nicht ermutigend. Er sagte, er habe „keine Umstände gesehen, unter denen die Kombination einer Analyse von E, S und G über ein breites Spektrum von Unternehmen ... mit einem einzigen Rating oder einer einzigen Punktzahl eine sinnvolle Investitionsanalyse erleichtern würde, die nicht deutlich zu umfassend und ungenau wäre".[9] Wie ich zuvor scheint Clayton vorgeschlagen zu haben, dass eine ESG-Scheidung für alle Beteiligten besser sein könnte. Wenn der ehemalige Leiter der SEC zu dieser Schlussfolgerung kommt – und damit sagt, dass zusammengesetzte ESG-Bewertungssysteme an sich nicht für sinnvolle Investitionsentscheidungen geeignet sind –, dann sollten wir vielleicht alle vorsichtiger sein, welche verwertbaren Informationen sie liefern.

Um es klar zu sagen: ESG-Risiken sind real. Zahlreiche Umwelt-, Sozial- und Governance-Bedenken sind zweifellos von finanzieller Bedeutung. Diese Risiken werden die Preise von Vermögenswerten auf absehbare Zeit in erheblichem Maße beeinflussen. Mit der Zeit werden sich die Standards für die ESG-Berichterstattung verbessern und robustere Anwendungen in Anlageprodukten und -praktiken entwickeln. Wir alle sollten diese Verbesserungen begrüßen. Die Erhebung von ESG-Daten befindet sich in einem frühen Stadium, und ihre weitere Ausreifung ist wichtig. Der realistische Zeithorizont für die Verwirklichung aller erforderlichen Verbesserungen wird jedoch in Jahren gemessen, nicht in Wochen oder Monaten. Was in der Zwischenzeit passieren wird, ist ebenfalls klar: Billionen von Dollar werden weiterhin in Bewegung bleiben, da zahlreiche Befürworter behaupten, über einzigartige Prozesse, Erkenntnisse und eigene Anlagetechniken zu verfügen, die bessere Ergebnisse erzielen können. Viele werden behaupten, sie hätten den besten ESG-Index oder die besten ESG-Kennzahlen zur Risikomessung und zur Erzielung überdurchschnittlicher Renditen gefunden. Einige dieser Behauptungen werden natürlich richtig sein. Aber viele andere werden falsch sein. In einer wettbewerbsintensiven Branche ist es einfach nicht möglich, dass jeder in allen Bereichen der Beste ist. Was wir mit Sicherheit vorhersagen können, ist, dass die besten zehn Prozent zu den besten zehn Prozent gehören werden und einer von vier zu den besten vier. Wir können auch mit Sicherheit vorhersagen, dass es untere Dezile und untere Quartile geben wird. So funktioniert der Investitionswettbewerb. Wenn man bedenkt, wie viel auf dem Spiel steht, kann man darauf wetten, dass erhebliche Anstrengungen unternommen werden, um einen Vorteil gegenüber allen anderen ESG-Analyse- und Produktanbietern zu erlangen.

Der technische Prozess der Erstellung von ESG-Indizes und die neuen Bemühungen zu messen, wie Werte vorhersehbare Indikatoren für Aktienbewertungen sein können, werden sich ebenfalls weiterentwickeln und in bestimmten Fällen eine erhebliche Outperformance erzielen. Wenn wir verstehen, wie diese Indizes funktionieren und welche neuen ESG-Bewertungstechniken es gibt, werden wir an der Schwelle zu dem stehen, was ich als „ESG-Wettrüsten" bezeichne. Wie zu erwarten, befinden sich die Vermögensverwaltungsfirmen in einem Kampf um einen unverhältnismäßig großen Anteil an den Billionen von Dollar, die von traditionellen Anlageprodukten in solche umgeschichtet werden, die einen zunehmend begehrten Beinamen und ein sehr begehrtes Anlageergebnis tragen: *nachhaltig*.

Doch bevor wir darauf eingehen, ist es wichtig, zu unserer Kernthese und zum eigentlichen Zweck dieses Buches zurückzukehren. Zu Beginn waren wir uns einig, dass die Welt dringend mehr integrativen, weit verbreiteten und nachhaltigen Wohlstand braucht. Daraufhin haben wir uns verpflichtet, die besten Finanzinstrumente und -strategien zur Förderung eines solchen integrativen, nachhaltigen Wachstums ausfindig zu machen. Offensichtlich erheben viele ESG-Strategien Anspruch auf diese Ehre. Mehrere ESG-Befürworter versprechen explizit oder implizit ein doppeltes Ergebnis, das heißt bessere ökologische und soziale Ergebnisse *und* bessere Renditen. Wenn ESG funktioniert, ist das großartig: Wir sind auf dem richtigen Weg. Sollte dies jedoch nicht der Fall sein, wird etwas anderes benötigt. Im Moment ist die Entscheidung noch offen.

Doch wie kann eine Anlagestrategie nachhaltig sein, wenn der Klimawandel ungebremst weitergeht? Wenn ökologische und soziale Umwälzungen bevorstehen, gibt es dann irgendeine Anlageklasse oder -methode, mit der wir unser Geld investieren können, ohne dass es zu einer Katastrophe kommt? Wie können wir jemals wissen, welche Anlagestrategie die beste ist, wenn wir nicht zuerst beurteilen, welche Unternehmen sich erfolgreich gegen die zunehmenden ESG-Bedenken isoliert haben?

Es hat sich herausgestellt, dass es eine Reihe ernsthafter Bemühungen gibt, all diese Fragen zu beantworten. Eine Gruppe fortschrittlicher Finanzalchemisten glaubt, effiziente und wirksame Lösungen bündeln zu können. Auch sie werden weitgehend unterschätzt und arbeiten abseits der Öffentlichkeit: diejenigen, die Aktien- und Rentenindizes entwerfen und pflegen.

KAPITEL 8

EIN PAAR WORTE ÜBER INDIZES

Suchen Sie nicht die Nadel im Heuhaufen, kaufen Sie einfach den Heuhaufen!

JOHN C. BOGLE

Früher dachte ich, wenn es eine Reinkarnation gibt, möchte ich als Präsident oder Papst oder als Baseballspieler mit einem Schlagdurchschnitt von 0,400 zurückkehren. Jetzt möchte ich einfach als der Anleihemarkt zurückkehren. Da kann man jeden einschüchtern.

JAMES CARVILLE

Wie gut können Sie sich an die frühen 1990er-Jahre erinnern? Madonna und Michael Jackson schwammen auf der Erfolgswelle. Das meistverkaufte Auto war der Honda Accord mit einem Verbrauch von elf Litern auf 100 Kilometer. Die Renditen zehnjähriger Staatsanleihen lagen bei über acht Prozent. Als Bill Clinton sein Amt antrat, war sein wichtigster politischer Berater, James Carville, schockiert, als er erfuhr, wie limitiert die finanzpolitischen Möglichkeiten seines Chefs waren. Wenn die gähnenden Haushaltsdefizite nicht geschlossen und die Bundesausgaben nicht mit politisch riskanten Steuererhöhungen bezahlt würden, so wurde ihm erklärt, würden die Zinsen in die Höhe schnellen und das

Wirtschaftswachstum ausbremsen. Aus diesem Grund sagte Carville, er wolle als Anleihemarkt wiedergeboren werden und nicht als Präsident oder Papst.

Aber James Carvilles historische Fantasie ist leider veraltet. Jetzt, da die Zentralbanken auf Methoden der quantitativen Lockerung zurückgreifen, wenn ihnen das Niveau oder die Form der Renditekurve nicht gefällt, liegt die größte finanzielle Macht heute nicht mehr auf dem Anleihemarkt, sondern auf dem Aktienmarkt. Genauer gesagt hat sie sich zu den Indexmachern verlagert, die bestimmen, wie wir über die Aktien- und Rentenmärkte denken. Ihre Berechnungen und Zusammenstellungen sind buchstäblich die Grundlage für tägliche Investitionsentscheidungen in Höhe von Billionen Dollar. Die Indexanbieter definieren letztlich Erfolg und Misserfolg, indem sie festlegen, wie die finanzielle Leistung verfolgt und gemessen wird. Wenn wir weiter erforschen wollen, wie das Finanzwesen dazu beitragen kann, eine gute Gesellschaft zu schaffen, müssen wir verstehen, wie Aktien- und Anleihenindizes erstellt und aktualisiert werden. Glücklicherweise ist das gar nicht so schwer. Alles begann mit einer einfachen, genialen Idee von Charles Dow.

Ende des 18. Jahrhunderts verließen sich die meisten Händler, die sich im oder vor dem Tontine Coffee House an der Ecke Wall Street und Water Street in Lower Manhattan trafen, beim Kauf und Verkauf von Aktien, Schuldverschreibungen und Kontrakten untereinander auf die Glaubwürdigkeit ihrer Mitbrüder, auf Hörensagen sowie auf Klatsch und Tratsch. Da das historische Buttonwood Agreement von 1792 die Zahl der qualifizierten Finanzvermittler begrenzte, trafen sich im Tontine New Yorks akkreditierte Kaufleute und Finanziers informell, in der Regel gegen 10 Uhr morgens, um Papierfetzen und Beteiligungen gegen Bargeld und Versprechen zu tauschen (Abbildung 8.1). Zu Beginn war es eine entspannte Angelegenheit. Im Laufe der Zeit, als das Volumen immer größer wurde, zogen sie in die Wall Street 11 um, den heutigen Sitz der New Yorker Börse.

Zusammen mit seinem Partner Edward Jones – einem Studienabbrecher der Brown University – begann Dow 1880 mit der Veröffentlichung des *Customer's Afternoon Newsletter*. Diese prägnante, völlig sachliche zweiseitige Zusammenfassung befriedigte den wachsenden Wunsch nach etwas, das bis dahin noch nie veröffentlicht worden war: zeitnahe, genaue Finanzdaten. In kürzester Zeit stieg die Zahl der täglichen Leser auf über 1.000 und die Zahl der Berichterstatter auf 89. Ihre Vision und ihre zielgerichtete Umsetzung gipfelten in der ersten Ausgabe des *Wall Street Journal* am 8. Juli 1889. Das Motto der Zeitung, die für zwei Cent pro Exemplar beziehungsweise für fünf Dollar im Jahresabonnement verkauft wurde, lautete „The truth in its proper use" (Die Wahrheit in ihrer richtigen Anwendung) und beschrieb sowohl den Anspruch als auch die Einschränkungen. Die „Wahrheit" schloss Leitartikel oder Meinungen jeglicher Art aus. Fakten wurden geschätzt, ebenso wie exakte Daten. Fiktionen wurden verachtet.[1]

Eine der wichtigsten Innovationen von Dow war die numerische Erfassung der Aktienkurse der wichtigsten Unternehmen des Tages. Ab 1884 ermittelten die Dow-Reporter jeden Morgen die Preise, zu denen neun der größten Eisenbahngesellschaften, die größte Dampfschifffahrtsgesellschaft und der Telegrafenbetreiber Western Union zuletzt den Besitzer gewechselt hatten. Sie addierten diese Preise, teilten die Summe durch elf, und voilà, der erste Aktienindex war geboren!

Es ist leicht zu erkennen, dass die Regelmäßigkeit und Transparenz dieses neuen Dow-Jones-Aktienindex etwas Einzigartiges und Wertvolles vermittelten: eine quantitative Zusammenfassung der allgemeinen Stimmung der am besten informierten Kaufleute und Händler des Tages. Je nachdem, wie sich der Kurs des Index nach oben oder unten bewegte, konnte man leicht erkennen, wie das Vertrauen der Wirtschaft zu- oder abnahm. Im Laufe der Zeit konnte man auch sehen, wie Vermögen gemacht, verloren und wieder neu erworben wurden. Erstmals hatte man eine Vorstellung davon, wie sich „der Markt" insgesamt entwickelte. Bevor es einen Dow-Jones-Index gab, gab es keinen „Markt" an sich.

ABBILDUNG 8.1 Aktienhandel unter der Platane, um 1800.
Bettmann, Getty Images.

150 Jahre später ist die Berechnung und Veröffentlichung von Aktien-, Anleihe- und Rohstoffindizes zu einem äußerst komplexen Geschäft geworden, das mehrere Billionen Dollar einbringt. Als Dows *Customer's Afternoon Newsletter* zum ersten Mal veröffentlicht wurde, gab es nicht mehr als ein paar Dutzend US-Unternehmen von Bedeutung und ein paar Tausend Bürger, die wohlhabend genug waren, um sich für sie zu interessieren. Heute gibt es rund 50.000 börsennotierte Aktien auf der ganzen Welt und Dutzende Millionen institutioneller Anleger und Privatpersonen, die sich sehr für deren Kursentwicklung interessieren. Wie wir nur zu gut wissen, ist der „Aktienmarkt" inzwischen so wichtig geworden, dass sich die meisten Tageszeitungen und Abendnachrichten gezwungen sehen, über die Kursschwankungen der letzten 24 Stunden zu berichten. Das können sie nur, indem sie einen Referenzindex anführen. Millionen von Computerterminals und mobilen Geräten übertragen zudem jede Bewegung des Aktienmarkts in Echtzeit. Anhand dieser Indizes kann man jederzeit nachvollziehen, wie sich der Markt entwickelt.[2] Darüber hinaus gibt es öffentlich gehandelte Anleihen im Wert von mehreren Billionen, die in Anleihenindizes zusammengefasst und notiert sind. All dies erklärt, warum es heute überraschenderweise nicht nur Tausende, sondern vielmehr *Millionen* von Indizes gibt. Insgesamt 160.000 dieser Indizes gehören allein zu Dow Jones.

Die Vorstellung, dass es Millionen von Indizes gibt, sollte Ihnen völlig verrückt vorkommen. Warum?

Jeder vernünftige Mensch sollte sich fragen, ob die Welt Millionen von Indizes braucht, wenn es nur etwa 50.000 Aktien gibt. Ist Ersteres nicht nur eine Ableitung von Letzterem? Die Antwort ist jedoch gar nicht so kompliziert. Indexersteller und Herausgeber von Finanznachrichten stellen eine Vielzahl von Indexwerten und -volumina zusammen und verbreiten sie aus demselben Grund, aus dem Charles Dow 1884 damit begonnen hat. Erstens sind viele Menschen an transparenten, quantitativen Angaben zu den Preisbewegungen von Körben von

Vermögenswerten in Echtzeit und im Zeitverlauf interessiert. Beispielsweise benötigen Portfoliomanager Indizes, um die von ihnen angestrebten Anlageergebnisse genau abbilden zu können. Zweitens, und das ist vielleicht am wichtigsten, sind viele Indexnutzer bereit, Anbieter dafür zu bezahlen, dass sie Indizes erstellen, die die von ihnen gewünschten Ergebnisse abbilden.

In den letzten anderthalb Jahrhunderten gab es mehrere wichtige Indexinnovationen, um die Stimmungen der Anleger und die Preisentwicklung von Vermögenswerten genauer und handlungsorientierter zu erfassen. So gewichtete der erste Dow-Index die *Preise* der Erie und der Baltimore and Ohio Railroads gleich, obwohl die B&O viel mehr Nutzer und Einnahmen hatte. Und obwohl Western Union das wichtigste Telegrafenunternehmen seiner Zeit war, stellte es mit neun Eisenbahngesellschaften und einer Schifffahrtsgesellschaft einen eher merkwürdigen Partner dar. Damit ein Index das tatsächliche Geschehen im Transportsektor widerspiegelt, wäre es sinnvoller, die Unternehmen proportional zu gewichten, das heißt im Verhältnis zu ihrem Gesamteinkommen oder Unternehmenswert. Es wäre auch sinnvoll, Western Union aus der Berechnung auszuschließen und sich ausschließlich auf die Schifffahrt und den Schienenverkehr zu konzentrieren, anstatt sie durch ein Kommunikationsunternehmen zu verwässern.

Es überrascht nicht, dass im Laufe der Zeit genau dies geschah. Im Zuge der Entwicklung der Märkte wurden Indizes entwickelt, um Branchenspezialisierungen abzubilden, zum Beispiel Industrie-, Finanz- oder Technologieunternehmen. Es entstanden auch nationale Indizes; so gibt es im Vereinigten Königreich den Financial Times Stock Exchange (FTSE) 100 Index und in Hongkong den Hang Seng Index. Die Aktien- und Rentenindizes wurden weiter in sogenannte entwickelte Märkte, Entwicklungsmärkte und Frontier-Märkte unterteilt. Heute gibt es in mehr als sechs Dutzend Ländern mehrere Aktien- und Anleihenindizes, und diese Indizes wurden weiter in Branchengruppen unterteilt oder nach anderen Merkmalen des Unternehmensverhaltens wie „Wachstum“ oder „Wert“ segmentiert. Auch die Berechnung der Indizes entwickelte sich von der Kursgewichtung – dem von Dow bevorzugten, wenn auch eher irreführenden Ansatz – hin zur Gewichtung nach Marktkapitalisierung oder zur gleichmäßigen Gewichtung. Die Konzentration auf die Marktgewichtung anstelle der Preisgewichtung bedeutete, dass die Aktienmarktindizes die tatsächliche Wirtschaftstätigkeit besser abbildeten. Die bedeutendsten und einflussreichsten Unternehmen erhielten eine größere und einflussreichere Gewichtung, die direkt mit ihrem wirtschaftlichen Einfluss korreliert. Auch wenn die verschiedenen Indizes unterschiedliche Einblicke vermitteln, bieten sie doch alle transparente Echtzeit-Bewertungen der zugrunde liegenden Vermögenswerte, auf denen sie basieren.

Die Entwicklung bestimmter Aktienindizes zu verfolgen ist ähnlich wie Wirtschaftsgeschichte zu lesen. In der zweiten Hälfte des 19. Jahrhunderts erlebten die Vereinigten Staaten einen historischen Aufschwung der industriellen Tätigkeit, der nicht zuletzt durch den raschen Ausbau der transkontinentalen Eisenbahnlinien begünstigt wurde. Die Finanzierung dieser neuen Strecken und die Zusammenlegung bestehender Strecken erfolgte in der Regel über die New Yorker Börse. Zwischen 1860 und 1890 verdoppelte sich die Bevölkerung der USA von 31 Millionen auf 62 Millionen. Dies bedeutete, dass die Nachfrage nach Rohstoffen und Fertigerzeugnissen in den späten 1800er-Jahren exponentiell anstieg. Um Eisenbahn und Schifffahrt besser von anderen Branchentrends unterscheiden zu können, teilte Charles Dow 1896 seine Aktienindizes in Industrie- und Transportunternehmen auf und nahm in jeden Index zwölf Firmen auf. Zu Dows ursprünglichen zwölf Industrieunternehmen gehörten die United States Leather Company, die United States Rubber Company, die American Tobacco Company und die American Cotton Oil Company. Diese Namen sind wahrscheinlich nicht bekannt, weil keiner ihrer Nachkommen heute noch lebt. Nur ein Unternehmen der ursprünglichen zwölf Dow-Industrieunternehmen –

General Electric – überlebte mehr als 50 Jahre.[3] Der Dow Jones Industrial Average (DJIA) wurde 1928 auf 30 Unternehmen erweitert und ist seither bei 30 geblieben. Warum 30, werden Sie sich fragen? Warum nicht 35 oder vielleicht sogar 100? Es gibt keinen wirklichen Grund; es ist einfach eine Zahl, die den Indexerstellern des *Wall Street Journal* anscheinend ans Herz gewachsen ist.

Sie werden sich aus Kapitel 2 an die Zusammensetzung des DJIA 30 im Jahr 1970 erinnern, als sich Milton Friedman in weiser Voraussicht über die sinkende Rentabilität der amerikanischen Unternehmen und die sich verschlechternden wirtschaftlichen Aussichten beklagte. Natürlich repräsentierte der Index damals eine ganz andere Wirtschaft. Etwa die Hälfte der 30 Unternehmen im DJIA von 1970 förderte Mineralien, verhüttete Metalle und stellte Chemikalien her, darunter drei Unternehmen, die ausschließlich nach Öl bohrten und es raffinierten. Sechs produzierten Autos, Autoteile, Flugzeuge oder andere langlebige Güter. Vier weitere – General Mills, Sears, Woolworth und General Food – bedienten in erster Linie die Bedürfnisse der US-Verbraucher. Von den DJIA 30 von 1970, als Professor Friedman die Unternehmen aufforderte, sich mehr auf ihre Gewinne zu konzentrieren, ist heute nur noch eine Aktie übrig geblieben: Procter & Gamble.

Diese historische Darstellung der Dow-Jones-Aktienindizes in ständiger Bewegung und ohne offensichtliche Methodik hinter den Entscheidungen trägt dazu bei, einen der meiner Meinung nach irreführendsten und gefährlichsten Finanzmythen zu entlarven, der heute allgemein verbreitet ist, nämlich dass Indexinvestitionen irgendwie passiv seien. Wie Sie jetzt erkennen können, ist nichts am DJIA 30 oder an einem der anderen großen Aktienindizes passiv. Passivität bedeutet, dass sich nichts ändert. Passivität ist statisch und suggeriert, dass der Fahrer am Steuer schläft. Das ist aber offensichtlich nicht der Fall. Die Unternehmen, aus denen sich die Aktienmarktindizes zusammensetzen, werden regelmäßig hinzugefügt und ersetzt. Auch ihre Gewichtung ändert sich ständig. Zu sagen, dass Indexinvestitionen passiv sind, ist so, als würde man sagen, dass meine Frau mit demselben Mann verheiratet ist, mit dem sie 1989 vor den Traualtar getreten ist. Zu sagen, dass Indexinvestitionen passiv sind, ist so, als würde man sagen, dass jedes NBA-Meisterteam die gleichen Talente hatte. Zu sagen, dass Indexinvestitionen passiv sind, ist so, als würde man sagen, dass alle 18-Loch-Golfplätze gleich seien. Indexinvestitionen sind nicht passiv, sie sind indexiert.

Ein Grund dafür, dass es so schwer ist, „den Markt zu schlagen", liegt in der Art und Weise und der Häufigkeit, mit der verschiedene Aktienindizes erstellt, aufgefrischt und erneuert werden. Viele Menschen gehen davon aus, dass sie intelligenter sind als ein breiter Index, weil sie eine besondere Gabe haben. Nun, diese Menschen liegen fast immer falsch. Je mehr Aktien ein Index enthält, desto wahrscheinlicher ist es, dass er das breite Wirtschaftsgebiet, das er abbilden soll, nachbildet. Die Wahrscheinlichkeit und das Gesetz des Durchschnitts kippen das Spielfeld über längere Zeiträume hinweg zu Ungunsten der aktiven Stockpicker. Tatsächlich haben weniger als 15 Prozent der aktiven Aktienmanager – nur einer von sieben – einen breiten Index über einen beliebigen Fünfjahreszeitraum geschlagen.

Da es Millionen von Indizes gibt, die zur Auswahl stehen, ist die Indexauswahl, die man letztendlich trifft, von großer Bedeutung. Es ist ähnlich wie bei der Wahl eines Autos. Autofahrer kennen die Unterschiede zwischen einem Toyota und einem Tesla oder zwischen einem Buick und einem Bugatti, bevor sie eines kaufen, weil sie sich intensiv mit ihnen beschäftigen. Ebenso sollten Anleger bei der Wahl eines Aktien- oder Anleihemarktindex, den sie verfolgen wollen, sehr kritisch sein.

Heute erstellen und pflegen mehr als 120 Institutionen verschiedene Investmentindizes, von Nischenanbietern wie WisdomTree und der University of Chicago Booth School of Business bis hin zu Giganten wie MSCI. Vier dominieren das Feld: S&P Dow Jones, MSCI, FTSE Russell und Bloomberg. Jede hat ihre eigene Methodik, und jede dieser

Methoden hat eindeutige Vor- und Nachteile. Einige, wie Russell, verwenden objektive, transparente Algorithmen, um Unternehmen auszuwählen und zu entfernen. Andere verlassen sich auf subjektive Einschätzungen. So werden beispielsweise alle Unternehmen, aus denen sich der S&P 500 zusammensetzt – der weltweit am meisten beachtete Aktienindex – von einem Ausschuss ausgewählt, genau wie der DJIA. Offen gesagt ist das Verfahren nicht unähnlich dem, wie Päpste gewählt oder Oscars verliehen werden. Im Fall des DJIA versammeln sich die Redakteure des *Wall Street Journal* – die so etwas wie die finanzielle Version des Kardinalskollegiums oder der Academy of Motion Picture Arts and Sciences sind –, diskutieren und entscheiden schließlich. Sobald sie sich auf eine Neuzusammenstellung geeinigt haben, kommt das Äquivalent von weißem Rauch aus ihrem Schornstein. Die Auswahlausschüsse stützen sich natürlich auf gewisse Daten wie zum Beispiel die Marktkapitalisierung oder das monatliche Handelsvolumen. Aber selbst diese reichen möglicherweise nicht für die Auswahl aus. Eine gewisse Subjektivität bleibt. Deshalb warteten die Anleger Ende 2020 mit angehaltenem Atem darauf, ob Tesla – der Liebling unter den Herstellern von Elektroautos, der schon damals eine höhere Marktkapitalisierung als mehr als 99,9 Prozent aller anderen börsennotierten Unternehmen der Welt aufwies – irgendwie in den S&P 500 aufgenommen werden würde. Teslas offensichtlicher Knackpunkt für die Wahl durch den S&P-Ausschuss war die Unregelmäßigkeit seiner Erträge. Geldverdienen ist etwas, das das S&P-Team sehr ernst nimmt. Es war von Teslas Aktienkurs beeindruckt, fragte sich aber, wie viele andere auch, ob das Geschäftsmodell des Unternehmens jemals echte Gewinne abwerfen würde. Elon Musk hatte Tesla absichtlich zu einer goldenen Erscheinung gemacht, deren Gewinnversprechen immer in weiter Ferne lagen. Nun, der weiße Rauch von Tesla erschien am 30. November 2020 – und 21 Tage später mussten alle Aktien im S&P 500 neu justiert werden, um Platz für den neu aufgenommenen, inzwischen 600 Milliarden Dollar schweren kleinen Bruder zu schaffen.

Der S&P 500 ist nicht passiv. Er passt sich den wirtschaftlichen Realitäten so schnell an, wie seine Ersteller sie herausfinden können. Und die Indexanbieter von S&P arbeiten sehr hart daran, die wirtschaftlichen Gegebenheiten herauszufinden.

Anders als der S&P 500 oder der DJIA werden die Russell-Indizes nach einer objektiveren Methodik erstellt. Sie umfassen auch viel mehr Unternehmen – 3.000 allein in den Vereinigten Staaten. Da sie viel mehr Unternehmen umfassen, sind die Russell-Indizes zu Recht zum Industriestandard für kleinere und mittelgroße Unternehmen geworden. Zu den Anforderungen gehören der Hauptsitz und die Börsennotierung eines Unternehmens, seine Mindestmarktkapitalisierung (derzeit 30 Millionen Dollar) und die Tatsache, dass mindestens fünf Prozent seiner Aktien frei gehandelt werden. Auch die Russell-Indizes werden nach einem festen Zeitplan neu zusammengestellt: einmal im Jahr, am letzten Freitag im Juni. Dies hat zur Folge, dass die Handelsvolumina an den Tagen der Neukonstituierung massiv ansteigen, manchmal um mehrere Billionen Dollar. Die US-Indizes von Russell decken etwa 99 Prozent des US-Aktienmarkts und nahezu 100 Prozent des investierbaren Universums ab.

Wie Sie sich vielleicht vorstellen können, hat die Aufnahme von Unternehmen in einen Index oder ihre Streichung aus einem Index erhebliche Auswirkungen. Der Aufstieg steht für wachsende Bedeutung, die Aufnahme für anhaltende Legitimität und die Degradierung für dunkle Zeiten, die vor uns liegen. Der Aufstieg bedeutet auch automatische Zuflüsse von denjenigen, die den Index als Benchmark verwenden, während die Degradierung das Gegenteil bedeutet. So kam es 1999, als die absteigenden Werte Chevron, Goodyear Tire, Sears und Union Carbide aus dem DJIA gestrichen wurden und die aufsteigenden Werte Home Depot, Intel, Microsoft und SBC Communications an ihre Stelle traten, ganz automatisch zu zahlreichen Käufen und Verkäufen. Das ist es, was ich mit James Carvilles überholtem Respekt für den Anleihemarkt meinte. Was man heute wissen will, ist: Welche

Aktien und Anleihen werden in die am meisten beachteten Indizes aufgenommen oder aus ihnen entfernt? Nach dem Motto „Das Alte raus, das Neue rein" können die Folgen erheblich sein. Ausgeschiedene Aktien fallen im Allgemeinen, wenn ihre Hinrichtungstermine näher rücken, während aufsteigende Namen in Erwartung einer steigenden Anlegernachfrage zulegen. Manche Päpste und Präsidenten können nur davon träumen, so mächtig zu sein!

Abgesehen davon können die Indexwähler viel falsch machen und tun dies auch oft. Nehmen wir noch einmal den DJIA 30. IBM wurde erstmals 1932 aufgenommen, 1939 gestrichen und 1979 wieder aufgenommen. Während der meisten der 40 Jahre, in denen das Unternehmen nicht enthalten war, war IBM eine hervorragende Aktie. Von 1999 bis 2019, als die Aktie wieder aufgenommen wurde, wurde IBM jedoch zum gleichen Preis oder fast zum gleichen Preis gehandelt. Das bedeutet, dass die Ersteller des DJIA 30 die Kursbewegungen der IBM-Aktie von hinten nach vorn nachvollzogen haben. Und während die IBM-Aktie den größten Teil der letzten zwei Jahrzehnte im Nirgendwo verbracht hat, ist die Aktie von Amazon um 4.450 Prozent gestiegen. Die DJIA-30-Anhänger haben die E-Commerce-Welle im Grunde genommen nicht mitgemacht. IBM ist bis zum heutigen Tag im DJIA vertreten. Amazon wurde nie aufgenommen.

In der 125-jährigen Geschichte des DJIA wurde seine Zusammensetzung 57-mal umgestaltet. Manchmal fanden diese Umstrukturierungen in kurzen Abständen statt – innerhalb weniger Monate –, aber manchmal gab es jahrelang keine Änderungen. In den 37 Jahren zwischen 1939 und 1976 wurde die Zusammensetzung nur ein einziges Mal geändert, und zwar durch den Austausch von vier Gesellschaften. Es ist schwer vorstellbar, dass sich die US-Wirtschaft in diesen dreieinhalb Jahrzehnten so wenig verändert hat. Doch allein von 2015 bis 2020 wurde der DJIA 30 siebenmal überarbeitet. Auch hier verhält es sich ähnlich wie beim Papst: Manche Namen bleiben jahrzehntelang, andere nur ein paar Monate lang. Außerdem stellt sich heraus, dass einige DJIA-30-Perioden bessere relative Ergebnisse liefern, genau wie Pontifikate. Johannes Paul II. war zweifellos einer der besten und Stephan VI. und Bonifatius VIII. waren wohl die schlechtesten, aber ich schweife natürlich ab.

Die Entwicklung vieler amerikanischer Unternehmen und Branchen ist nicht das Einzige, was man aus der Geschichte der Aktienindizes ablesen kann. Man kann auch die Wechselfälle des Überschwangs und des Pessimismus der Anleger erkennen. Als der ursprüngliche Dow-Jones-Index im Jahr 1884 eingeführt wurde, lag er bei 62,76 Punkten. Ende des 19. Jahrhunderts erreichte er im Sommer 1890 einen Höchststand von 78,38, fiel aber während der Panik von 1896 auf einen historischen Tiefstand von 28,48.[4] Über lange Zeiträume hinweg war die Entwicklung des Aktienmarkts jedoch eine unablässige Geschichte des wachsenden Glückes. Der DJIA 30 lag Ende 2021 bei über 36.800, was einer annualisierten Rendite von mehr als acht Prozent seit 1957 entspricht, einschließlich Dividenden. Im gleichen Zeitraum erzielte der S&P 500 eine jährliche Rendite von 9,25 Prozent, ebenfalls einschließlich Dividenden (Abbildung 8.2), das heißt, Sie hätten Ihr Geld alle acht Jahre verdoppelt. Solange die Volkswirtschaften weiter wachsen, werden die breiten Aktienmarktindizes mit ziemlicher Sicherheit mit ihnen wachsen. Dennoch werden einige Indizes besser abschneiden als andere. Es wird noch viel daran gearbeitet, die besten Indizes für morgen zu entwickeln.[5]

Der DJIA ist zwar nach wie vor einer der am häufigsten zitierten Börsenindikatoren aller Zeiten, doch seine relativ willkürliche und geheimnisvolle Zusammenstellung sowie seine eher geringe Korrelation mit der Gesamtwirtschaft ließen anderen Indexanbietern und Statistikern erhebliche Verbesserungsmöglichkeiten. Sie werden sich erinnern, dass der erste Index von Charles Dow nach *Aktienkursen* und nicht nach Marktkapitalisierung oder Einkommen gewichtet war. Der DJIA 30 ist immer noch so. Es überrascht nicht, dass diese Methodik zu einigen verwirrenden Ergebnissen führt. So machte beispielsweise das nach Marktkapitalisierung größte Unternehmen der Welt – Apple – kürzlich

2,5 Prozent des Gesamtwerts des DJIA aus, während der Anteil von Goldman Sachs am DJIA etwa 6,5 Prozent betrug. Das bedeutet, dass die Kursentwicklung der Goldman-Aktie einen mehr als doppelt so großen Einfluss auf die tägliche Performance des DJIA hat wie die von Apple, obwohl der Unternehmenswert von Apple fast fünfmal so hoch ist wie der von Goldman. Und warum? Weil die Goldman-Aktie um die 400 Dollar gehandelt wurde, während die Apple-Aktie bei 150 Dollar lag. Aktiensplits oder die Nichtkorrelation zwischen Aktienkursen und Unternehmensbewertung spielen keine Rolle. Es spielt auch keine Rolle, was für das globale BIP wichtiger ist. Für den DJIA sind nur die Aktienkurse wichtig.

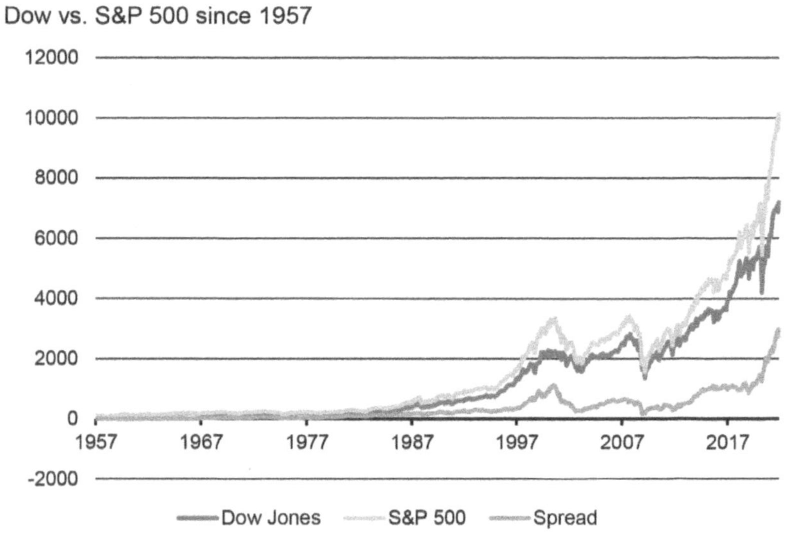

ABBILDUNG 8.2 Was würden Sie lieber besitzen: den DJIA 30 oder den S&P 500?
Die Abbildung stammt vom Autor.

Eine weitere Innovation, die einige Indexanbieter neben der Gewichtung nach Marktkapitalisierung anwenden, ist die Gleichgewichtung. In diesem Fall ist es egal, ob 50, 100 oder 3.000 Aktien in einem Index enthalten sind, jeder wird das gleiche Gewicht zugewiesen. Und anstatt die Indizes nach Branchen oder Regionen zu spezialisieren, segmentieren einige Anbieter die Unternehmen danach, wie sie von Anlegern behandelt oder von Analysten bewertet werden. So wurde in den letzten Jahren viel wissenschaftliche Arbeit in die Klassifizierung von Unternehmen nach den allgemeinen Merkmalen investiert, die sie aufweisen, wie Ertragsqualität, Volatilität, Wachstum, Wert oder Dynamik im Vergleich zu anderen Aktien.[6]

Schließlich – und für unsere Zwecke am relevantesten – segmentiert eine wachsende Zahl von Indizes Unternehmen nach ihren ESG-Eigenschaften, wobei diejenigen mit mutmaßlich großen CO_2-Fußabdrücken aussortiert werden, während diejenigen mit überragenden Kennzahlen für die von ihnen gewählte Form der Unternehmensführung oder direkte soziale Beiträge hervorgehoben werden. Im Dezember 2021 gab es mehr als 3.500 separate ESG-Indizes und Millionen von institutionellen und privaten Anlegern, die sich bei ihren Investitionsallokationen und Finanzerträgen auf diese Indizes verließen. Es überrascht nicht, dass MSCI die Führungsrolle bei der Entwicklung von ESG-Indizes übernommen hat und für etwa die Hälfte des Feldes verantwortlich ist. Einige sind auf das Klima ausgerichtet, andere auf Glauben. In anderen werden „sündige Industrien“ wie umstrittene Waffen und Tabak ausgelassen. MSCI hat auch einen Aktienfonds mit sozialer Auswirkung, der nur in Unternehmen mit weiblicher Führung investiert, und einen Anleihenindexfonds, der nur grüne Anleihen enthält, die so genannt werden, weil ihre Erlöse für einen ökologischen Zweck verwendet werden müssen. Darüber hinaus werden viele neue ESG-Fonds aufgelegt, die auf das Netto-Null-Emissionsziel des Pariser Abkommens für 2050 ausgerichtet sind. Alle diese Indizes haben einen bestimmten Zweck: Sie sollen als Messlatte für ein bestimmtes gewünschtes Ergebnis dienen. Wenn eine bestimmte Aktie oder Anleihe in einem ESG-Index enthalten ist und ein Vermögensverwalter diesen

Index verwendet, muss er diese Aktie oder Anleihe besitzen; tut er das nicht, könnte er eine schlechte Performance erzielen. Sie fragen sich vielleicht: Wie haben diese neuen Indizes bisher die Kapitalströme verändert, die Umwelt beeinflusst und die sozialen Ergebnisse verbessert? Es ist wirklich unmöglich, das zu sagen. Es hat kaum eine Messung der Auswirkungen stattgefunden. Während sich fast alle Unternehmen um die Wahrnehmung durch ihre wichtigsten Stakeholder – vor allem ihre Mitarbeiter und Aktionäre – kümmern, strebt ein kleinerer Teil explizit bessere ESG-Werte an. Die ESG-Kapitalströme wirken sich indessen eindeutig auf die Bewertungen aus – ein Thema, auf das wir in späteren Kapiteln zurückkommen werden.

Während Charles Dow den ersten Index entwickelte und Russell, MSCI, S&P und Bloomberg seine brillante Innovation weiterführten, gebührt John Bogle zweifellos das größte Verdienst für die Umsetzung der Indizes in die Praxis. Bogle setzte die Theorie in die Praxis um. „Meine Ideen sind sehr einfach", sagte Bogle einmal. „Beim Investieren bekommt man das, wofür man nicht bezahlt. Die Kosten spielen eine Rolle. Mit der Zeit werden intelligente Anleger kostengünstige Indexfonds nutzen, um ein diversifiziertes Portfolio aufzubauen; sie werden nicht so töricht sein zu glauben, dass sie den Markt ständig überlisten können."

In dieser Aussage steckt eine Menge, aber das Wichtigste ist, dass Bogle damals recht hatte und bis heute recht hat. Wie wir gelernt haben, sind es die Aktienindizes, die es uns ermöglichen, überhaupt von „dem Markt" zu sprechen. Was die Kosten betrifft, so verweist Bogle auf die Tatsache, dass Sie diese Anstrengungen nicht wiederholen müssen, da jemand anderes die ganze Arbeit für die Bildung eines Index übernimmt. Diejenigen, die indexierte Anlagestrategien verwalten, haben relativ geringe Researchkosten. Sobald Sie sich für einen Index entschieden haben, kaufen oder verkaufen Sie einfach das, was der Anbieter einbezieht oder ausschließt. Die Weitergabe dieser Einsparungen an die Anleger kann im Laufe der Zeit zu erheblichen

Ergebnissen führen. Aktive Manager verlangen oft ein bis zwei Prozent des von ihnen verwalteten Kapitals auf jährlicher Basis – das bedeutet, dass in jedem Jahrzehnt 10 bis 20 Prozent Ihrer Ersparnisse als Gebühren an einen aktiven Manager gezahlt werden. Bei Indexmanagern liegen die Gebühren bei nur drei bis fünf Basispunkten, was bedeutet, dass über ein Jahrzehnt nicht mehr als 0,03 bis 0,05 Prozent an einen Manager gezahlt werden. Bei einem Aktienportfolio im Wert von 10.000 Dollar, das über einen Zeitraum von zehn Jahren verwaltet wird, würde dies eine Gebührendifferenz von bis zu 1.700 Dollar bedeuten. Das ist enorm!

John Bogles Familie musste während der Weltwirtschaftskrise persönliche Schicksalsschläge hinnehmen, verlor ihr Haus durch Zwangsvollstreckung und Johns Vater auf tragische Weise durch Selbstmord. Dies mag erklären, warum sich Bogle so leidenschaftlich dafür einsetzte, normalen Arbeiterfamilien zu mehr finanzieller Sicherheit zu verhelfen. In seiner Abschlussarbeit stellte er sich vor, wie eine kostengünstige Investmentgesellschaft ihre Kunden und nicht ihre Manager bereichern könnte. Sein Lebenswerk machte aus dieser These eines der weltweit führenden Vermögensverwaltungsunternehmen.

Bogle war nicht der Erste, der einen Indexfonds auflegte – dieses Privileg wurde 1972 Richard Beach und Walton Dutcher aus Florida zuteil. Aber Bogle war der Erste, der die Hartnäckigkeit besaß, an einem Fonds festzuhalten, bis er ein Erfolg wurde. Als er 1974 seinen First Index Investment Trust auflegte, wurde er als „Bogle's Folly" – Bogles Narretei – verspottet. Kein Wunder: Aktive Manager hatten viel zu verlieren, wenn er letztlich erfolgreich war. Sie griffen ihn zum Teil aus Angst an. Wenn Bogle recht hätte, würde die große Mehrheit seiner Kritiker aus dem Geschäft gedrängt werden. Tatsächlich haben nur wenige „Narreteien" einen ähnlichen Erfolg erzielt.

Bogle gründete seinen ersten Investmentfonds auf den S&P 500. Nachdem er in den ersten fünf Jahren nur ein paar Millionen Dollar eingenommen hatte, merkten die Menschen schließlich, dass er auf etwas gestoßen war. In Anbetracht der Tatsache, dass mehr als 85 Prozent der aktiven Vermögensverwaltungen die Rendite des S&P 500 über fünf Jahre nicht erreichen, war Zeit alles, was er brauchte, um seinen Standpunkt zu beweisen. Noch mehr schaffen es nicht, über zehn Jahre hinweg besser abzuschneiden. Schlimmer noch, die meisten verlangen für ihre unterdurchschnittliche Leistung saftige Gebühren. Da nur eine Handvoll Manager ihn letztendlich schlug, nutzte Bogle seine nachprüfbare, wachsende Erfolgsbilanz, um zu beweisen, dass seine Kritiker einfach falsch lagen. Es stellte sich heraus, dass aktive Manager, die versuchten, den Markt zu schlagen, nicht die besseren Treuhänder waren und keine besseren risikobereinigten Renditen zu vernünftigen Preisen erzielten. Bogle war besser. Seine Fonds wuchsen in den 1980er- und 1990er-Jahren und nach der globalen Finanzkrise in immer schnellerem Tempo. Sein erster Fonds (der inzwischen in Vanguard 500 Index Fund umbenannt wurde) hatte bis Ende 2021 eine beeindruckende Marktkapitalisierung von mehr als 750 Milliarden Dollar erreicht. Die Vanguard Group verwaltet inzwischen insgesamt mehr als sieben Billionen Dollar. Indexinvestitionen sind in vielerlei Hinsicht eher zum Standard als zur Ausnahme in der Vermögensverwaltung geworden. Im Jahr 1995 waren fünf Prozent der US-Aktienfondsindustrie formal indexiert; im Jahr 2020 waren es 50 Prozent, was einer Verzehnfachung des Marktanteils entspricht.

Bevor wir uns den Methoden zuwenden, mit denen Vermögensverwaltungsfirmen überlegene risikobereinigte Renditen erwirtschaften, und dem tobenden Wettbewerb in der Branche um den Sieg im „ESG-Wettrüsten", ist es vielleicht auch hilfreich, das Geschäft der Vermögensverwaltung zumindest ein wenig zu analysieren.

Das Vermögensverwaltungsgeschäft ist recht einfach, wenn man es aus einem bestimmten Blickwinkel betrachtet. Der Erfolg hängt im Wesentlichen von zwei Variablen ab: dem Volumen des verwalteten Vermögens und den Gebühren, die für die Verwaltung erhoben werden. Index-Investitionen erfordern keine Heerscharen hochbezahlter

Analysten und Star-Fondsmanager, sodass sie den Kunden relativ günstig angeboten werden können – für einzelne Basispunkte und nicht für Dutzende oder Hunderte. Um in der Index-Vermögensverwaltung erfolgreich zu sein, muss man jedoch über ein großes Volumen verfügen. Für ein erfolgreiches *aktives* Vermögensverwaltungsgeschäft braucht man dagegen eine hervorragende Performance und eine wettbewerbsfähige Gebührenstruktur. Eine Produktvielfalt – zwischen Aktien und Anleihen und in inländischen, entwickelten und sich entwickelnden Märkten – ist ebenfalls strategisch hilfreich. Wenn man nur ein einziges billiges Indexprodukt hat – zum Beispiel einen Fonds, der an den Preis von Bitcoin gekoppelt ist – und der zugrunde liegende Markt scheitert, wird auch das Fondsunternehmen scheitern. Das Gleiche gilt, wenn man nur ein aktives Produkt hat; ein paar schlechte Jahre, und man müsste wahrscheinlich das Geschäft aufgeben.

Eine relativ neue Finanzinnovation, die es Vermögensverwaltungsgesellschaften ermöglicht hat, gezieltere Indexprodukte effizient auf den Markt zu bringen, sind börsengehandelte Fonds (ETFs). Der Markt für börsengehandelte Fonds ist in den letzten Jahren massiv gewachsen, von einer Marktkapitalisierung von einigen Hundert Milliarden Dollar nach der globalen Finanzkrise auf heute mehr als acht Billionen Dollar. ETFs sind eine außerordentlich effiziente und kostengünstige Möglichkeit, auf präzise Indexpositionen zuzugreifen. Jeder Anteil an einem ETF ist ein Bruchteil eines Portfolios von Wertpapieren, von denen der Großteil an gängige Indizes oder überprüfte Versionen von Standardindizes gebunden ist. ETFs haben Eigenschaften, die denen von Aktien und Investmentfonds sehr ähnlich sind. Die meisten sind börsennotiert und können wie Aktien mehrmals am Tag gekauft und verkauft werden. Außerdem sind sie aufgrund der Art ihrer Verwaltung häufig steuereffizienter als ein Investmentfonds. Händler nutzen sie, um ihre Risiken abzusichern und Zugang zur Marktliquidität zu erhalten. Heute sind ETFs ein wesentlicher Bestandteil der globalen Kapitalmärkte und des Finanzökosystems.

Den von Bloomberg zusammengestellten Daten zufolge erhielten ETFs im Jahr 2021 Zuflüsse in Höhe von mehr als einer Billion US-Dollar – mehr als in jedem anderen Jahr in der Geschichte. Im selben Zeitraum verzeichneten Investmentfonds lediglich 80 Milliarden US-Dollar an Zuflüssen, was jedoch nur auf Anleihefonds zurückzuführen ist; Aktienfonds waren rückläufig. Im Jahr 2020 zogen ETFs etwa 500 Milliarden Dollar an neuen Zuflüssen an, während Investmentfonds etwa so viel verloren haben. Bei der Umstellung von Investmentfonds auf ETFs geht es vor allem um Kosten – ETFs sind viel billiger –, aber auch um Innovation. ETFs können so strukturiert werden, dass sie ein präzises Exposure aufweisen, unerwünschte Unternehmen oder Branchen ausschließen, auf die Größe oder den Sektor abzielen oder nur Unternehmen einschließen, die bestimmte Merkmale wie minimale Volatilität, Dynamik oder Qualität aufweisen. Dies kann auch effizient und kostengünstig geschehen. Präzision, Preis, Leistung und Liquidität sind zwingende Eigenschaften, die Anlageprodukte aufweisen müssen. Der ETF-Markt hat eine besonders glänzende Zukunft.

In Anbetracht der Tatsache, dass ESG-Investitionen in aller Munde sind, dürfte es auch nicht überraschen, dass die größten ETFs, die jemals aufgelegt wurden, ESG-Themen haben. Der größte ETF wurde von BlackRock aufgelegt und konzentriert sich auf Unternehmen, die am besten für den Druck der Pariser Anpassung positioniert sind. Diese beiden Fonds mit der Bezeichnung „Low Carbon Transition Ready“ und den Tickersymbolen „LCTU“ in den Vereinigten Staaten und „LCTD“ für ihr globales Pendant haben bei ihrer Auflegung fast zwei Milliarden Dollar eingesammelt. Die zugrunde liegenden Indizes, die sie abbilden, sind der Russell 1000 in den Vereinigten Staaten und der MSCI World Index. Die Fondsmanager können Aktien, die als besser für die bevorstehende Energiewende positioniert gelten, übergewichten und solche, die weniger gut vorbereitet sind, untergewichten. Ansonsten haben sie relativ freie Hand. Es liegt auf der Hand, dass LCTU und LCTD hoffen, ihre breiteren Indizes im Laufe der Zeit zu übertreffen, wenn sich die wachsenden Risiken des Klimawandels bemerkbar machen. Bloomberg-Daten zufolge haben sie dies zumindest bis Ende 2021 getan.

Eine grundsätzliche Frage, die sich Anleger stellen müssen, lautet, ob diese Art von ETFs über längere Zeiträume besser abschneidet als ihre nicht für den Übergang vorbereiteten Pendants. Abgesehen von den Risiken, die sich aus dem „E“ in ESG ergeben, müssen sie sich auch fragen, ob andere ETFs und neue Indizes, die in ähnlicher Weise darauf ausgelegt sind, das Engagement in sozialen und Governance-Risiken zu begrenzen, über bestimmte Zeithorizonte besser abschneiden werden als ihre nicht gescreenten Gegenstücke. Das bedeutet, dass sie erfolgreich steuern müssen, wie sich bestimmte Werte im Laufe der Zeit auf finanzielle Bewertungen auswirken.

Sind Sie bereit für ein wenig Aufregung? Das hoffe ich – denn die Antworten, die sich bereits abzeichnen, sind ganz und gar nicht das, was Sie vielleicht erwarten.

TEIL 2

DIE GEFAHREN …

KAPITEL 9

WERTE VERSUS BEWERTUNGEN

Das Ziel der Anlagen des Staatlichen Pensionsfonds ist eine möglichst hohe Rendite bei akzeptablem Risiko. Im Rahmen dieses finanziellen Gesamtziels will der Fonds ein verantwortungsvoller Investor sein. Eine gute langfristige Rendite ist abhängig von einer wirtschaftlich, ökologisch und sozial nachhaltigen Entwicklung.

„KLIMARISIKO IM STAATLICHEN PENSIONSFONDS", BRIEF DER NORWEGISCHEN ZENTRALBANK AN DAS NORWEGISCHE FINANZMINISTERIUM

Eine grundlegende Herausforderung für diejenigen, die ihre Werte und Grundüberzeugungen in ihre Anlagephilosophie einfließen lassen wollen, sind die Auswirkungen, die diese Entscheidungen auf ihre Anlagerenditen haben können. Ethisches Investieren erleichtert die moralische Kohärenz, ist aber selten kostenlos, sondern mit einem Risiko verbunden. Dieses Risiko äußert sich in der Regel als „Tracking Error", zu Deutsch „Nachbildungsfehler". Unter einem Tracking Error versteht man die mögliche Abweichung von der angegebenen Benchmark oder dem gewählten Index. Aus diesem Grund haben wir uns so ausführlich mit der Funktionsweise von Indizes befasst. Eine weniger bekannte Tatsache ist, dass diejenigen, die sich in den letzten Jahrzehnten für sozial verantwortliches Investieren entschieden haben – insbesondere die Ausgrenzung von Alkohol, Tabak, Glücksspiel und Schusswaffen, auch bekannt als „Sündenaktien" – einen negativen Tracking Error aufweisen. Das bedeutet, dass diejenigen, die Sündenaktien ausschlossen, im Vergleich zu den breiteren Indizes, die sie einschlossen, Geld verloren. Anders ausgedrückt: Sündenaktien haben sich in den letzten Jahrzehnten besser entwickelt als der breite Markt. Eine kürzlich durchgeführte Untersuchung von „christlich orientierten" Investmentfonds in den Vereinigten Staaten ergab, dass auch diese als Gruppe durchweg schlechter abschnitten als der S&P 500.[1] Um es klar zu sagen: Das bedeutet nicht, dass Investitionen in ethische oder religiös geprüfte Fonds „falsch" sind, jedenfalls nicht im normativen Sinne. Die Anleger haben das Recht und vielleicht sogar die Verantwortung, ihre Werte und Glaubenssysteme mit ihren Anlagestrategien in Einklang zu bringen. Es bedeutete und bedeutet nur, dass das Ausblenden bestimmter Unternehmen einen finanziellen Preis haben kann – und in diesen Fällen auch hatte. Diese weitverbreitete Underperformance deutet außerdem darauf hin, dass spezifische treuhänderische Standards – das heißt solche, die verlangen, dass man im besten finanziellen Interesse seiner Kunden handelt – möglicherweise überstrapaziert wurden, wenn sozial verantwortliche Investitionen und christlich geprägte Strategien ihren Käufern empfohlen wurden, ohne dass ein angemessener Hinweis auf ihre potenzielle – und in diesen Fällen wahrscheinliche – Underperformance erfolgte.

Diese Ergebnisse sind höchst kontraintuitiv. Die Beseitigung von sozial „unverantwortlichen" oder „schlechten" Unternehmen sollte die Renditen verbessern, nicht die Anleger bestrafen. Das Gegenteil war der Fall. Die möglichen Folgen für viele ESG-Strategien sind ebenfalls klar. Eine Schlüsselfrage, die wir uns jetzt stellen müssen, lautet: Wird die Fülle der negativ gescreenten ESG-Strategien unter demselben kostspieligen Tracking Error leiden wie die Sündenaktien? Wenn „schlechte" Energie- und Versorgungsunternehmen in den kommenden Jahren besser abschneiden als der breite Markt, könnte dies der Fall sein. Und wenn andere „schlechte" Unternehmen in der Regel besser abschneiden als „gute", wird dann über die potenzielle Underperformance von ESG-Strategien und -Indizes angemessen informiert? Ich behaupte nicht, dass dies der Fall sein wird; das weiß niemand. Dennoch sieht man, warum diese Frage gestellt werden muss.

Die Daten darüber, ob ESG-Strategien bisher einen positiven oder negativen Tracking Error erzeugt haben, sind uneinheitlich. Eine viel zitierte akademische Studie über die Performance von ESG-Aktienfonds im Zeitraum von 2004 bis 2018 ergab, dass die Mehrheit der Fonds kein statistisch signifikantes positives oder negatives Brutto-Alpha erzielte.[2] Eine separate, neuere Metastudie von mehr als tausend Forschungsarbeiten über ESG und Finanzperformance, die gemeinsam von Rockefeller Asset Management und dem NYU Stern Center for Sustainable Business durchgeführt wurde, ergab eine gewisse positive Korrelation auf Unternehmensebene, warnte aber davor, endgültige Schlussfolgerungen zu ziehen, da die Terminologie uneinheitlich ist, die Daten unzureichend sind und es Unregelmäßigkeiten in der breiten Palette der ESG-Investmentstrategien gibt.[3] Andererseits hat das amerikanische Finanzdienstleistungsunternehmen Morningstar für seine „U.S. Sustainable Moat"-Strategie von 2016 bis 2021 eine jährliche Outperformance von mehr als 350 Basispunkten gegenüber ihrem breiten Marktindex ermittelt – ein sehr signifikanter positiver Tracking Error. Es berichtet auch, dass 61 Prozent seiner ESG-geprüften Indizes ihre breiten Marktäquivalente im Jahr 2021 schlagen, ein leichter Rückgang gegenüber 72 Prozent im Jahr 2020.[4] Diese Daten sind für ESG ermutigend, weil Öl- und Gas-Aktien den breiten Markt im Jahr 2021 deutlich übertrafen; für viele andere ESG-Strategien bedeutete die Stärke der Öl- und Gas-Aktien im Jahr 2021, dass ein bedeutender Teil ihrer durch die Covid-19-Pandemie verursachten Outperformance im Jahr 2020 schließlich wieder rückgängig gemacht wurde.[5]

Ob ESG-Indexstrategien in Zukunft besser oder schlechter abschneiden werden als breitere Indizes, wird sich erst mit der Zeit herausstellen.

Wir wissen es nicht mit Sicherheit, und niemand sollte behaupten, dass er es weiß. Höchstwahrscheinlich werden es einige tun und andere nicht. Definitionen sind ein großer Teil der Herausforderung. Das in der Rockefeller-Stern-Studie festgestellte terminologische Rätsel bleibt akut. Es gibt keinen einheitlichen oder sich abzeichnenden Standard dafür, was eine „nachhaltige" Strategie ausmacht. Die Datensätze zu den immer zahlreicheren ESG-Strategien sind nach wie vor zu uneinheitlich, um analytisch vergleichbar zu sein. Tausende von aktuellen Anlagestrategien, die jetzt als „ESG" oder „nachhaltig" bezeichnet werden, sind nicht grundsätzlich konform. Es hat den Anschein, dass einige Vermögensverwalter bestehende Fonds als „nachhaltig" umetikettieren, ohne auch nur ihre zugrunde liegende Anlagestrategie zu ändern – eine Praxis, die möglicherweise Greenwashing beinhaltet.[6] Andere Studien haben gezeigt, dass starke „G"-Fundamentaldaten insbesondere in Schwellenländern eine Outperformance generieren.[7] Dies sollte jedoch nicht überraschen und ist auch keine grundlegend neue Erkenntnis. Besser geführte Unternehmen haben in der Vergangenheit besser abgeschnitten. Das war schon immer so und wird auch so bleiben. Es bedarf keiner neuen ESG-Kennzahlen, um uns zu sagen, dass das „G" wichtig ist. Das „G" war schon immer wichtig. Wie bereits in diesem Kapitel und in Kapitel 7 erörtert, ist dies ein weiteres Beispiel dafür, warum es hilfreich sein könnte, wenn „E"-, „S"- und „G"-Risiken klarer unterteilt würden. Wenn sie zusammenkommen, kann jeder Risikofaktor die anderen durcheinander bringen. „E"-, „S"- und „G"-Risiken sollten in systematischen Risikominderungsmodellen jeweils angemessen berücksichtigt werden. Jedes für sich kann sich als wesentlich erweisen und die anderen einfach überlagern.

Wie der ehemalige SEC-Vorsitzende Jay Clayton zu Recht feststellte, besteht bei statistisch strengen und präzisen Vergleichen von Unternehmen und Branchen anhand von zusammengesetzten ESG-Kennzahlen die Gefahr, dass sie zu umfassend sind. Zu sagen, dass Pepsi einen Wert von 17,7 und Coca-Cola einen Wert von 25,3 hat, vermittelt keinen verwertbaren Einblick in ihren relativen Wert zu einem bestimmten Zeitpunkt, zumal andere ESG-Bewertungsanbieter sie möglicherweise anders bewerten. Mit der Zeit werden die von den Unternehmen gemeldeten Daten konsistenter werden, idealerweise gemäß den TCFD- und SASB-Standards. In dem Maße, wie dies geschieht, werden auch strengere Studien und schlüssigere Beweise entstehen. Auf der Grundlage der jetzt verfügbaren Daten kann man jedoch nicht definitiv behaupten, ob ein negatives Screening bestimmter Unternehmen und Branchen mit schlechten zusammengesetzten ESG-Kennzahlen in den kommenden Jahren durchgängig positives oder negatives Alpha generieren wird.[8] Die Ergebnismöglichkeiten gehen in beide Richtungen: in Richtung Outperformance und in Richtung Underperformance. Bis strengere Daten zur Verfügung stehen, müssen alle institutionellen Anleger – einschließlich öffentlicher Pensionspläne, Versicherungsgesellschaften, Stiftungen und Privatanleger – zusätzliche Gründe und Methoden entwickeln, um ESG-Aspekte in ihre Anlageportfolios aufzunehmen oder zu meiden. Sie müssen abschätzen, wie sich Umwelt-, Sozial- und Governance-Kriterien auf ihr ethisches, emotionales und finanzielles Wohlergehen auswirken können oder nicht. Jeder Anleger muss auch entscheiden, ob die Anwendung seiner eigenen normativen Werte und Annahmen die ungewissen Auswirkungen dieser Entscheidungen auf die Unternehmen, die er unter- oder übergewichtet, sowie auf die Bewertungen seiner Portfolios über längere Zeiträume kompensiert.

Es überrascht nicht, dass diese Ungewissheit in Verbindung mit stark divergierenden ethischen Prioritäten viele anspruchsvolle Institutionen zu unterschiedlichen Schlussfolgerungen geführt hat. So hat beispielsweise die norwegische Zentralbank im Namen des Staatlichen Pensionsfonds dem Treuhänder ihres Fonds, dem norwegischen Finanzministerium, kürzlich geraten, sich nicht von ganzen Branchen zu trennen oder ESG-geprüfte Indizes einzuführen. Wichtig ist, dass sie aufgrund der Unsicherheiten in Bezug auf das Klima zu der Empfehlung kamen, ihre seit Langem geltenden, viel umfassenderen Benchmarks beizubehalten: „Wir glauben nicht, dass es genügend Beweise für die Behauptung gibt, dass das Klimarisiko systematisch falsch bewertet wird."[9] Anstatt vollständig zu verkaufen oder zu versuchen, portfolioweite Ziele zur Temperaturanpassung einzuführen, behauptet die Norges Bank, dass „der Klimawandel ein Bereich ist, der sich gut für aktives Management eignet". Mit anderen Worten: Die Norges Bank glaubt, dass Anlagestrategien, die aktiv nach Gewinnern und Verlierern der Energiewende suchen, wahrscheinlich lohnender sind als solche, die ein negatives ESG-Screening anwenden.

Andere – darunter eine wachsende Zahl von Universitätsstiftungen – sind zu dem gegenteiligen Schluss gekommen. Diese hoch entwickelten Institutionen haben sich verpflichtet, vor 2050 aus allen ihren Beteiligungen an fossilen Brennstoffen auszusteigen und Portfolios mit Netto-Null-Treibhausgasemissionen zu besitzen – und in einem Fall – dem der University of Cambridge – sogar schon vor 2038. Harvard, Cambridge, die University of Pennsylvania, die University of Michigan und andere, die ähnliche Verpflichtungen eingegangen sind, haben detaillierte Analysen zu den potenziellen Kosten und Vorteilen des Ausschlusses bestimmter Branchen und Unternehmen auf der Grundlage ihrer spezifischen ESG-Bedenken durchgeführt. Obwohl sie zugaben, dass sie nicht mit Sicherheit wussten, wie viel Investitionen im Einklang mit den Zielen und Hoffnungen des Pariser Abkommens kosten oder nicht kosten würden, sahen sie sich dennoch zum Handeln gezwungen. Die Chief Investment Officer von Cambridge, Tilly Franklin, drückte es so aus: „Der Klimawandel, die ökologische Zerstörung und der Verlust der biologischen Vielfalt stellen eine dringende existenzielle Bedrohung dar, mit schwerwiegenden Risiken für die Menschheit und alles andere Leben auf der Erde. Das Investment Office reagiert auf diese Bedrohungen, indem es eine Strategie verfolgt, *die darauf abzielt, den globalen Übergang zu einer kohlenstoffneutralen Wirtschaft zu unterstützen und zu fördern*" (Hervorhebung hinzugefügt).

Cambridge hat diese Entscheidung getroffen, obwohl es zweifelhaft war, ob der Ausstieg mehr als eine symbolische Auswirkung auf die zugrunde liegenden Unternehmen haben würde. Mit dieser Vermutung lag es sicherlich richtig; das Stiftungsvermögen wurde vor Kurzem auf 4,5 Milliarden Dollar geschätzt, was dem 0,0033-Fachen der Größe des norwegischen Pensionsfonds mit einem Volumen von 1,4 Billionen Dollar entspricht, der sich bisher nicht für eine Veräußerung entschieden hat. Da das Volumen der Vermögenswerte, die der Desinvestitionsstrategie von Cambridge nicht folgen werden, so groß ist, sind die direkten finanziellen Auswirkungen auf jedes Unternehmen, das die Universität ein- oder ausschließen will, statistisch gesehen bedeutungslos. Sie mag den Übergang „unterstützen und fördern" wollen, aber sie kann dies nicht in einem sinnvollen finanziellen oder praktischen Sinne tun.

Der norwegische Staatliche Rentenfonds ist in vielerlei Hinsicht bemerkenswert. Er wurde in den letzten 30 Jahren aus den Überschüssen der norwegischen Erdölexporte finanziert und wird von den Einwohnern immer noch als „Ölfonds" bezeichnet. Mit einem aktuellen Marktwert von rund 250.000 Dollar für jeden norwegischen Bürger ist er auch der größte Staatsfonds der Welt. Sein erklärtes Ziel ist es, „Wohlstand für künftige Generationen zu sichern und aufzubauen". Er soll eine stabile Finanzierungsquelle für künftige Norweger sein, lange nachdem die Ölvorkommen des Landes erschöpft sind, idealerweise für immer. Auf ihrem Höhepunkt produzierten die norwegischen Ölfelder 3,4 Millionen Barrel Rohöl pro Tag. Und obwohl die Regierung Investitionen in Nachhaltigkeit und nationale Verpflichtungen zur Nachhaltigkeit zusichert, exportiert Norwegen weiterhin sein Öl. Die verbleibenden Reserven Norwegens werden auf 8 Milliarden Barrel geschätzt, während Saudi-Arabien über fast 270 Milliarden verfügt. Norwegen scheint darauf erpicht zu sein, sein gesamtes Öl relativ schnell loszuwerden. Neben der Deckung des Eigenbedarfs deckt Norwegen etwa zwei Prozent des weltweiten Ölbedarfs. Norwegen ist auch der drittgrößte Erdgasexporteur der Welt, hinter Russland und Katar. Auch wenn die norwegischen Investitionsprinzipien und -praktiken laufend überprüft werden, kann man auch sagen, dass die Norweger nicht an übermäßiger Selbstbeobachtung zum direkten und nachweisbaren Beitrag ihres Landes zu den globalen Treibhausgasemissionen leiden. „In der norwegischen Politik hat man sehr erfolgreich versucht, die Diskussion über die Ölpolitik von der Diskussion über die Klimapolitik zu trennen", berichtet Bård Lahn, Forscher am norwegischen Zentrum für internationale Klimaforschung in Oslo.

Im Gegensatz zu den meisten anderen institutionellen Anlegern ist der norwegische Ölfonds auch bemerkenswert transparent, was seine Beteiligungen angeht. Einzelheiten zu fast allen Vermögenswerten, die er besitzt, sind auf seiner Website zu finden. In Anbetracht seiner Größe und seiner breit angelegten Strategie besitzt der Fonds heute Beteiligungen an mehr als 9.000 Unternehmen in 70 Ländern weltweit, wobei er im Durchschnitt 1,5 Prozent jedes Unternehmens hält. Sie werden sich daran erinnern, dass John Bogle dafür plädierte, den „ganzen Heuhaufen" zu besitzen, anstatt zu versuchen, die Nadel darin zu finden. Bogle kam zu dem Schluss, dass je breiter das eigene Anlageuniversum ist, es desto wahrscheinlicher ist, dass es dem globalen Wachstum folgt. Der norwegische Ölfonds wendet das Heuhaufenprinzip von Bogle auf globaler Ebene an.

Der norwegische Ölfonds hat kürzlich in einem ausführlichen Weißbuch über verantwortungsvolle Investitionen seine Verpflichtung zu nachhaltigen Investitionen und verantwortungsvollem Aktienbesitz dargelegt.[10] Als langfristiger Investor weiß er, dass das Wirtschaftswachstum nachhaltig sein muss, dass die Märkte effizient funktionieren müssen und dass die vielen Unternehmen, in die er investiert, eine gute Unternehmensführung praktizieren müssen. Der norwegische Ölfonds veröffentlicht auch die Erwartungen an die Unternehmen, die er besitzt, in Bezug auf verschiedene Themen wie die Unabhängigkeit des Vorstands, ungleiche Stimmrechte, die Ausgabe von Aktien und die Nachhaltigkeitsberichterstattung. Im Namen des norwegischen Volkes praktiziert der Ölfonds ein engagiertes Stewardship-Modell und nimmt jedes Jahr an Tausenden von Aktionärsversammlungen teil, darunter waren allein im Jahr 2020 mehr als 120.000 Aktionärsanträge. Durch die sorgfältige Auswertung von Daten überwacht er außerdem den Kohlenstoff-Fußabdruck seiner Beteiligungen. Dieser Fußabdruck ist nicht zu vernachlässigen. Der Fonds schätzt, dass seine Aktienbestände im Jahr 2020 für 92,4 Millionen Tonnen CO_2-Äquivalente verantwortlich waren. Der Fonds gibt nicht an, ob dieser Wert zu hoch, zu niedrig oder genau richtig ist, und er veröffentlicht auch keine Zielvorgabe für die künftige Höhe dieser Menge.

Zur Begründung ihrer Empfehlung, die Portfoliobestände des Fonds nicht mit dem Pariser Abkommen in Einklang zu bringen oder seinem Anlageuniversum mehr klimabezogene Beschränkungen aufzuerlegen, verwies die norwegische Zentralbank auf die mögliche Unvereinbarkeit mit dem ihr erteilten Mandat. Dieses Mandat verlangt, dass der Fonds die höchstmögliche Rendite bei akzeptablem Risiko anstrebt – mit anderen Worten, ein typischer treuhänderischer Standard. Die Verantwortlichen des norwegischen Ölfonds argumentieren auch sehr überzeugend, dass der beste Weg, das Verhalten von Unternehmen zu ändern, darin besteht, ein aktiver Aktionär zu bleiben:

> „Ein klimaangepasster Index wird keine Unternehmen oder Sektoren enthalten, die derzeit bestimmte klimabezogene Kriterien nicht erfüllen, aber in Zukunft eine Rolle beim Klimawandel spielen könnten. Eine Entscheidung, den aktuellen Aktienindex durch einen klimaangepassten Index zu ersetzen, würde bedeuten, dass der Fonds Chancen verpasst, wenn Unternehmen, die nicht im Index enthalten sind, einen Wandel durchmachen. Nicht in Unternehmen oder Sektoren zu investieren, indem ein klimaangepasster Index verwendet wird, ist kein sehr geeignetes Instrument, um Änderungen im Unternehmensverhalten herbeizuführen.

> Durch unsere Beiträge zur Standardsetzung, durch klare Erwartungen und durch den Dialog mit Unternehmen und Abstimmungen wollen wir sicherstellen, dass die Unternehmen in unserem Portfolio gut für den kohlenstoffarmen Übergang gerüstet sind."[11]

Folgt man dem Rat der norwegischen Zentralbank, so scheint es, dass der größte Staatsfonds der Welt – der norwegische Ölfonds – maximalen Spielraum hat, um nach eigenem Gutdünken zu investieren, um die Renditen in allen Branchen zu maximieren, einschließlich kohlenstoffbasierter Energie- und Mineralgewinnungsunternehmen, und zwar im Einklang mit seinen historischen Risikorichtlinien. Der Bericht der Zentralbank lehnte ausdrücklich die Idee ab, in irgendeiner Weise im Zusammenhang mit den Pariser Zielen oder Beschränkungen zu investieren. Aus diesem Grund ist es aufschlussreich, die Schlussfolgerungen der Bank anderen hoch entwickelten Institutionen gegenüberzustellen, die eine gegenteilige Position eingenommen haben, indem sie sich in ihren Anlagerichtlinien und -strategien entweder ausdrücklich zu den Pariser Zielen bekannt haben oder andere Auflagen zur Temperaturanpassung angenommen haben. Betrachten wir zum Beispiel die Positionen der nachstehenden fünf Universitätsstiftungen, die alle sehr angesehen sind. Beachten Sie insbesondere den „Tugendwettbewerb", der zwischen Cambridge, Massachusetts (wo Harvard seinen Sitz hat), und Cambridge, Großbritannien, stattzufinden scheint.

> **Harvard University**
>
> Der Präsident und die Fellows des Harvard College haben die Harvard Management Company (HMC) angewiesen, das Harvard-Stiftungsvermögen auf den Weg zu bringen, bis zum Jahr 2050 keine Treibhausgasemissionen mehr zu verursachen. Diese Zusage ist eine Premiere unter den Hochschulstiftungen und eine natürliche Erweiterung der laufenden Bemühungen von Harvard,

den notwendigen Übergang zu einer Wirtschaft ohne fossile Brennstoffe vorzubereiten und zu beschleunigen. (April 2020)

University of Cambridge

Die Universität Cambridge will sich bis 2030 von allen direkten und indirekten Investitionen in fossile Brennstoffe trennen. Dies ist Teil des Planes der Universität, ihre Treibhausgasemissionen bis 2038 auf null zu senken. Mit diesem Plan setzt sich Cambridge an die Spitze des Rennens, die erste Universitätsstiftung ihrer Art zu werden, bei der die Treibhausgasemissionen aus den Aktivitäten aller Investitionen auf null sinken. (Oktober 2020)

Columbia University

Die New Yorker Columbia University wird ihre enormen Stärken in der wissenschaftlichen Forschung und ihrer Richtlinien mit den Fähigkeiten ihres Investmentteams kombinieren, um eine konstruktive Rolle bei einer breiteren Umstellung der Weltwirtschaft auf Netto-Null-Emissionen bis 2050 zu spielen. Die Columbia University wird keine neuen Investitionen in private Fonds tätigen, die hauptsächlich in Öl- und Gasunternehmen investieren. (Januar 2021)

University of Michigan

Die Universität wird ihre Investitionen in natürliche Ressourcen ab sofort stärker auf erneuerbare Energien ausrichten, nicht mehr in Fonds investieren, die hauptsächlich auf bestimmte fossile Brennstoffe ausgerichtet sind, und keine Direktinvestitionen in börsennotierte Unternehmen mehr tätigen, die am meisten zum Ausstoß von Treibhausgasen beitragen. Diese neuen Anlagestrategien sind Teil einer Verpflichtung, mit der sichergestellt werden soll, dass das Anlageportfolio der Universität bis 2050 einen „Netto-Null"-Kohlenstoff-Fußabdruck erreicht. (März 2021)

University of Pennsylvania

Unser Ziel ist es, den Fußabdruck der anthropogenen Treibhausgasemissionen, der durch die zugrunde liegenden Investitionen unserer Stiftung entsteht, zu eliminieren (bis 2050). Das Ziel der „Penn" steht im Einklang mit dem Pariser Abkommen von 2015 und dem Zwischenstaatlichen Ausschuss für Klimaänderungen der Vereinten Nationen. (April 2021)

Es ist erwähnenswert, dass keine dieser Ankündigungen von zwingenden Beweisen oder neuen Studien begleitet wurde, die darauf hindeuten, dass diese neuen Auflagen wahrscheinlich zu höheren Renditen führen werden. In dem detailliertesten Bericht zu diesen Kohlenstoffverpflichtungen – dem von Dr. Ellen Quigley, Emily Bugden und Anthony Odgers für Cambridge – stellen die Autoren zunächst fest: „Es gibt kaum Hinweise darauf, dass ein globales Portfolio, das ohne fossile Brennstoffe angelegt wird, schlechter abschneiden würde als ein Portfolio, das diese Brennstoffe enthält." Später stellen sie jedoch fest, dass es durchaus andere negative Auswirkungen geben könnte: „Eine Politik der vollständigen Desinvestition würde dennoch eine Änderung des Investitionsmodells der Universität erfordern" – ein Modell, das sich in hohem Maße auf externe aktive Manager stützt. Der Verzicht auf diese Form des aktiven externen Managements könnte für Cambridge teuer werden, so Quigley, Bugden und Odgers: „Die Anwendung der historischen jährlichen Outperformance von 1,2 Prozent auf den Gesamtwert des [Stiftungsfonds] ... würde eine Verringerung der Investitionserträge um 40 Millionen Pfund pro Jahr bedeuten."[12] Für Cambridge und die meisten anderen Hochschuleinrichtungen sind 40 Millionen Pfund pro Jahr eine beträchtliche Summe. Mit diesem Betrag pro Jahr könnten große Mengen an Forschung für neue Technologien zur Verringerung der Kohlenstoffemissionen oder Stipendien für unterprivilegierte Studenten finanziert werden. Diese potenziellen Einkommensverluste konnten die Verantwortlichen jedoch nicht von ihrer Entscheidung abbringen, ein Portfolio mit dem Ziel von Netto-Null-Treibhausgasemissionen zu erstellen – und zwar bis 2038, also zwölf Jahre früher als das Pariser Ziel für 2050 und das Gegenstück in Cambridge, Massachusetts. In Cambridge, UK, übertrumpften normative Werte die Bewertungsbedenken.

Die Universität Cambridge und andere Institutionen haben sich zwar verpflichtet, ihre Investitionsmöglichkeiten einzuschränken, aber keine der Institutionen, die sich zu einem Netto-Null-Investitionsrahmen verpflichtet haben, hat die Instrumente oder Methoden vorgestellt, mit denen sie den CO_2-Fußabdruck ihres Portfolios nachprüfbar messen wollen. Abgesehen von den unvollständigen Unternehmensdaten müssen noch lästige buchhalterische Herausforderungen wie die Saldierung von Short- und Long-Positionen und die messbaren Beiträge bestehender Anlagen wie etwa Ackerland geklärt werden. Warum sind diese Methoden so wichtig? Wenn alles, was man für ein Netto-Null-Portfolio bräuchte, Leerverkäufe von Öl- und Gas-Aktien oder anderen großen Kohlenstoffemittenten wäre, könnte man die Einhaltung der Vorschriften relativ einfach einfordern. Auch der Kauf bestehender Wälder oder landwirtschaftlicher Betriebe könnte eine Möglichkeit sein, den eigenen Netto-Kohlendioxid-Fußabdruck zu verbessern. Leider würde jedoch keine der beiden Strategien tatsächlich zu einer Verringerung der Netto-Treibhausgasemissionen führen; beide sind lediglich Maßnahmen zur Kohlenstoffbilanzierung. Was stattdessen angestrebt werden sollte, sind *zusätzliche Maßnahmen*, also Verbesserungen, die ohne bestimmte Investitionen nicht eingetreten wären. Viele andere noch ausstehende Praktiken der Kohlenstoffbilanzierung müssen noch diskutiert werden, bevor man sich schließlich auf die besten Praktiken einigen kann. Sich heute auf ein Netto-Null-Portfolio-Ziel zu verpflichten ist in etwa so, als würde man einer glutenfreien Diät zustimmen, bevor man weiß, welche Lebensmittel Gluten enthalten oder auf welche Nährstoffe man dabei verzichten muss. Es mag eine gewisse Beruhigung bringen und von einigen Kritikern begrüßt werden, aber es sollte nicht als praktischer Beitrag zu mehr ökologischer Nachhaltigkeit gelobt werden. Zumindest jetzt noch nicht.

Vielleicht aus diesen Gründen hat die Beibehaltung eines großen Investitionsspielraums für andere Universitätsstiftungen weiterhin klare Priorität. Eine davon ist die Stanford Management Company (SMC). In einer kürzlich bekannt gegebenen Neuformulierung seines „ethischen Investitionsrahmens" hat das Stanford-Stiftungs-Team klargestellt, wie und warum es dem Ansatz von Cambridge nicht folgen will:

> „Als umsichtiger Treuhänder berücksichtigt die SMC die mit Kohlenstoff verbundenen Risiken, wenn es um konventionelle Energiebeteiligungen geht. In wirtschaftlicher Hinsicht versuchen wir, die mit der Verbrennung von Kohlenwasserstoffen verbundenen externen Effekte zu berücksichtigen, was uns hilft, sinnvoll in einen Sektor zu investieren, der sich im Umbruch befindet. Während bestimmte ethische und soziale Risiken auf der breiten Ebene der Vermögensallokation angesiedelt werden können, lassen sich viele andere Risiken am besten auf der Ebene der einzelnen Unternehmen analysieren. Die Unternehmen in unserem Portfolio stellen der Welt äußerst wertvolle Güter und Dienstleistungen zur Verfügung. Wir sind davon überzeugt, dass gut geführte Unternehmen, die auf echte Verbraucherbedürfnisse in verantwortungsvoller Weise reagieren, einen positiven Einfluss auf die Gesellschaft haben.
>
> Wir betrachten einen starken moralischen Rahmen als Angleichung an die Interessen der Universität. Auch wenn wir von unseren Investitionspartnern ein ausgeprägtes moralisches Empfinden verlangen, wäre es jedoch nicht angemessen, von ihnen zu verlangen, dass sie eine bestimmte soziale oder politische Agenda um ihrer selbst willen fördern. Ein solches Beharren würde gegen einen Leitsatz der Stanford University als Bildungs-

> einrichtung verstoßen: keine politischen oder ideologischen Positionen zu beziehen. Die SMC ist verpflichtet, ethischen Fragen, die sich auf die wirtschaftlichen Ergebnisse auswirken können, ein angemessenes Gewicht beizumessen, aber das Stiftungsvermögen nicht zur Verfolgung anderer Ziele zu verwenden."

Wie Stanford hat auch die Yale University ihre Vermögensverwalter angewiesen, mit Bedacht auf das wachsende Problem der Klimakrise zu reagieren, jedoch von Verkäufen abzusehen. Ein Ausschuss, der den Stiftungsrat berät, hat empfohlen, die Engagements in Unternehmen, die fossile Brennstoffe produzieren, fünf Grundsätzen zu unterwerfen:

1) Die Erzeuger fossiler Brennstoffe sollten weder nach fossilen Brennstoffen suchen, sie produzieren oder liefern noch Fördermethoden anwenden, die im Verhältnis zur gelieferten Energie zu hohen Treibhausgasemissionen führen, wenn es machbare Alternativen gibt, die zu deutlich geringeren Treibhausgasemissionen führen.
2) Die Erzeuger fossiler Brennstoffe sollten sich bei ihrer Tätigkeit an den besten Praktiken der Branche orientieren, um die Treibhausgasemissionen zu verringern.
3) Die Erzeuger fossiler Brennstoffe sollten vernünftige staatliche Regelungen und die Selbstregulierung der Industrie zur Bekämpfung des Klimawandels nicht untergraben, sondern unterstützen.
4) Die Erzeuger fossiler Brennstoffe sollten die exakte Klimawissenschaft und die öffentliche Kommunikation über Produkte aus fossilen Brennstoffen, die Klimawissenschaft und den Klimawandel nicht untergraben, sondern unterstützen.
5) Die Erzeuger fossiler Brennstoffe sollten gegenüber Yale und den Investmentmanagern von Yale transparent sein, was die Einhaltung der Grundsätze 1 bis 4 betrifft.

Zwar gibt es derzeit weder in Stanford noch in Yale einen Termin für eine umfassende Veräußerung von Energie-Aktien oder die Einhaltung des Pariser Abkommens, aber starke Kräfte setzen sich weiterhin dafür ein. Aktive Debatten auf dem Campus über die Relevanz der Ausrichtung der eigenen Investitionen auf einen Netto-Null-Gleitpfad werden zweifellos weitergehen. Was die Aktivisten in diesen Debatten fragen sollten, ist: Welche nachprüfbaren Auswirkungen hätte die Paris-Ausrichtung der Stiftungsgelder ihrer Universität tatsächlich?

Die Entscheidung von Stanford, dem norwegischen Ölfonds und anderen, ein Höchstmaß an Investitionsflexibilität beizubehalten – indem sie sich weigern, Öl, Gas oder andere Branchen, Unternehmen oder Strategien zu verbieten, die nicht den Anforderungen des Pariser Abkommens entsprechen –, ermöglicht es ihren aktiven Managern, ihr Vermögen zu investieren, indem sie strategische, langfristige Beteiligungen an viel mehr Unternehmen eingehen. Außerdem können sie und ihre externen Partner *taktische* kurzfristige Positionen in Firmen und Sektoren eingehen, die von Zeit zu Zeit attraktiv gehandelt werden, zum Beispiel wenn sie im Vergleich zum Gesamtmarkt oder innerhalb eines Sektors preiswert sind. Als beispielsweise die Öl- und Gaspreise Anfang 2021 aufgrund eines Überschusses an Ölnachfrage gegenüber dem Angebot stiegen, zogen viele Öl-Aktien wie Chevron gegenüber dem Gesamtmarkt stark an, wodurch sich eine erhebliche Alpha-Generierungsmöglichkeit gegenüber dem breiteren Markt ergab (Abbildung 9.1). Tatsächlich verzeichnete der Energiesektor im Jahr 2021 eine Rendite von mehr als 60 Prozent gegenüber einem Plus von 27 Prozent für den S&P 500 insgesamt, und im ersten Quartal 2022 übertraf er die Performance sogar noch mehr. In ähnlicher Weise übertraf die Exxon-Aktie ihren Konkurrenten Chevron, nachdem wichtige Aktionärsanträge, die von Engine No. 1 unterstützt wurden, Exxon aufforderten, drei seiner Vorstandsmitglieder auszutauschen und mehr auf Investitionsmöglichkeiten im Bereich der erneuerbaren Energien zu achten, wie in Abbildung 9.2 dargestellt. Pauschale Branchenausschlüsse, wie sie Cambridge praktiziert, verhindern, dass solche Relative-Value-Investitionsmöglichkeiten den Stiftungen und ihrem Auftrag zugutekommen. Investitions-Arbitrage-Möglichkeiten wie diese sind genau der Grund, warum die Norges Bank zu dem Schluss kam, dass die globale Energiewende „sehr gut für ein aktives Management geeignet sein könnte". Wenn man seine Fondsmanager daran hindert, gängige Relative-Value-Geschäfte in kohlenstoffintensiven und darauf bezogenen Industrien zu tätigen, wird man mit ziemlicher Sicherheit Renditen einbüßen, die andere nur allzu gern ausnutzen werden. Wenn man seine Einkommensmöglichkeiten einschränkt, ohne seine Werte oder Umweltziele voranzubringen, sollte man genauer darüber nachdenken. Es könnte sogar selbstzerstörerisch sein, da andere mit gegenteiligen Ansichten und Werten von den selbst auferlegten und strategisch unwirksamen Beschränkungen profitieren könnten.

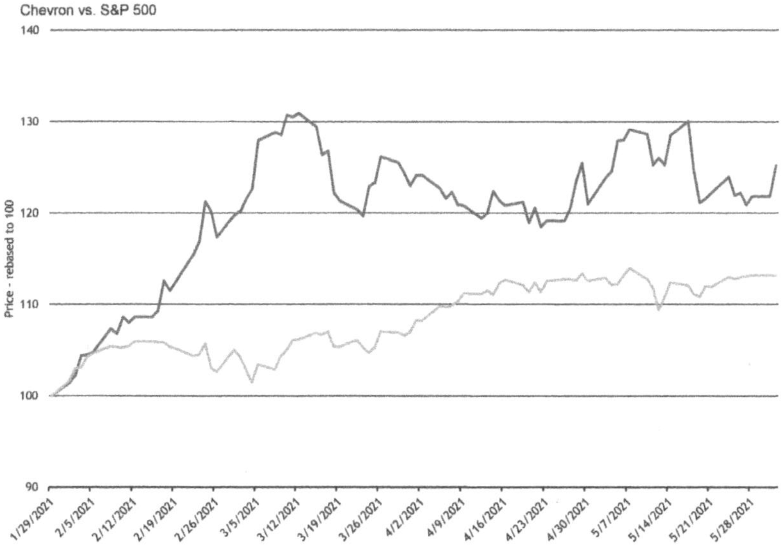

ABBILDUNG 9.1 Chevron schnitt Anfang 2021 besser ab als der S&P 500. Die Abbildung stammt vom Autor.

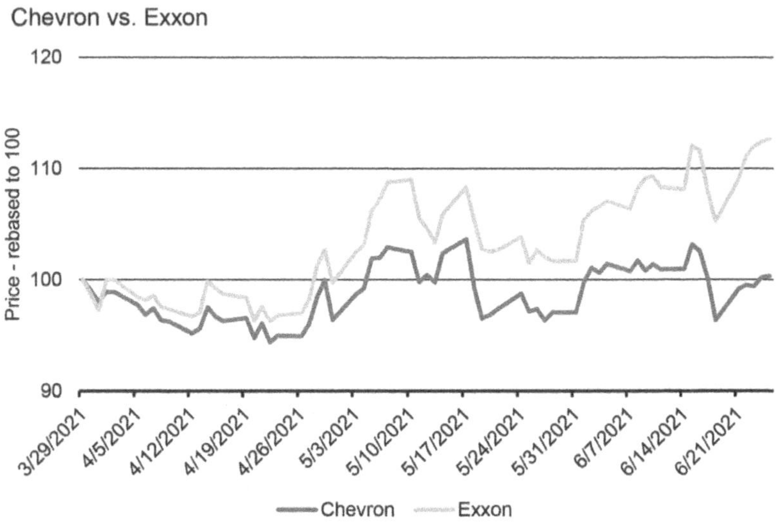

ABBILDUNG 9.2 Exxon übertraf Chevron nach der Umstrukturierung des Vorstands.
Die Abbildung stammt vom Autor.

Das Epigraph dieses Kapitels zitiert den norwegischen Klimarisikobericht, in dem es heißt: „Eine gute langfristige Rendite hängt von einer wirtschaftlich, ökologisch und sozial nachhaltigen Entwicklung ab." Es ist offensichtlich, dass Harvard, die University of Cambridge, die University of Pennsylvania, die University of Michigan und andere institutionelle Investoren, die sich zu Netto-Null-Portfolio-Zielen verpflichtet haben, glauben, dass ihre Investitionsverpflichtungen letztlich eine „wirtschaftlich, ökologisch und sozial nachhaltige Entwicklung" fördern. Die Norweger sind anderer Meinung. Zumindest zum jetzigen Zeitpunkt scheinen sie nicht zu glauben, dass die Verpflichtung ihres 1,4 Billionen Dollar schweren Ölfonds zu einer Netto-Null-Kapitalallokation über einen beliebigen Zeitraum besonders entscheidend für die Förderung einer wirtschaftlich, ökologisch und sozial nachhaltigen Entwicklung ist. Die Norweger sind der Meinung, dass andere Anstrengungen diese

Ziele besser fördern. Sie fassen ihre Verpflichtungen zu nachhaltigen Investitionen in einem Weißbuch über verantwortungsvolle Investitionen für 2020 zusammen und beziehen ihre Argumente auf das „akzeptable" Investitionsrisiko:

> „Wir sehen Chancen in Unternehmen, die eine umweltfreundlichere Wirtschaftstätigkeit ermöglichen. Wir ermitteln langfristige Investitionsmöglichkeiten, indem wir die Geschäftstätigkeit der Unternehmen und ihre Auswirkungen auf das Klima und die Umwelt analysieren. Wir trennen uns von Unternehmen, an denen wir aus ethischen oder Nachhaltigkeitsgründen nicht mehr beteiligt sein wollen. Indem wir nicht in diese Unternehmen investieren, verringern wir Risiken, die nicht akzeptabel sind."

Wie bereits erwähnt, gibt es beim norwegischen Ölfonds einige ethische Ausnahmen. Der Fonds investiert nicht in Unternehmen, die Tabak produzieren, Waffen herstellen, „grundlegende humanitäre Prinzipien verletzen" oder eine bestimmte Menge an Kohle verwenden oder produzieren. In einem gut dokumentierten und öffentlichkeitswirksamen Schritt im Jahr 2006 trennte sich der norwegische Ölfonds auch von Walmart, dem größten privaten Arbeitgeber und der größten Einzelhandelskette in den Vereinigten Staaten. Dies geschah aufgrund „schwerwiegender, systematischer Verletzungen der Menschenrechte und Arbeiterrechte". Da Norwegen ein großer Ölproduzent und -exporteur ist, sieht der Fonds die Energiebranche jedoch irgendwie anders.[13]

Wie wir gesehen haben, führt der dynamische Kompromiss zwischen individuellen und unternehmensweiten Überzeugungen und Vermögenswerten zu verwirrenden Überlegungen und Bedenken, die sich nicht formelhaft lösen lassen. Cambridge hat sich dazu entschlossen, sein Portfolio im Schnellverfahren an das Pariser Abkommen anzupassen, auch wenn es die Stiftung 40 Millionen Pfund an entgangenen

Einnahmen pro Jahr kosten könnte. Würden die Norweger die Politik von Cambridge auf ihren Ölfonds anwenden und hätte dies die gleichen relativen Auswirkungen, würde dies etwa 17 Milliarden Dollar pro Jahr kosten. Zum Vergleich: 17 Milliarden Dollar sind etwa das Zehnfache des Betrags, den die Europäische Union im Jahr 2022 für humanitäre Hilfe bereitgestellt hat.

Aber Werte und Bewertungen müssen nicht immer im Widerspruch zueinander stehen. Wenn wir uns unserer ausführlichen Diskussion über Impact Investing zuwenden, werden wir in der Tat mehrere Beispiele entdecken, in denen Werte und Bewertungen völlig übereinstimmen. In diesen Fällen muss der zugrunde liegende Investor jedoch die ausdrückliche Entscheidung treffen, Ergebnisse zu verfolgen, die erheblich von den üblichen Benchmarks abweichen können, und Zielen jenseits risikobereinigter Renditen Priorität einzuräumen. Impact-Investoren verpflichten sich ausdrücklich dazu, „Gutes zu tun und gut zu laufen". Solange keine „double-bottom-line"-Anlageziele, wie sie bei Impact-Investment-Strategien üblich sind, verfolgt werden, sind Werte und Bewertungen oft mit Kompromissen verbunden. Über längere Zeiträume können sich diese Kompromisse als finanziell sehr bedeutend erweisen. Wenn man weiß, dass eine ethische oder wertebasierte Entscheidung zu einem negativen Tracking Error führen kann, müssen alle Anstrengungen unternommen werden, um sicherzustellen, dass potenziell entgangene Erträge durch das Erreichen anderer gewünschter Ziele kompensiert werden, was auch immer das sein mag.

Wenn ein Investitionsrisiko eingegangen werden muss, sollte es bewusst, diversifiziert und richtig bemessen sein. Risiken, die nicht bewusst eingegangen werden, sind auf Dauer oft am schmerzhaftesten. Leider sind sie auch oft am schwersten zu erkennen. Aus diesem Grund arbeiten SASB, TCFD und viele andere intensiv daran, unentdeckte wesentliche Risiken aufzudecken, und sie bemühen sich zusammen mit vielen globalen Regulierungsbehörden, Aktivisten und offiziellen Zertifizierungsbemühungen darum, alles in ihrer Macht Stehende zu tun, um systematisch „Corporate Goodness“ zu verankern. Das Erreichen eines optimalen Niveaus an integrativem, nachhaltigem Wachstum durch erhöhte unternehmerische Achtsamkeit ist ein Ziel, das es wert ist, angestrebt zu werden. Das ist auch das, wozu wir uns zu Beginn dieses Buches gemeinsam verpflichtet haben, und das ist auch sein zentrales Anliegen. Welche Rolle sollten Wirtschaft und Finanzen bei der Gestaltung der guten Gesellschaft spielen? Und wenn positive ESG-Einflüsse noch nicht so weitverbreitet sind, wie wir es uns erhofft hatten, wie könnten Investoren dann mit ihren Kapitalzuweisungen, Handlungen und Überzeugungen ein inklusiveres, nachhaltiges Wachstum bewirken?

Es hat sich herausgestellt, dass es neben der ESG-Bewegung noch viele andere Strategien, Programme und Techniken gibt, die die „Güte“ von Unternehmen fördern sollen. Wir sollten einige Zeit damit verbringen, sie zu erforschen, und diejenigen mit den größten Erfolgsaussichten hervorheben.

KAPITEL 10

DIE FESTVERDRAHTUNG UNTERNEHMERISCHER GÜTE

Das Gute ist die einzige Investition, die nie versagt.

HENRY DAVID THOREAU

Lassen Sie uns rekapitulieren.

Damit ESG-Investitionen so funktionieren, wie viele hoffen und erwarten – das heißt als Anlageinstrumente, die systematisch ein inklusiveres, nachhaltigeres Wachstum fördern und gleichzeitig überdurchschnittliche Renditen erwirtschaften –, sind kontinuierliche Fortschritte in einer mehrstufigen, aber weitgehend voneinander abhängigen Abfolge erforderlich.

Zunächst einmal müssen anerkannte und allgemein befolgte Setzer von Standards wie SASB und TCFD weiterhin die richtigen Ziele ermitteln und festlegen, die Unternehmen anstreben müssen. Wenn sie die falschen wesentlichen Risiken priorisieren oder die falschen Methoden zu deren Messung festlegen, wird ihre wesentliche Rolle bei der Anleitung von Unternehmen zu weiteren Fortschritten bei einer Reihe von gesellschaftlich wünschenswerten Zielen, einschließlich der Ziele für nachhaltige Entwicklung der Vereinten Nationen, beeinträchtigt.

In dem Maße, in dem diese standardisierten Berichterstattungsmaßstäbe aktualisiert und verbessert werden, müssen die Unternehmen gleichzeitig sorgfältiger werden, wenn es darum geht, sie zu übernehmen, bewusst auf die Verringerung bestimmter wesentlicher Risiken hinzuarbeiten und die besten Umwelt-, Sozial- und Unternehmensführungspraktiken anzuwenden. Darüber hinaus müssen sie diese neuen Standards konsequent, vergleichbar und transparent befolgen. Wenn sie sich nicht bemühen, Standards wie die des SASB und des TCFD einzuhalten, oder wenn sie es zwar versuchen, aber nicht genau über ihre Bemühungen berichten, werden viele indexierte ESG-Anlagestrategien und das Research, von dem sie abhängen, weiterhin zufällige Renditen erzielen. Keine Strategie kann besser sein als die Daten, auf denen sie basiert. Wenn man bedenkt, dass Morningstar berichtet, dass US-Unternehmen nur zwei Drittel ihrer echten, wesentlichen ESG-Risiken offenlegen, im Vergleich zu 73 Prozent in Europa und 52 Prozent in Asien, dann ist es noch ein weiter Weg bis zur vollständigen Unternehmensberichterstattung.

Schließlich müssen die Kapitalmärkte und die Anleger gültige ESG-Fortschritte angemessen belohnen. Dazu müssen Banker und Investoren die besten ESG-Unternehmensakteure identifizieren und sie in Bezug auf ihre spezifischen Verhaltensweisen bevorzugen. Sie müssen dies in allen Branchen tun, die Teil der Wertschöpfungskette des Wirtschaftswachstums sind – nicht nur in den Bereichen Cleantech und Kreislaufwirtschaft, sondern auch bei Stahlherstellern, Zementherstellern, Agrargiganten und Energieversorgern. Und warum? Das Wirtschaftswachstum wird weiterhin von vielen kohlenstoffintensiven Branchen abhängen. Es gibt keinen gangbaren Weg für ein optimales integratives Wachstum durch eine Handvoll kohlenstofffreier Industrien allein. *Netto*-Null hängt schließlich von der Aufrechnung ab. Mit anderen Worten: Sobald alle praktikablen kohlenstoffarmen Verfahren eingeführt sind, müssen wir immer noch wirtschaftliche Methoden finden, um unvermeidbare Kohlenstoffemissionen aus der Atmosphäre zu entfernen. Schließlich werden wir immer noch einige kohlenstoffabhängige Verfahren und Brennstoffe verwenden. Durch die Bereitstellung von geduldigem und loyalem Kapital werden die Investoren letztendlich den Vorreitern jeder Branche eine höhere Aktienbewertung und niedrigere Fremdkapitalkosten zuweisen. Dieser relative Bewertungsprozess ist notwendig, um die positive Rückkopplungsschleife zu vervollständigen, von der das systematische Versprechen der meisten ESG-Investitionen abhängt. Wenn ESG-Vorbilder nicht besser abschneiden als Nachzügler, werden indexierte ESG-Strategien nicht besser abschneiden als ihre nicht überprüften Gegenstücke. Kurz gesagt: Damit ESG-Investitionen funktionieren, muss die nachweisbare und verifizierte „Güte" von Unternehmen konsequent finanziell belohnt werden. Damit der Fortschritt systemübergreifend ist, müssen „schlechte" Unternehmen davon überzeugt sein, dass es in ihrem Interesse ist, die TCFD- und SASB-Standards zu übernehmen und bessere ESG-Bewertungen anzustreben, weil sie glauben, dass dies zu ihrer finanziellen Bestätigung und zu sozialem und ökologischem Fortschritt führt. Wenn sie nicht der Meinung sind, dass dies in ihrem Interesse oder im Interesse ihrer langfristigen Aktionäre ist, werden sie es höchstwahrscheinlich nicht tun.

Es ist klar, dass der Weg zur Verankerung des Guten im Unternehmen, wie ich ihn gerade beschrieben habe, lang und gewunden sein wird. Er ist mit zahlreichen Interdependenzen verbunden. Eine bessere Performance von ESG-Investitionen ist möglich, vielleicht sogar wahrscheinlich, wenn die Daten besser werden. Der letztendliche Erfolg liegt auch in unserem besten Interesse. Wir alle sollten uns wünschen, dass sich der ESG-Gedanke im weiteren Sinne durchsetzt. Allerdings ist der Erfolg nicht garantiert, und seine Zuverlässigkeit steht nicht unmittelbar bevor. Die soeben beschriebene interdependente Abfolge könnte leicht zusammenbrechen.

Beim derzeitigen Tempo sind wir noch Jahre von der breiten Einführung der TCFD- und SASB-Standards entfernt. In diesem Zeitraum werden sich zahlreiche ESG-Standards weiterentwickeln, insbesondere die „S"-Gepflogenheiten. Infolgedessen wird die korrekte Diskontierung aller bekannten ESG-Risiken zeitaufwendig, komplex und schwierig sein. Bis eine größere Transparenz und Vergleichbarkeit erreicht ist, müssen sich die Anleger auf mindestens zwei andere Wünschelruten verlassen: (1) die Arten von gut gemeinten, sich verbessernden, aber immer noch unvollkommenen Metriken, die von professionellen Ratingagenturen wie Sustainalytics, S&P, MSCI und anderen erstellt werden, und (2) andere firmeneigene Untersuchungen und Techniken, die sich von Berater zu Berater stark unterscheiden werden. Wie wir gesehen haben, kann keine umfassende ESG-Ratingmethode besser sein als ihre Rohdaten. Solange keine einheitlicheren, umfassenderen Unternehmensdaten verfügbar sind, werden ESG-Ratingagenturen von einem hohen Maß an Subjektivität abhängig sein. Investoren müssen auf der Grundlage dieser und ihrer eigenen analytisch ungenauen Methoden wichtige relative Wertentscheidungen treffen. Damit soll keine dieser Bemühungen infrage gestellt werden, sondern nur ihre Grenzen aufgezeigt werden.

Angesichts der Herausforderungen, denen sich ESG-Ratingagenturen gegenübersehen, und der Möglichkeit, Innovationen zu entwickeln, ist es nicht verwunderlich, dass derzeit mehrere alternative professionelle Bemühungen im Gange sind, „gute" Unternehmen systematisch zu identifizieren und zu belohnen. Die meisten dieser Initiativen behaupten, einzigartige, zuverlässige Methoden gefunden zu haben, um Unternehmen zu identifizieren, die durch mehr Stakeholder-Achtsamkeit einen hohen Shareholder-Value generieren. Erfreulicherweise haben sich einige dieser alternativen Methoden als sehr vielversprechend erwiesen. Im Zusammenhang mit unserem Streben nach einem integrativeren, nachhaltigen Wachstum lohnt es sich, diese alternativen Nicht-ESG-Initiativen zu untersuchen. Eine der kreativsten wurde von dem legendären Investor Paul Tudor Jones ins Leben gerufen.

Man sagt, dass Heilige Sünder sind, die einfach weitergemacht haben. Dieser Aphorismus scheint auf Paul Tudor Jones besonders zuzutreffen. Während eines Großteils seiner Karriere war der Milliardär Tudor Jones die Art von erfolgreichem Hedgefonds-Manager, den Umwelt- und Gerechtigkeitsaktivisten gern hassen. Ein Teil ihrer Verachtung könnte auf seine persönlichen Handlungen zurückzuführen sein. Im Jahr 1990 bekannte sich Tudor Jones der illegalen Zerstörung von 86 Hektar geschützter Feuchtgebiete auf seinem Jagdgrundstück an der Ostküste von Maryland schuldig. Eine andere Quelle der Besorgnis könnte beruflicher Natur sein. Sein äußerst erfolgreicher globaler Makrofonds, die Tudor Investment Corporation, lebte von kurzfristigen Wetten auf Zinssätze, Derivate und Rohstoffkontrakte – also von Dingen, die wenig mit der Bereitstellung von geduldigem Kapital für die Realwirtschaft zu tun haben. Außerdem kaufte er 2012 das Energiehandelsgeschäft von Louis Dreyfus und Highbridge Capital und benannte es in Castleton Commodities International um. Anstatt nur Finanzkontrakte zu verkaufen, machte Castleton Tudor Jones zu einem bedeutenden Akteur bei der physischen Lieferung von Erdöl und Erdgas, mit beträchtlichen finanziellen Beteiligungen an kohlenstoffbasierten Brennstoffen. Er war nicht mehr nur reich, sondern wurde sozusagen stinkreich.

Doch irgendwo auf dieser scheinbar verschlungenen Reise scheint Tudor Jones seinen eigenen echten „Weg nach Damaskus“ erlebt zu haben. Im Jahr 1988 gründete er zusammen mit Peter Borish und Glenn Dubin eine außergewöhnliche Organisation: die Robin Hood Foundation. Die Robin Hood Foundation ist heute weithin als eine der wirkungsvollsten philanthropischen Unternehmungen der Geschichte anerkannt. Sie hat Hunderte von Millionen Dollar gesammelt und gespendet, um die Armut und ihre Ursachen zu lindern, vor allem im Großraum New York und Umgebung. Wie der Name schon andeutet, zeichnet sich die Stiftung dadurch aus, dass sie Geld von den Reichen nimmt und es den Armen gibt. Ein großer Teil dieses Geldes stammt von Tudor Jones selbst.

Doch Paul Tudor Jones' Engagement für den Einsatz seiner beträchtlichen persönlichen Ressourcen zur Unterstützung derjenigen, die zurückgelassen wurden, endete keineswegs mit Robin Hood. Im Jahr 2013 führte er eine Gruppe hoch motivierter Personen – darunter Deepak Chopra, Arianna Huffington und Paul Scialla, eine bemerkenswert vielfältige Gruppe – an, um eine neue gemeinnützige Organisation, Just Capital, zu gründen. Just Capital hat sich zum Ziel gesetzt, „einen gerechteren Markt zu schaffen, der die wahren Prioritäten der amerikanischen Bevölkerung besser widerspiegelt". Es basiert auf der Überzeugung, dass der Kapitalismus trotz all seiner Schwächen eine positive Kraft für den Wandel sein kann, wenn mehr Informationen darüber ans Licht gebracht werden, was US-Unternehmen mit allen Stakeholdern und für sie tun. Als gemeinnützige Einrichtung hat es keine direkten finanziellen Interessen an oder aus seiner Arbeit. Stattdessen erhofft es sich in erster Linie eine integrativere und nachhaltigere Wirtschaft, die allen zugute kommt, sowie eine stärkere Ausrichtung der Unternehmen an unseren sich wandelnden moralischen Prioritäten.

Die Hauptaktivitäten von Just Capital sind eigene Untersuchungen und Datenerhebungen, die darauf abzielen, die Auswirkungen von Unternehmen auf ihre verschiedenen Interessengruppen im Hinblick auf die sich entwickelnden sozialen Prioritäten der Amerikaner zu messen. Konkret quantifiziert Just Capital systematisch sieben Hauptschwerpunkte der 1.000 größten US-Unternehmen: (1) Behandlung von Arbeitnehmern; (2) Behandlung von Kunden; (3) Art der Produkte; (4) Auswirkungen auf die Umwelt; (5) Auswirkungen auf Gemeinden; (6) Auswirkungen auf die Arbeitskräfte; und (7) Art der Führung. Just Capital führt außerdem jedes Jahr eine umfassende Umfrage unter Amerikanern durch, in der sie gebeten werden, ihre wichtigsten Anliegen zu benennen – Dinge wie Umwelt, Vielfalt, Lohngerechtigkeit und Unternehmensrentabilität. Die Unternehmen werden dann nach diesen sich entwickelnden Prioritäten insgesamt und innerhalb ihrer industriellen Unterkategorien bewertet. Wenn sich also die Prioritäten der Amerikaner ändern, ändern sich auch die Unternehmensrankings von Just Capital. In der Umfrage von Just Capital für das Jahr 2020 wurde Chevron zum Beispiel als „gerechtestes“ Unternehmen im Öl- und Gassegment und als 61. Unternehmen insgesamt eingestuft, MetLife als zweitgerechtestes Unternehmen unter allen Versicherungsunternehmen und als 75. Unternehmen insgesamt, und Goldman Sachs als 5. Unternehmen im Kapitalmarktsegment und als 132. Unternehmen insgesamt. Im Jahr zuvor lag ConocoPhillips noch vor Chevron, MetLife lag insgesamt auf Platz 40 und Goldman Sachs auf Platz 164. Es ist jedoch zu beachten, dass diese Veränderungen möglicherweise ebenso viel oder mehr mit der Entwicklung amerikanischer Anliegen zu tun haben als mit Veränderungen innerhalb der genannten Unternehmen. Die Überlegungen, ob sie einen existenzsichernden Lohn zahlen, die Vereinbarkeit von Beruf und Privatleben unterstützen, Ressourcen effizient nutzen, Steuern zahlen, sichere Arbeitsbedingungen bieten oder zu hohe Preise für ihre Produkte und Dienstleistungen verlangen, wurden alle sorgfältig gemessen. Sie wurden dann im Verhältnis zu dem gewichtet, was die befragten Amerikaner am meisten schätzen.

„In den letzten 50 Jahren“, so Tudor Jones in einem TED-Vortrag, der inzwischen mehr als zwei Millionen Mal angesehen wurde, „haben wir unsere Unternehmen und Konzerne in einer fast monomanischen Weise betrachtet. Wir haben Gewinne, kurzfristige Einnahmen und Aktienkurse in den Vordergrund gestellt und alles andere außer Acht gelassen. Es ist, als hätten wir ihnen die Menschlichkeit entrissen.“

Aber Just Capital versucht nicht nur, die Menschlichkeit einzelner amerikanischer Unternehmen zu verdeutlichen. Es glaubt auch, dass Unternehmen, die sich wirklich bemühen, ihre Aktivitäten an den sozialen Prioritäten der amerikanischen Öffentlichkeit auszurichten, im Laufe der Zeit auch finanziell besser abschneiden werden als ihre weniger aufgeklärten Gegenstücke. Zu diesem Zweck hat sich Just

Capital mit Goldman Sachs Asset Management zusammengetan, um einen aktiv verwalteten ETF aufzulegen, der witzigerweise unter dem Tickersymbol JUST geführt wird. So wie Just Capital die 1.000 besten US-Unternehmen nach seinen eigenen Kriterien einstuft, ist die Vermögensverwaltung von Goldman Sachs bestrebt, die Unternehmen von Just Capital im ETF nach den jährlichen Umfragen von Just Capital ähnlich zu gewichten.

Die Zeitschrift *Forbes* veröffentlicht jedes Jahr die Ergebnisse der von Just Capital geleisteten Arbeit in einem fesselnden Artikel mit dem Titel „America's Most Just Companies". Es ist die Art von Auszeichnung, die jedes Unternehmen sehr begehrt, wenn es gewinnt – und ignoriert, wenn es nicht gewinnt. Die fünf gerechtesten Unternehmen im Jahr 2020 sind allesamt bekannte Namen: in dieser Reihenfolge Microsoft, Nvidia, Apple, Intel und Alphabet. Fünf weitere Unternehmen – Texas Instruments, IBM, AT&T, Merck und Salesforce – waren auch in den Vorjahren auf oder nahe der Spitzenposition. Aufgrund ihres geringen CO_2-Fußabdrucks erzielen Technologieunternehmen, Unternehmen des Gesundheitswesens, des Finanzsektors und bestimmte Einzelhandels-, Lebensmittel- und Getränkeunternehmen in der Regel eine höhere Punktzahl. General Motors war mit Platz 28 das am besten bewertete Industrieunternehmen in der Umfrage 2020. Dominion Energy war mit 64 das am besten bewertete Versorgungsunternehmen. So gerecht oder ungerecht diese Unternehmen auch sein mögen, es ist unmöglich, sich vorzustellen, wie die Amerikaner ohne die Transportmittel und ohne die Elektrizität, die Unternehmen wie GM und Dominion bereitstellen, so leben könnten, wie sie es jetzt tun.

Just Capital war in Bezug auf die Grenzen seines Ansatzes bemerkenswert transparent. In einer detaillierten Fallstudie, die von der Harvard Business School veröffentlicht wurde, erklärt Hernando Cortina, Direktor für Indizes und Analysen bei Just Capital: „Just Capital basiert auf der Prämisse, dass sich die Daten immer weiterentwickeln werden. Messungen sind unvollkommen. Wir werden uns verbessern und neue Datensätze einbeziehen, sobald sie verfügbar werden. Aber wir wussten von Anfang an, dass es Jahre dauern wird, diesen Prozess zu perfektionieren."[1] In vielerlei Hinsicht unterscheidet sich die Herausforderung von Just Capital nicht von der, vor der SASB, TCFD und ESG-Investoren im Allgemeinen stehen: Auch sie müssen von den Unternehmen alle Daten erhalten, die sie benötigen, um bessere normative und finanzielle Urteile zu treffen.

Bloomberg-Daten zufolge blieben Apple, Microsoft, Amazon, Alphabet und Nvidia über weite Strecken des Jahres 2021 die wichtigsten Positionen des Just ETF, während Devon Energy und Under Armour deutlich kleinere Allokationen darstellten. Interessanterweise hat die Marktkapitalisierung des Just ETF seit seiner Auflegung nicht mit dem breiten Markt Schritt gehalten, was darauf hindeutet, dass die ersten Anleger das Vertrauen in die Strategie verloren haben könnten. Dies könnte an den relativ hohen Gebühren oder an der wachsenden Überzeugung liegen, dass die Ranking-Methoden von Goldman Sachs Asset Management und Just Capital keine attraktiven risikobereinigten Renditen erzielen. Bloomberg berichtet, dass der Just ETF seit seiner Auflegung bis Ende 2021 schlechter als der S&P 500 abschnitt.

Die Mitarbeiter von Just Capital sind Kapitalisten, die sich dafür einsetzen, das Wohl der öffentlichen US-Unternehmen zu maximieren, indem sie transparent bewerten, wie sie alle ihre Stakeholder im Vergleich zu ihren Mitbewerbern und untereinander behandeln. Dies wäre ein hervorragender Service für sozial verantwortliche Investoren, wenn es denn ginge. Der kombinierte wirtschaftliche Einfluss des US-Privatsektors ist mehr als 4-mal so groß wie die staatlichen Programme in den Vereinigten Staaten und mehr als 40-mal so groß wie die jährlichen philanthropischen Spenden. Just Capital behauptet zu Recht, dass es nicht möglich sein wird, ein Land mit größerem gemeinsamen Wohlstand und Nachhaltigkeit zu schaffen, ohne die US-Unternehmen stärker auf die Bedürfnisse der Interessengruppen auszurichten. Es sei jedoch darauf hingewiesen, dass kein Unternehmen Paul Tudor Jones und seine Mitbegründer gebeten hat, eine neue Methodik zur Bewertung und Einstufung ihrer angeborenen Güte zu entwickeln. Just Capital begann seine Aktivitäten ohne Aufforderung oder Unterstützung durch die Industrie und wollte einfach nur eine Methode sein, um mehr „Menschlichkeit" in die Unternehmenswelt zu bringen. Und obwohl viele Unternehmen die Researcher von Just Capital aktiv einbeziehen, um besser berücksichtigt zu werden, können und werden sie Just Capital nicht dafür bezahlen, an seinen Umfragen teilzunehmen oder besser eingestuft zu werden. Unternehmen, die eine besondere Akkreditierung für ihr vorbildliches Verhalten anstreben, können sich jedoch an eine andere gemeinnützige Organisation wenden, die soziale Beiträge rigoros misst und überwacht. Eines der wichtigsten dieser Akkreditierungsprogramme ist B Lab. Wenn der Akkreditierungsantrag eines Unternehmens bei B Lab erfolgreich ist, kann es einen zunehmend begehrten Titel erlangen: Certified B Corporation.

Laut der B-Lab-Website erfüllen zertifizierte B-Unternehmen die höchsten Standards in Bezug auf überprüfte soziale und ökologische Leistung, öffentliche Transparenz und rechtliche Rechenschaftspflicht durch gezielte Managementanstrengungen, die Gewinn und Zweck am effektivsten miteinander in Einklang bringen. Viele in der dynamischen Bewegung des bewussten Kapitalismus stimmen dieser Einschätzung zu. Bis Ende 2021 hatten mehr als 3.500 Unternehmen in 70 Ländern und 150 Branchen die B-Corp-Zertifizierung erhalten. Weitere 100.000 Unternehmen weltweit sollen sich auf die detaillierten Methoden und Wirkungsanalysen beziehen, die B Lab entwickelt hat. Das ist eine Menge Wirkung, und sie ist global, im Gegensatz zu der von Just Capital.

Zusammen mit dem Global Compact der Vereinten Nationen hat B Lab auch den „SDG Action Manager" entwickelt. Dieses professionelle Selbstbewertungsinstrument hat Zehntausenden von Unternehmen dabei geholfen, gangbare Wege zu finden, um eines oder mehrere der UN-Ziele für nachhaltige Entwicklung durch ihre unternehmerischen Maßnahmen zu erreichen. Mehr als 800 B-Corps haben sich außerdem dazu verpflichtet, bis 2030 Netto-Null-Emissionen zu erreichen, 20 Jahre früher als im Pariser Abkommen gefordert. Sie haben sich dazu verpflichtet, indem sie zum Teil dem angesehenen Climate Justice Playbook for Business V1.0 von B Lab folgen. Dieses umfassende Handbuch wurde in Zusammenarbeit mit mehreren COP 26 Climate Champions, darunter Provoc und die Universität Oxford, entwickelt.

Angesichts dieser umfangreichen Bemühungen und Programme ist B Lab vielleicht die erfolgreichste *globale* Anstrengung, mehr Güte in der Geschäftswelt zu verankern. Die Geschäftsleitung und die Vorstände von B Corporations verpflichten sich öffentlich, vier Grundwerte zu leben:

- Die Veränderung sein, die sie in der Welt anstreben.
- Ihre Aktivitäten so gestalten, dass Menschen und Orte eine Rolle spielen.
- Durch ihre Produkte, Praktiken und Gewinne keinen Schaden anrichten und gleichzeitig zum Wohle aller handeln.
- Sich in dem Bewusstsein verhalten, dass die Menschen voneinander abhängig und für künftige Generationen verantwortlich sind.

Auf der Makroebene hängt der Erfolg der B-Lab-Bewegung entscheidend davon ab, dass immer mehr Unternehmen eine Zertifizierung anstreben. Offen gesagt könnte man starke Argumente dafür anführen. Letztlich werden die Menschen wahrscheinlich bei denjenigen Unternehmen kaufen, denen sie am meisten vertrauen, die sie bewundern, bei denen sie arbeiten und in die sie investieren wollen. Wenn die B-Corp-Zertifizierung als sinnvoller Weg gesehen wird, um Glaubwürdigkeit und langfristigen Wert für das eigene Unternehmen zu schaffen – was zunehmend der Fall ist –, könnte die B-Lab-Bewegung einen bedeutenden Beitrag zu einem integrativeren, nachhaltigeren Wachstum leisten.

Wie bei einer Zertifizierung dieser Größenordnung nicht anders zu erwarten, ist das Verfahren zur Erlangung der B-Corp-Akkreditierung anspruchsvoll. Weniger als einer von fünf Bewerbern, die sich der anfänglichen Prüfung von B Lab unterziehen, entscheiden sich überhaupt für eine Bewerbung. Von denjenigen, die sich bewerben, wird nur etwa einer von drei genehmigt, was eine Abschlussquote von weniger als sieben Prozent bedeutet. Aufgrund des überwältigenden Interesses kann das Bewerbungs- und Prüfungsverfahren sechs bis zwölf Monate in Anspruch nehmen. Eine B-Corp-Zertifizierung zu erlangen, ist also zeitaufwendig und intensiv. Eine B-Corp-Zertifizierung ist auch kein einmaliger Vorgang. Die Zertifizierung muss alle drei Jahre erneuert werden, indem eine Mindestpunktzahl anhand einer sich ständig weiterentwickelnden Checkliste und Skala erreicht wird.

Während alle Just-Capital-Unternehmen börsennotiert sind, gilt das nur für sehr wenige Certified B Corps. Die große Mehrheit der Certified B Corps sind kleine, nicht börsennotierte Unternehmen oder Einzelunternehmer. Einige wenige sind Tochtergesellschaften von börsennotierten Unternehmen, etwa Ben & Jerry's und Sundial Brands. Andere sind sehr bekannt, wie Patagonia und Eileen Fisher. Einige wenige Certified B Corps gingen nach ihrer Zertifizierung an die Börse, darunter SilverChef und Laureate Education. Bisher haben sich jedoch nur wenige große multinationale Unternehmen um eine B-Corps-Zertifizierung bemüht; das Verfahren ist einfach zu anspruchsvoll und ein Erfolg höchst unwahrscheinlich. Danone North America – ein lebensmittelverarbeitendes Unternehmen, das Joghurt, Babynahrung und Produkte für die medizinische Ernährung herstellt – gehört zu den bisher größten zertifizierten B Corps. Mit einem Jahresumsatz von etwas weniger als 150 Millionen Dollar ist es jedoch kleiner als jedes Unternehmen im S&P 500.

Da die Beantragung einer B-Corp-Zertifizierung mit zahlreichen strategischen und logistischen Herausforderungen verbunden ist, ist es unwahrscheinlich, dass viele große Unternehmen dies versuchen werden. Aus diesen Gründen ist es höchst unwahrscheinlich, dass die

B-Corp-Bewegung in ihrer jetzigen Form sehr viele börsennotierte Unternehmen anziehen wird. Aus einer globalen Wohlfahrtsperspektive könnte es für B Lab sinnvoll sein, seine Akkreditierungsprogramme zu staffeln, um mehr große Unternehmen zur Bewerbung zu ermutigen. Ohne eine solche Abstufung scheint es klar, dass das B-Lab-Modell nicht skalierbar sein wird – etwas, das viele Befürworter einer größeren Achtsamkeit der Unternehmen beklagen werden.

Zum jetzigen Zeitpunkt scheint es außer den Bemühungen von Just Capital und B Lab keine ernsthaften, unabhängigen, integrativen und systematischen Bemühungen zu geben, die darauf abzielen, das Gute wirklich in der Geschäftswelt zu verankern – abgesehen von der ESG-Investitionsbewegung.

Ich wähle die Worte „seriös", „systematisch" und „umfassend" mit Bedacht. Natürlich gibt es Dutzende von Umfragen und Schönheitswettbewerben, andere aufstrebende Nichtregierungsorganisationen und gemeinnützige Organisationen sowie zahlreiche Stellenvermittlungsseiten, die versuchen, die Debatte und die Substanz zielgerichteterer Unternehmen zu bereichern. Am Rande sei erwähnt, dass einige von ihnen auch etwas bewirken. Great Places to Work beispielsweise hat sich auf die Bewertung und Verbesserung von Mitarbeitererfahrungen spezialisiert. Great Places to Work behauptet, die Unternehmenskulturen in verschiedenen Branchen in mehr als 60 Ländern rund um den Globus verbessert zu haben. In ähnlicher Weise gibt Glassdoor, wie der Name schon sagt, der Öffentlichkeit einen Einblick in die Meinung der Arbeitnehmer über ihre Arbeitgeber – ein wichtiges Anliegen der Stakeholder. Glassdoor sammelt jedoch nicht alle relevanten Daten, sondern fasst nur die Meinungen derjenigen zusammen, die sich die Mühe machen, sie zu verfassen, was bedeutet, dass es zu Verzerrungen bei der Auswahl kommt.

Andernorts hat sich eine wachsende Gruppe internationaler Unternehmen freiwillig zusammengeschlossen und einen weitaus anspruchsvolleren Schwur geleistet als die B Corps. Diese „GameChangers", wie sie genannt werden, versprechen, die Umwelt zu schützen, bewährte Praktiken untereinander auszutauschen und dort zusammenzuarbeiten, wo gemeinsame Anstrengungen eine florierende Weltwirtschaft fördern würden.[2] Mehr als 500 Unternehmen haben dieses Gelöbnis abgelegt, „weil das Modell des Profits um jeden Preis einfach nicht funktioniert". Niemand prüft jedoch umfassend, ob ihre Taten mit ihren Worten übereinstimmen. Dennoch scheinen die GameChangers einige Schritte über den Business Roundtable hinauszugehen.

Wie Sie sich aus Kapitel 4 erinnern werden, weckte der Business Roundtable viele Hoffnungen, als er 2019 sein detailliertes „Statement on the Purpose of a Corporation" veröffentlichte. Hunderte von CEOs verpflichteten sich, ihre Kunden, Mitarbeiter, Lieferanten, Gemeinden und Aktionäre gerecht zu unterstützen, ohne sich jedoch ausdrücklich auf Netto-Null-Ziele einzulassen. Die BRT-Unternehmen beschäftigen zusammen etwa 15 Millionen Arbeitnehmer, also etwa ein Zehntel der US-amerikanischen Arbeitskräfte. Das American Sustainable Business Council ist eine weitere freiwillige Gesellschaft. Es vertritt mehr als 250.000 kleine Unternehmen in den USA. Auch sie bringen ihre Unterstützung und ihr Engagement für die Erklärung des BRT für 2019 zum Ausdruck. Zusammen beschäftigen sie etwa 18 Millionen Arbeitnehmer, 20 Prozent mehr als die Unterzeichner des BRT.

Ähnlich wie bei der Partnerschaft von *Forbes* mit Just Capital hat sich *Fortune* mit Partnern der Shared Value Initiative zusammengetan, um erfolgreiche Unternehmen zu identifizieren, die seiner Meinung nach am meisten zur Befriedigung ungedeckter Bedürfnisse der Gesellschaft beitragen. Die Shared Value Initiative ist ein bedeutendes Projekt. Seit 2015 stellt *Fortune* mit ihrer Unterstützung eine „Change the World"-Liste zusammen und veröffentlicht sie. Sie beleuchtet Unternehmen, die aufgrund von Aktivitäten, die in ihre Kerngeschäftsstrategien eingebettet sind, einen erkennbaren sozialen Einfluss haben. Vier Variablen dominieren den Bewertungs- und Auswahlprozess: (1) messbare soziale Auswirkungen, (2) Geschäftsergebnisse, (3) Innovationsgrad und (4) Unternehmensintegration. Um die höchste „Change the World"-Bewertung von *Fortune* zu erhalten, müssen Reichweite, Art und Dauerhaftigkeit des Einflusses eines bestimmten Unternehmens auf ein oder mehrere gesellschaftliche Probleme deutlich sein. Darüber hinaus muss ihre sozial wirksame Arbeit auch zur Rentabilität und zum Shareholder-Value des Unternehmens beitragen, und zwar über den bloßen Ruf hinaus. Und schließlich müssen all diese sozialen Vorteile in die Gesamtstrategie des Unternehmens integriert sein und innerhalb seiner Branche und unter seinen Mitbewerbern innovativ genug sein, um sich wirklich von der Masse abzuheben.

Die Shared Value Initiative ist aus der Beratungsfirma FSG hervorgegangen, die im Jahr 2000 von den Harvard-Business-School-Professoren Michael E. Porter und Mark Kramer gegründet wurde. Die Shared Value Initiative orientierte sich an einem berühmten Aufsatz von Porter und Kramer, der vor mehr als einem Jahrzehnt veröffentlicht wurde, lange bevor ESG-Investitionen aufkamen.[3] Die Shared Value Initiative hofft, eine Gemeinschaft von Führungskräften aufzubauen, die sich gemeinsam dafür einsetzen, die Erde „gerechter, gesünder und nachhaltiger zu gestalten". Ihr *Purpose Playbook* hilft Unternehmen dabei, ihre Strategien neu zu überdenken, um „dauerhafte, skalierbare Auswirkungen für die Gesellschaft und ihr Unternehmen" zu schaffen. Die Shared-Value-Initiative ist der Ansicht, dass man Erfolg haben kann, wenn man mit Sinn und Zweck führt, eine Shared-Value-Strategie entwirft, diese Strategie in die Unternehmensabläufe einbettet und die Talente befähigt, sich vorzustellen, wie ihre Verantwortlichkeiten auf die Unterstützung dieser Strategie ausgerichtet werden könnten (Abbildung 10.1). Die positive Rückkopplung zwischen Zweck und Gewinn wird von der Shared Value Initiative sowohl erwartet als auch zu überprüfen versucht.

Es überrascht nicht, dass die „Change the World"-Liste 2020 von *Fortune* von Unternehmen dominiert wird, die bei der Reaktion auf

Covid-19 führend waren, darunter die Impfstoffhersteller Pfizer, AstraZeneca, BioNTech und Sanofi, die alle vordere Plätze belegten. Regeneron Pharmaceuticals und Serum Institute of India runden die Top 10 ab. Zu den weiteren Namen in den Top-Rankings für 2020 gehören Alibaba, PayPal, Nvidia, BlackRock, Zoom, Safaricom und Walmart.

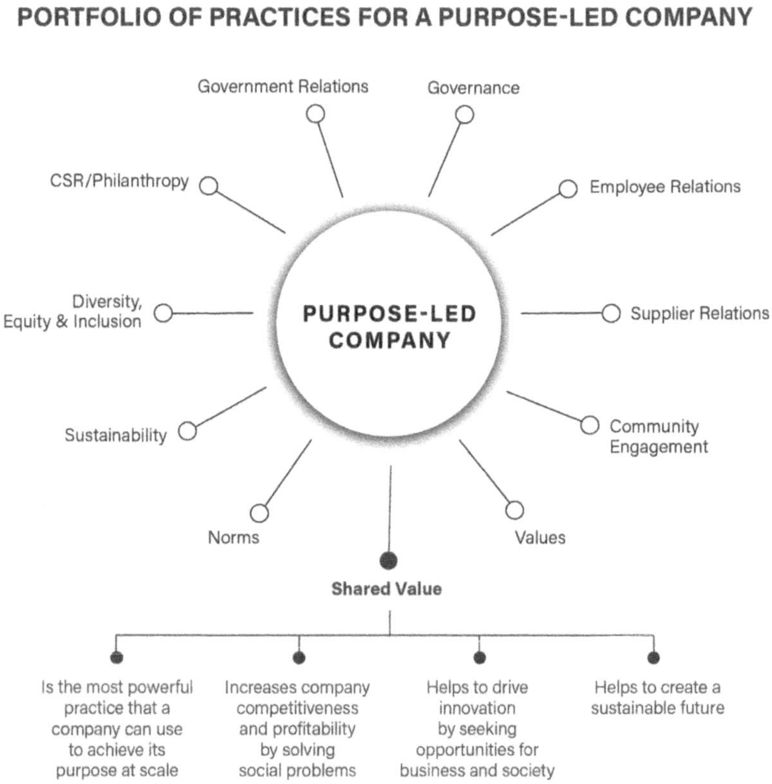

ABBILDUNG 10.1 Wie die Shared-Value-Initiative Zweck und Gewinn sieht.

Aus: *Purpose Playbook: Putting Purpose into Practice with Shared Value*, herausgegeben von Georgina Eckert und Bobbi Silten. FSG und Shared Value Initiative, Version 1.1 des *Purpose Playbook* wurde im Mai 2020 veröffentlicht.

Zu denjenigen, die von der Shared-Value-Initiative der FSG überzeugt sind, gehört der Harvard-Business-School-Professor George Serafeim, ein häufiger Autor und die bereits erwähnte Autorität in ESG-Fragen. „Es scheint klar zu sein, dass die Unternehmen in Zukunft immer stärker unter Druck stehen werden, ihre Leistung in den ESG-Dimensionen zu verbessern", schrieb Professor Serafeim kürzlich. „Die Herausforderung besteht für viele Unternehmenslenker darin, dass sie nicht wissen, wie sie es anstellen sollen."[4] Serafeim hat indessen viele Ideen, was sie tun und was sie lassen sollten. „Nicht alle ESG-Themen sind gleich – manche sind je nach Branche wichtiger", schreibt er. Welche Themen? Natürlich die wichtigsten Themen. „Die einzige Möglichkeit, in dieser neuen Ära besser abzuschneiden, besteht für Unternehmen darin, wesentliche ESG-Themen in den Mittelpunkt ihrer Strategie und ihrer Geschäftstätigkeit zu stellen, über ihre Konkurrenten hinauszugehen und dann ihre überlegene Leistung zu messen und zu kommunizieren. Wenn Unternehmen mutig und strategisch mit ihren ESG-Aktivitäten umgehen, werden sie belohnt", schreibt Serafeim.

Die von den Befürwortern der Shared-Value-Initiative angewandten Methoden und gezogenen Schlussfolgerungen werden durch die Arbeit von Professor Alex Edmans von der London Business School weiter bestätigt. Edmans verbindet strenge Analysen mit der weit verbreiteten Überzeugung, dass Unternehmenszweck und Gewinne sehr oft Hand in Hand gehen. In seinem wichtigsten Werk „Grow the Pie" zeigt er auf, wie Unternehmen Gutes tun und gut laufen können, indem sie nicht nach Gewinnmaximierung, sondern nach der Maximierung ihres sozialen Wertes streben. Er vergleicht diese Denkweise mit einer „Pie-growing-Mentalität":

> „Die ‚Pie-growing-Mentalität' betont, dass der Kuchen nicht fix ist. Wenn alle Mitglieder einer Organisation zusammenarbeiten, durch ein gemeinsames Ziel verbunden sind und sich auf die Langfristigkeit konzentrieren, schaffen sie einen gemeinsamen Wert in einer Weise, die die Kuchenstücke für alle vergrößert –

für die Aktionäre, die Arbeitnehmer, die Kunden, die Lieferanten, die Umwelt, die Gemeinden und die Steuerzahler."[5]

Abgesehen von diesen Initiativen gibt es mindestens eine weitere, viel beachtete, die behauptet, erstklassige Unternehmen zu identifizieren, die allen ihren Stakeholdern optimal dienen, was sich im Laufe der Zeit in hervorragenden Investitionen niederschlägt. Es ist jedoch unmöglich zu sagen, dass diese Bemühungen in irgendeinem objektiven Sinne rigoros wären. Sein Hauptautor – Raj Sisodia, bekannt durch „Conscious Capitalism" – hat tatsächlich behauptet, dass sein Gütesiegel das ultimative Instrument für Aktienempfehlungen sein könnte. Er hat Daten veröffentlicht (Tabelle 10.1), die seiner Meinung nach beweisen, dass seine sogenannten Lieblingsfirmen den S&P 500 sowie die von Jim Collins weithin beachteten „guten bis großartigen Unternehmen" über lange Zeiträume massiv übertroffen haben, und zwar um das Zehnfache! Sollte dies zutreffen, würden Professor Sisodia und seine Mitautoren mit ihrer Fähigkeit, Aktien auszuwählen, weit vor den besten Aktieninvestoren aller Zeiten rangieren, darunter Peter Lynch, Sir John Templeton und Warren Buffett. Darüber hinaus hätte Raj Sisodia die wertvolle Gabe, viele gewöhnliche Anleger zu Millionären, wenn nicht gar zu Milliardären machen zu können.

TABELLE 10.1 Ein Kuss von Raj Sisodia, und du bist glücklich – sagt er.

Kumulierte Performance	3 Jahre	5 Jahre	10 Jahre	15 Jahre
US-amerikanische „firms of endearment"	83 %	151 %	410 %	1.681 %
Internationale „firms of endearment"	47 %	154 %	512 %	1.180 %
Gute bis sehr gute Unternehmen	222 %	158 %	176 %	263 %
S&P 500	57 %	61 %	107 %	118 %

Quelle: *Firms of Endearment: How World-Class Companies Profit from Passion and Purpose*, 2. Auflage, von Raj Sisodia, Jagdish Sheth und David Wolfe. Copyright © 2014 by Rajendra S. Sisodia, Jagdish N. Sheth, and the Estate of David Wolfe. Nachdruck mit Genehmigung von Pearson Education.

Um herauszufinden, welche Unternehmen die begehrte Bezeichnung „Firms of Endearment“ verdienen, laden Sisodia, Wolfe und Sheth die Leser ihres Werkes „Firms of Endearment“ ein, über die Worte „Zuneigung“, „Liebe“, „Freude“, „Authentizität“, „Mitgefühl“ und „Seelenstärke“ nachzudenken. Anschließend legen die Autoren ihre Kerndefinition einer „firm of endearment“ – wörtlich eines „Unternehmens der Zärtlichkeit“ – dar:

> „Ein Unternehmen, das sich bei seinen Stakeholdern beliebt macht, indem es die Interessen aller Stakeholder-Gruppen strategisch aufeinander abstimmt, ist eine ‚firm of endearment‘. Keine Stakeholder-Gruppe profitiert auf Kosten einer anderen Stakeholder-Gruppe, sondern jede Gruppe profitiert in dem Maße, in dem die anderen profitieren. Diese Unternehmen erfüllen die funktionalen und psychologischen Bedürfnisse ihrer Stakeholder auf eine Art und Weise, die sie begeistert und ihnen Zuneigung und Loyalität zum Unternehmen verschafft.“

Um diese Beschreibung auf den Punkt zu bringen, sagen die Autoren, dass sympathische Unternehmen nie nach einem Anteil am Geldbeutel streben, sondern nach einem Anteil am Herzen. Ihre Kernwerte sind ebenfalls differenzierend. Sie führen in der Regel zu sehr viel bescheideneren Managergehältern, einer sehr geringen Mitarbeiterfluktuation, zu Kunden, die mit jeder Erfahrung voll zufrieden sind, geringen Marketingkosten und einer gesunden Besessenheit von der Schaffung einer positiven Unternehmenskultur. Sisodia und seine Kollegen haben auch ein eingängiges Akronym, SPICE, geprägt, damit die Leser ihr „Geheimrezept“ besser verstehen. Es stellt sich heraus, dass diese Unternehmen sich sehr um die Gesellschaft und um ihre Partner, Investoren, Kunden und Mitarbeiter kümmern. Wenn es Ihnen so geht wie mir, könnte das alles ein wenig Sodbrennen verursachen!

Wer genau, so müssen Sie sich fragen, hat all diese großartigen, von Herzen kommenden und optimal gewürzten Ziele erreicht? Es stellt sich heraus, dass es sich bei den „Firmen der Zärtlichkeit" nicht nur um börsennotierte US-Unternehmen handelt. Zu ihnen gehören auch US-Privatunternehmen und mehr als ein Dutzend nicht amerikanische Firmen. Einige – wie Southwest Airlines, L.L.Bean, Motley Fool und Toms – passen zweifellos in diese Liste. Diese Firmen sind dafür bekannt, dass sie ihre Kunden, Mitarbeiter und die Umwelt auf eine besonders achtsame und leidenschaftliche Weise behandeln. BMW, Honda, Toyota, Schlumberger und der koreanische Stahlhersteller POSCO stehen ebenfalls auf der Liste, was jedoch etwas unpassend erscheint. BMW war von 2013 bis 2018 in eine Reihe von Sammelklagen wegen Mängeln an seinen Autos verwickelt, von denen einige möglicherweise Vertuschungen beinhalten. Schlumberger, ein führendes Öl- und Gasserviceunternehmen, wurde durch die deutlich geringeren Entwicklungsinvestitionen der großen Ölkonzerne stark in Mitleidenschaft gezogen; zwischen Juni 2014 und März 2020 fielen seine Aktien um 90 Prozent. Ein anderes beliebtes Privatunternehmen, Interstate Batteries, hat öffentlich erklärt, es würde „Gott verherrlichen, während wir unsere Kunden beliefern". Auf seiner Website zitiert es die Heilige Schrift als Grundlage für seine unerschütterliche Verpflichtung, „mit dem Herzen eines Dieners" zu handeln (1. Petrus 4,10: „Dient einander, jeder mit der Gnadengabe, die er empfing – als gute Verwaltung der vielgestaltigen Gnade Gottes."). Die nahezu makellose Bilanz des Unternehmens bei der Herstellung und dem Vertrieb von Hunderten von Millionen Batterien für Autos, mobilen Geräten sowie Haushalts- und medizinischen Geräten ist zweifellos lobenswert. Die Tatsache, dass das Unternehmen Lithium- und Bleibatterien herstellt – Interessen, die einige Umweltaktivisten nicht gerade begeistern –, könnte andere jedoch zum Nachdenken anregen. Dies ist kein Seitenhieb auf Interstate Batteries, sondern vielmehr eine Erkenntnis, dass ESG-Risiken das Unternehmen aufgrund wesentlicher „E"-Bedenken letztendlich hart treffen könnten.

2019 hat sich Raj Sisodia mit dem Organisationsentwicklungsgenie Michael J. Gelb zusammengetan, um gemeinsam das Buch „The Healing Organization" zu verfassen. Tom Peters, der gefeierte Co-Autor des 1982 erschienenen Klassikers „Auf der Suche nach Spitzenleistungen", der sich mehr als drei Millionen Mal verkaufte, stellt in seinem Vorwort unmissverständlich fest, dass Sisodias und Gelbs Text über die „Erweckung des Gewissens der Wirtschaft zur Rettung der Welt" auf den Listen der besten Wirtschaftsbücher aller Zeiten erscheinen wird. Warum? Weil darin viele Fälle von Unternehmen beschrieben werden, die sich selbst oder ihre Branche auf diese Weise grundlegend verändert haben.

Nach Sisodia und Gelb sind heilende Organisationen in erster Linie „menschenzentriert". Sie betrachten alles, was sie tun, unter dem Gesichtspunkt ihrer direkten Auswirkungen auf das Leben der Menschen. Sie machen sich auch dieselben drei Grundprinzipien zu eigen:

1) Übernehmen Sie die moralische Verantwortung, um unnötiges Leid zu verhindern und zu lindern.
2) Erkennen Sie an, dass Ihre Mitarbeiter Ihre ersten Stakeholder sind.
3) Definieren, kommunizieren und leben Sie eine heilende Absicht.

An der Spitze einer heilenden Organisation müssen außerdem heilende Führungskräfte stehen. Nehmen wir als Beispiel Jim Sinegal, den Gründer und ehemaligen CEO von Costco. Sinegal zahlte seinen Mitarbeitern absichtlich das Doppelte der Löhne seiner direkten Konkurrenten und weigerte sich gleichzeitig, auf alles, was seine Geschäfte verkauften, einen Aufschlag von mehr als 14 Prozent zu verlangen. Dies hat dazu geführt, dass Costco eine ungewöhnliche Loyalität der Mitarbeiter hervorgebracht hat und gleichzeitig viele Generika um 90 Prozent billiger verkauft als Target, Walmart oder CVS. Um eine heilsame

Führungspersönlichkeit zu sein, so schreiben Sisodia und Gelb überzeugend, muss man an seine Geschäftsmöglichkeiten so herangehen, wie Sinegal an seine herangegangen ist: mit echter Sorge um alle seine Stakeholder. Unternehmensleiter sollten auch die zehn wichtigsten Charaktereigenschaften für eine langfristige Gewinnmaximierung verkörpern:

1. Machen Sie sich Unschuld und Demut zu eigen.
2. Alchemisieren Sie Ihr Leiden.
3. Bleiben Sie sich selbst treu.
4. Geben Sie die Werte und Verhaltensweisen vor, die Sie für Ihr Unternehmen anstreben.
5. Denken Sie kreativ / treiben Sie Innovationen voran.
6. Seien Sie ein inspirierender Geschichtenerzähler.
7. Denken Sie daran, dass Mittel und Zweck untrennbar miteinander verbunden sind.
8. Harmonisieren Sie männliche/weibliche und kindliche/ältere Energien.
9. Denken Sie sieben Generationen voraus – mindestens.
10. Handeln Sie immer aus Liebe.

Ich bin natürlich kein Fan von Professor Sisodias Behauptung, dass er in einzigartiger Weise in der Lage ist, großartige Aktien auszuwählen, indem er die Seele eines Unternehmens untersucht. Dennoch glaube ich, dass viele Unternehmen weit mehr erreicht haben, als andere es sich erträumt haben, indem sie sich explizit für eine von Herzen kommende Zielsetzung entschieden haben. Ich bewundere auch die einfühlsame Führung, für die Sisodia besonders eloquent eintritt. Vor allem aber glaube ich, dass die Instrumente, die Professor Sisodia, Just Capital und B Lab jeweils für sich weiterentwickeln und einsetzen wollen, nützlich sein könnten, um die Rolle zu maximieren, die öffentliche und private Unternehmen bei der Förderung eines integrativeren, nachhaltigen Wachstums spielen können und sollten. Sie unterscheiden sich natürlich von den Pfaden, auf die Regulierungsbehörden und Rechnungslegungsgremien fixiert sind. ESG-Methoden konzentrieren sich auf Wesentlichkeit und Konsistenz, nicht auf die Harmonisierung männlicher und weiblicher Energien oder auf die Bedeutung von Seelenstärke und Freude. Ich akzeptiere, dass diese Eigenschaften einen erheblichen Einfluss auf die Rentabilität von Unternehmen und die Rendite der Aktionäre haben können. Das sollten wir alle. Gleichzeitig ist es jedoch unwahrscheinlich, dass sie die gesamte ESG-Bewegung als primäre und anhaltende Kraft für die Umverteilung des globalen Kapitals mit dem doppelten Versprechen von sozialem Fortschritt und überdurchschnittlichen Renditen verdrängen werden. Aus diesem Grund müssen wir unseren Fokus wieder auf die bestehende ESG-Bewegung und darauf richten, wie sie umgestaltet werden könnte, um eine sinnvollere und messbarere Wirkung zu erzielen.

In diesem Kapitel haben wir untersucht, ob es eine überlegene, systemisch sinnvolle und skalierbare Methode gibt, um über die ESG-Anstrengungen vor Ort hinaus das Gute im Verhalten von Unternehmen fest zu verankern. Obwohl wir einige vielversprechende Ansätze gesehen haben, lautet die Antwort: Nein, es gibt keine allumfassende Methode, um die Unternehmenswelt in eine wohlwollendere Kraft umzuwandeln, die die konkurrierenden Interessen aller Stakeholder konsequent optimiert. Es gibt auch keine unzureichend genutzte Strategie, die die Unternehmenswelt irgendwie dazu bringen kann, alle unsere ökologischen und sozialen Probleme in großem Maßstab zu lösen. Es gibt jedoch einige Strategien, die man im Auge behalten sollte, und einige, die ein erhebliches Potenzial für eine bessere Skalierbarkeit aufweisen. In der Zwischenzeit sind die laufenden ESG-Bemühungen im gesamten Unternehmens-, Regulierungs- und Finanzbereich, einschließlich ernsthafter Bemühungen um die Entwicklung eines gemeinsamen Lexikons, der Standard, an dem alle anderen Initiativen zur Verbesserung der Unternehmensqualität gemessen werden, und werden es wahrscheinlich auch bleiben. In der globalen Finanzwelt ist ESG immer noch die vorherrschende Kraft, die für eine doppelte Bilanz sorgt. Von ihrem Erfolg oder Misserfolg hängt eine Menge ab.

Letztendlich sind es die Eigentümer von Vermögenswerten, die entscheiden müssen, wie sie ihr Kapital einsetzen, um die von ihnen gewünschten Ergebnisse zu erzielen. In einem solchen Umfeld wird die ESG-Anpassung mit Sicherheit immer wichtiger werden. Einige werden finanzielle Renditen gegenüber ethischen Überlegungen bevorzugen, andere das Gegenteil. Noch mehr werden wollen, dass ihre Investitionen hohe Renditen erzielen *und* gleichzeitig positive soziale und ökologische Auswirkungen haben. Investitionen, die wirklich „gut laufen und Gutes bewirken", befinden sich an einem seltenen Sweet Spot.

Bei alldem, was auf dem Spiel steht, ist es nicht verwunderlich, dass Hunderte von Unternehmen behaupten, über ein einzigartiges Verfahren oder unübertroffene Fähigkeiten zu verfügen, mit denen sie überdurchschnittliche Renditen und positive soziale Ergebnisse erzielen können. Wenn man bedenkt, dass es um Billionen von Dollar geht, ist es auch kein Wunder, dass sich die Finanzdienstleistungsbranche in ein regelrechtes ESG-Wettrüsten verstrickt hat.

KAPITEL 11

DAS ESG-WETTRÜSTEN

Gewinnen ist nicht alles. Es kommt nach dem Atmen an zweiter Stelle.

GEORGE STEINBRENNER

Wo immer und wann immer viel Geld in Bewegung ist, werden große Schlachten geschlagen. Seit 2018 wurden jeden Tag durchschnittlich acht Milliarden US-Dollar von traditionellen Anlagestrategien in ESG-Produkte umgeschichtet. In einem Bericht von Bloomberg Intelligence wird behauptet, dass bis 2025 mehr als ein Drittel aller weltweit verwalteten Vermögenswerte ein explizites ESG-Label tragen und sich bis dahin auf insgesamt mehr als 50 Billionen US-Dollar belaufen werden.[1] So rasant, wie die jüngsten Zuflüsse von ESG-Investitionen waren, scheinen sie sich noch weiter zu beschleunigen. Wo immer große Schlachten geschlagen werden, gibt es Sieger und Besiegte. Das ist heute in der Vermögensverwaltung und Anlageberatung der Fall. Tausende von Vermögensverwaltungs- und Anlageberatungsunternehmen verkünden, dass ihre firmeneigenen Anlageprozesse, die Umwelt-, Sozial- und Governance-Analysen beinhalten, in einzigartiger Weise geeignet seien, bessere Ergebnisse zu erzielen. Wir alle wissen jedoch, dass dies nicht stimmen kann: Per Definition kann eine überdurchschnittliche Leistung nur von einigen wenigen erreicht werden. Die durchschnittliche Rendite aller Anlagestrategien wird ... durchschnittlich sein.

Willkommen im ESG-Wettrüsten!

Eine der wichtigsten Fragen, die sich derzeit stellen, ist, was wirklich als „nachhaltiges" ESG-Produkt gilt. In gewisser Weise ist der ESG-Markt ein klassischer Fall von „zuerst den Nachtisch essen und das Gemüse für den Schluss aufheben". Nach den UN-Prinzipien für verantwortungsbewusstes Investment (PRI = Principles for Responsible Investment) müssen Unternehmen lediglich versprechen, ESG-Überlegungen in ihre Anlagepraktiken zu „integrieren". Mehr als 7.000 Institutionen geben an, dass sie dies getan haben. Diese Firmen verwalten zusammen mehr als 120 Billionen Dollar an Vermögenswerten. Ihre von ihnen selbst benannten „integrierten" ESG-Anlagestrategien umfassen eine breite Palette von Produkten und Methoden, die von traditionellen indexierten Produkten mit Screening über aktive thematische Produkte bis hin zu Fonds mit Tilted-Screening, Impact-Strategien und „Double-Bottom-Line"-Varianten reichen. ESG-integrierte Anlagen decken auch alle Anlageklassen ab, von Bargeld, öffentlichem Beteiligungskapital, festverzinslichen Wertpapieren und Krediten bis hin zu Private Equity, Sachwerten und Rohstoffen. Dennoch haben die Vermögensverwalter und ihre Aufsichtsbehörden insgesamt sehr wenig getan, um ESG-integrierte Produkte transparent, konsistent oder für ihre Kunden nützlich zu klassifizieren. Stattdessen ist jeder seinen eigenen Weg gegangen. In gewisser Weise haben sie alle ihren Nachtisch zuerst gegessen.

Die minimalen Akkreditierungsstandards der PRI haben es einer Vielzahl von Managern ermöglicht zu sagen: „ESG steht im Mittelpunkt unseres Handelns." Ein Unternehmen, das diesen Anspruch erhebt – die DWS Group, der Vermögensverwaltungszweig der Deutschen Bank –, musste wegen der Diskrepanz zwischen dem, was gesagt wurde, und dem, was getan wurde, eine öffentlichkeitswirksame Blamage hinnehmen. Die ehemalige Nachhaltigkeitschefin der DWS, Desiree Fixler, sagt, sie sei gefeuert worden, weil sie die Mängel in den ESG-Integrationsverfahren der DWS angesprochen hatte. „Sich mit großen Erklärungen zum Klimaschutz und zur Inklusion zu profilieren, ohne die entsprechenden Beweise dafür zu haben, ist wirklich ziemlich schädlich", sagte Fixler dem Wall Street Journal.[2] Eine interne Überprüfung des Anlageprozesses der DWS ergab angeblich, dass nur ein „kleiner Teil der Anlageplattform" ESG-Kriterien ordnungsgemäß integriert. Während viele der 7.000 sogenannten ESG-Integratoren der PRI ihre Verfahren zweifellos gewissenhaft anwenden, haben einige der weniger bedeutenden Akteure sicherlich Abstriche gemacht. Kurz gesagt war es für einige Firmen nur allzu leicht zu behaupten, dass sie ESG-„Überlegungen" in ihren traditionellen Anlageprodukten berücksichtigen, ohne ihre traditionellen Praktiken sinnvoll zu ändern. Das Erreichen strengerer Standards, die genaue und umsetzbare Definitionen darüber beinhalten, wie die Investitionsprozesse von Unternehmen wirklich nachhaltig sind – der Teil, bei dem es um den Verzehr von Gemüse geht –, ist der Kern des Kampfes, der vor uns liegt.

Ein Beispiel für den Kampf mit harten Bandagen, der jetzt stattfindet, wurde nach einem weiteren Bericht von Bloomberg Intelligence öffentlich.[3] Die Leiter der ESG-Themeninvestitionen von Bloomberg warfen BlackRock und seinen größten ESG-ETF (Tickersymbol „ESGU") – damals der größte ESG-ETF der Welt mit 23 Milliarden US-Dollar an Vermögenswerten – eine inkonsistente Aktien- und Sektorallokation vor. Zum Zeitpunkt der Erstellung des Berichts besaß ESGU Öl- und Gas-Aktien im Wert von 2,72 Prozent der gesamten Fondsallokation – etwas mehr als die Gewichtung des S&P 500 von 2,63 Prozent sowie die Gewichtung des MSCI USA Index von 2,44 Prozent, auf dem die Strategie basierte. Kleine Beteiligungen an Honeywell, Huntington Ingalls und Jacobs Engineering wurden ebenfalls wegen möglicher Verstöße beanstandet, da diese Unternehmen am Rande an der Waffenproduktion beteiligt sind. Bloomberg behauptete, dass diese

Übergewichtungen und Beteiligungen „einen Schatten" sowohl auf den verwendeten MSCI-Index als auch auf die allgemeine Behauptung werfen, dass ESGU nachhaltige Ergebnisse unterstützt. Leider wurde nicht erwähnt, dass die Portfoliomanager von ESGU ihre zugesagten Tracking-Error-Grenzen und Anlagerichtlinien gut einhielten. Vielleicht noch kritischer ist, dass Bloomberg selbst eine Reihe von ESG-Indizes anbietet, die heftig darum konkurrieren, die MSCI-Indizes zu verdrängen. Kriege werden oft auf diese Weise geführt; ihr erstes Opfer ist die Wahrheit. Wenn Bloomberg auf eine vollständige und faire Offenlegung bedacht wäre, hätte es zugegeben, dass ESGU im Gegensatz zu seinem Prospekt nicht schlecht verwaltet wurde. Es hätte außerdem festgestellt, dass ESGU seit seiner Gründung sowohl den S&P 500 als auch den von ihm gewählten MSCI-Index übertroffen hat, während die Kohlenstoffintensität im Großen und Ganzen deutlich geringer war. Es hätte auch offengelegt, dass es durch seine Zugehörigkeit zu konkurrierenden Prozessen und Produkten in einen Konflikt geraten sein könnte. Schließlich hätte es erwähnt, dass seine Indizes auch Öl- und Gasbeteiligungen und umstrittene Unternehmen wie Honeywell zulassen, was sich kaum von MSCIs Ansatz unterscheidet. Andernfalls würde es einen ernsthaften Tracking Error gegenüber den Indizes riskieren, die es angeblich zu schlagen versucht. Aber Krieg ist eben Krieg!

In einem Bericht aus dem Jahr 2021 mit dem augenzwinkernden Titel „It's Not Easy Being Green" (Es ist nicht einfach, grün zu sein) beschreibt die zu Deloitte gehörende Casey Quirk, wie schwierig es für die meisten Unternehmen sein wird, eine authentische Umstellung von den derzeitigen unregulierten ESG-Praktiken auf nachweislich nachhaltige Anlagepraktiken zu bewältigen (Abbildung 11.1). Nahezu die Hälfte des prognostizierten massiven Wachstums der ESG-Vermögenswerte dürfte auf die Umstellung bestehender Strategien auf nachweislich nachhaltigere und sozialere Fonds entfallen. Was genau wird sich bei diesen Strategien ändern? Wie wird „mehr Nachhaltigkeit" nachweislich gemessen und umgesetzt werden?

Letztendlich glaubt Casey Quirk, dass ESG-Strategien aus vier großen Typen bestehen werden: (1) *ESG-Risiko-Integratoren*, die ESG-Daten als einen von vielen Portfolio-Inputs verwenden werden, wobei nur wenige definierte ökologische, soziale oder Governance-Ergebnisse explizit versprochen werden; (2) *kundenorientierte ESG-Lösungen*, bei denen Strategien, die auf engagiertere soziale und ökologische Ergebnisse abzielen, in erster Linie durch direkte Beratung mit den sowie durch Anpassung an die Kunden bestimmt werden; (3) *zielorientierte ESG-Ergebnisanbieter*, deren Unternehmens- und Investitionsentscheidungen durch eine klare Reihe von ESG-Zielen definiert werden, die meisten davon im Zusammenhang mit dem Klima; und (4) *Nachhaltigkeitspuristen*, die explizite Ziele wie Temperaturanpassung oder Null-Kohlenstoff-Emissionen als ihre zentrale Wettbewerbsidentität beanspruchen werden. Casey Quirk zufolge wird jede dieser vier strategischen Kategorien auch eine unterschiedliche Wachstumsdynamik aufweisen, wobei der Anteil der ESG-Integratoren – die derzeit am häufigsten vertreten sind – von 49 Prozent auf 34 Prozent des Gesamtmarkts zurückgehen wird. Auch bei den kundenorientierten Lösungen wird ein relativer Rückgang von 43 Prozent auf 25 Prozent erwartet. Es wird erwartet, dass sich der Marktanteil zielorientierter Produkte von 8 Prozent auf 39 Prozent fast verfünffachen wird, während puristische Nachhaltigkeitslösungen bei 1 bis 2 Prozent verharren und damit Nischenstrategien bleiben werden.[4] Die rasch wachsenden zielorientierten Produkte können sich im Großen und Ganzen an indexbezogenen Renditen orientieren und zusätzliche Besonderheiten in Bezug auf mehrere ökologische oder soziale Ziele beinhalten. Möglicherweise verfolgen sie auch explizitere Wirkungsziele (ein Vorgeschmack auf die von mir in Kürze vorgestellte 1,6-Prozent-„Lösung“). Vermögensverwalter und Anlageberater müssen transparent machen, was sie bei jeder dieser vier Strategien auf wirklich differenzierte Weise anbieten können und was nicht. Wenn nicht, werden sie den Kampf um ESG-Marktanteile verlieren.

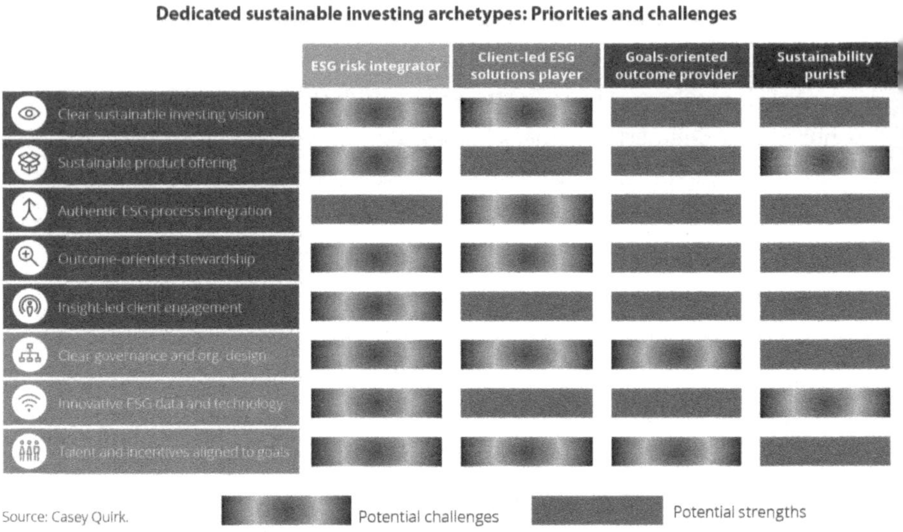

ABBILDUNG 11.1 „Um das ESG-Wettrüsten zu gewinnen, bedarf es verschiedener Wettbewerbsvorteile in Bezug auf bestimmte Sektoren des Marktes für nachhaltige Anlagen …" – Casey Quirk, 2021.

Nachdruck mit Genehmigung von „It's not easy being green: Managing authentic transformation within sustainable investing." Copyright © 2021 Deloitte Development LLC. Alle Rechte vorbehalten.

Eine Firma, die bereit und willens ist, für mehr kundenorientierte ESG-Gewinne zu kämpfen, ist Dimensional Fund Advisors. In einem Bericht aus dem Jahr 2021 argumentiert es, dass die Subjektivität, Undurchsichtigkeit und Komplexität von ESG-Ratings für Anleger nur von begrenztem Nutzen sind – dieselbe Schlussfolgerung, zu der wir in unserer Diskussion über die Wesentlichkeit gekommen sind.[5] Stattdessen behaupten sie, dass ein besserer Ansatz für Anleger darin bestehe, ihre ESG-Prioritäten zu bestimmen, Daten zu ermitteln, mit denen diese Prioritäten nachprüfbar gemessen werden können, und diese Ziele in einen umfassenden, risikobewussten Anlagerahmen zu integrieren: „Anstatt sich auf allgemeine ESG-Ratings zu verlassen, sind wir der Meinung, dass Anleger besser beraten sind, wenn sie herausfinden, welche spezifischen ESG-Themen für sie am wichtigsten sind, die von ihrem Anlageverwalter verwendeten Daten verstehen ... und eine transparente Berichterstattung zu spezifischen ESG-Ergebnissen verlangen." Dimensional Fund Advisors geht davon aus, dass sich seine kundenindividuellen ESG-Strategien weitgehend auf den Klimawandel konzentrieren werden, da dies seiner Meinung nach die wichtigste Nachhaltigkeitsherausforderung unserer Zeit ist.

Die Asset-Management- und ESG-Research-Teams der Deutschen Bank unter der Leitung von Brian Bedell und Debbie Jones prognostizieren für die kommenden Jahre ebenfalls ein beschleunigtes organisches Wachstum für „nachhaltige" Anlageprodukte. Sie gehen davon aus, dass sich der Kampf um Billionen von ESG-Dollar an zwei breiten Fronten abspielen wird: *aktive* und *indexierte* Strategien. Sie stellen fest, dass die jüngste Outperformance vieler ESG-Produkte im Zusammenhang mit der Covid-19-Pandemie dazu beiträgt, dass die Nachfrage im Einzelhandel kurzfristig steigt. Gleiches gilt für die wachsende Besorgnis über den Klimawandel, die zunehmenden Auswirkungen der europäischen Regulierung und den verstärkten Einsatz von Programmen der künstlichen Intelligenz. Aufgrund dieser Faktoren erwarten Bedell und Jones, dass „gezielte und thematische ESG-ETFs für Privatanleger besonders attraktiv sein werden", was zu mehr Zuflüssen in indexierte ESG-Produkte wie ETFs führen wird.[6] Natürlich hat der ESG-ETF-Markt bereits Fahrt aufgenommen. Zwischen 2018 und Juli 2021 hat sich die Gesamtzahl der weltweit gelisteten ESG-ETFs fast verdreifacht, von 285 auf 770. Das in ESG-ETFs verwaltete Gesamtvermögen ist im gleichen Zeitraum ebenfalls um mehr als das Zehnfache gestiegen. Da aktive Manager „ihre Fähigkeiten im Bereich des nachhaltigen Investierens stärken, einschließlich der Auswahl von Wertpapieren mit sich verändernden ESG-Merkmalen", sehen Bedell und Jones einen möglichen Aufschwung bei aktiven gegenüber indexierten Strategien.

Die Betrachtung mehrerer Beispiele für indexierte und aktive ESG-Strategien, die Aktien- und Rentenmärkte einbeziehen, gibt einen hilfreichen Vorgeschmack auf das, was noch kommen wird.

I. Indexierte Aktien-ESG-Strategien

Eine der am schnellsten wachsenden ESG-Strategien für indexierte Aktien sucht Unternehmen auf der Grundlage einer einzigen Variable aus: „Temperaturausrichtung". Vermögensverwalter und Indexanbieter verwenden viel Zeit und Mühe darauf, Unternehmen zu identifizieren, die Schritte unternommen haben, um sich nachweislich an das Pariser Ziel von Netto-Null-Kohlendioxidemissionen bis 2050 anzupassen. Es besteht jedoch eine erhebliche Diskrepanz zwischen Indexanbietern und einzelnen Analysten darüber, welche Unternehmen für den Übergang bereit sind und welche nicht. So kamen die Analysten von S&P im August 2021 zu dem Schluss, dass 305 Mitglieder des S&P 500 für die Aufnahme in ihren Net Zero 2050 Paris-Aligned ESG Index infrage kommen, 195 dagegen nicht.[7] Um in den Index aufgenommen zu werden, muss ein Unternehmen des S&P 500 den Nachweis erbringen, dass es seine Emissionen bis 2050 auf Nettobasis unter Verwendung der Trucost-Transition-Pathway-Analysen auf null bringen wird. Außerdem dürfen sie nicht in umstrittene Waffen, Tabak, Kohle-, Erdöl- oder Erdgasexploration oder andere Treibhausgas emittierende Branchen involviert sein, die S&P als disqualifizierend betrachtet. Bei der Analyse aller 500 Unternehmen hat S&P seine eigenen Ausrichtungsregeln festgelegt und gemessen. Andere Indexanbieter gehen nach anderen Methoden vor und kommen zu anderen Ergebnissen.

Die Amundi-Sparte Lyxor Asset Management hat den S&P-Index in mehrere ihrer ETFs übernommen und damit die 305 Unternehmen, auf die S&P ausgerichtet ist, von der Theorie in die Praxis gebracht. Lyxor ist einer der ältesten und größten ETF-Anbieter in Europa. Laut Bloomberg-Daten haben die auf US-Dollar und Euro lautenden ETFs von Lyxor, die den S&P Net Zero 2050 Paris-Aligned ESG Index nachbilden, in den ersten 14 Handelsmonaten eine Underperformance von rund 250 Basispunkten oder 2,5 Prozent erzielt. Dies ist ein ungewöhnlich hohes Maß an negativem Tracking Error für einen ETF. Außerdem berechnete Lyxor für diese Produkte 70 Basispunkte an Gebühren, was im Branchenvergleich teuer ist. Bis September 2021 übertrafen Lyxors von S&P 500 geprüfte Netto-Null-ETFs nach Gebühren den ungeprüften S&P 500 jedoch immer noch um 77 Basispunkte. Mit anderen Worten: Der von S&P gescreente Index mit 305 Titeln schnitt ausreichend besser ab als der breitere S&P 500 Index, um die hohen Gebühren und den Tracking Error von Lyxor mehr als auszugleichen. Das bedeutet, dass die temperaturorientierte Benchmark von S&P im Vergleich zum breiteren S&P 500 über den gemessenen Zeitraum ein Alpha generierte. Natürlich wäre es besser gewesen, den temperaturabhängigen S&P-Index direkt zu besitzen, aber der temperaturabhängige S&P-500-ETF von Lyxor erzielte dennoch eine gewisse Überrendite.

Die Strukturierung von auf die Temperatur ausgerichteten Fonds ist eine Herausforderung, da sie sich auf Unternehmensdaten stützt, die immer noch frustrierend unvollständig sind, sowie auf Analysen, die sich von Unternehmen zu Unternehmen deutlich unterscheiden können. Eine genauere Betrachtung gibt Aufschluss über die Herausforderungen, die auf temperaturabhängige Produkte zukommen. So hat die Denkfabrik InfluenceMap vor Kurzem 723 Aktienfonds untersucht, die angeblich in irgendeiner Weise auf die Pariser Ziele ausgerichtet sind. Die Analyse ergab, dass Fonds, die sich als konform bezeichneten, keine stärkere Temperaturausrichtung aufwiesen als breite MSCI-Weltindizes oder ähnlich breite Indizes mit einigen Ausnahmen für fossile Brennstoffe. Ihre Untersuchung zeigte insbesondere „einen Mangel an Konsistenz und oft mangelnde Transparenz bei der Ausrichtung vieler ESG- und Klimafonds auf die globalen Klimaziele“.[8] Ihr Bericht sollte das weitverbreitete Greenwashing, eine gängige Praxis, bei der Firmen und Fonds vorgeben, eine stärkere ökologische Glaubwürdigkeit zu haben, als dies tatsächlich der Fall ist, aufzeigen und eindämmen helfen.

Es bleibt abzuwarten, ob Indizes, die sich aus Unternehmen zusammensetzen, die bereits auf Paris ausgerichtet sind, im Laufe der Zeit besser abschneiden werden als breitere Indizes, die Unternehmen und Branchen enthalten, die noch nicht auf Paris ausgerichtet sind. Es gibt jedoch zumindest einen intuitiven Grund dafür, dass dies nicht der Fall sein wird. Aus finanzieller Sicht wird es immer vorteilhaft sein, Unternehmen zu besitzen, *bevor* sie die besten Praktiken übernehmen. Investoren profitieren am meisten durch den zusätzlichen Wert, der während und nach einem positiven Wandel geschaffen wird. Dies ist genau der Punkt, den die norwegische Zentralbank mit ihrer Ablehnung der Einführung von ESG- oder klimaorientierten Indizes zum Ausdruck gebracht hat: „Jede Entscheidung, den aktuellen Aktienindex durch einen klimaangepassten Index zu ersetzen, würde bedeuten, dass der Fonds Chancen verpasst, wenn Unternehmen, die nicht im Index enthalten sind, einen Wandel durchmachen." Gleichzeitig würde eine zunehmende Zahl von Anlegern, die sich für klima- oder anderweitig ESG-geprüfte Indizes entscheiden, wahrscheinlich eine größere Nachfrage nach denselben Unternehmen schaffen. Ceteris paribus sollte die steigende Nachfrage die Preise für Schuldtitel und Aktien von transformierten Unternehmen in die Höhe treiben. Wenn Billionen von Dollar erst noch in Produkte mit verifizierten ESG-Eigenschaften umgeschichtet werden müssen, wird ein sich selbst erfüllender Kreislauf höherer Preise für Unternehmen, die sich an den ESG-Richtlinien orientieren, immer wahrscheinlicher. Es ist heute einfach nicht möglich, mit Sicherheit zu wissen, ob sich temperaturorientierte Fonds besser entwickeln werden als breitere Indizes. Was wir mit Sicherheit sagen können, ist, dass jeder, der verspricht, dass solche Fonds auf jeden Fall besser abschneiden werden als breite Indizes und gleichzeitig einen grüneren Planeten schaffen, mehr behauptet, als die Fakten und der gesunde Menschenverstand zulassen.[9] Der Mechanismus zur Übertragung der Kapitalkosten, von dem dieses Argument weitgehend abhängt, hat bisher weder die Treibhausgasemissionen reduziert noch den Klimawandel in irgendeiner nachweisbaren Weise gedämpft. Auch die Korrelation ist kein Beweis für die Kausalität.

II. Aktive Aktien-ESG-Strategien

Aktive Strategien erlauben nicht nur mehr Tracking Error im Vergleich zu einem Index, sie fördern ihn sogar ausdrücklich. Ihr erklärtes Ziel ist es, einen Index zu übertreffen. Die leistungsstärksten aktiven Strategien erreichen dies, indem sie konzentrierte Aktienwetten eingehen. Man wählt ein aktives Management gegenüber einem Indexmanagement, weil man ein hohes Maß an Vertrauen in die Fähigkeiten dieses Managements bei der Aktienauswahl und eine größere Toleranz für Volatilität hat. Volatilitätstoleranz bedeutet, dass man bereit ist, unerwartete Kursschwankungen zu akzeptieren, die über das hinausgehen, was ein angegebener Index vorgibt. Aktive Vermögensverwalter können Perioden unterdurchschnittlicher Performance durchlaufen – es wäre sogar merkwürdig, wenn sie das nicht täten. Wenn sie ihre Arbeit gut machen, können sie jedoch auch einer von sieben sein, die den Marktindex, den sie zu schlagen versuchen, kontinuierlich übertreffen. Zum Zeitpunkt der Erstellung dieses Berichts können nur etwa 400 aktiv verwaltete ESG-Aktienfonds eine Erfolgsbilanz von drei Jahren oder länger vorweisen. Einer der besten Fonds in dieser Kategorie, der im Vergleich zu seinen Konkurrenten über einen Zeitraum von drei und fünf Jahren stets im obersten Dezil rangiert, ist der Large-Cap Sustainable Growth Fund, der von Karina Funk und David Powell von Brown Advisory verwaltet wird.

Obwohl sie sich am Russell 1000 Growth Index messen lassen, besitzen Funk und Powell in der Regel nicht mehr als 30 bis 40 Unternehmen. Um Alpha gegenüber ihrem Index zu generieren, gewichten sie Unternehmen mit überzeugenden Bewertungen und nachhaltigen

Wettbewerbsvorteilen stark über. In den drei Jahren bis Juni 2021 erzielte die Large-Cap Sustainable Growth Strategy von Brown Advisory eine Outperformance von mehr als 225 Basispunkten pro Jahr. Bei einer durchschnittlichen Gebühr von etwa 54 Basispunkten könnte eine Investition bei dem nachhaltigen Wachstumsteam von Brown Advisory attraktiver sein als eine direkte Investition in den Russell 1000 Growth Index, solange eine höhere Volatilität kein Problem darstellt. „Funk hat eine lange Tradition in der Durchführung von Umwelt-, Sozial- und Governance-Analysen", so Morningstar, das dem Fonds eine seiner besten Bewertungen zuerkannte. „Sie sucht nach Unternehmen mit dauerhaften ESG-getriebenen Wettbewerbsvorteilen, die letztlich zu Kostensenkungen, höheren Einnahmen und verbesserten Franchise-Werten führen."

Eine weitere aufkommende Klasse aktiver ESG-Aktienstrategien, die es zu beobachten gilt, besteht darin, bedeutende Positionen in Unternehmen mit anhaltenden ökologischen und sozialen Problemen einzunehmen und sie zu Veränderungen zu bewegen. In fast allen Fällen wird diese Form des Engagements nicht willkommen sein. Der Kampf um einen Sitz im Verwaltungsrat – wie es Engine No. 1 erfolgreich bei Exxon getan hat – könnte für die Zielunternehmen solcher Strategien zu einem gängigen Ansatz werden. Dies sind jedoch hochriskante Unternehmungen. Um erfolgreich zu sein, muss das bestehende Management verdrängt und die seit Langem bestehenden Geschäftspraktiken umgestaltet werden. Das ist immer schwierig, und ein Misserfolg wäre sehr kostspielig. Ein letztes Beispiel für aktive ESG-Aktienstrategien, die in Betracht gezogen werden sollten, zielt explizit auf messbare Auswirkungen in Bezug auf ökologisch oder sozial wünschenswerte Ergebnisse wie die Ziele für nachhaltige Entwicklung der Vereinten Nationen ab. Diese Strategien zielen darauf ab, auf überprüfbare Weise „Gutes zu tun und gut zu laufen". In Kapitel 16 werde ich eine breite Palette dieser Arten von Wirkungsstrategien erörtern.

III. Indexierte festverzinsliche ESG-Strategien

Wenn man von ESG-Aktienstrategien zu ESG-Anleihestrategien übergeht, stellt man fest, dass die Renditeaussichten sowohl nominal als auch real sehr unterschiedlich sind, also sowohl vor als auch nach Berücksichtigung der Inflation. Während beispielsweise viele Aktienstrategien in den letzten Jahren zweistellige Renditen erwirtschaftet haben, erzielten die meisten Strategien mit hochwertigen festverzinslichen Anlagen sehr niedrige einstellige Renditen. Niedrige Renditen bei festverzinslichen Wertpapieren sind die unvermeidliche Folge einer über lange Zeiträume hinweg sehr lockeren Geldpolitik. Um die durch die Covid-19-Pandemie verursachten wirtschaftlichen Schwächen und Unsicherheiten zu bekämpfen, haben die Zentralbanken in vielen Ländern ihre Leitzinsen auf null gesenkt – in Ländern wie Dänemark, Japan, Schweden und der Schweiz sogar *unter* null. Die Renditen der meisten hochwertigen Schuldtitel folgten diesem Trend. Um eine Rendite von mehr als einem Prozent zu erzielen, musste man in den letzten Jahren entweder ein erhebliches Bonitätsrisiko – das heißt eine größere Unsicherheit hinsichtlich der Rückzahlungsfähigkeit des Schuldners – oder ein höheres Durationsrisiko eingehen. Die *Duration* bezieht sich auf die Zeit, die zwischen dem Kauf eines Wertpapiers und der Rückzahlung seiner vollen Kosten vergeht. Wenn Sie heute eine Rendite von mehr als zwei Prozent bei minimalem Bonitätsrisiko erzielen möchten, müssen Sie möglicherweise 10, 50 oder sogar 100 Jahre warten, bis Sie Ihr Kapital zurückerhalten. Festverzinsliche Wertpapiere bieten zwar keine hohe Rendite, aber sie können einem Portfolio eine gewisse Widerstandsfähigkeit verleihen. Wenn die Aktienkurse stark fallen, steigen die Kurse der Anleihen in den meisten Fällen. Portfolios mit ausgewogenen Kombinationen unkorrelierter Vermögenswerte weisen in der Regel eine geringere Gesamtvolatilität auf.

Wir haben noch nicht über grüne Anleihen oder ihre Verwandten, die Sozial- und Nachhaltigkeitsanleihen, gesprochen. Da diese Instrumente sehr vielversprechend für die Förderung eines inklusiven, nachhaltigen Wachstums sind, ist es wichtig, dass wir mehr über sie sprechen.

Eine grüne Anleihe ist ein festverzinsliches Instrument, mit dessen Erlös bestimmte klima- oder umweltbezogene Ziele unterstützt werden. Sie sind oft mit demselben Bonitätsrisiko behaftet wie die allgemeinen Verbindlichkeiten ihres Emittenten, können aber ein höheres Rating haben, wenn sie mit Vermögenswerten unterlegt sind, und ein niedrigeres Rating, wenn sie hinsichtlich der Vorrangigkeit nicht so hoch rangieren. Sozialanleihen sind ähnlich, mit dem Unterschied, dass mit ihren Erträgen Projekte unterstützt werden, die nicht dem Umweltschutz dienen, zum Beispiel mehr erschwinglicher Wohnraum oder ein breiterer Zugang zu Bildung. Im Gegensatz zu ESG-Aktien-Strategien, die sich weitgehend auf den Mechanismus der Kapitalkostenübertragung verlassen, um eine Wirkung zu erzielen, können grüne Anleihen und ihre sozialen Pendants in der Regel zu konkreten, nachweisbaren Veränderungen führen. Die Erlöse aus jeder grünen und sozialen Anleihe sind fast immer für festgelegte, überprüfbare Ergebnisse bestimmt. Diese Ergebnisse können aussagekräftig sein. So meldete der Asset Manager NN Investment Partners aus den Niederlanden für das Jahr 2021, dass durch die von ihm gehaltenen klimarelevanten grünen Anleihen 333 Megawatt an erneuerbarer Energiekapazität und 835 Gigawattstunden an jährlicher erneuerbarer Energieproduktion hinzukamen, wodurch 561.211 Tonnen an CO_2-Emissionen vermieden wurden. Dies sind lobenswerte Ergebnisse, die voll und ganz mit unserem Ziel eines integrativeren, nachhaltigen Wachstums übereinstimmen. NN gibt außerdem an, dass eine Million Dollar, die in seinen traditionellen Green-Bond-Fonds investiert wird, dem ökologischen Äquivalent entspricht, mit dem 25 EU-Haushalte ein Jahr lang mit Strom versorgt werden können, während gleichzeitig 165 Pkw von der Straße genommen werden.[10] Das bedeutet, dass Investitionen bei NN Investment Partners dazu beitragen, den Planeten widerstandsfähiger zu machen und gleichzeitig marktbasierte Erträge zu erzielen.

Grüne Anleihen gehören inzwischen auch zu den am schnellsten wachsenden Anleihemärkten der Welt. Nach Angaben der Climate Bonds Initiative könnte die jährliche Emission grüner Anleihen bis 2023 die Marke von einer Billion US-Dollar überschreiten (Abbildung 11.2). Die kumulierte Emission seit 2015 beläuft sich auf fast zwei Billionen Dollar. Zusammenfassend lässt sich sagen, dass grüne, soziale und nachhaltigkeitsbezogene Schuldtitel zu den vielversprechendsten festverzinslichen Produkten gehören, die nachweislich Gutes bewirken und dennoch eine gewisse Rendite abwerfen. Ihr größter Nachteil ist, dass diese Renditen weit unter dem Niveau liegen, das die Aktienmärkte erwirtschaften können und erwirtschaftet haben, und dass sie sich wahrscheinlich als unzureichend erweisen werden, um allein die Solvenz von Pensionsplänen zu fördern.

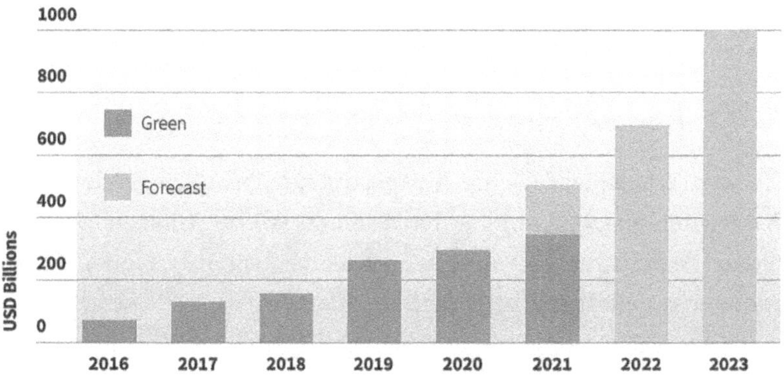

ABBILDUNG 11.2 Grüne Anleihen sind Schuldtitel, die nachweislich „Gutes tun". Sie sind auch einer der weltweit am schnellsten wachsenden Märkte.

© Climate Bonds Initiative, 2021.

Ein Beispiel für ein indexiertes festverzinsliches ESG-Produkt ist der VanEck Green Bond ETF. Unter dem Tickersymbol GRNB versucht er, die Kurs- und Renditeentwicklung des S&P Green Bond U.S. Dollar

Select Index vor Gebühren und Kosten so genau wie möglich nachzubilden. Laut Bloomberg-Daten hat er dies nicht ganz geschafft: Seit seiner Auflegung im März 2017 bis Dezember 2021 erzielte GRNB eine jährliche Rendite von etwa 3,3 Prozent, sein Vergleichsindex hingegen 3,6 Prozent pro Jahr. Grüne Anleihen und ihre sozialen Verwandten erhalten sicherlich gute Noten für die Förderung eines inklusiven, nachhaltigen Wachstums. Sie sind klare Beispiele für die Art von Instrumenten, die zur Gestaltung einer guten Gesellschaft beitragen können. Gleichzeitig muss aber auch gesagt werden, dass ihre Renditeziele sehr bescheiden sind. Aus diesem Grund können sie für sich genommen nicht als ausreichende Bausteine für ein langfristiges Rentenportfolio dienen. Wenn man jedoch Anleihen besitzt, könnte man durchaus für eine sinnvolle Allokation in grüne oder andere nachhaltige Anleihen plädieren. Dieser Vorschlag wird Teil meiner vorgeschlagenen 1,6-Prozent-„Lösung“ sein, die bald kommt.

IV. Aktive festverzinsliche ESG-Strategien

Ein letztes Beispiel für eine Anlagestrategie, bei der sich das ESG-Wettrüsten abspielt, sind aktive festverzinsliche Anlagen. Wie bei aktiven Aktienstrategien streben auch aktive Rentenstrategien höhere Renditen als ein Index an, indem sie durch intensives Research konzentriertere Engagements eingehen. Die angestrebten Renditen liegen immer noch unter denen der Aktienmärkte, da das infrage kommende Anlageuniversum niedrig verzinst ist. Im gegenwärtigen Zinsumfeld muss man ein hohes Maß an Durations- und Bonitätsrisiko eingehen, um Renditen zu erzielen, die deutlich über der Inflationsrate liegen. Mit aktivem Management sind höhere Renditen möglich. Natürlich sind aber auch niedrigere Renditen möglich!

Ein aktuelles Beispiel für eine aktive ESG-Strategie mit festverzinslichen Wertpapieren, die für eine wachsende Zahl von Anlegern interessant sein könnte, die sowohl Gutes bewirken als auch etwas davon haben wollen, ist der von BlackRock entwickelte Rahmen für festverzinsliche Wertpapiere mit dem Namen PEXT/NEXT Diese breit angelegte Strategie zielt darauf ab, Schuldtitel, die *positive* externe Effekte erzeugen, überzugewichten und gleichzeitig Engagements zu eliminieren, die *negative* externe Effekte über alle Branchen hinweg verursachen können – daher *P*EXT/*N*EXT. Grüne Anleihen, Sozialanleihen und Asset-Backed Securities für Elektrofahrzeuge sind Beispiele für Erstere. Wucherische Kredite, Tabak, Glücksspiel, Ölsand, Kohle und Erwachsenenunterhaltung sind Beispiele für Letzteres. Natürlich liegen die meisten festverzinslichen Wertpapiere zwischen diesen Extremen; in der Terminologie von BlackRock gehören dazu die sogenannten Baseline-Externalitäten oder BEXT-Anleihen und die Diskussionsanleihen oder DEXT-Anleihen. Portfoliomanager, die die PEXT/NEXT-Methode anwenden, müssen alle Anleihen der NEXT-Kategorie meiden, während sie in den anderen drei Kategorien eine angemessene Diskretion walten lassen.[11]

Das PEXT/NEXT-Konzept von BlackRock ist neu, das heißt, es gibt noch keine mehrjährige Erfolgsbilanz, die sein Potenzial für die Zukunft untermauern könnte. Dennoch gibt es Grund zu der Annahme, dass PEXT/NEXT die historische Performance des aktiven Fixed-Income-Teams von BlackRock widerspiegeln könnte. Es wird auf den historischen Methoden des Teams basieren und von BlackRocks eigenem Risikoanalysesystem Aladdin unterstützt werden. Kurz gesagt: PEXT/NEXT hat eine begründete Chance, Renditen zu erzielen, die über denen der Indizes liegen, denen es zu folgen verspricht, und gleichzeitig bestimmte wünschenswerte soziale und ökologische Ziele auf nachprüfbare Weise zu fördern. PEXT/NEXT ist ein aktiver, festverzinslicher Rahmen, der Gutes bewirken kann.

Diese vier Beispiele für ESG-Strategien – jeweils eines für aktive und indexierte Strategien auf den Aktien- und Rentenmärkten – veranschaulichen einen kleinen Teil der Tausenden von Anlageprodukten, die darauf hoffen und warten, in die anerkannten „nachhaltigen" ESG-Taxonomien der Zukunft aufgenommen zu werden. Letztendlich wird der Erfolg im ESG-Wettrüsten eine erfolgreiche Positionierung gegenüber den aufkommenden Verbraucherwünschen, wettbewerbsfähigen Preisen und sich entwickelnden regulatorischen Anforderungen erfordern. Der konzertierte Einsatz der Branche wird sich wahrscheinlich auch auf Letzteres auswirken. Regulatorische Entscheidungen werden selten in einem Vakuum getroffen. Diejenigen, die dort getroffen werden, schaden oft mehr, als sie nützen.

In diesem Sinne kann meine Analogie „Nachtisch vor Gemüse" eine weitere praktische Anwendung finden. Sie bezieht sich auf die sich entfaltende Dynamik der Verbraucherpräferenzen, der Positionierung der Branche, der Regulierungspraxis und des letztendlichen Prozesses der Abgrenzung von ESG-Produkten in kohärenteren Taxonomien.

1990 verabschiedete der US-Kongress den Organic Foods Production Act. Ziel des Gesetzes war es, allgemein anerkannte Standards für den Anbau und die Kennzeichnung ökologischer Lebensmittel festzulegen. Das Gesetz war vor allem eine Reaktion auf zahlreiche Petitionen und heftige Beschwerden von etablierten Gruppen der Biobranche, die der Meinung waren, dass die Komplexität und Uneinheitlichkeit der geltenden Berichterstattungsstandards zu Verwirrung bei den Kunden führten und das Vertrauen in die Integrität von Bioprodukten untergruben. Die Nichtkonformität schade auch den Geldbeuteln der etablierten Bioproduzenten. Da es keine Marktzutrittsschranken gab, behauptete eine wachsende Zahl von Landwirten, ihre Produkte seien genauso ökologisch wie alle anderen, ohne besondere Maßnahmen zu ergreifen, wie etwa die ordnungsgemäße Bewässerung ihrer Felder, die Verwendung von qualifiziertem Saatgut oder die organische Düngung ihrer Kulturen. Solche Abkürzungen verschafften neuen Marktteilnehmern einen Kostenvorteil gegenüber arbeitsintensiveren und komplizierteren Verfahren. Die etablierten Biolebensmittelproduzenten forderten eine stärkere Regulierung, um die Verbraucher vor Bioquacksalbern zu schützen; gleichzeitig waren strengere Vorschriften für sie überlebenswichtig.

Mit dem Gesetz von 1990 wurde ein 15-köpfiges National Organic Standards Board eingerichtet, das Standards entwickeln sollte, die von der ökologischen Landwirtschaft allgemein akzeptiert und eingehalten werden könnten. Wie es der Zufall so will, war ihre Arbeit nicht einfach. Sie ging auch nicht schnell genug. Das Gremium brauchte sieben Jahre, um sich auf ökologische Standards zu einigen und einen Regelungsvorschlag auszuarbeiten. Und dieser erste Vorschlag zog so viele Reaktionen nach sich, dass es weitere drei Jahre dauerte, bis die endgültigen Vorschriften im Jahr 2000 kodifiziert wurden. Alles in allem war ein Jahrzehnt kontinuierlicher Arbeit mit den betroffenen und interessierten Parteien erforderlich, bevor das US-Landwirtschaftsministerium Obst und Gemüse mit dem anerkannten Siegel für ökologische Lebensmittel versehen konnte. Bis zu diesem Zeitpunkt behaupteten unregulierte, auf den Erzeuger beschränkte Siegel dasselbe. Kurz gesagt, nach zehn Jahren konzertierter Meinungsverschiedenheiten, Debatten und Überlegungen bedeutete das „Bio"-Siegel auf Obst und Gemüse endlich mehr als das, was die Hersteller selbst behaupteten.

Ich glaube, dass dieser zehnjährige Kodifizierungsprozess für Biolebensmittel als hilfreicher Maßstab für den Prozess der Festlegung von Taxonomien für nachhaltige Anlagen in der Zukunft dient. Unter der Leitung einiger zentraler Regulierungsbehörden muss ein Querschnitt von Vermögensverwaltungsfirmen, Vermögenseigentümern und anderen Finanzmarktexperten diskutieren und sich schließlich auf weitverbreitete einheitliche Grundsätze und Definitionen einigen, um die Interessen der Verbraucher zu schützen und nachhaltige Produkte angemessen zu kodifizieren. Doch selbst das ist leichter gesagt als getan. Obwohl „nachhaltige Anlagen" oft global sind, müssen sie letztlich alle lokal notiert und reguliert werden. Als solche unterliegen sie den Überlegungen mehrerer sich überschneidender regulatorischer Zuständigkeiten und konkurrierender Interessen. Es wird nicht nur *eine* zentrale Regulierungsbehörde geben, sondern viele. Inwieweit sie sich untereinander abstimmen, bleibt eine offene Frage. Eine faire Annahme ist nicht annähernd ausreichend.

Die Europäische Union hat mit ihrer Verordnung über die Offenlegung von Informationen zu nachhaltigen Finanzinstrumenten (Sustainable Finance Disclosure Regulation – SFDR) eine Vorreiterrolle bei der Definition von Nachhaltigkeit übernommen. Die SFDR „legt harmonisierte Regeln für Finanzmarktteilnehmer und Finanzberater zur Transparenz in Bezug auf die Integration von Nachhaltigkeitsrisiken und die Berücksichtigung negativer Nachhaltigkeitsauswirkungen in ihren Prozessen sowie die Bereitstellung nachhaltigkeitsbezogener Informationen in Bezug auf Finanzprodukte fest". Nach drei Jahren der Kommentierung und Vorbereitung durch die Branche trat die SFDR am 10. März 2021 in Kraft. Der Hauptzweck der Verordnung war es, die Transparenz über die Integration von Nachhaltigkeitsrisiken im Finanzsektor zu erhöhen. Sie verlangt die Offenlegung von positiven und negativen externen Effekten. Doch die Europäische Union strebt nicht nur eine Verringerung des Greenwashings und einheitlichere Produkttaxonomien an. Neben der Förderung größerer Transparenz hoffen die europäischen Regulierungsbehörden auch, die Kapitalströme auf nachhaltigere Wachstumsmethoden und bevorzugte soziale Ergebnisse auszurichten, wie zum Beispiel die direkte Dämpfung von Risiken des Klimawandels, die Förderung der Gleichstellung der Geschlechter und die Verringerung des Lohngefälls. Heute müssen Finanzprodukte, die in der Europäischen Union vermarktet werden, als eine von drei Arten bezeichnet werden: (1) Artikel-6-Fonds, die alle generischen Fondsprodukte umfassen; (2) Artikel-8-Fonds, die behaupten, einige ökologische oder soziale Merkmale zu fördern; oder (3) Artikel-9-Fonds, die ein ausdrückliches nachhaltiges Anlageziel haben, wie zum Beispiel die Temperaturanpassung. Am wichtigsten ist, dass Firmen, die ihre Fonds entweder als Artikel 8 oder 9 bezeichnen, gleichzeitig eine klare und begründete Erklärung abgeben müssen, wie ihre allgemeinen oder spezifischen Nachhaltigkeitsziele erreicht werden sollen.

Morningstar analysierte die ersten Auswirkungen dieser SFDR-Regel und untersuchte 5.695 Fonds mit Sitz in Luxemburg, dem bekanntesten Fondsstandort in Europa. Sie befragten auch 30 große Vermögensverwaltungen und erstellten deren selbst definierte Listen von Artikel-8- und -9-Fonds. Da die Vermögensverwalter bei der Klassifizierung ihrer Fonds unterschiedliche Ansätze verfolgten, wurden am Ende nur etwa 25 Prozent des gesamten europäischen Fondsvermögens als „nachhaltig" eingestuft, einer von vier – im Vergleich zu fast 80 Prozent, die vor Inkrafttreten der SFDR behauptet hatten, „ESG-integriert" zu sein.[12] Morningstar geht davon aus, dass dieser Anteil von 25 Prozent im Laufe der Zeit steigen wird, da die Verwaltungen ihre bestehenden Strategien verbessern, ihre bestehenden Fonds neu klassifizieren oder neue Fonds auflegen, die speziell darauf ausgelegt sind, die Anforderungen von Artikel 8 und 9 zu erfüllen. Es überrascht nicht, dass die französischen, niederländischen und deutschen Firmen den Marktanteil am stärksten ausbauen.

Während die Europäische Union als Erste die SFDR-Klassifizierungen festgelegt hat und die europäischen Vermögensverwaltungen im Kampf um den Marktanteil nachhaltiger Fonds in ihrem Heimatland eine frühe Führung übernommen haben, sind einige US-amerikanische Regeln und Vorschriften nicht weit davon entfernt (Abbildung 11.3). „Fonds, die sagen, sie seien nachhaltig und grün und dergleichen – was steht derzeit dahinter?", fragte der Vorsitzende der SEC, Gary Gensler, die EU-Gesetzgeber am 1. September 2021 rhetorisch. Gensler war nicht schüchtern, was seine Absichten angeht: „Wenn es um nachhaltiges Investieren geht, gibt es derzeit eine riesige Bandbreite, was Vermögensverwalter mit bestimmten Begriffen meinen oder welche Kriterien sie verwenden. Ich denke, dass die Anleger in der Lage sein sollten, genau zu sehen, was sich hinter diesen Fonds verbirgt." Es sieht also sehr danach aus, dass die SEC bei der Klassifizierung eher einen prinzipienbasierten Ansatz verfolgen wird als den von der Europäischen Union favorisierten strengeren produktbasierten Ansatz. Das Asset Management Advisory Committee (AMAC) der SEC – eine Gruppe von ernannten Vertretern der Branche, die der SEC Empfehlungen geben – empfiehlt der SEC nachdrücklich, Innovationen nicht zu ersticken. „Das AMAC empfiehlt der SEC, Schritte zu unternehmen, um eine aussagekräftige, konsistente und vergleichbare Offenlegung wesentlicher ökologischer, sozialer und Governance-Angelegenheiten (ESG) durch die Emittenten zu fördern".[13] Mit anderen Worten: Die oberste Priorität des AMAC ist es, zusätzliche harte Daten von den Unternehmen zu erhalten. In der Zwischenzeit „sollte die SEC bewährte Praktiken vorschlagen, um die Offenlegung von ESG-Investitionsprodukten zu verbessern, einschließlich der Angleichung an die von der ESG-Arbeitsgruppe des Investment Company Institute (‚CI') entwickelte Terminologie". Übersetzung: Wir versprechen, unseren Teil zu tun, aber dieser Prozess wird Zeit brauchen. Ja, die SEC kann und sollte einige Leitlinien zu bewährten Praktiken anbieten, aber in der Zwischenzeit ist das AMAC der Meinung, dass es weitgehend der Vermögensverwaltungsbranche überlassen bleiben sollte zu entscheiden, welche Produkte welche ESG-Siegel tragen und warum. Mit anderen Worten: So wie sich die Vertreter der Biolebensmittelindustrie letztlich darauf geeinigt haben, was im Laufe der Zeit als biologisch gekennzeichnet werden sollte, ist das AMAC der Meinung, dass ähnlich informierte und engagierte Mitglieder der Vermögensverwaltungs- und Vermögenseigentümerkreise am besten in der Lage sind, darüber zu beraten, welche Produkte „nachhaltig" oder „ESG-integriert" sind und welche nicht.

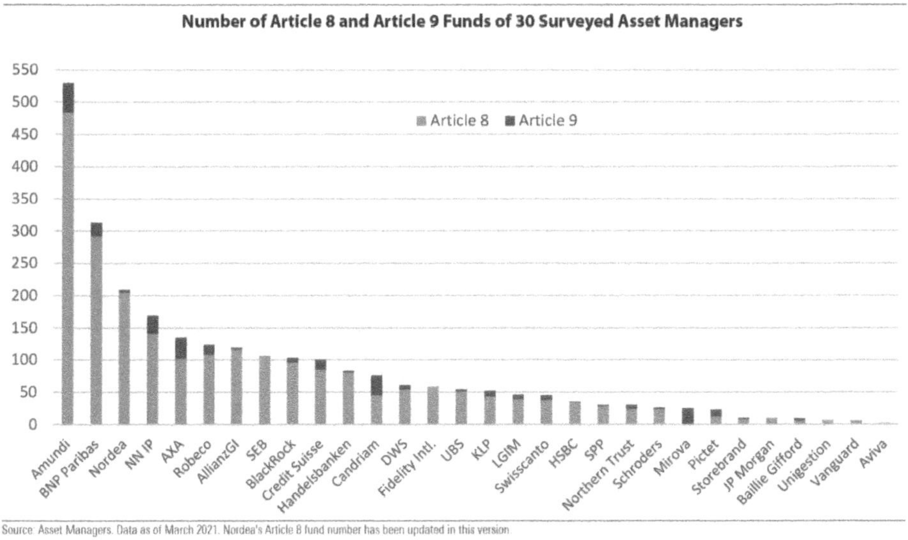

ABBILDUNG 11.3 Französische, niederländische und deutsche Unternehmen führen das frühe Rennen um die von der EU definierten nachhaltigen Fonds an.

Aus „SFDR – The First 20 Days: What the early batch of new disclosures are telling us so far“, von Hortense Bioy, Elizabeth Stuart und Andy Pettit. Morningstar, 30. März 2021. © 2021 Morningstar, Inc. Alle Rechte vorbehalten. Nachdruck mit Genehmigung.

Ich weiß, dass diese Diskussion sehr schwer zu begreifen ist, aber es ist wichtig, dass Sie mir hier folgen. Wir befinden uns jetzt auf dem Gebiet der „unbeabsichtigten Folgen“. Es ist absolut entscheidend, dass wir unsere nächsten regulatorischen Schritte richtig machen.

Das AMAC verwies die SEC ausdrücklich auf ein vom Investment Company Institute (ICI) erstelltes ESG-Taxonomiedokument. Das ICI ist eine Vereinigung von regulierten Fonds und deren Verwaltern und umfasst ETFs, Investmentfonds und Unit Investment Trusts in den Vereinigten Staaten. Ihre Schwesterorganisation, ICI Global, setzt sich in ähnlicher Weise für Rechtsordnungen außerhalb der Vereinigten Staaten ein. In einem kürzlich erschienenen Whitepaper von

ICI Global mit dem Titel „Funds' Use of ESG Integration and Sustainable Investing Strategies" werden mehrere weit gefasste Definitionen für „ESG-Integration" und „nachhaltiges Investieren" umrissen, die die Prüfung der Zeit gut überstehen dürften:

> „Mit der **ESG-Integration** versuchen die Fonds, ihre finanzielle Leistung zu verbessern, indem sie wesentliche ESG-Überlegungen zusammen mit anderen wesentlichen Risiken analysieren.
>
> Beim **nachhaltigen Investieren** nutzen die Fonds die ESG-Analyse als wesentlichen Teil ihrer Anlagethese, um die Ziele der Anleger zu erreichen und gleichzeitig finanzielle Erträge zu erzielen.
>
> Fonds, die nachhaltig investieren, verfolgen in der Regel einen oder mehrere der folgenden drei Ansätze:
>
> 1) Bei der **ausschließenden ESG-Investition** versuchen die Fonds, Unternehmen oder Sektoren auszuschließen, die bestimmte Nachhaltigkeitskriterien nicht erfüllen oder nicht mit ihren Anlagezielen übereinstimmen.
>
>   Ein Fonds, der diesen Ansatz verfolgt, könnte sich gegen Investitionen in Unternehmen entscheiden, die in den Bereichen Waffenherstellung oder -handel, Glücksspiel, Tabak, Alkohol oder Kernenergie tätig sind.
> 2) Beim **inklusiven ESG-Investing** streben die Fonds im Allgemeinen positive Ergebnisse in Bezug auf die Nachhaltigkeit an, indem sie Anlagen auswählen, die neben einer finanziellen Rendite ein Portfolio auf der Grundlage von ESG-Faktoren ausrichten.
>
>   Ein Fonds, der diesen Ansatz verfolgt, könnte in Unternehmen investieren, die von sauberer Energieerzeugung, nachhaltiger Infrastruktur, Abfallmanagement oder anderen umweltfreundlichen Aktivitäten profitieren.

3) Beim **Impact Investing** versuchen die Fonds, neben einer finanziellen Rendite auch positive, messbare und berichtspflichtige soziale und ökologische Auswirkungen zu erzielen.

Ein Fonds, der diesen Ansatz verfolgt, könnte in Anleihen investieren, die erschwinglichen Wohnraum, die Gesundheitsversorgung oder den öffentlichen Nahverkehr finanzieren."

Durch die Verwendung dieser Terminologie können die Fonds klar und einheitlich über ihre ESG-bezogenen Anlagestrategien kommunizieren und den Anlegern helfen, fundiertere Entscheidungen zu treffen.[14]

Auch wenn ich davon ausgehe, dass sich so etwas wie dieser breite Rahmen letztlich durchsetzen wird, sind diese Definitionen ebenso wichtig wegen dessen, was sie nicht sagen, wie wegen dessen, was sie sagen. Im Gegensatz zu den anhängigen Verordnungen in der Europäischen Union befürwortet ICI Global beispielsweise eine Einteilung nachhaltiger Investitionen nach drei allgemeinen Grundsätzen: Ausschlussprinzip, Einschlussprinzip und Auswirkung (Impact). Wie Sie sehen können, scheinen diese die „ESG-Integration" nicht strenger zu bewerten als die traditionelle Finanzanalyse. Sollten sie angenommen werden, würde dies höchstwahrscheinlich das Ende aller ESG-Integrationsstrategien bedeuten; mit der Zeit würden sie lediglich wieder unter die traditionelle Analyse subsumiert. Offen gesagt gehören sie auch genau dorthin. Die Berücksichtigung von Umwelt-, Sozial- und Governance-Risiken ist sehr wichtig – aber sie sollte bereits in jeder Vermögensverwaltungsgesellschaft gängige Praxis sein. Schließlich sind ESG-Risiken real. Eine Risikoanalyse, die nicht systematisch „E"-, „S"- und „G"-Belange in ihrem regulären Geschäftsablauf berücksichtigt, ist fehlerhaft. Anlageverwalter sollten nicht mit mehreren Risikosystemen arbeiten, also mit einem, das ESG-Analysen einsetzt, und einem anderen, das dies nicht tut. Sie sollten einen umfassenden Rahmen verwenden, in dem die ESG-Analyse grundsätzlich enthalten ist. In dieser Hinsicht ist es wahrscheinlich an der Zeit, dass generische ESG-Etiketten den Weg der Dinosaurier gehen. Die allgegenwärtigen ESG-Labels schaffen keine zusätzliche Klarheit, sondern sorgen eher für Verwirrung. Wir sollten aufhören, gewöhnliche Fonds „ESG" zu nennen.

Aber es gibt noch eine weitere Gefahr, wenn man mit Definitionen und Taxonomien übermäßig viel vorschreibt, eine Gefahr, die ICI Global in Europa nachdrücklich hervorgehoben hat. „Anleger in Produktkategorien zu drängen, die durch die Regulierung mit einem kleinen investierbaren Universum ‚geschaffen' wurden, ist dem Ziel des Anlegerschutzes nicht dienlich", schreibt Jennifer Choi, Chefjustiziarin von ICI Global. „Wir warnen davor, dass Schwellenwertkriterien wahrscheinlich die bestehende Vielfalt nachhaltigkeitsbezogener Strategien einschränken und die Auswahl für die Anleger verringern würden, ohne die Transparenz oder das Verständnis der Anleger für nachhaltigkeitsbezogene Strategien zu verbessern."[15] Mit anderen Worten: Man sollte die Waage nicht in Richtung einer eingeschränkten Auswahl an Möglichkeiten kippen, ohne zu erwarten, dass dies zu unhaltbaren Preisverzerrungen führt.

ICI Global ist nicht besorgt darüber, dass Anleger vorschnell in regulierte Produktkategorien mit eingeschränktem Anlageuniversum gedrängt werden. Einigen professionellen Einschätzungen zufolge haben wir den Punkt überfüllter ESG-Trades bereits überschritten. Wir haben in der globalen Finanzkrise gelernt, dass offiziell sanktionierte Blasen auf tiefere Probleme hindeuten. Diese Erfahrung haben wir auch in der Sparkassenkrise der frühen 1980er-Jahre gemacht. Gute Absichten führen zu unhaltbaren Marktbewertungen. Wenn diese Bewertungen korrigiert werden, kann die Hölle losbrechen.

Tatsächlich sind offiziell sanktionierte oder offiziell unterstützte und begünstigte Finanzblasen fast immer die schlimmsten. Die Anleger vertrauen darauf, dass die Behörden es schon richtig machen werden. Leider ist das sehr schwer, selbst wenn die eigenen Ziele wirklich lobenswert sind.

KAPITEL 12

ÜBERLAUFENE MÄRKTE

Folge nicht der Menge. Lasse die Menge dir folgen.

MARGARET THATCHER

Bullenmärkte werden mit Pessimismus geboren,
wachsen mit Skepsis, reifen mit Optimismus –
und sterben mit Euphorie.

SIR JOHN TEMPLETON

Eines sollte unbestritten sein: Das aktuelle ESG-Investitionsphänomen hat das Zeug zu einer potenziell katastrophalen Investitionsblase. Während viele die historischen ESG-Bewertungen für fair halten, ist es angesichts der aktuellen Dynamik schwer vorstellbar, wie die Märkte episodische ESG-Verwerfungen und schmerzhafte Ausverkäufe vermeiden werden. Überlaufene Märkte haben die Angewohnheit, weniger überlaufen zu werden. Und wenn dies geschieht, ist es selten angenehm. Darüber hinaus wären die Auswirkungen eines systematischen, ESG-gesteuerten Ausverkaufs tiefgreifend.

In einigen Jahren – vielleicht in drei oder weniger Jahren – wird es wohl kaum noch viele allgemeine ESG-Strategien geben. Warum? Ich glaube, dass sie alle umbenannt, umgerüstet oder in historisch übliche Anlagekategorien umgewandelt werden, wie zum Beispiel

Faktorstrategien, die auf Qualität, Wachstum oder minimale Volatilität abzielen. Tatsächlich hat dieser Prozess der Ausdünnung von Strategien, die als „ESG" eingestuft werden, bereits Ende 2021 begonnen, als Morningstar das Etikett „nachhaltig" von 1.200 in Europa domizilierten Fonds abzog, was 27 Prozent des gesamten Universums entspricht. Es ist klar, dass viele thematische, entsprechend gefilterte und geneigte Fonds bestehen bleiben werden, aber die Bezeichnung „ESG" wird keinen zusätzlichen Einblick oder Klarheit darüber bringen, wie sie gemanagt werden. Ein wichtiger Grund dafür wurde bereits am Ende des letzten Kapitels erwähnt: Früher oder später (vorzugsweise jedoch früher) muss die gesamte ESG-Risikoanalyse wieder in die formale Risikoanalyse integriert werden. Die ESG-Risikoanalyse sollte nichts Zusätzliches sein oder irgendwie als Bonus hinzugefügt werden – das schicke Porzellan, das man auftischt, wenn die wichtigsten Gäste zum Abendessen kommen. Die Einbeziehung erkennbarer Umwelt-, Sozial- und Governance-Risiken in den eigenen Anlageprozess sollte bei jeder Wertpapierfirma bereits zum „Standardverfahren" gehören. Wenn Ihr Risikomodell Umwelt-, Sozial- und Governance-Risiken nicht bereits berücksichtigt, ist Ihr Risikomodell fehlerhaft. Bringen Sie es in Ordnung!

Der zweite Grund, aus dem ich glaube, dass es bei ESG-Fonds zu einem Umbruch oder einer Art Abrechnung kommen könnte, ist die Performance. In der derzeitigen Zusammensetzung erwarte ich, dass viele ESG-Fonds entweder eine höhere Volatilität im Vergleich zu den Marktindizes oder einen geringeren sozialen Nutzen aufweisen werden als implizit angenommen. Dies ist lediglich eine Wiederholung dessen, was wir in unserer früheren Diskussion über Werte und Bewertungen gelernt haben. Da von den meisten ESG-Strategien im Großen und Ganzen erwartet wird, dass sie unter dem Strich zwei Ergebnisse liefern – höhere Renditen *und* ökologischen oder sozialen Fortschritt – wird es immer offensichtlicher, dass eine ganze Reihe von ihnen in einem oder beiden Punkten nicht erfolgreich sein wird. In der Zwischenzeit haben sich vielversprechendere aktive Strategien und die

Vorteile expliziterer Impact-Strategien, wie wir sie im letzten Kapitel erörtert haben (und bald ausführlicher behandeln werden), durchgesetzt und profiliert. So erweisen sich beispielsweise grüne Anleihen und ihre sozialen Verwandten bereits als wichtige Instrumente zur Förderung einer wachsenden Zahl der lobenswerten Ziele der Vereinten Nationen für nachhaltige Entwicklung. Einige aktive ESG-Aktienmanager, die mit transformativen Taktiken wie denen der Shared Value Initiative oder anderen einzigartigen Methoden bewaffnet sind, werden wahrscheinlich ebenfalls bemerkenswerte Ergebnisse mit doppeltem Gewinn erzielen. Kurzum, die Gewinner werden beginnen, sich von den Verlierern abzusetzen. Vor allem indexierte ESG-Strategien werden zunehmend als Instrumente zur Risikominderung angesehen werden und nicht als Produkte, die nachweislich ein ausgeprägteres Unternehmensverhalten fördern. Das soll nicht heißen, dass sie bei der Risikominderung keinen Erfolg haben werden. Einige haben dies bereits getan und werden es wahrscheinlich auch weiterhin tun; sie werden nur in ihrem Umfang begrenzter werden.

Warum mache ich diese Aussagen mit einer so festen persönlichen Überzeugung? Auf der Anleiheseite haben die Zentralbanken absichtlich negative Realzinsen herbeigeführt, um die übermäßige Verschuldung zu verringern. Neben einem lebhafteren Wirtschaftswachstum und schmerzhaften Zahlungsausfällen sind negative Realzinsen und eine höhere Inflation die einzigen wirksamen Instrumente, die den politischen Entscheidungsträgern zur Verfügung stehen, um die untragbare Schuldenlast zu verringern. Nur wenige festverzinsliche Strategien werden kurzfristig eine Rendite erzielen, die auch nur annähernd der Inflationsrate entspricht, da die Zentralbanken genau das verlangen. Diejenigen, die dies tun, müssen ein geschicktes, aktives Eingehen von Bonitätsrisiken und ein geschicktes Markt-Timing einsetzen. All dies wird schwierig werden.

Auf der Aktienseite haben wir bereits die primäre Bewertungsherausforderung für ESG-Fonds festgestellt. Viel Geld ist auf der Jagd nach einer begrenzten Anzahl von Unternehmen mit nachweislich tadellosen Umwelt-, Sozial- und Governance-Bilanzen. Die Bewertungen vieler dieser „guten" ESG-Unternehmen im Vergleich zu ihren weniger lobenswerten Konkurrenten wurden bis Ende 2021 sehr hoch angesetzt, was meiner Meinung nach nicht nachhaltig ist. Es ist möglich, dass sie auf relativer Basis noch teurer werden, aber es ist auch möglich, dass es eine gewisse Rückkehr zum Mittelwert geben wird. In der Tat hat das erste Quartal 2022 bereits gezeigt, wie schmerzhaft diese Art der Rückkehr zum Mittelwert sein kann.

Gleichzeitig werden ungeprüfte und nicht überprüfbare Leistungsversprechen durch gut gemeinte – ja sogar notwendige – Regulierungsbemühungen verschärft, die darauf abzielen, Anlageprodukte zuverlässiger als „nachhaltig" zu klassifizieren. In dem Maße, wie diese offiziellen Klassifizierungen verschärft werden, ist es möglich, dass viele bereits überfüllte Märkte noch überfüllter werden. Wie wir bereits erörtert haben, ist dies die axiomatische Folge von „guten Absichten"; die offizielle Bezeichnung einer Anlage als „nachhaltig" suggeriert offiziell, dass ihr Wert erhalten bleibt. Offizielle Zertifizierungen wie diese verlocken Anleger, die ansonsten skeptischer und kritischer wären, dazu, ihr Kapital umzuschichten; warum sollte eine Regulierungsbehörde die Öffentlichkeit dazu ermutigen, etwas zu kaufen, das unsicher ist? Aber die Preise aller Wertpapiere und Produkte – ob nachhaltig oder nicht – unterliegen zwangsläufig Schwankungen. Wenn dies der Fall ist – nicht *ob*, sondern *wann* –, fallen die am stärksten überbewerteten Wertpapiere unweigerlich am stärksten. Und warum? Weil die Wahlmaschine nach Benjamin Graham mit der Zeit zu einer Wiegemaschine wird. Die Gewinne müssen irgendwann die überhöhten Kurs-Gewinn-Verhältnisse (KGV) rechtfertigen, oder diese überhöhten Verhältnisse müssen sinken. Das ist einfache Finanzphysik.

Im Jahr 2013 teilte sich Eugene Fama den Nobelpreis für Wirtschaftswissenschaften mit Robert Shiller und Lars Peter Hansen für ihre Arbeit zur Preisbildung von Vermögenswerten. Das Kernstück ihrer Forschung ist als „Effizienzmarkthypothese" bekannt geworden. Diese Hypothese besagt, dass Finanzanlagen angemessen bewertet werden können und werden, sobald ihre inhärenten Eigenschaften bekannt sind.[1] Das bedeutet, dass die Bewertungen von Aktien und Anleihen angemessen abgezinst werden, sobald alle wesentlichen Informationen dem Markt bekannt sind. Aus diesem Grund ist die Arbeit von SASB, TCFD und anderen so wichtig; sie versuchen, wesentliche Risiken aufzudecken, die nicht offenkundig sind. Wie die meisten bewährten Hypothesen ist auch die Annahme eines effizienten Marktes eher wahr als unwahr. Dennoch gibt es viele Faktoren, die dazu führen können, dass die Preise von Vermögenswerten auf kürzere Sicht von ihren eigentlichen Werten abweichen. Einige dieser Faktoren werden von Sir John Templeton im Vorwort zu Beginn dieses Kapitels genannt: Emotionen wie Pessimismus, Skepsis, Optimismus und Euphorie. Wie Sir John augenzwinkernd anmerkt, sind die Gefühle der Anleger jedoch in den meisten Fällen zuverlässige *Kontra*indikatoren. Indem sie sich konsequent darauf stützten, haben eine Handvoll legendärer Investoren wie Sir John selbst ein Milliardenvermögen angehäuft.[2]

John Bogle formulierte seine eigene, typisch direkte Sicht auf die mögliche Blasenbildung bei ESG: „Wenn kontraproduktive Emotionen von Anlegern durch kontraproduktive Werbemaßnahmen der Fondsindustrie verstärkt werden, ist wenig Gutes zu erwarten." Um es klar zu sagen: Ich halte die ESG-Bewegung nicht für kontraproduktiv. Ich glaube, dass die Gesellschaft von der Förderung achtsamerer Geschäftspraktiken profitiert hat und auch weiterhin profitieren wird und dass die ESG-Bewegung dies in großem Umfang umgesetzt hat. Aber ich befürchte, dass zu viele glauben, dass ihre derzeitigen ESG-Allokationen dazu bestimmt sind, eine überdurchschnittliche Performance zu erzielen und gleichzeitig alle unsere ökologischen und sozialen Probleme zu lösen. Tatsächlich war die Anlageperformance von

ESG-Strategien bisher recht uneinheitlich und wird es wahrscheinlich auch bleiben. Inzwischen wissen wir alle, dass unsere ökologischen und sozialen Herausforderungen viel umfassendere Lösungen erfordern. Die ESG-Bewegung hat nicht alles erreicht, was wir brauchen und wollen.

Meiner persönlichen Meinung nach schwankten ESG-Investitionen als breit angelegtes Investitionsabenteuer in den Jahren 2020 und 2021 meist zwischen Optimismus und Euphorie. Das Jahr 2022 scheint für eine breite ESG-Underperformance bestimmt zu sein. Längerfristig bin ich hinsichtlich der Performance von ESG-Investitionen unentschlossen. Einige Strategien werden funktionieren, andere nicht. Wir werden es einfach abwarten müssen.

Als sich das Jahr 2021 dem Ende zuneigte, befanden sich alle Aktien und festverzinslichen Anlagen auf historisch hohen Niveaus. Ein weiteres hilfreiches Instrument zur Aktienbewertung, das von Robert Shiller erfunden wurde – das zyklisch bereinigte Kurs-Gewinn-Verhältnis (CAPE) – veranschaulicht dies eindrucksvoll. Das CAPE-Verhältnis von Shiller berechnet den Wert von Aktienkursen im Vergleich zu ihren historischen, konjunkturbereinigten Gewinnen. Je höher der Index tendiert, desto höher sind die Aktienkurse im Verhältnis zu ihrer historischen Ertragskraft. Irgendwann kehrt das CAPE zu seinem historischen Mittelwert zurück. Wie Abbildung 12.1 zeigt, war das CAPE des S&P 500 Ende 2021 nur ein einziges Mal höher, nämlich während des Dotcom-Rauschs in den Jahren 1999 und 2000. Innerhalb von zwei Jahren nach diesem Höchststand waren die Aktienanleger um fünf Billionen Dollar ärmer. Wie die Abbildung zeigt, waren die Aktienbewertungen Ende 2021 sogar noch höher als am Schwarzen Dienstag im Jahr 1929. In weniger als 48 Stunden verloren die Aktien am Schwarzen Montag und am Schwarzen Dienstag 1929 ein Viertel ihres Gesamtwerts, was statistisch gesehen einem Verlust von mehr als 15 Billionen heutigen Dollar entspricht. Es folgte die Große Depression.

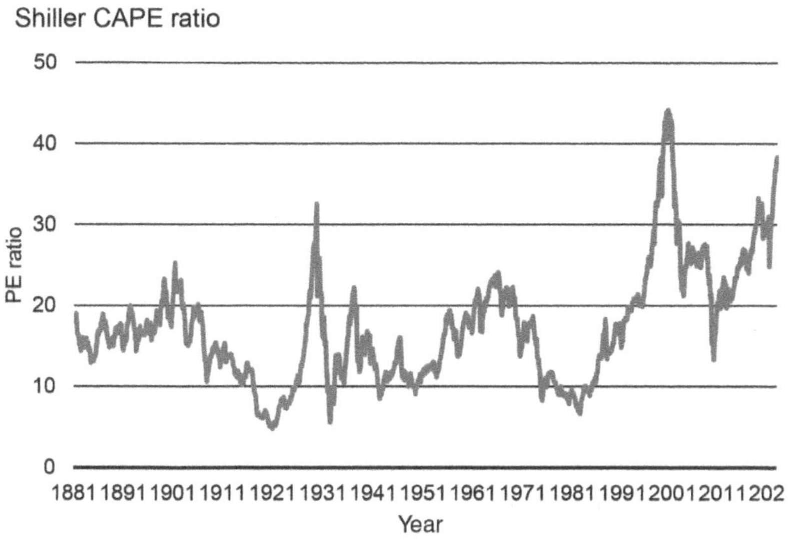

ABBILDUNG 12.1 Aktien waren Ende 2021 so überbewertet wie zu keinem anderen Zeitpunkt außer 1999 und 2000 – kurz vor dem Platzen der Dotcom-Blase.
Die Abbildung stammt vom Autor.

Aber selbst diese Grafik des CAPE-Ratio erzählt nur einen Teil der jüngsten ESG-Überbewertungs-Story. Während Ende 2021 alle Aktien unhaltbar teuer waren, stellte sich heraus, dass „gute" ESG-Aktien sogar noch teurer waren. Die Analysten von Bank of America Securities segmentieren die Unternehmen aktiv nach ihren ESG-Ratings und vergleichen höher eingestufte oder sogenannte gute ESG-Unternehmen mit weniger hoch eingestuften Firmen. Außerdem vergleichen sie gute und schlechte ESG-Unternehmen in Bezug auf ihre nicht zyklischen KGVs. Ihre Analyse, die bis ins Jahr 2007 zurückreicht, zeigt, dass die aggregierten KGVs des obersten Quintils gegenüber dem untersten Quintil der „guten" und „schlechten" ESG-Unternehmen zwischen 85 Prozent und 155 Prozent schwanken. Das bedeutet, dass die KGVs des obersten Fünftels der ESG-Firmen mit einem Abschlag von 15 Prozent gegenüber dem untersten Fünftel und mit einem Aufschlag von 55 Prozent gehandelt wurden.[3]

Abbildung 12.2 stellt diesen Trend mit einer aufwärts geneigten Linie dar. Sie zeigt, wie „gute" ESG-Firmen im Vergleich zu „schlechten" ESG-Firmen seit Jahren stetig an Wert gewonnen haben. Sie zeigt, wie und warum viele ESG-Strategien eine gewisse historische Outperformance erzielt haben. Aber kann dieser Trend ewig anhalten?

Vor 50 Jahren machte Herbert Stein, Mitglied des Council of Economic Advisers und bekannter Wirtschaftsprofessor an der University of Chicago, eine Aussage, die seitdem als Steins Gesetz bekannt ist: „Wenn etwas nicht ewig so weitergehen kann, wird es aufhören." Natürlich kann der Trend zu immer teureren ESG-Aktien nicht *ewig* anhalten. Keine teure Aktie wird auf ewig teurer. Abbildung 12.2 zeigt auch, dass Anfang 2020 eine deutliche Neubewertung von „guten" ESG-Firmen stattfand – von einem Allzeithoch mit einem Aufschlag von 55 Prozent zurück auf nahezu Parität. Das bedeutet, dass gute, nachhaltige, hoch bewertete ESG-Firmen innerhalb eines sehr kurzen Zeitraums einen großen Teil ihrer Prämie verloren haben. Mit anderen Worten: Für einen kurzen Moment wichen Optimismus und Euphorie einem Pessimismus. Dieser Bewertungsrücksetzer sollte niemanden überraschen. Noch wichtiger ist, dass es plausibel erscheint, dass schmerzhafte Schwankungen wie diese zur Regel werden könnten. Wenn dies der Fall ist, werden Anlagestrategien, die hoch bewertete ESG-Unternehmen übergewichten, eine höhere Volatilität aufweisen als ihre nicht nachhaltigen Gegenstücke. Erhöhte Volatilität ist mit Sicherheit nicht das, was die meisten Anleger von nachhaltigen Anlagestrategien erwarten. *Erhöhte Volatilität* ist ein höflicher Ausdruck für ein erhöhtes Risiko. Von nachhaltigen Anlagestrategien wird im Allgemeinen erwartet, dass sie im Laufe der Zeit weniger Volatilität und weniger Risiko erzeugen, nicht mehr.

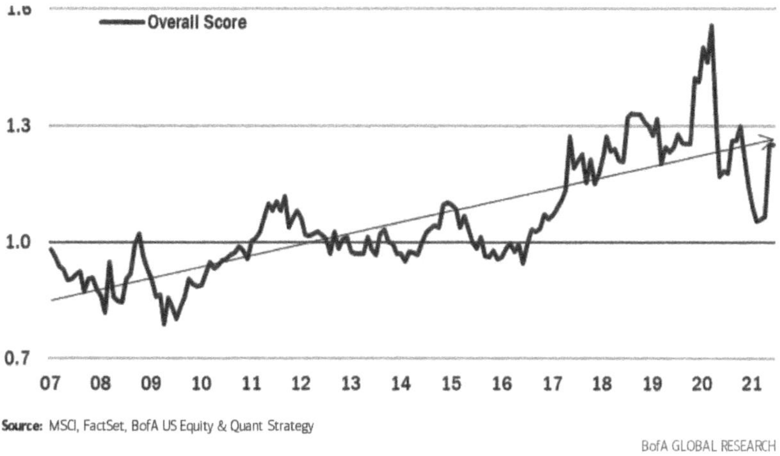

ABBILDUNG 12.2 Die Bank of America berechnet, dass „gute" ESG-Aktien seit 2008 immer teurer geworden sind. Anfang 2020 platzte eine Mini-ESG-Blase.
Mit freundlicher Genehmigung der Bank of America.

Natürlich ist es völlig logisch, dass gute ESG-Unternehmen mit einem Aufschlag gehandelt werden. Was man jedoch als „Total Return"-Investor anstreben sollte, ist der Besitz von weniger hoch bewerteten Unternehmen, die auf dem Weg sind, gut zu werden, und nicht von guten oder sogar ausgezeichneten Unternehmen, die bereits mit hohen Aufschlägen gehandelt werden. „Gute Unternehmen können schlechte Investitionen sein, und schlechte Unternehmen können gute Investitionen sein", erinnerte uns Ray Dalio kürzlich. Auf Portfolioebene würde dies bedeuten, einen möglichst breiten Index von Unternehmen zu besitzen – also John Bogles Heuhaufen oder das ungeprüfte Portfolio des norwegischen Ölfonds. Wie Sie sich erinnern werden, ist es sehr schwierig, große Indizes im Laufe der Zeit zu schlagen, weil sie sich gleichzeitig weiterentwickeln. Breite Indizes sind auch weniger anfällig für sektorale emotionale Schwankungen. Die Ausrichtung auf eine Auswahl von Unternehmen, die ein großes Transformationspotenzial aufweisen, scheint ein vielversprechenderer Weg zu sein, um Überrenditen zu erzielen.

All diese Analysen beziehen sich jedoch auf eine aggregierte Ebene. Es zeigt sich, dass es ebenso aufschlussreiche Ergebnisse auf der Ebene der einzelnen Aktien gibt. Eine flüchtige Überprüfung der wichtigsten ESG-Fonds zeigt schnell, dass fünf Unternehmen in der Regel übergewichtet werden: Alphabet (die Muttergesellschaft von Google), Amazon, Apple, Facebook (jetzt Meta) und Microsoft (Abbildung 12.3). Während diese Aktien etwa 22 Prozent des S&P 500 ausmachen, machen sie bei den meisten indexierten ESG- und aktiven Strategien oft 30 Prozent oder mehr aus. Alphabet, Amazon, Apple, Facebook und Microsoft sind im Wesentlichen Technologie- und E-Commerce-Unternehmen mit einem relativ geringen Kohlendioxid-Fußabdruck. Es ist ziemlich einfach zu erkennen, dass Techunternehmen besser für die sich vollziehende Energiewende positioniert sind als Nichttechunternehmen

Das Problem dabei ist, dass jedes dieser Unternehmen andere inhärente Risiken hat – einschließlich nicht zu vernachlässigender regulatorischer Bedenken –, von denen die meisten ihnen eigentümlich sind. Ein solches idiosynkratisches Risiko trat am 10. September 2021 bei Apple zutage. Damals stellte ein Bundesrichter fest, dass der App Store des Unternehmens gegen die Regeln für unlauteren Wettbewerb verstößt. Apple wurde angewiesen, den Nutzern seiner Geräte zu gestatten, für den Kauf von Apps auch andere Zahlungsmethoden als die von Apple zu verwenden. Die Apple-Aktie fiel daraufhin um fünf Prozent und vernichtete mehr als 125 Milliarden Dollar an Aktionärsvermögen. Der Aktienkurs von Apple hatte bis zu diesem Urteil einen 18-monatigen Aufwärtstrend erlebt und sich seit März 2020 fast verdreifacht. Einer der Gründe für den starken Kursanstieg der Apple-Aktie ist natürlich die nahezu dreifache Wertsteigerung der ESG-Fonds, die die Aktie im selben Zeitraum übergewichtet hatten. Einige Wochen später tauchte ein weiteres idiosynkratisches Risiko auf, diesmal im

Zusammenhang mit Facebook. Ein Informant behauptete, Facebook habe in seinem Streben nach höheren Gewinnen wissentlich Kinder geschädigt. Als die Facebook-Aktie abstürzte, wurden innerhalb einer Woche fast 80 Milliarden Dollar an Aktionärsvermögen vernichtet. Die Gefahr einer lähmenden Regulierung lastet noch immer auf Facebooks Zukunft. Idiosynkratische Risiken nehmen in Portfolios zu, wenn Aktien wie Apple und Facebook stark übergewichtet sind. Das Aufblähen von ESG-Fonds hat die Nachfrage nach Techaktien wie diesen axiomatisch ansteigen lassen. Aufmerksame Anleger sollten sich fragen, was mit den Kursen von Techaktien wie diesen geschehen könnte, wenn sich die rasanten Mittelzuflüsse der ESG-Fonds umkehren würden. Sie sollten sich auch fragen, was mit der Wertentwicklung von

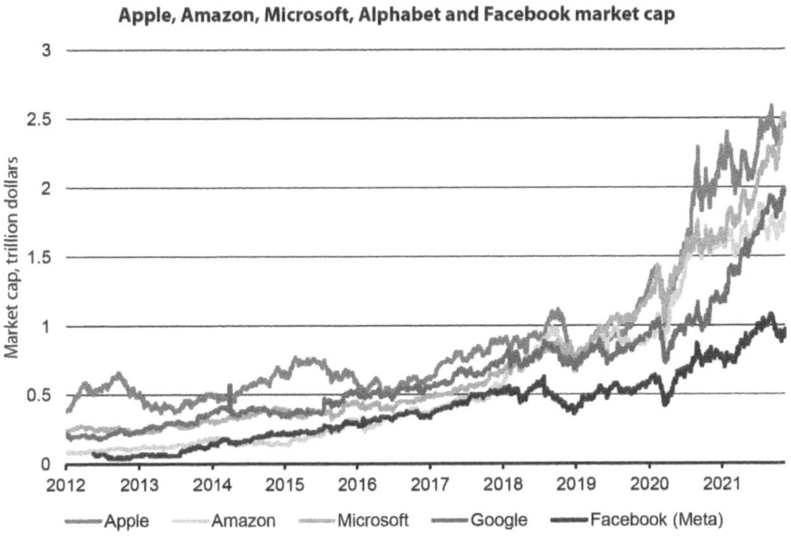

ABBILDUNG 12.3 Apple, Amazon, Microsoft, Alphabet (Google) und Facebook (Meta) haben viele ESG-Aktienstrategien nach oben getrieben. Ihre anhaltende Outperformance könnte notwendig sein, damit ESG-Strategien mehr Alpha generieren können.

Die Abbildung stammt vom Autor.

ESG-Fonds passieren könnte, wenn sich das Schicksal dieser fünf Unternehmen erheblich verschlechtern sollte. Dies sind nur zwei von vielen idiosynkratischen Risiken, die ESG-Investment-Enthusiasten im Auge behalten müssen.[4]

Der Bericht der Bank of America, der die Bewertungen von guten und schlechten ESG-Unternehmen verfolgt, überwacht auch Unternehmen, die gegenüber ihrem angegebenen Index deutlich über- oder untergewichtet sind. So kam es, dass während des größten Teiles des Jahres 2021 einige grüne Technologieunternehmen wie Enphase Energy und einige Gesundheitsunternehmen wie Bio-Rad Laboratories routinemäßig mit dem Acht- bis Zehnfachen der ihnen zugewiesenen Gewichtung im S&P 500 gehalten wurden. Das bedeutet, dass Bewegungen bei diesen Aktien acht- bis zehnmal stärker ausfielen als bei Standardindizes. Gleichzeitig wurden Öl- und Gasunternehmen wie Cabot Oil & Gas und Tabakunternehmen wie Philip Morris mit einer Gewichtung von null angesetzt. Auch dies ist etwas, was man von ESG-geprüften Fonds erwarten würde: eine bewusste Über- und Untergewichtung von „guten" beziehungsweise „schlechten" Unternehmen. Aber auch die Bewertungen von Enphase und Philip Morris haben wirksame Grenzen, sowohl nach oben als auch nach unten. Enphase wurde zum 175-Fachen des Gewinns gehandelt, während Philip Morris auf ein KGV von 7 fiel. Kann Enphase für immer teurer werden, während Philip Morris für immer sinkt? Dies sind jedoch die Arten von Wetten, die bei ESG-Indexstrategien, die sich auf Neigungen und Übergewichtungen stützen, um dauerhaft besser abzuschneiden als breitere Indizes, über einen längeren Zeitraum hinweg funktionieren müssen. Sie könnten natürlich eine Zeit lang besser abschneiden. Andererseits könnten sie einfach auf Herbert Stein treffen.

Zwei weitere ESG-Entwicklungen müssen besonders aufmerksam beobachtet werden, da sie sich in zweiter Linie auf übermäßig überlaufene Märkte auswirken. Beide wurden bereits erörtert, sollen hier aber noch einmal betont werden. Die erste ist die gerade diskutierte

Bemühung in Europa, Taxonomien für nachhaltige Produkte zu erstellen, und die wachsende Wahrscheinlichkeit, dass ähnliche Klassifizierungen auch in anderen Rechtsordnungen erforderlich sein werden. Die zweite ist eine aufkommende Reihe sogenannter temperaturabhängiger Fonds wie des bereits erwähnten von Lyxor Asset Management.

Die Verordnung der Europäischen Union über die Offenlegung nachhaltiger Finanzprodukte (SFDR) wurde aus der Notwendigkeit heraus eingeführt, Greenwashing zu bekämpfen – die falsche oder irreführende Darstellung von Unternehmen oder ESG-Produkten. Die SFDR soll auch die Vergleichbarkeit fördern. Sie verlangt einheitliche Offenlegungen von Finanzmarktteilnehmern und Beratern auf Unternehmensebene sowie von Fonds und Sondervermögen auf Produktebene. Diese Bemühungen sind notwendig, und ich unterstütze sie von ganzem Herzen. Die ersten Benennungen traten am 10. März 2021 in Kraft. Spätestens im Juli 2022 sollen sie mit genaueren Klassifizierungen aktualisiert werden. Bei allen Produkten, die in den Geltungsbereich fallen, muss klar angegeben werden, ob und wie sie allgemein ökologische und soziale Ziele fördern – das heißt „E"- und „S"-Merkmale – oder ob und wie sie auf spezifische nachhaltige Anlageziele abzielen, wie zum Beispiel saubereres Wasser oder Kohlenstoffreduzierung. Wie wir bereits erörtert haben, werden Erstere als Artikel-8-Fonds, Letztere als Artikel-9-Fonds eingestuft. Im Laufe der Zeit wird die Art und Weise, wie die Manager die Auswirkungen dieser Fonds zusammenstellen und messen, wesentlich detaillierter werden. Um die Dinge noch schwieriger zu machen (und das nur, weil wir in Europa sind!), werden Frankreich, Deutschland, die Niederlande und andere EU-Länder voraussichtlich zusätzliche lokale Vorschriften in Bezug auf Vertrieb und Inhalt einführen. Die Kennzeichnung desselben Produkts kann also in Belgien, Deutschland oder Frankreich unterschiedlich ausfallen.

Alle Teilnehmer sind sich einig, dass zusätzliche Regeln für mehr Klarheit und Kohärenz erforderlich sind. Genau wie bei der Kennzeichnung von Biolebensmitteln muss die Einstufung eines Produkts als nachhaltig oder temperaturangepasst bedeuten, dass sich dieses Produkt in irgendeiner Weise von seinen allgemeinen Alternativen unterscheidet. Doch viele ökologisch nachhaltige Aktivitäten – wie der Übergang zu einer Kreislaufwirtschaft, die Eindämmung des Klimawandels, der Umweltschutz und die Wiederherstellung der biologischen Vielfalt – beinhalten gleichzeitig technische Prüfkriterien und minimale gemessene Auswirkungen. Leider kann eine größere Feinkörnigkeit und technische Spezifizität auch dazu verleiten, das System zu umgehen.

Aufgrund dieser besonderen Dynamik scheinen insbesondere Produkte, die an die Temperatur angepasst sind, das Konzentrationsrisiko zu erhöhen. Heute erfüllt nur eine begrenzte Zahl von Unternehmen nachweislich die strenge Definition der Ausrichtung an Paris. So berichteten beispielsweise die Analysten der französischen Vermögensverwaltung Amundi im Jahr 2021, dass weniger als fünf Prozent der Unternehmen im MSCI World Index dem Pariser Abkommen entsprachen.[5] Da das investierbare Universum der Unternehmen, die dem Pariser Abkommen entsprechen, nach wie vor so begrenzt ist und das in dieses Universum fließende Kapital so groß ist, scheinen einige nicht nachhaltig überbewertete Wertpapiere unvermeidlich zu sein. Um ihre Unterstützung für die Ziele des Pariser Abkommens zum Ausdruck zu bringen, hat sich eine wachsende Zahl von Vermögenseigentümern dazu verpflichtet, ihre Vermögenspools im Laufe der Zeit kohlenstoffneutral zu gestalten. Diese Verpflichtungen führen auch zu einer steigenden Nachfrage nach börsennotierten Produkten und Fonds, die bereits an die Temperatur angepasst sind oder in Richtung Temperaturanpassung tendieren. Diese Herausforderung – zu viel Kapital für zu wenige qualifizierte Unternehmen – veranlasste die Analysten von Amundi zu der Schlussfolgerung: „Zum jetzigen Zeitpunkt scheint es schwierig zu sein, Anlageportfolios aufzubauen, die ausschließlich aus Unternehmen bestehen, die bereits auf einen 2-Grad-Celsius-Pfad ausgerichtet sind und sich in Richtung 1,5 Grad Celsius bewegen."

Die Risiken einer Überspezifizierung im Verhältnis zu den investierbaren Universen sind real. Aus diesem Grund hat die Chefjustiziarin von ICI Global, Jennifer Choi, in ihrem Brief an den Leiter der International Organization of Securities Commissions Folgendes erklärt: „Wir warnen vor der Auferlegung von Mindeststandards, die versuchen, ‚Produktkategorien' für Anleger zu schaffen, anstatt für Transparenz zu sorgen, damit Anleger eine fundierte Anlageentscheidung treffen können. Vorschreibende Mindeststandards, die zu definieren versuchen, was es bedeutet, nachhaltig zu investieren, führen zu verwirrenden Angaben für die Anleger. Darüber hinaus *ist es dem Ziel des Anlegerschutzes nicht dienlich, die Anleger in Produktkategorien zu drängen, die durch die Regulierung mit einem kleinen investierbaren Universum ‚geschaffen' wurden.*" (Hervorhebung durch den Autor)[6] Diese Worte mögen zwar unwillkommen sein, aber sie sind mit Sicherheit klug. Sie sollten auch beherzigt werden.

„Caveat emptor" ist der bekannte lateinische Ausdruck für „Der Käufer möge sich in Acht nehmen". „Caveat moderator" ist der weniger bekannte lateinische Ausdruck für „Der Regulierer möge sich in Acht nehmen". „Emptor, cave moderator" beschreibt eine meiner größten Sorgen über heutige ESG-Investitionen: *Käufer, nehmt euch vor den Regulierern in Acht!*

Selbst wenn einige wenige Regulierungsbehörden zu dem Schluss kämen, dass nachhaltige Produkte eine Mindestanzahl an temperaturorientierten Unternehmen enthalten müssen, könnte die daraus resultierende Popularität solcher Produkte die Marktbewertungen in einer Weise verzerren, die sich langfristig als nicht im Interesse der Anleger erweisen könnte. Die bessere Wahl wäre es, eine viel größere Transparenz zu fördern und informierte Anleger entscheiden zu lassen, welche Risiken sie im Verhältnis zu ihren eigenen Anlagezielen tragen wollen. Die Aufsichtsbehörden sollten sich zu keinem Zeitpunkt dazu hinreißen lassen zu behaupten, dass ein bestimmtes nachhaltiges Anlageprodukt oder -verfahren für alle Anleger besser sei als ein anderes, und sie sollten auch nicht anfangen, sich in probabilistische Szenarien einzumischen. Sie können nicht in die Zukunft blicken. Niemand kann das. So ironisch es auch klingen mag: Proklamationen über die Nachhaltigkeit bestimmter Unternehmen oder Anlagestrategien würden die Preise dieser Unternehmen und Strategien höchstwahrscheinlich in nicht nachhaltiger Weise verzerren. Der Versuch, durch Regulierung bessere ökologische und/oder soziale Ergebnisse zu erzielen, könnte durchaus kontraproduktiv sein. Offizielle Behauptungen, dass bestimmte Produkte stabiler sein könnten, könnten zu einem „Minsky-Moment" führen – benannt nach Hyman Minsky, der sich zu Recht über die Risiken exzessiver Spekulationen aufregte –, vor allem wenn die zugrunde liegenden Vermögenswerte volatiler sind als erwartet.

Wieder einmal hat es John Bogle wohl am besten gesagt: „Die Emotionen der Anleger plus die Werbung der Fondsindustrie verheißen wenig Dauerhaftes und Gutes." Vermögenseigentümer müssen ihre Emotionen und Anlagestrategien professionell voneinander trennen. Es ist zwar nachweislich so, dass einige Sektoren und Branchen besser für die Energiewende positioniert sind, aber ob „nachhaltige Produkte" zu einem bestimmten Zeitpunkt attraktive Investitionen sind, hängt in erster Linie von den aktuellen Bewertungen der ihnen zugrunde liegenden Vermögenswerte ab. Viele herausragende ESG-Aktien werden mit erheblichen Aufschlägen gehandelt. Das bedeutet nicht, dass es sich nicht um gute Unternehmen handelt; es bedeutet lediglich, dass sie zu diesem Zeitpunkt möglicherweise nicht die besten Anlagen sind.

Aber lassen Sie uns hier nicht unsere Ziele aus den Augen verlieren. Wir versuchen nicht, die nächste Investitionsblase vorherzusagen oder den Regulierungsbehörden genaue Anweisungen zu erteilen, was sie tun oder lassen sollen. Das waren nie unsere Aufgaben. Stattdessen versuchen wir, vielversprechende Wege aufzuzeigen, wie das Finanzwesen zur Förderung eines integrativeren, nachhaltigen Wachstums beitragen kann. Es ist klar, dass es wirksame Grenzen dafür gibt, was die Regulierungsbehörden tun können, um diesen Weg zu beschleunigen.

Das Gesetz der unbeabsichtigten Folgen ist immer am Werk. Darüber hinaus wird es häufig von Behörden übersehen, die positive Ergebnisse anstreben und dabei nicht genügend auf die Auswirkungen zweiter und dritter Ordnung achten.

Was also sollten Anleger tun, die eine verifizierte und überprüfbare doppelte Bilanz anstreben? Zu dieser Diskussion kommen wir sehr bald, aber zunächst müssen wir über ein Paralleluniversum von Unternehmen sprechen, das wir noch nicht richtig berücksichtigt haben. Dieses Universum wird nicht von börsennotierten Unternehmen bevölkert, die leicht in ESG-ETFs oder nachhaltigen Investmentfonds zu finden sind. Es besteht vielmehr aus Unternehmen in Privatbesitz und/oder in Staatsbesitz. Es stellt sich heraus, dass diese Arten von Unternehmen einen entscheidenden Einfluss darauf haben, wie und ob Investoren zu einem integrativeren, nachhaltigen Wachstum beitragen können. Sie helfen uns auch dabei zu beurteilen, ob die derzeitigen ESG-Investitionen die ökologische und soziale Wirkung haben können, die sich viele ihrer Anhänger wünschen.

Wie Sie sicher verstehen können, müssen private und staatliche Unternehmen Teil der Lösung und nicht des Problems sein. Im Moment sind sie beides.

KAPITEL 13

LASSEN SIE UNS UNTER VIER AUGEN SPRECHEN

> Gib mir einen Hebel, der lang genug ist, und einen Drehpunkt, an dem ich ihn ansetzen kann, und ich werde die Welt bewegen.
>
> *ARCHIMEDES*

Wir haben den Großteil unserer bisherigen Untersuchungen darauf verwendet herauszufinden, ob und wie das Verhalten von Unternehmen durch Initiativen wie ESG-Investitionen und die von Just Capital verändert und optimiert werden kann. Letztendlich geht es bei nachhaltigen Anlagestrategien vor allem darum, Missetäter zu bestrafen, Vorbilder zu belohnen und dabei finanzielle und soziale Vorteile zu erzielen. Wir haben gelernt, dass Unternehmen im S&P 500, MSCI World, Russell 3000 oder jedem anderen Index erstklassige Kandidaten für eine direkte Beeinflussung sind. Durch Über- oder Untergewichtung der Aktien und Anleihen der Unternehmen, die die Anleger belohnen oder bestrafen wollen, können unerwünschte Verhaltensweisen von Unternehmen verhindert und positive soziale und ökologische Ergebnisse möglicherweise verstärkt werden. Infolgedessen können auch bessere Renditen erzielt werden.

Wenn Shell oder Lockheed Martin also unangemessene Aktivitäten ausüben, kann die Drohung, sie aus bestimmten Anlageportfolios zu streichen, sie zu einer präventiven Kurskorrektur veranlassen. Schließlich sind die Reputations- und Finanzkosten sehr hoch und sollten die betroffenen Unternehmen letztendlich dazu bewegen, ihr Verhalten zu ändern. Wenn die Anreize überzeugend genug und die Märkte so bestimmend sind, wie viele glauben, sollten ESG-Investitionen eine überzeugende Methode sein, um die Welt besser zu machen, ähnlich wie Archimedes es vorschlägt. Der Prozess der Belohnung von Vorbildern sollte auch für Investoren lohnend sein.

Doch als wir uns eingehender mit ESG-Investitionen und anderen Methoden befasst haben, haben wir auch einige der inhärenten Grenzen dieser Argumente erkannt. Zusammengesetzte ESG-Bewertungen und sich verändernde moralische Prioritäten der Amerikaner scheinen keine vollständigen oder besonders vorausschauenden Anlageinformationen zu vermitteln. Es scheint unwahrscheinlich, dass indexierte Aktienstrategien, die sich allein auf zusammengesetzte ESG-Scores stützen, ein wiederkehrendes, langfristiges Alpha erzeugen. Darüber hinaus scheinen Anlagestrategien, die auf zusammengesetzten ESG-Scores basieren, nur minimale direkte Auswirkungen auf das Verhalten von Unternehmen zu haben. Im Gegensatz zu Bonitätsratings, die eine größere Konformität der Unternehmen in Bezug auf ihre Rechnungslegungspraktiken fördern, haben ESG-Bewertungssysteme noch nicht viel Harmonie in die „E“-, „S“- und „G“-Praktiken der Unternehmen gebracht. Insbesondere das Kippen eines Index durch zusammengesetzte ESG-Scores scheint keinen großen Einfluss auf die individuellen Unternehmensstrategien zu haben. Unternehmen wollen vielleicht in einen ESG-Index aufgenommen werden, aber es bleibt unklar, wie viel sie bereit sind, für die Aufnahme in den Index zu ändern. In dieser Hinsicht wurden die ESG-Anreize und der Mechanismus zur Übertragung der Kapitalkosten, von dem diese Anreize abhängen, von zu vielen Menschen als wirksamer eingeschätzt, als sie tatsächlich sind.

Die Fülle von zusammengesetzten ESG-Scores und ihre begrenzten Auswirkungen auf das Unternehmensverhalten stehen im Gegensatz zu ihrem möglichen direkten und übergroßen Einfluss auf die Anlageergebnisse. Ein Tracking Error bei gleichzeitigem Versagen bei der Verbesserung spezifischer sozialer und ökologischer Ergebnisse ist ein unattraktives Risiko-Ertrags-Verhältnis. Darüber hinaus haben wir gelernt, dass umfangreiche Desinvestitionsbemühungen die „sündigen" Unternehmen nicht davon abhalten konnten, ihre traditionellen Kerngeschäfte zu betreiben. In der Zwischenzeit floss aus zwei zwingenden Gründen weiterhin reichlich Finanzkapital in Alkohol-, Tabak-, Schusswaffen- und Glücksspiel-Aktien. Erstens waren ihre Geschäfte nach wie vor rentabel und legal, und zweitens wurden sie durch die allgegenwärtigen Treuhandvorschriften gefördert. Dies ist auch der Grund dafür, dass Sündenaktien – etwas kontraintuitiv – in der Vergangenheit besser abgeschnitten haben als der breite Markt. Ihre relativ hohen Dividenden kamen im Großen und Ganzen denjenigen zugute, die sich nicht für eine Veräußerung entschieden. Schließlich haben wir gelernt, wie schwierig und zeitaufwendig der Prozess der systematischen Verankerung von Güte in Unternehmen sein wird. TCFD und SASB sind dabei, wertvolle Fahrpläne für nachhaltige Rechnungslegungsstandards zu erstellen. Je eher sie ihre Arbeit abschließen können, desto besser. In der Zwischenzeit haben sich jedoch nur wenige Unternehmen dazu entschlossen, ihre sich entwickelnden Berichtsstandards einzuhalten. Das bedeutet, dass die Anleger heute noch weit davon entfernt sind, alle wesentlichen ESG-Risiken systematisch zu erkennen und zu berücksichtigen. Zugegeben, sie sind schon weiter als zu dem Zeitpunkt, als die Vereinten Nationen 2005 ihre Grundsätze für verantwortungsbewusstes Investieren auf den Weg brachten, was lobenswert ist. Aber sie sind noch nicht da, wo sie sein müssen oder wollen. Es werden Fortschritte gemacht – die Unternehmen sind jetzt sicherlich „ESG-bewusster" –, aber die Umsetzung von mehr Transparenz in bessere Anlagerenditen und eine gerechtere, nachhaltigere Welt ist noch ein langer, bedeutender Weg.

Als ob diese Herausforderungen nicht schon genug wären, gibt es noch eine weitere Einschränkung für die Breitenwirksamkeit von ESG, die wir noch nicht berücksichtigt haben: die potenzielle Bedeutung mächtiger konkurrierender Wirtschaftsakteure, nämlich privater Märkte und staatlicher Unternehmen.

Desinvestition und Übergewichtung, wie wir sie bisher untersucht haben, sind nur für börsennotierte Unternehmen von Bedeutung, das heißt für Unternehmen, deren Aktien an einer Börse gehandelt werden und deren Aktien und Anleihen in breit angelegten Indizes enthalten sind. Der letztendliche Nutzen von Strategien des Unternehmensengagements wie ESG, Just Capital oder B Lab für einen systemischen ökologischen und sozialen Wandel hängt jedoch von ihrer Fähigkeit ab, das gesamte Unternehmens-Ökosystem zu beeinflussen, nicht nur einen Teil davon. Wenn die Förderung eines inklusiveren, nachhaltigeren Wachstums durch Strategien des unternehmerischen Engagements funktionieren soll, müssen die industriellen Praktiken aller Institutionen, auf die sie abzielen, weit genug verbreitet sein, damit die Weltwirtschaft sinnvoll neu kalibriert werden kann.

Das ist jedoch nicht der Fall.

Nach fast allen Maßstäben machen börsennotierte Unternehmen weniger als die Hälfte der gesamten Wirtschaftstätigkeit aus. Darüber hinaus liegen staatliche und private Unternehmen immer noch weit außerhalb der üblichen Reichweite aktivistischer ESG-Einflüsse. Bislang sind Privatunternehmen und staatliche Unternehmen relativ immun gegen ESG-Druck. Da börsennotierte Unternehmen nur einen so kleinen Teil der globalen Wirtschaftstätigkeit ausmachen, ist der derzeitige Hebel der ESG nicht lang genug und auch nicht sicher genug, um das Klima der Erde zu schützen oder soziale Ergebnisse konsequent und systemisch zu verändern.

All dies ist der Grund, warum wir unter vier Augen sprechen müssen.

Obwohl die Hauptziele des unternehmerischen Engagements – die rund 50.000 Unternehmen, die in den am meisten beachteten Indizes enthalten sind – die sichtbarsten Komponenten der Weltwirtschaft sind, haben sie weit weniger Einfluss, als gemeinhin angenommen wird. Nehmen wir einmal die US-Wirtschaft. Von den 30 Millionen Unternehmen, die in den Vereinigten Staaten eingetragen sind, *sind nur 0,0125 Prozent an einer Börse notiert* oder haben Zugang zum öffentlichen Anleihemarkt. Um eine universelle Wirkung zu erzielen, müssen Aktivisten und ESG-Enthusiasten zusätzliche Strategien entwickeln, um die verbleibenden 99,9875 Prozent anzusprechen. Ein Teil dieser Herausforderung hängt natürlich von der Unternehmensgröße ab, aber eben nur ein Teil. Weltweit überwiegt die Zahl der Unternehmen mit weniger als 100 Beschäftigten die der Unternehmen mit mehr Beschäftigten im Verhältnis 70 zu 1. Zwar arbeiten 35 Millionen Amerikaner für Russell-3000-Unternehmen, aber das ist immer noch weniger als ein Viertel der 155 Millionen Amerikaner, die jeden Tag zur Arbeit gehen. Wenn die Förderung fairer Löhne, größerer Vielfalt und der Mitarbeiterzufriedenheit die wichtigsten Ziele sind – um nur einige wünschenswerte Ziele zu nennen –, müssen die Befürworter einer Verbesserung der Arbeitsmarktergebnisse auch einen Weg finden, die Arbeitgeber der anderen 77 Prozent zu erreichen.

Aussagekräftige, umfassende Daten über Privatunternehmen sind schwer zu finden, da Unternehmen, die nicht für den Verkauf von Wertpapieren registriert sind, keine detaillierten Unterlagen über ihre Aktivitäten bei Organisationen wie der Securities and Exchange Commission einreichen müssen. Das bedeutet, dass mehr als 99 Prozent aller US-Unternehmen niemals ihre Cashflow-, Lagerumschlags-, Investitions- oder Beschäftigungsdaten melden, geschweige denn detaillierte Angaben zu ihren Scope-1-, -2- und -3-Emissionen machen. In einer der neueren Studien, in denen börsennotierte Unternehmen mit ihren privaten Pendants verglichen wurden, schätzten Forscher von Harvard und der NYU, dass Privatunternehmen für 70 Prozent aller nicht staatlichen Arbeitsplätze, 60 Prozent aller Umsätze und 55 Prozent aller Sachanlagen ohne Wohnimmobilien verantwortlich sind. Sie schätzten auch, dass mehr als 50 Prozent aller Unternehmensgewinne vor Steuern auf private Firmen entfallen.[1]

Bei näherer Betrachtung sollten diese Daten jedoch niemanden überraschen. Viele der größten Privatunternehmen der Welt sind bekannte Namen. Dazu gehören Wirtschaftsprüfungs- und Beratungs-Riesen wie Deloitte und Ernst & Young mit 330.000 beziehungsweise 290.000 Beschäftigten, Luxusmarken wie Rolex und Lacoste, die Finanz-Riesen Bloomberg und Fidelity Investments mit zusammen 60.000 Beschäftigten, Dell mit fast 60 Milliarden Dollar Umsatz und 110.000 Beschäftigten und der Süßwaren-Riese Mars, der Lieferant meiner geliebten Twix- und Snickers-Riegel und Arbeitgeber von mehr als 130.000 Menschen ist. Einige Branchen werden von privaten Giganten beherrscht. Von den 200 größten Privatunternehmen in Amerika, die *Forbes* auflistet, sind 60 in der Lebensmittelbranche tätig, darunter 14 der 23 größten Unternehmen.[2] Zwei weitere bekannte Namen – Cargill und Koch Industries – gehören zu den weltweit größten Rohstoff- und Energietechnik-Unternehmen. Würden wir Cargill und Koch konservative Kurs-Gewinn-Verhältnisse zuweisen, würden beide angesichts ihrer Jahreseinnahmen von jeweils über 100 Milliarden Dollar zu den 25 wertvollsten Unternehmen im S&P 500 zählen. Der niederländische Energie- und Rohstoffhändler Vitol ist mit einem ausgewiesenen Jahresumsatz von über 250 Milliarden US-Dollar sogar noch größer als Cargill und Koch. Der weltweite Umsatz von Vitol ist höher als der von Google und Samsung. Hunderte von Privatunternehmen haben Tausende von Mitarbeitern, Dutzende haben Hunderttausende. Wenn man all dies zusammenzählt, wird man sich einer weitgehend unterschätzten Tatsache des Wirtschaftslebens bewusst: Die Aktivitäten privater Firmen spielen im globalen Unternehmens-Ökosystem eine viel größere Rolle als die ihrer börsennotierten Pendants.

Die meisten privaten Unternehmen sind keine bekannten Namen. Oft ist dies beabsichtigt. Viele bedeutende Privatunternehmen meiden die öffentliche Aufmerksamkeit. So ist Hilcorp vielleicht der größte Öl- und Gasproduzent, von dem Sie noch nie gehört haben. Wenn Sie nicht in der Öl- und Gasbranche tätig sind, gibt es auch keinen Grund, warum Sie das tun sollten. Dennoch steht Hilcorp an der Spitze aller Ölproduzenten in Louisiana, Ohio, Pennsylvania, Texas und Wyoming. Außerdem ist Hilcorp der größte Öl- und Gasproduzent in Alaska und im San Juan Basin. Hilcorp steht in Alaska ganz oben auf der Liste, nachdem das Unternehmen 2019 für 5,6 Milliarden Dollar alle Upstream- und Midstream-Aktiva von BP in Alaska gekauft hat. Bei dieser bahnbrechenden Transaktion veräußerte BP alle Anteile am riesigen Prudhoe-Bay-Feld sowie seinen 48,4-prozentigen Anteil am Trans-Alaska-Pipelinesystem. Damit hat BP ein erhebliches finanzielles Risiko und ein hohes Reputationsrisiko abgestreift. Wie nicht anders zu erwarten, wurde BP von den Anlegern für seine Entscheidung gelobt; die Aktie des Unternehmens stieg in den ersten Wochen nach der Bekanntgabe um mehr als acht Prozent. Der Verkauf von BP bedeutete jedoch keineswegs, dass das Öl in Alaska irgendwie im Boden bleiben würde. In der Zwischenzeit plant Hilcorp, wie man erwarten kann, das Beste aus seinem milliardenschweren Kauf herauszuholen. Und während ESG-Investment-Enthusiasten BP zujubeln, haben sie keine sinnvolle Möglichkeit, ihren Unmut über Hilcorp, die andere Seite der Transaktion, zum Ausdruck zu bringen oder Einfluss darauf zu nehmen. Auch Hilcorp hat bisher von seinem Kauf profitiert.

Ich habe Shell und Lockheed Martin nicht ohne Grund am Anfang dieses Kapitels erwähnt. Beide haben sich kürzlich nach dem gleichen Muster wie BP von umstrittenen Vermögenswerten getrennt, die ihren Unternehmenswert zu belasten schienen. Sie verkauften sie an private Unternehmen oder an andere Firmen, die nicht negativ gebrandmarkt werden konnten. Konkret haben Shell und Lockheed ihre kohlenstoffintensiven Energiebeteiligungen ausgegliedert, um Kritikern zu zeigen, dass sie Fortschritte bei der Umsetzung der Ziele von Paris machen. Shell verkaufte 2017 seine bedeutenden

Ölsandbeteiligungen in Kanada für 7,25 Milliarden Dollar an eine Tochtergesellschaft von Canadian Natural Resources und 2021 ein Portfolio von Onshore- und Upstream-Anlagen in Ägypten für 646 Millionen Dollar. Lockheed verkaufte sein Energiedienstleistungsgeschäft im Oktober 2019 an das private Unternehmen TRC. In jedem dieser Fälle jubelten die Aktionäre über die Ergebnisse, während die Unternehmen, die die umstrittenen Vermögenswerte und Geschäfte übernahmen, keine entsprechenden Strafen zahlen mussten. Auch die Weltwirtschaft wurde unter dem Strich nicht grüner oder nachhaltiger, auch wenn die Anleger unterm Strich so reagierten, als ob dies der Fall wäre. Diese Maßnahmen verdeutlichen, warum Reclaim Finance alle Unternehmen bestrafen will, die kohlenstoffintensive Anlagen verkaufen, anstatt sie zu schließen und abzuschreiben. Die Übertragung des Eigentums an kanadischen Ölsanden von einem Paar Hände auf ein anderes bringt für die globale Kohlenstoffbilanzierung keinen Nettonutzen.

Anzügliche Geschichten über die Koch-Familie und ihren enormen Einfluss auf weite Teile der US-Wirtschaft und der öffentlichen Politik gehören zum Standardrepertoire der Medien. Ihre rechtsgerichteten – oder besser gesagt: libertären – Ansichten haben sie zu einer unwiderstehlichen Zielscheibe für linksgerichtete Publikationen gemacht. Das Magazin *Rolling Stone* gab 2014 in einer Enthüllungsgeschichte den Ton vor: „Die lukrative Mischung aus Umweltverschmutzung, Spekulation, Rechtsbeugung und Selbstgerechtigkeit der Koch-Familie reicht bis ins frühe 20. Jahrhundert zurück. Charles und David Koch kontrollieren eines der größten Vermögen der Welt, das sie nutzen, um unser politisches System aufzukaufen; sie wollen nicht, dass man weiß, wie sie all ihr Geld gemacht haben."[3] Koch Industries floriert, indem es eine breite Palette von Produkten und Dienstleistungen anbietet, die die Verbraucher brauchen und ständig nutzen. Treibstoff für Lastwagen, Autos und Jets; gehärtetes Glas für Bau und Verkehr; Dünger für ertragreichere Ernten; chirurgische und medizinische Geräte, einschließlich Insulin-Infusionspumpen; Papierprodukte von Servietten und Einweghandtüchern bis hin zu Bechern und Toilettenpapier; Stoffe für Kampfuniformen und Ersthelfer. Wie andere sogenannte Sündenunternehmen ist auch Koch gut positioniert, um Produkte und Dienstleistungen anzubieten, die die Menschen mit Sicherheit konsumieren werden, unabhängig davon, ob andere ihren Konsum gutheißen oder nicht. Man beachte auch, dass Koch besonders gut positioniert ist, um Produkte anzubieten, die in der Vergangenheit von jetzt sanktionierten russischen Firmen geliefert wurden, etwa Öl und Düngemittel. Ist es nicht besser, diese Produkte von Koch Industries zu kaufen als von Putin? In der Zwischenzeit werden Sie im *Rolling Stone* nicht gelesen haben, dass Koch Industries und seine Tochtergesellschaften seit 2009 gleichzeitig 1.200 Branchenauszeichnungen für herausragende Leistungen in den Bereichen Umwelt, Verantwortung für die Gemeinschaft, Sicherheit und Innovation im Bereich Nachhaltigkeit erhalten hat. Im April 2021 wurde Koch Industries von der Environmental Protection Agency mit dem Energy Star Partner of the Year Award für den Schutz der Umwelt durch verbesserte Energieeffizienz ausgezeichnet. Seit 2015 hat Koch außerdem mehr als 1,5 Milliarden US-Dollar in die Förderung von Energieeinsparungen investiert. Heute recycelt und behandelt Koch 91 Prozent seiner Abfallprodukte, mehr als viele Unternehmen, die sich als Mitglied der Kreislaufwirtschaft bezeichnen. Koch Industries achtet auch penibel auf die Einhaltung der Gesetze. Wenn man all dies zusammenzählt, kann man sicher sein, dass Koch Industries nicht so bald aus dem Geschäft verschwinden wird. Da es entscheidend dazu beiträgt, den Druck auf Putin aufrechtzuerhalten, schlage ich vor, dass wir ihm danken, anstatt es zu verfolgen. Sie können auch darauf wetten, dass, sollten die Aktionäre von Exxon, Chevron oder einem anderen staatlichen Energieerzeuger gezwungen sein, aus ihren Öl- und Gasgeschäften auszusteigen, Unternehmen wie Hilcorp und Koch bereit sein werden, zum richtigen Preis einzuspringen und diese Kohlenstoffanlagen auf den Markt zu bringen. Solange es legal, finanziell attraktiv und strategisch wichtig ist, sind Hilcorp, die Gebrüder Koch und andere private Unternehmen wie sie bereit, das Öl und Gas zu liefern, das die Verbraucher weiterhin nutzen. Es geht nicht darum, Hilcorp oder Koch zu verurteilen, weder positiv noch negativ – obwohl Hilcorp sieben Jahre in Folge in die Liste der „100 besten Unternehmen, für die man arbeiten kann" des Magazins *Fortune* aufgenommen wurde. Mein Hauptargument ist vielmehr, dass jedes Molekül Öl, das sich im Besitz von börsennotierten Unternehmen befindet, liquidiert werden könnte – was viele Aktivisten wünschen –, dass aber all diese Kohlenstoffvorräte von privaten Anbietern aufgekauft und trotzdem verbraucht werden könnten. Ganz legal.

Es gibt offensichtliche operative Grenzen, wenn es darum geht, den Kurs der Weltwirtschaft allein durch börsennotierte Unternehmen zu optimieren. Unternehmen in Privatbesitz spielen in einem breiten Spektrum von Industrie-, Umwelt- und Beschäftigungspraktiken eine überragende Rolle, einschließlich der Produktion von kohlenstoffbasierten Brennstoffen. Seit 2010 hat die Private-Equity-Branche 1,1 Billionen US-Dollar in den Energiesektor investiert – das ist doppelt so viel wie der gemeinsame Marktwert von Exxon, Chevron und Shell. Die privaten Energieunternehmen sind auch bereit, noch viel mehr zu tun. „Wir haben Appetit auf Akquisitionen", sagte Brian Gilvary, Leiter von Ineos Energy, der Sparte eines privaten britischen Chemieunternehmens und ehemaliger BP-Manager, kürzlich. Ineos kaufte im Sommer 2021 die Öl- und Gasanlagen der Hess Corporation in Dänemark für 150 Millionen Dollar. Gilvary fuhr fort: „Wir sind ein privates Unternehmen mit privaten Anteilseignern, aber wir müssen trotzdem so handeln, dass es mit den Zielen von Regierungen, Banken und Investoren übereinstimmt."[4]

Neben den börsennotierten und privat geführten Unternehmen gibt es noch ein weiteres Segment der Weltwirtschaft, das die Auswirkungen von Druck auf einheimische Energieunternehmen, ihr Verhalten zu ändern, begrenzen wird: staatliche Unternehmen. Shell und BP, Exxon und Chevron sowie Hilcorp, Ineos und Koch Industries sind allesamt Nichtregierungsorganisationen. Sie alle nehmen einen wichtigen Platz im globalen Energiekomplex ein. Aber Chinas National Petroleum Corporation, Saudi-Arabiens Aramco, Russlands Rosneft, Brasiliens Petrobras, Venezuelas PDVSA und Irans National Iranian Oil Company sind alle in staatlicher Hand. Wenn es um die Zukunft der Öl- und Gasproduktion geht, sind diese staatlichen Unternehmen zusammengenommen weitaus entscheidender.

Mehr als drei Viertel der weltweit bekannten Ölreserven befinden sich nicht in privater Hand, sondern unter staatlicher Kontrolle. Das bedeutet, dass staatliche Ölgesellschaften dreimal so wichtig sind wie ihre privat geführten Pendants. Mit einem Jahresumsatz von 450 Milliarden Dollar ist Sinopec die größte Ölgesellschaft der Welt und fast doppelt so groß wie Exxon, der größte US-amerikanische Produzent.

Die Schwestergesellschaft von Sinopec, CNPC – Chinas zweitgrößter staatlicher Ölkonzern –, ist etwa so groß wie Exxon und Chevron zusammen. Es liegt auf der Hand, dass es nicht möglich sein wird, die weltweite Produktion und Verteilung von Öl und Gas sinnvoll zu verändern und sie sauberer und umweltfreundlicher zu machen, ohne die Regierungen von Brasilien, China, Iran, Russland, Saudi-Arabien, den Vereinigten Arabischen Emiraten und Venezuela davon zu überzeugen, dass auch sie Teil der Lösung sein müssen. Genau wie die europäischen Gasimporte erreichten die US-Importe von russischem Öl im Jahr 2021 einen Rekord und übertrafen die Importe aus Saudi-Arabien. Als sich die US-Produzenten zurückzogen, musste Amerikas ärgster Widersacher und der schmutzigste Ölproduzent der Welt – Russland – einspringen, um den Bedarf der US-Verbraucher zu decken. Kurzsichtigkeit in Europa und den Vereinigten Staaten bedeutete Einnahmen für Russlands staatliche Energiekonzerne und Kriegsgelder für Putins Dezimierung der ukrainischen Städte und Bürger.

Im Jahr 2017 expandierte Sinopec nach Afrika, indem es 75 Prozent der südafrikanischen Anlagen von Chevron erwarb. So wie der Kauf der BP-Anlagen in Alaska durch Hilcorp dem ESG-Rating von BP zugutekam, ohne die Welt grüner zu machen, ermöglichte es der Kauf von Sinopec Chevron, bei Energieaktivisten zu punkten. Gleichzeitig zahlte der staatliche Käufer keinen Preis für seinen guten Ruf. „Wir konzentrieren uns die ganze Zeit auf BP und Shell", bemerkte Angela Wilkinson, die Leiterin des Weltenergierats, bissig. „Was ist mit Saudi Aramco und ADNOC [Abu Dhabi National Oil Company]? Wir sehen Druck auf eine kleine Gruppe von börsennotierten Ölgesellschaften. Aber das ist überhaupt kein realistisches Bild des gesamten Energiesystems."[5]

Das führende Energieberatungsunternehmen Wood Mackenzie schätzt, dass BP, Chevron, Exxon, Shell, Total (Frankreich) und Eni (Italien) – allesamt börsennotierte Unternehmen – seit 2018 Vermögenswerte im Energiebereich im Wert von über 28 Milliarden US-Dollar veräußert haben. Die meisten dieser Veräußerungen gingen in private oder staatliche Hände. Wood Mackenzie geht davon aus, dass in den kommenden Jahren weitere Energieanlagen im Wert von mehr als 30 Milliarden US-Dollar veräußert werden. Der Gesamtwert der Öl- und Gasanlagen, die in den nächsten zehn Jahren von börsennotierten Unternehmen zum Verkauf stehen könnten, könnte mehr als 140 Milliarden US-Dollar betragen. Der schnellste Weg, den eigenen Kohlenstoff-Fußabdruck zu verkleinern und eine Temperaturanpassung zu erreichen, ist die Veräußerung physischer Vermögenswerte. Solche Verkäufe tragen jedoch nicht zur Verringerung der Emissionen bei, sondern verlagern lediglich die Kohlenstoffanlagen aus den untersuchten Bilanzen in weniger untersuchte Bilanzen. Ein Urteil eines niederländischen Gerichts aus dem Jahr 2021 verlangte von Shell, seine absoluten Kohlendioxidemissionen viel schneller als geplant zu senken. Die anschließende Entscheidung von Shell, die Börsennotierung in den Niederlanden aufzuheben, war eine vorhersehbare Reaktion. Es ist wahrscheinlich, dass die meisten der von Shell veräußerten Energieanlagen immer noch in staatlichen oder privaten Unternehmen landen werden, aber sie können nun in einem gemäßigteren Tempo weitergeführt werden. Natürlich kann es sein, dass Shell am Ende grüner ist, aber die Welt wird es mit Sicherheit nicht sein.

In einem kürzlich erschienenen OECD-Bericht wird die doppelte Herausforderung hervorgehoben, die staatliche Unternehmen für optimale Umwelt-, Sozial- und Governance-Ergebnisse darstellen. Wenn es um „G" geht, scheinen staatliche Unternehmen besonders problematisch zu sein. Es stellt sich heraus, dass Regierungen nicht sehr gut darin sind, sich selbst zu regieren. Fast die Hälfte aller staatlichen Unternehmen gibt an, dass sie im Durchschnitt drei Prozent ihrer jährlichen Gewinne durch Korruption oder andere unregelmäßige Praktiken verlieren – ein Vielfaches der Verstöße im privaten Sektor.[6] Obwohl staatliche Unternehmen nur etwa ein Fünftel der weltweiten Wirtschaftstätigkeit ausmachen, sind sie für mehr als die Hälfte der bekannten Korruption in Unternehmen verantwortlich. Die OECD schätzt, dass 1,5 Prozent der Ausgaben staatseigener Unternehmen für die Aufdeckung oder Verhinderung von Korruption aufgewendet werden. Verbesserte Standards für die Unternehmensführung sind weltweit erforderlich – sie würden jedoch die größte Wirkung entfalten, wenn sie von den Regierungen auf ihre hundertprozentigen Unternehmen in den Bereichen Energieversorgung, natürliche Ressourcen, Finanzen, Transport, Post, Landwirtschaft und Kommunikation angewendet würden.

Börsennotierte Unternehmen werden von Aktivisten am stärksten unter die Lupe genommen, weil sie am sichtbarsten sind. Unternehmen in Privatbesitz sind nicht weniger gesetzestreu als ihre börsennotierten Gegenstücke. Dennoch ist das Spielfeld ungleich, weil sie weiter weg vom Licht der Öffentlichkeit operieren und einer viel weniger strengen Berichterstattung und ESG-Kapitalallokation unterworfen sind. Diese Uneinheitlichkeit ermöglicht es privaten Unternehmen,

Marktineffizienzen auszunutzen, die durch Veräußerungsdruck und -trends unweigerlich entstehen. Staatliche Unternehmen spielen sowohl aus betrieblicher als auch aus rechtlicher Sicht in einer ganz eigenen Liga. Sie werden nur dann zur Rechenschaft gezogen, wenn ihre staatlichen Eigentümer beschließen, dass dies in ihrem besten Interesse ist. Da staatliche Unternehmen zudem ungewöhnlich stark zu Bestechung und anderen Formen der Korruption neigen, stellen ihre Eigenheiten eine einzigartige Herausforderung für die globalen Standards der Nachhaltigkeitsbilanzierung dar. Außerdem werden Putins Öleinnahmen 2022 wahrscheinlich die von 2021 übersteigen. Auch das ist ärgerlich.

Warum habe ich mir die Mühe gemacht, über Privatfirmen und staatliche Unternehmen zu sprechen? Um auf Folgendes hinzuweisen: *Wenn Netto-Null-Emissionen ein globales Ziel sind, müssen wir viel weiter gehen, als BP, Exxon, Shell, Total und ihre börsennotierten Pendants zu ermutigen, ihre Kerngeschäfte im Energiebereich zu sanieren oder aufzugeben.* Sie sind nur ein sehr, sehr kleiner Teil des viel größeren Ökosystems der Energieunternehmen. Wenn wir wollen, dass die Unternehmen die menschliche Entwicklung vorantreiben, ihre Emissionen reduzieren und die Arbeitsbedingungen in der ganzen Welt verbessern, müssen wir uns mindestens ebenso sehr auf Privatunternehmen und Staatsbetriebe konzentrieren. Noch wichtiger ist, dass wir uns mit der Frage der Energienachfrage befassen müssen.

Die Androhung von Desinvestitionen und das Versprechen höherer Bewertungen für börsennotierte Unternehmen an sich betreffen nur einen überraschend kleinen Teil der Weltwirtschaft, insbesondere im Energiesektor. Dies bedeutet zwar, dass die Strategien zur Verringerung der Kohlendioxidemissionen umfassender werden müssen, doch gilt dies auch für andere soziale Prioritäten wie die Vielfalt der Arbeitskräfte und die wirtschaftliche Mobilität. Jetzt, da wir die Rolle privater und staatlicher Ölgesellschaften besser einschätzen können, wird auch immer deutlicher, dass der Globus kaum Aussichten hat, die Ziele von

Paris zu erreichen, wenn nicht erhebliche Änderungen in der Politik vorgenommen werden, die für *alle* Wirtschaftsakteure gelten. Eine der wichtigsten Lehren des vergangenen Jahres ist, dass eine Verringerung der Ölversorgung bei unverminderter oder weiter steigender Nachfrage die Selbstversorgung untergräbt und die Armen am härtesten trifft, da die Öl- und Gaspreise steigen. Hätten wir uns mehr Gedanken über die anhaltende Nachfragedynamik gemacht, hätten schmerzhafte Energiepreiserhöhungen und unsere sinnlose Abhängigkeit von russischem Öl und Gas vermieden werden können.

Bedeutet all dies, dass wir aufhören sollten, von börsennotierten Unternehmen zu erwarten, dass sie ihre ökologischen, sozialen und Governance-Risiken minimieren? Nein, das bedeutet es nicht. Es wirft lediglich die Frage auf, wie wirksam Kampagnen von Aktivisten sind, die sich nur auf börsennotierte Unternehmen beziehen. Es wirft auch die Frage auf, wie viel mehr wir tun müssen, um integratives, nachhaltiges Wachstum umfassend zu fördern.

Dies ist jedoch nicht die einzige Herausforderung für Kampagnen, die die Desinvestition als Taktik zur Erzielung von Fortschritten favorisieren. Desinvestitionsargumente hatten schon immer eine weitere Schwäche. Nicht nur, dass die Drohung mit der Veräußerung von Aktien nicht wie erhofft funktioniert, auch der Akt der Veräußerung ist von Natur aus kontraproduktiv. Wenn es darum geht, das Verhalten von Unternehmen zu ändern, ist es effektiver, ein Insider zu sein, der für Veränderungen kämpft, als ein Außenstehender, der Plakate trägt und den Streikposten Slogans zuruft.

Das ist viel effektiver.

KAPITEL 14

KÄMPFEN ODER FLIEHEN?

Wir sind die Verwalter der Kontinuität des Lebens auf der Erde geworden. Wir haben nicht um diese Rolle gebeten, aber wir können uns ihr nicht entziehen.

STEPHEN JAY GOULD

Wir sind der Meinung, dass Investoren nur dann einen dauerhaften Wandel bewirken können, wenn sie als aktive Eigentümer tätig sind.

ENGINE NO. 1

Die Entscheidung, Aktien oder Anleihen eines börsennotierten Unternehmens zu besitzen oder nicht zu besitzen, ist in dreierlei Hinsicht folgenreich. Zwei davon wurden bereits in einem früheren Kapitel erörtert: die ethische Ausrichtung beziehungsweise die Werte und die Investitionsrendite beziehungsweise die Bewertung.

Vermögenseigentümer haben das Recht und vielleicht auch die moralische Pflicht, Anteile an Unternehmen zu halten, die ihre Grundprinzipien und Überzeugungen widerspiegeln. Diejenigen, die sich dafür entscheiden, genießen einen Seelenfrieden, den allein die ethische Kohärenz verleiht. Die Ausübung dieses Rechtes kann jedoch auf Kosten der risikoangepassten Renditen, das heißt der Bewertungsdimension, gehen, was auch häufig der Fall war. Kein prinzipientreuer, sozial verantwortlicher Anleger sollte erwarten, dass seine Entscheidung, bestimmte Unternehmen oder Branchen aus normativen Gründen aus seinem Anlageuniversum auszuschließen, seine Anlageergebnisse automatisch verbessert. Ethische Überprüfungen können die Rendite verbessern oder auch nicht. Keines der Ergebnisse ist sicher. Wenn überhaupt, dann deuten die jüngsten Erkenntnisse darauf hin, dass entgangene Renditen wahrscheinlicher sind. Sündenaktien haben sich über einen längeren Zeitraum besser entwickelt als ihre Pendants, und die Aktienkurse von Öl-, Gas- und anderen Rohstoffunternehmen haben sich im Jahr 2021 deutlich besser entwickelt als die ihrer umweltfreundlicheren Gegenstücke. Viele Technologiewerte, die vor 2022 für die ESG-Outperformance verantwortlich waren, haben sich in letzter Zeit massiv unterdurchschnittlich entwickelt. Die Performance der Vergangenheit ist natürlich nie eine Garantie für die Zukunft. Wir wissen jedoch, dass der Diversifizierungsvorteil eines Portfolios umso geringer ist, je stärker es konzentriert ist. Wenn man eine große Anzahl von Aktien hält und sich selektiv von vermeintlichen Underperformern trennt, führt dies zu einem Tracking Error. Bei einer ausgeklügelten und erfolgreichen Desinvestitionsstrategie kann man Verluste vermeiden und erhebliche Überrenditen erzielen. Axiomatisch ist auch das Gegenteil der Fall.

Aber die Veräußerung bringt auch eine dritte, allzu oft unterschätzte Dimension mit sich: die Beibehaltung oder Aufgabe des Rechtes, als Aktionär *direkt an der Unternehmensführung teilzunehmen*. Schließlich sind die Aktionäre die eigentlichen Eigentümer eines Unternehmens. Aktionäre der Klasse A oder Stammaktionäre haben bedeutende Kontrollbefugnisse in der Unternehmensführung. Sie können Beschlüsse vorlegen, an der Wahl und Abberufung von Vorstandsmitgliedern teilnehmen und zur strategischen Ausrichtung des Unternehmens beitragen. Sie haben auch das Recht, alle von den Unternehmen ausgeschütteten Dividenden zu erhalten, wie die Gebrüder Dodge eindrucksvoll bewiesen haben. Vorstände leiten Aktiengesellschaften, aber letztlich entscheiden die Aktionäre, wer in den Vorständen der Unternehmen sitzt. Ob sie sich dessen bewusst sind oder nicht, die Eigentümer von Vermögenswerten helfen, den Bus zu steuern.

Für ESG-orientierte oder andere Investoren, die das Verhalten von Unternehmen ändern und gleichzeitig ihre Rendite verbessern wollen, scheint eine Veräußerung intuitiv selbstzerstörerisch zu sein. Sowohl unter dem Gesichtspunkt des sozialen Nutzens als auch der Rendite scheint es weitaus besser zu sein, in der Unternehmensaufsicht engagiert zu bleiben und für die eigenen Interessen, Überzeugungen und Ziele zu kämpfen, als sich zurückzuziehen. Wenn man sich für bessere ESG-Kennzahlen oder eine bessere Temperaturanpassung einsetzt, sollte dies unter anderem auch zu höheren Aktienbewertungen führen. Auf den ersten Blick schließt die Veräußerung ein solches wertsteigerndes Engagement aus. Die Veräußerung schließt die Möglichkeit für die Eigentümer aus, Unternehmen von innen heraus zu reformieren, ebenso wie alle Vorteile, die sich aus einer positiven Veränderung ergeben können.

Hilfreich ist, dass neuere akademische Untersuchungen über den relativen Wert des Engagements von Aktionären im Vergleich zur Desinvestition bestätigen, was die Intuition nahelegt. Eleonora Broccardo von der Universität Trient, Oliver Hart von Harvard und Luigi Zingales von der Universität Chicago fanden heraus, dass weder Veräußerungen noch Verbraucherboykotte die von ihren Befürwortern erhofften Auswirkungen haben. Ihre Untersuchungen ergaben vielmehr, dass das Verbleiben als engagierter, aktiver Aktionär eine bessere Methode ist, um die gewünschten Ziele zu erreichen: „Ein Ausstieg ist weniger wirksam als eine Stimme, wenn es darum geht, Unternehmen zu sozial verantwortlichem Handeln zu bewegen. Darüber hinaus sind die individuellen Anreize, sich einer Ausstiegsstrategie anzuschließen, nicht unbedingt mit den sozialen Anreizen vereinbar, während dies der Fall ist, wenn die Investoren ihre Stimme erheben dürfen."[1] Kurz gesagt: Es ist besser zu kämpfen, als zu fliehen. Ihre Untersuchungen zu Veräußerungen und Boykotten im Vergleich zu Engagement konzentrierten sich in erster Linie auf Klimafragen. Sie sind jedoch der Meinung, dass ihre Analyse auf alle sozialen und ökologischen Themen anwendbar ist: „Einzelne Aktionäre haben den Anreiz, in sozial optimaler Weise über Themen abzustimmen, und ihr Engagement kann zu effizienteren Ergebnissen führen."

Diese Schlussfolgerungen sind für die breitere ESG-Debatte von großer Bedeutung. Sie deuten nicht nur darauf hin, dass Veräußerungen eine weniger wirksame Strategie sind als engagierter Aktienbesitz, sondern sie legen auch nahe, dass es zur Durchsetzung der eigenen Überzeugungen besser sein kann, die Unternehmen, die am dringendsten einer Neuausrichtung bedürfen, aktiv *überzugewichten*, damit man sich mehr Gehör verschaffen kann. Wie wir gelernt haben, vertreten viele ESG-Strategien die gegenteilige Haltung: Indem sie unerwünschte Unternehmen aussortieren, fliehen einige Vermögensinhaber im Endeffekt, anstatt zu kämpfen. Die Ergebnisse von Broccardo, Hart und Zingales werfen auch eine wichtige, damit zusammenhängende Frage auf: Wenn der Ausstieg relativ ineffektiv ist, warum ziehen dann so viele Aktivisten und informierte Anleger den Ausstieg dem Engagement vor? Ein Grund dafür könnte sein, dass viele dieser Aktivisten gar keine Aktionäre sind. Da sie nicht in der Lage sind, selbst abzustimmen, könnten sie davon ausgehen, dass es am besten ist, andere davon zu überzeugen, sich ihnen an der Seitenlinie anzuschließen, als Verweigerer aus Gewissensgründen. Dies macht jedoch keinen Sinn. Durch die Desinvestition wird nicht nur eine potenziell einflussreiche Beteiligung an Aktionärsentscheidungen unterbunden, sondern auch die Kontrolle derjenigen, die mit der bestehenden Unternehmensführung verbunden sind, gestärkt. Eine andere, ebenso plausible Erklärung für die Bevorzugung von Desinvestitionen könnte darin bestehen, dass die Befürworter nicht glauben, dass ihre Stimmen von Bedeutung sind. Für sie mag das gesamte System „manipuliert" erscheinen, und sie wollen nichts damit zu tun haben. Angesichts der kürzlich von Broccardo,

Hart und Zingales aufgedeckten Beweise müsste eine solche Position jedoch überdacht werden. Der Ausstieg ist nicht nur weniger effektiv als die Stimme, er vereitelt auch aktiv die Möglichkeit einer vorteilhaften Veränderung des Unternehmens. Wirksame Aktivisten sollten lautstarke Aktionäre und aktive Insider sein, keine Außenseiter, die von der Seitenlinie aus scharfe Kritik üben. Schließlich kann es sein, dass die Befürworter einer Veräußerung nicht darauf vertrauen, dass ihr Stimmrechtsvertreter korrekt abstimmt oder dass ihnen von ihrer Depotbank oder ihren Anlageberatern keine geeigneten Optionen für eine direkte Beteiligung angeboten wurden. Es bedarf erheblicher Anstrengungen und Aufmerksamkeit, um eine wirksame Vermögensverwaltung durchzuführen. Eine fehlende philosophische Übereinstimmung mit der Wahl des Stimmrechtsvertreters wäre noch nachteiliger als eine Nichtabstimmung. Die Stimme eines Bevollmächtigten kann bewusst oder unbewusst im Widerspruch zu seinen tatsächlichen Präferenzen stehen.

Wie Sie aus unseren früheren Diskussionen wissen, verfügt der norwegische Ölfonds über ein großes professionelles Stewardship-Team. Er setzt es proaktiv ein, indem er Unternehmen auf Themen wie Wassermanagement und Kinderrechte sowie auf andere strategische und taktische Fragen anspricht, die ihm besonders am Herzen liegen. Der norwegische Ölfonds hat sich ausdrücklich dafür entschieden, ein aktivistischer Aktionär zu bleiben und nur in letzter Instanz Investments zu veräußern. Er hat dies getan, weil er aus erster Hand erfahren hat, dass solche Bemühungen einen positiven Unterschied machen. Er will im Geschehen sein. Vor allem aber will er, dass die Unternehmen, die er besitzt, den Wert für die Aktionäre im Laufe der Zeit maximieren; denn wenn man ein Unternehmen auf Dauer besitzen muss, will man, dass es so gut wie möglich ist. Andere Investoren sind vielleicht zu klein oder zu unerfahren, um sich in ähnlicher Weise zu engagieren. Sie sehen sich vielleicht nicht als langfristige Eigentümer. Bewusst oder unbewusst geben die meisten institutionellen und privaten Aktionäre ihre Stimmrechte an ihre Vermögensverwalter ab und ermächtigen sie damit, sich für bessere Renditen und andere Interessen einzusetzen.

Für die Vermögensverwalter ist diese Abordnung mit einer großen Verantwortung verbunden. Es bedeutet auch, dass Stewardship zu einem weiteren Instrument in ihrem Werkzeugkasten geworden ist, um Kunden zu gewinnen und zu binden. Wie das? Wenn sich die Anleger mit dem Abstimmungsverhalten eines Vermögensverwalters moralisch und strategisch verbunden fühlen, sollten sie auch eher geneigt sein, diesem Verwalter ihre Aufträge zu erteilen. Aber natürlich gilt auch der umgekehrte Fall. Wenn ein Anleger das Gefühl hat, dass sein Anbieter von Anlageprodukten seine Ansichten und Interessen durch Aktionärsbeschlüsse und Stimmrechtsvollmachten nicht angemessen vertritt, kann und sollte er sein Geld woanders anlegen. Letzten Endes ermächtigen die Vermögensinhaber ihre Vermögensverwalter. Aber es ist die Stimme der Vermögenseigentümer, die am meisten gehört werden muss, vor allem wenn diese Stimme dazu beiträgt, den langfristigen Wert zu maximieren.

All dies trägt dazu bei, das neu entdeckte Interesse an der und die Wertschätzung für die Macht von Aktionärsabstimmungen zu erklären, die von Engine No. 1 demonstriert wurde, der Investmentfirma, die den Vorstand von Exxon erfolgreich herausgefordert hat. In einem beherzten Spiel um ähnlich ausgerichtete Vermögensbesitzer hat Engine No. 1 versprochen, die Instrumente des Kapitalismus zu nutzen, um den Kapitalismus noch aggressiver zu verbessern. Um gleich gesinnte Vermögenseigentümer anzusprechen, stellte das Unternehmen im September 2021 eine neue Anlagephilosophie vor. Darin kritisiert es den derzeitigen Ansatz der meisten ESG-Fonds und schlägt eine alternative Strategie vor, die es „Total Value Framework" nennt:

> „Die finanziellen Erträge der meisten ESG-Strategien waren bestenfalls zweifelhaft ... Weit davon entfernt, das Verhalten von Unternehmen zu ändern und eine bessere Welt zu schaffen,

dienten einige ESG-Fonds dem engeren und selbstgefälligeren Zweck, den Anlegern ein besseres Gefühl zu vermitteln, indem sie offensichtlich „schlechte" Unternehmen ausschlossen. Diese Nichterreichung von Zielen, die der Ambition entsprechen, ist zum Teil das Erbe eines Ansatzes, der sich immer noch auf moralische Reinheit und nicht auf Auswirkungen konzentriert. In Ermangelung aktiver Manager, die überdurchschnittliche Renditen erzielen können, haben die Anleger ihre Aufmerksamkeit auf Fonds gerichtet, die Indizes widerspiegeln, die durch den Ausschluss von Aktien mit ungünstigen ESG-Bewertungen modifiziert wurden. Was jetzt gebraucht wird, ist ein radikaler neuer forschungsbasierter Ansatz, der nicht traditionelle, aber finanziell wesentliche ESG-Daten, -Methoden und -Systeme in die traditionelle Analyse integriert. Ohne einen solchen Wandel ist es unwahrscheinlich, dass ESG-Investitionen die Kraft des Kapitals nutzen können, die nötig ist, um systemische Herausforderungen wie Klimarisiken und Menschenrechte anzugehen. Ohne überzeugende Beweise für einen Zusammenhang zwischen ESG und Performance werden Screening- oder Ausschlussstrategien weiterhin dominieren. Infolgedessen besteht die Gefahr, dass sich die Leidenschaft, die Energie und die Visionen, die in die ESG-Bewegung eingeflossen sind, bald in einer Wolke von Unsicherheit und Verwirrung auflösen werden."[2]

Kurz gesagt, Engine No. 1 sagt, dass Desinvestitionen nicht ausreichen, um die Veränderungen herbeizuführen, die der moderne Kapitalismus am dringendsten benötigt – aber es hört damit nicht auf. Es behauptet auch, dass die sehr beliebten ESG-Strategien ebenfalls nicht wirksam sind. Schließlich hätten solche Strategien bereits die Unternehmen ausgeschlossen, die sich am dringendsten ändern müssten. Stattdessen, so argumentiert es, werden visionäre, aktivistische Investoren wie das Unternehmen selbst benötigt, die wissen, wie sie die Unternehmensführung so beeinflussen können, dass Unternehmen und das Wirtschaftssystem grundlegend verändert werden, um dauerhafte Werte und Widerstandsfähigkeit zu schaffen. Zweifellos soll seine jüngste Erfahrung mit Exxon als Aushängeschild für seinen ehrgeizigen Ansatz dienen. Es hat für einen Wandel von innen heraus gekämpft und gewonnen. Wie im Fall von Exxon wird es jedoch ähnlich motivierte Aktionäre brauchen, die an seiner Seite für den Erfolg kämpfen. Zu diesem Zweck hat das Unternehmen vor Kurzem einen ETF aufgelegt, um die Unterstützung der Aktionäre zu gewinnen und sein neues „Total Value Framework“ in die Praxis umzusetzen. Der als „Engine No. 1 Transform 500 ETF“ bezeichnete und unter dem Symbol VOTE notierte Fonds verfolgt das erklärte Anlageziel, den Morningstar U.S. Large Cap Select Index vor Gebühren und Kosten abzubilden. Das klingt zwar ähnlich wie viele der ESG-Strategien, die es verhöhnt, doch hinter dem unambitionierten Renditeziel verbirgt sich ein transformatives Versprechen: Schließen Sie sich uns an und werden Sie Teil einer groß angelegten Kampagne, um die Unternehmenswelt zu reformieren – ein Unternehmen nach dem anderen. Gemeinsam, so behauptet Engine No. 1, können und werden aktivistische Aktionäre echte Nachhaltigkeit und größeren langfristigen Wohlstand schaffen.

VOTE hatte Ende 2021 eine Marktkapitalisierung von etwa 290 Millionen Dollar. Es liegt auf der Hand, dass sich Engine No. 1 bei einem so geringen Volumen an Vermögenswerten weiterhin auf seine beträchtliche Überzeugungskraft verlassen muss, um Aktionärsanträge durchzusetzen. Ohne die Unterstützung vieler weiterer gleich gesinnter Anleger wird sein Ansatz nicht erfolgreich sein können. Zu den potenziellen Unterstützern gehören große Anbieter von Indexprodukten, darunter Vanguard, BlackRock und State Street Global Advisors. Wie wir bereits erfahren haben, arbeiten diese Institutionen weder explizit zusammen noch agieren sie als „Block“. Dennoch kontrollieren sie zusammengenommen etwa 18 Prozent aller börsennotierten Aktien in den Vereinigten Staaten. Der frühere Erfolg von Engine No. 1 bei der Umgestaltung des Exxon-Vorstands wurde nur durch die Unterstützung größerer Stimmrechtsblöcke möglich. Es erwies sich als entscheidend, große Vermögensverwaltungen hinter seine Kandidaten zu bringen. Dies verdeutlichte auch die wachsende Bedeutung der großen Index-Vermögensverwalter in der Unternehmensführung. Während einige diese wachsende Macht als Vorbote einer besseren Entscheidungsfindung in Unternehmen begrüßen, fürchten andere sie und bestehen darauf, dass sie in Schach gehalten werden muss. Der Einfluss großer Index-Vermögensverwalter auf die Entscheidungsfindung von Unternehmen nimmt zweifelsohne zu. In Anbetracht der Wettbewerbstrends – einschließlich der anhaltenden Innovationskraft und des Druckes in Richtung niedrigerer Preise, der nur durch Größenvorteile möglich ist – werden sie wahrscheinlich noch weiter wachsen.

Professor John C. Coates von der Harvard Law School gehört zu denjenigen, die den wachsenden Einfluss der großen Vermögensverwaltungsgesellschaften fürchten. In einem Artikel, der in Verbindung mit dem Program on Corporate Governance der Harvard Law School veröffentlicht wurde, hebt Coates drei Megatrends hervor, die die Entscheidungsfindung von Unternehmen verändern: *Globalisierung, Private Equity* und das *rasche Wachstum von Indexinvestitionen.* Seiner Einschätzung nach drohen alle drei Trends die Wirtschaft immer tiefer und dauerhafter mit dem Staat zu verflechten und die Macht einer kleinen Gruppe von Personen zu festigen. Seiner Einschätzung nach wird es letztlich nicht mehr als zwölf „Stimmen“ geben, auf die es ankommt.[3] Wenn diese zwölf routinemäßig ähnlich abstimmen, so Coates, könnten sie letztlich jede wichtige Entscheidung und jeden wichtigen Beschluss beeinflussen, die von Vorständen, Bevollmächtigten getroffen wird.

Coates’ Bezeichnung „Problem der Zwölf“ ist natürlich irreführend. Zum einen suggeriert er, dass die Stimmen von Organisationen wie Vanguard, BlackRock und State Street von „drei Personen“ kontrolliert werden, während in Wirklichkeit der Beitrag von Hunderten qualifizierten, richtig ausgerichteten und hoch engagierten Fachleuten in die Stewardship-Entscheidungen jedes dieser Unternehmen einfließt. In der Tat kontrolliert keine einzige Person bei Vanguard, BlackRock oder State Street irgendeine Unternehmensabstimmung. Aber er hat nicht unrecht, wenn er feststellt, dass die Abstimmungsentscheidungen der Unternehmen eine wichtige neue Dynamik erfahren. Die Bedeutung von „Voice over Exit“ und die Art und Weise, wie sich unterschiedliche Stewardship-Philosophien auf die Ergebnisse von Unternehmen auswirken können, sollten zunehmend in den Entscheidungsprozess eines jeden Vermögensinhabers einfließen. Aus diesem und anderen Gründen lohnt es sich, ein wenig Zeit darauf zu verwenden, wie sich die Stewardship-Praktiken weiterentwickeln. So haben beispielsweise alle namhaften Indexanbieter mit ihrem Wachstum zusätzliche Stewardship-Ressourcen hinzugefügt und ihre Abstimmungsgrundsätze und Regeln für den Umgang mit Unternehmen geändert.

Die Stewardship-Teams von Vanguard, BlackRock und State Street, die getrennt voneinander arbeiten, haben sich im Jahr 2021 direkt mit Tausenden von Unternehmen zu wichtigen Fragen im Zusammenhang mit den Interessen ihrer Kunden ausgetauscht. Dies geschah in Form von persönlichen und virtuellen Treffen sowie durch gezieltes Schreiben von Briefen. Das Engagement der Unternehmen erstreckte sich auf mehr als 70 Länder. Im gleichen Zeitraum stimmten Vanguard, BlackRock und State Street zusammen mehr als 450.000-mal über Vorschläge ab, die mindestens 10.000 Unternehmen betrafen. Dies entspricht durchschnittlich 1.600 informierten Abstimmungen an jedem Arbeitstag des Jahres. Zusammengenommen stellen diese Aktionen eine erhebliche Steigerung gegenüber 2020 dar. Bei Vanguard, BlackRock und State Street stieg das Stewardship-Engagement zwischen 2019 und 2021 mit einer erstaunlichen jährlichen Rate von 50 Prozent. Wenn dies die Arbeit von nur drei Personen war, dann müssen es drei sehr bemerkenswerte Menschen sein.

Zusätzlich zu diesen Engagements und Abstimmungen haben alle drei Firmen konzertierte Anstrengungen unternommen, um ihre sich entwickelnden Stewardship-Prioritäten zu verfeinern und bekannt zu machen. Es ist leicht zu verstehen, warum sie dies tun. Größere Transparenz in Bezug auf die Governance-Philosophien kann den Unternehmen dabei helfen zu antizipieren, wie ihre anstehenden Beschlüsse und Vorstandswahlen wahrscheinlich entschieden werden. Das Ziel der meisten professionellen Stewardship-Bemühungen ist es, die Unternehmen, für die sie tätig sind, auf einem optimalen, *evolutionären* Wachstumspfad zu halten. Große, professionelle Stewardship-Teams versuchen nicht, mit den Unternehmensvorständen Gotcha zu spielen, und sie haben auch nichts durch heimliche Angriffe zu gewinnen. Da ihr Ziel darin besteht, den langfristigen Wert und die Interessen der Aktionäre *auf Dauer* zu maximieren, ziehen sie es logischerweise vor, sich über lange Zeiträume konstruktiv, konsequent und transparent mit Unternehmen auseinanderzusetzen. Dennoch gibt es wesentliche Unterschiede zwischen ihren Ansätzen zur Unternehmensführung.

Die Stewardship-Mission von State Street lautet: „Verantwortungsvoll investieren, um Wohlstand und sozialen Fortschritt zu ermöglichen." Um dies zu erreichen, verwendet State Street eine eigene ESG-Bewertungsmethode, die als „R-Faktor" bekannt ist. State Street hat seine Methodik in Übereinstimmung mit den PRI- und SASB-Grundsätzen entwickelt. In der Vergangenheit hat State Street Unternehmen mit schlechten R-Faktor-Werten ins Visier genommen, weil es der Meinung ist, dass diese Firmen sich am meisten ändern müssen, um langfristig besser abzuschneiden. Wenn nicht überall Fortschritte gemacht werden – in allen Branchen und bei allen Unternehmenstypen, vor allem aber bei den Nachzüglern –, sind Wohlstand und sozialer Fortschritt weniger wahrscheinlich. Wie es auf seiner Website anmerkt:

> „Als nahezu dauerhafte Inhaber von Anteilen an den wichtigsten Indizes der Welt verfolgen wir einen wertorientierten Ansatz

> und nutzen unsere Stimme, um Unternehmen in Fragen der langfristigen Unternehmensführung und Nachhaltigkeit zu beeinflussen. Unser Stewardship-Ansatz konzentriert sich darauf, etwas zu bewirken. Dementsprechend identifiziert unser Stewardship-Programm proaktiv Unternehmen, bei denen wir uns engagieren und abstimmen, um die ESG-Risiken in unseren Portfolios zu mindern."[4]

Während schwache R-Faktoren ein Zeichen für ein wahrscheinliches Engagement von State Street sind, hat sich das Stewardship-Team von State Street besonders für die Geschlechtervielfalt in den Aufsichtsräten eingesetzt. State Street hat dies durch seine viel beachtete Kampagne „Fearless Girl" getan. Infolgedessen betrafen viele der deutlichsten Engagements von State Street bei Unternehmen in den letzten Jahren die Kategorien „S" und „G", mit dem Ziel, eine größere Geschlechtervielfalt zu fördern.

Wie State Street veröffentlicht auch das Stewardship-Team von BlackRock eine jährliche Erklärung zu seinen Grundsätzen und Richtlinien für die Stimmabgabe von Unternehmen sowie seine jährliche Abstimmungsbilanz. Ihr erklärtes Ziel für 2021 scheint dem von State Street einigermaßen zu entsprechen, zumindest dem Geiste nach: „Das Streben nach einer soliden Unternehmensführung und nachhaltigen Geschäftspraktiken, die eine langfristige Wertschöpfung fördern." Allerdings deutet die für 2021 veröffentlichte Zusammenfassung der Erwartungen darauf hin, dass es seine Stimme in bestimmten Bereichen etwas anders einsetzen könnte. Das Investment Stewardship Team von BlackRock nannte öffentlich drei Prioritäten als vorrangig: (1) Vielfalt im Vorstand und in der Belegschaft in Übereinstimmung mit den *besten Praktiken des lokalen Marktes* (Hervorhebung durch den Autor); (2) ein nachgewiesenes Verständnis der Interessen der wichtigsten Stakeholder; und (3) *spezifische Pläne zur Ausrichtung der Geschäftstätigkeit auf das globale Ziel, bis 2050 keine Treibhausgasemissionen mehr zu verursachen* (Hervorhebung durch den Autor).[5] BlackRocks ausdrückliches Bekenntnis zu Stakeholderismus sowie den Zielen von Paris als Stewardship-Prinzipien unterscheidet es nicht nur in Stil und Inhalt von State Street, sondern auch von den Stewardship-Prioritäten von Vanguard.

Vanguard hat vier Governance-Grundsätze veröffentlicht, die im Vergleich dazu relativ allgemein erscheinen: (1) Zusammensetzung des Vorstands, (2) Strategie- und Risikoüberwachung, (3) Vergütung von Führungskräften und (4) Governance-Struktur. Die Klimabedenken von Vanguard könnten unter (2) fallen, stehen aber in keinem offensichtlichen Zusammenhang mit der Netto-Null-Verpflichtung von Paris bis 2050. Ausgehend von seinen öffentlichen und gedruckten Unterlagen scheint Vanguards primärer Fokus auf der Unternehmensführung zu liegen.

Auch wenn diese Grundsätze und Ziele einigen als sozial und ökologisch ehrgeizig erscheinen mögen und auch wenn sie sich in Umfang und Prioritäten voneinander unterscheiden, wurden Vanguard, BlackRock und State Street als Gruppe im Laufe der Jahre heftiger dafür kritisiert, dass sie *für* das Management stimmten statt dagegen.[6] Daten aus den Jahren 2000 bis 2018 zeigen, dass ihr kollektives Abstimmungsverhalten in mehr als 90 Prozent der Fälle den Präferenzen des Managements entsprach. Ihre historische Unterstützung für von Aktionären unterstützte Vorschläge lag auch etwas unter dem, was andere Wertpapierfirmen regelmäßig registrierten.[7] Jüngere Abstimmungsergebnisse deuten darauf hin, dass sich diese historische Ausrichtung auf den Status quo ändern könnte, allerdings nur geringfügig. In den ersten sechs Monaten des Jahres 2021 stimmte BlackRock bei 6.451 Unternehmen dagegen oder enthielt sich der Stimme, wenn es darum ging, Anträge von Direktoren zu unterstützen oder sich für Anträge von Aktionären auszusprechen. Bei 42 Prozent der Aktionärsversammlungen im gleichen Zeitraum stimmte das Stewardship-Team von BlackRock auch gegen die Wünsche der Geschäftsführung. BlackRocks mündliche Zusage, Unternehmen in den Bereichen Klima, Diversität und anderen Themen, die für seine Nachhaltigkeitsziele als wesentlich erachtet werden, stärker zu engagieren, scheint in die Tat umgesetzt zu werden, aber dieser Wandel ist eher evolutionär als revolutionär. Daher erscheinen die Befürchtungen, dass die größten Vermögensverwalter aggressiv einen „wachen Kapitalismus“ praktizieren oder in den Vorstandsetagen vieler Unternehmen das Sagen haben, übertrieben.

Abstimmungen sind jedoch nicht die einzige und vielleicht nicht einmal die effektivste Art und Weise, wie moderne Stewardship-Praktiken einen unternehmerischen Wandel bewirken. Hinter den Kulissen erweisen sich nicht protokollierte Engagements oft als wirkungsvoller. Abstimmungen suggerieren Schwarz-Weiß-Positionen, während die Positionen zu verschiedenen Unternehmensthemen in Wirklichkeit oft verschiedene Grautöne aufweisen. Die meisten Unternehmenspositionen müssen im Laufe der Zeit sorgfältig verfolgt werden, um echte Fortschritte zu erkennen. Auch wenn der Fortschritt langsam zu sein scheint, dauert es Jahre, bis viele Corporate-Governance-Themen wie zum Beispiel die Zusammensetzung des Vorstands umgesetzt werden. Andere Formen der Investitionslenkung gehen über stille Diplomatie hinaus. Als beispielsweise im Frühjahr 2020 Covid-19 den weltweiten Seeverkehr zum Erliegen brachte, setzte sich das Stewardship-Team von Fidelity International für die Interessen von Hunderttausenden von Seeleuten ein, die plötzlich an Bord ihrer Schiffe gestrandet und monatelang von ihren Angehörigen getrennt waren. Nachdem es ein weltweites Konsortium von Investoren zusammengestellt und die Aufmerksamkeit der Vereinten Nationen auf sich gezogen hatte, konnten Fidelity und seine Sympathisanten mehr als 60 Länder dazu bewegen, Seeleute als Schlüsselarbeitskräfte einzustufen. Innerhalb von 15 Monaten merkten 200.000 Seeleute, dass sich ihr schwieriges Leben weitgehend normalisiert hatte. Die Verantwortlichen von Fidelity International nutzten ihre beträchtliche finanzielle Überzeugungskraft, um das Leben von Hunderttausenden von Menschen zum

Besseren zu wenden. Dafür waren keine Abstimmungen oder Aktionärsbeschlüsse erforderlich.

Als das größte südkoreanische Stromversorgungsunternehmen KEPCO ankündigte, weiterhin in neue Kohlekraftwerke in Südostasien und Südafrika zu investieren, engagierten sich die Mitglieder des asiatischen Stewardship-Teams von BlackRock stärker. Sie wandten sich proaktiv mit Anrufen und Briefen an das Managementteam von KEPCO. Sie hielten ihr Engagement bis Oktober 2020 aufrecht, als KEPCO offiziell eine Anti-Kohle-Politik ankündigte. In dieser Ankündigung versprach KEPCO nicht nur, alle künftigen Kohlekraftwerksprojekte einzustellen, sondern auch alle bestehenden Kohlekraftwerksbeteiligungen bis 2050 zu beenden, wie in Paris vereinbart. Die Siege von Fidelity für die Seeleute und von BlackRock bei KEPCO zeigen die wichtige, aber weitgehend unterschätzte Wirkung großer, globaler, professionell engagierter Stewardship-Teams, die über die reine Stimmabgabe hinausgehen. Es ist auch unwahrscheinlich, dass wertsteigernde Maßnahmen wie die von Engine No. 1 oder einer anderen kleinen, aber nachhaltig orientierten Investmentfirma erfolgreich durchgeführt werden könnten.

Während wir eindeutig festgestellt haben, dass es besser ist zu kämpfen, als zu fliehen, haben wir auch gesehen, dass der wachsende Einfluss der großen Indexanbieter Ängste hervorruft. „Ich bin besorgt über die Macht, die sie ausüben, selbst wenn sie diese Macht gut ausüben", schrieb der Morningstar-Rechercheur John Rekenthaler kürzlich über Vanguard, BlackRock und State Street und bezog sich dabei auf deren zunehmende Zuflüsse von ESG-Fonds.[8] Und etwas früher wurden Rekenthalers Bedenken von einem anderen, überraschenderen Insider geäußert: von niemand anderem als John C. Bogle selbst, dem Vater des Index-Investings.

In einem Meinungsbeitrag für *Wall Street* aus dem Jahr 2018 schrieb Bogle: „Wenn sich die historischen Trends fortsetzen, wird eines Tages eine Handvoll riesiger institutioneller Anleger die Stimmrechtskontrolle über praktisch alle großen US-Unternehmen innehaben. Ich glaube nicht, dass eine solche Konzentration dem nationalen Interesse dienen würde."[9] Bogle fuhr jedoch fort, dass es keine offensichtlichen Lösungen für dieses Problem gebe. Er zitierte Professor Coates' Lob für die Demokratisierung des Finanzwesens, die weitgehend durch Indexing und billigere Anlagelösungen erreicht wurde: „Das Indexing hat Millionen von Menschen, die direkt oder indirekt für ihren Ruhestand investieren, reale und große soziale Vorteile in Form von niedrigeren Kosten und höheren langfristigen Erträgen gebracht. Ein Verbot des Indexings wäre keine gute Idee." Mit anderen Worten: Bogle glaubte in seinen letzten Tagen genauso fest an den sozialen Wert von Indexinvestitionen, wie er es sein ganzes Leben lang tat. Die Gesellschaft profitiert enorm von der Bereitstellung kostengünstiger Anlageprodukte; die Gewinne bleiben in den Taschen der Vermögensbesitzer und nicht in denen der Vermögensverwalter. Gleichzeitig befürchtete er, dass sich die Stimmrechtskontrolle zu sehr konzentrieren könnte.

Aus all diesen Gründen sollte es vielleicht für alle eine willkommene Nachricht sein, dass einer der größten Indexanbieter – BlackRock – im Oktober 2021 eine neue Politik ankündigte, die dazu beitragen soll, dass die Nutzer seiner Indexprodukte die Stimme einsetzen, die sie selbst am liebsten zum Ausdruck bringen möchten. Seit Januar 2022 können die Besitzer einer Reihe von Indexprodukten von BlackRock aus einer Reihe von Richtlinien zur Stimmrechtsvertretung durch Dritte wählen. Wenn den Anlegern die angebotenen Wahlmöglichkeiten nicht zusagen, können sie auch direkt bei ausgewählten Beschlüssen oder bei bestimmten Wahlen zum Unternehmensvorstand abstimmen. Diese Wahlmöglichkeiten von Drittanbietern umfassen „Status quo"-Optionen, bieten aber auch andere Standardoptionen, zum Beispiel Catholic Investment Screening und aggressivere Nachhaltigkeitsrahmen. Diese Vermögensinhaber können sich auch dafür entscheiden, sich weiterhin auf BlackRocks Investment Stewardship zu verlassen, um für sie zu sprechen. Die Entscheidung liegt bei ihnen.

BlackRocks Wahlmöglichkeit – die erste eines großen Indexanbieters – sollte dazu beitragen, die Bedenken von Kritikern auf der linken und rechten Seite zu zerstreuen, dass BlackRock das Recht seiner Kunden, für sich selbst zu sprechen, irgendwie an sich gerissen habe.[10] Kurz gesagt unternimmt BlackRock die notwendigen Schritte, um seinen Kunden zu helfen, ihre eigenen Ansichten und Präferenzen zum Ausdruck zu bringen. Wie nicht anders zu erwarten, wurde diese Entscheidung mit Beifall aufgenommen. „Die Initiative von BlackRock zur Stimmrechtswahl unterstützt das Washington State Investment Board bei der Erreichung seiner finanziellen und Corporate-Governance-Ziele", erklärte Chris Phillips, Direktor für öffentliche Angelegenheiten des WSIB, zum Zeitpunkt der Bekanntgabe. „Dieser technologische und operative Fortschritt hilft uns, die Prioritäten der Vermögensverwaltung mit den Anlageergebnissen in Einklang zu bringen." Angesichts der wahrscheinlichen Beliebtheit der Wahlmöglichkeit ist es schwer vorstellbar, dass andere große und kleine Vermögensverwalter nicht bald mit eigenen Optionen für die Vermögensverwaltung nachziehen werden. Mit der Kombination aus Wahlmöglichkeit und Mitspracherecht dürften auch die Unternehmensvorstände ihre Aktionäre stärker in viele der wichtigen Entscheidungen einbeziehen, die sie treffen müssen. Im Idealfall werden die Unternehmen darauf mit einer verstärkten Aufmerksamkeit für die Aufklärung der Vermögensinhaber, einer besseren langfristigen Entscheidungsfindung und einer beständigeren Wertschöpfung reagieren.

In diesem Kapitel sind wir weit gekommen und haben mehrere geeignete Maßnahmen aufgezeigt, die Anleger ergreifen sollten, die nachprüfbare Ergebnisse aus ihren Investitionen erzielen wollen. Wichtig ist, dass wir gelernt haben, dass sie investiert bleiben sollten, anstatt ihre Anlagen zu veräußern. Wir haben auch gelernt, dass sie Anlageprodukte wählen sollten, die von Firmen mit Stewardship-Teams verwaltet werden, die entweder mit ihren Werten übereinstimmen oder ihnen genügend Wahlmöglichkeiten bieten, um ihre Stimme zu erheben und die Ergebnisse zu fördern, die sie am meisten wünschen. Ebenso wichtig ist die Erkenntnis, dass Investoren in Erwägung ziehen sollten, sich mit anderen erfahrenen, gut informierten, aktiven Managern zu verbünden, die dabei helfen, leistungsschwache Unternehmen, die eine Umstrukturierung benötigen, zu identifizieren und erfolgreich zu beteiligen. Jeder bewährte Prozess, der hässliche Entlein in Schwäne verwandelt, kann einen großen gesellschaftlichen und finanziellen Wert schaffen. Eine Übergewichtung von Unternehmen, bei denen viele industrielle und betriebliche Veränderungen anstehen, dürfte sich auch finanziell auszahlen. Darüber hinaus ist eine engagierte Aktionärsaufsicht vielleicht auch die beste Hoffnung der Menschheit, die Art von integrativem, nachhaltigem Wachstum zu fördern, von der wir in den ersten Kapiteln geträumt haben. Professionelles Stewardship durch informierte, aktive Aktionäre, die sich auf schwächere Unternehmen konzentrieren, scheint eine vielversprechende Anlagestrategie zu sein, um durchgängig Ergebnisse mit doppeltem Gewinn zu erzielen. Engagiertes Stewardship ist mit ziemlicher Sicherheit auch der beste Weg, um Strategien wie die Shared Value Initiative und Alex Edmans' „Kuchenökonomie" in großem Maßstab zu verbreiten.

Diese Diskussion hat es uns auch ermöglicht, eine wichtige Unterscheidung zu treffen: die zwischen den Stewardship-Ansätzen großer Vermögensverwaltungsfirmen, die treuhänderische Pflichten im Namen ihrer Kunden wahrnehmen, und jenen – oft kleineren – Verwaltern, die einen aggressiveren Aktionärsaktivismus betreiben. Letztere streben in der Regel spezifische ökologische und soziale Ergebnisse als Selbstzweck an und rücken damit breitere Aktionärsanliegen in den Hintergrund. Niemand sollte davon ausgehen, dass Ersteres immer mit Letzterem übereinstimmt; das ist nicht der Fall. Komplexe Kompromisse zwischen verschiedenen Stakeholder-Zielen – in Bezug auf Arbeits-, Sozial- oder Umweltziele – sind durchaus üblich. Um langfristig ein konstruktiver Verwalter zu bleiben, braucht man mehr Geduld und Toleranz, als vielen Aktivisten lieb ist. Dies ist wahrscheinlich der Grund, warum viele größere Vermögensverwaltungen in ihren Stewardship-Praktiken eher evolutionär als revolutionär vorzugehen scheinen. Ihr Ansatz beinhaltet ein gewisses Verständnis für die Unwägbarkeiten, mit denen Unternehmenslenker konfrontiert sind, wenn sie vorhersagen müssen, wie sie konkurrierende Interessen von Stakeholdern einschließlich Mitarbeitern, Zulieferern und ihren Gemeinden und umfassendere Umweltbelange, die sich erst nach Jahrzehnten manifestieren können, am besten in den Vordergrund stellen.

Anlagestrategien, die absichtlich Unternehmen ausschließen, die am meisten vom Wandel profitieren könnten, beeinträchtigen die Fähigkeit, diesen Wandel zu gestalten und von seinem Erfolg zu profitieren. Aufgrund dieser inhärenten Risiken und Schwächen können sich Anleger, die wirklich hoffen, den Wandel zu gestalten und den Fortschritt voranzutreiben, bewusst dafür entscheiden, ausschließende Produkte zu vernachlässigen und wirkungsvollere Ansätze zu verfolgen. Das bedeutet nicht, dass indexierte Anlagen in irgendeinem normativen oder Risikomanagement-Sinne „falsch" sind. Solche Produkte können ihre Besitzer wirksam vor bestimmten unerwünschten Risiken schützen oder es ihnen erleichtern, ihre Investitionen mit ihren Überzeugungen in Einklang zu bringen, wie wir bereits erörtert haben. Aber gefilterte Anlagen *allein* können und werden keine optimalen Renditen mit doppelter Gewinnspanne liefern. Anleger, die wollen, dass ihr Anlagekapital nicht nur gut angelegt ist, sondern auch Gutes bewirkt, müssen mehr tun. Ebenso wichtig ist, dass ein inklusiveres, nachhaltiges Wachstum wirksamer gefördert wird, wenn sie dies tun.

Allerdings wäre es auch ein großer Fehler, die gesamte Verantwortung für den sozialen Fortschritt den Investor-Stewardship-Teams und den börsennotierten Unternehmen aufzubürden. Wie ich schon zu Beginn dieses Buches gesagt habe, müssen wir alle gemeinsam für die Zukunft kämpfen, die wir angeblich wollen. Dabei müssen wir anerkennen, dass die Fähigkeit und die Verantwortung der Wirtschaft, alle unerwünschten ökologischen und sozialen Folgen zu ändern, wirklich und angemessen begrenzt ist. Um die denkwürdigen Worte zu paraphrasieren, die am häufigsten Edmund Burke zugeschrieben werden, ist alles, was für den Triumph des Bösen notwendig ist, dass rechtschaffene Männer und Frauen nichts tun. Wenn wir uns alle mit suboptimalen sozialen Ergebnissen, fortgesetzter Umweltzerstörung und unzureichender Investitionsleistung zufrieden geben, werden solche Misserfolge zu Recht unser Schicksal sein. Die Hauptaufgabe der Unternehmen, in die wir investieren, besteht darin, ihre Ressourcen sinnvoll zu nutzen und gleichzeitig ein überdurchschnittliches langfristiges Wachstum zu erzielen. Die wichtigste Aufgabe von Unternehmen ist und bleibt die Förderung von dauerhaftem Wohlstand und nicht das zielstrebige Streben nach sauberer Luft oder verbesserter wirtschaftlicher Mobilität. Alle Unternehmen sollten natürlich auch ökologischen und sozialen Ergebnissen Vorrang einräumen, wenn dies im langfristigen Interesse ihrer Aktionäre liegt. Um die vielen wünschenswerten Ziele, die in Kapitel 1 aufgezählt wurden, zu erreichen, ist jedoch viel mehr als nur eine erhöhte Achtsamkeit der Unternehmen erforderlich. Der Einzelne muss sich anders verhalten. Wir brauchen eine Regierungs- und Regulierungspolitik, die Anreize für die gewünschten Verhaltensweisen schafft. Wir müssen auch dafür sorgen, dass bürgerschaftlich engagierte lokale Organisationen, die sich durch die Bereitstellung bewährter gemeinschaftsbasierter Lösungen in Echtzeit auszeichnen, die für ihren Erfolg erforderlichen Ressourcen erhalten.

Schließlich kann keine Gemeinschaft ohne die Selbstfürsorge ihrer Mitglieder gedeihen.

TEIL 3

LÖSUNGEN

KAPITEL 15

STAATS-BÜRGERKUNDE

Auf sanfte Art und Weise kann man die Welt erschüttern.

MAHATMA GANDHI

Die einzige Antwort auf die Einsamkeit in diesem Leben, die wir alle spüren, ist die Gemeinschaft.

DOROTHY DAY

Ich weiß nicht, wie es Ihnen geht, aber ich habe mehr als genug über die detaillierten Machenschaften, Versprechen und Aussichten rund um ESG-Investitionen gehört. Es ist nun mehr als klar, dass unser bestehendes Sammelsurium an ESG-integrierten Investitionen – im Wert von mehr als 120 Billionen Dollar, Tendenz steigend – nicht allein zu dauerhaftem Wohlstand, einer umfassenden Lösung für den Klimawandel, größerer wirtschaftlicher Mobilität oder einem Ende der Rassenungerechtigkeit führen kann und wird. Die ESG-Bewegung hat dazu beigetragen, eine achtsamere Unternehmensführung zu formen und die Aufmerksamkeit auf die wichtige Rolle zu lenken, die Unternehmen bei der Verbesserung unserer Gesellschaft und der Schaffung von Wirtschaftswachstum spielen können. In diesem Sinne ist ESG eine uneingeschränkte Kraft für das Wohl der Allgemeinheit. Wenn die Menschen jedoch glauben, dass die ESG-Bewegung auf dem besten Weg ist, alle unsere drängendsten Probleme zu lösen und gleichzeitig überdurchschnittliche Renditen zu erwirtschaften, könnte es unterm Strich mehr schaden als nutzen. Deshalb müssen wir unsere Aufmerksamkeit von all den technischen Fragen, die wir erforscht haben – SASB, TCFD, Artikel 9, Wesentlichkeit und andere ESG-Details –, abwenden und anfangen, über *bewährte* Lösungen zu sprechen. Es ist an der Zeit, dass wir konkrete Dinge benennen, von denen wir wissen, dass wir sie jetzt tun können, um ein inklusiveres, nachhaltiges Wachstum zu fördern. Und genau aus diesem Grund muss ich Ihnen von EMPath erzählen.

Seit dem Start ihres Mobility-Mentoring-Programms im Jahr 2014 hat die in Boston ansässige EMPath mehr als 225.000 Menschen zu größerer wirtschaftlicher Unabhängigkeit und einem deutlich verbesserten Lebensstandard verholfen. Heute nutzen mehr als 140 Mitgliedsorganisationen in den Vereinigten Staaten eine Form von EMPaths Mobility-Mentoring-Pädagogik. Den Aufzeichnungen der Organisation zufolge haben allein die Haushalte, die sie im Jahr 2020 erreicht haben, eine durchschnittliche jährliche Einkommenssteigerung von 5.736 Dollar erfahren. Seit der Gründung von EMPath haben die Vorzeigeteilnehmer ihr Jahreseinkommen fast verdreifacht, von durchschnittlich 16.621 Dollar auf über 47.000 Dollar. Gleichzeitig konnten mehr als 90 Prozent der Teilnehmer, die in Notunterkünften lebten, in eine dauerhafte Unterkunft umziehen.

Das sind verblüffende Ergebnisse. EMPath verfügt über eine bewährte Methode zur Förderung der wirtschaftlichen *Inklusivität.* Es erreicht genau das, wozu wir uns zu Beginn dieses Buches verpflichtet haben. Es ist das, was ich ein *Vorbild der Hoffnung* nenne. Die außergewöhnliche Arbeit, die EMPath leistet, hat nachweislich die wirtschaftliche Inklusion gefördert. Hunderttausende von Menschenleben haben sich positiv verändert. Seine einzigartige Methodik kann skaliert werden, um Millionen von Menschen zu helfen. Und EMPath ist nicht allein.

Seit fast 30 Jahren arbeitet der Environmental Defense Fund mit Unternehmen wie McDonald's, AT&T, Walmart und CVS zusammen, um neue Wege zur Abfallvermeidung und Energieeinsparung zu finden und einen größeren Teil der Energie aus erneuerbaren Quellen zu gewinnen. Die Programme Climate Corps und Green Portfolio, die in Zusammenarbeit mit der Private-Equity-Firma KKR ins Leben gerufen wurden, haben Firmen in China und den USA dabei geholfen, mehr als 2,2 Millionen Tonnen Kohlendioxidemissionen in ihren Lieferketten abzubauen. Auch dies sind erstaunliche Ergebnisse. Eine Reduzierung um 2,2 Millionen Tonnen Schadstoffe bedeutet mehr wirtschaftliche und ökologische Nachhaltigkeit. Und der Erfolg des Environmental Defense Fund bei der Verringerung der Kohlendioxidemissionen wird voraussichtlich den gleichen Nutzen für das Klima haben wie die Schließung eines Drittels aller Kohlekraftwerke der Welt bis 2035. Denken Sie nur kurz darüber nach. Die Arbeit einer einzigen Organisation hat effektiv dazu beigetragen, das Äquivalent eines Drittels aller Kohlekraftwerke der Welt zu schließen, und zwar durch mehr unternehmerische Achtsamkeit und intelligente, strategische Planung. Ist das nicht einfach großartig?

Wie EMPath setzt auch der Environmental Defense Fund hochwirksame, skalierbare Methoden zur Förderung eines *nachhaltigeren* Wirtschaftswachstums ein. Er wendet bewährte Methoden und Lösungen für eine der größten Herausforderungen unserer Zeit an: die Bewältigung der Krise bei den Treibhausgasemissionen. Er fördert auch Methoden, denen viele andere Unternehmen folgen können und sollten. Auch diese Organisation ist ein Beispiel der Hoffnung.

In ähnlicher Weise hat die Good Things Foundation mit Sitz im Vereinigten Königreich durch ihre „Learn My Way"- und „Make It Click"-Sammlung von kuratierten Lerntools mehr als 3,5 Millionen Menschen, die sonst durch die digitale Kluft ausgeschlossen wären, dabei geholfen, die technischen Fähigkeiten zu erwerben, die sie für den Zugang zu Online-Tools für Gesundheit, Bildung und Finanzen benötigen. Genau wie EMPath in den Vereinigten Staaten arbeitet Good Things mit Tausenden von kommunalen Organisationen im Vereinigten Königreich, in Australien und darüber hinaus zusammen. Seine Bemühungen werden letztlich Millionen von Menschen helfen, digitale Kompetenz und Konnektivität zu erlangen. Die Absolventen von Make It Click sehen die Welt auf eine Art und Weise, die sie sich nie hätten vorstellen können, und nehmen an ihr teil. Die Good Things Foundation ist ein weiteres Beispiel für Hoffnung. Experten und Freiwillige, die mit ihren Werkzeugen und Ressourcen arbeiten, helfen ausgegrenzten Menschen, sich systematisch zu integrieren. Sie tragen dazu bei, die digitale Kluft zwischen denen, die etwas haben, und denen, die nichts haben, nachweislich zu schließen, was sich immens positiv auf die Menschen auswirkt.

Obwohl sie sehr unterschiedliche Schwerpunkte haben, haben EMPath, der Environmental Defense Fund und die Good Things Foundation drei Dinge gemeinsam. Erstens sind sie in der wichtigen Arbeit, die sie leisten, einzigartig spezialisiert und hocheffektiv, wohl die Besten ihrer Klasse. Zweitens setzen sie auf ihre Weise bewährte, skalierbare Methoden ein, um ein integrativeres, nachhaltiges Wachstum zu fördern – die dreiteilige Lösung und die Kernziele, denen wir uns von Anfang an verschrieben haben. Skalierbarkeit bedeutet, dass noch viele Millionen mehr von ihrem Fachwissen profitieren können. Drittens ist jede dieser Organisationen gemeinnützig. Sie werden weder von der Regierung noch von Unternehmen geleitet. Der Status der Gemeinnützigkeit verschafft ihnen einen Wettbewerbsvorteil. Solche Nichtregierungsorganisationen (NRO) haben einen einzigartigen Anreiz, sich mehr um die Wirkung als um den finanziellen Gewinn zu kümmern. Im Gegensatz zur Unternehmenswelt, in der der finanzielle Erfolg das Wirkungspotenzial bestimmt, schaffen die Vorbilder der Hoffnung eine Wirkung, die ihre finanzielle Lebensfähigkeit fördert. Jedes von ihnen bringt der Gesellschaft einen Nutzen, den kein kommerzielles Unternehmen oder staatliches Programm reproduzieren könnte. Die Kombination all dieser Faktoren bedeutet, dass sie und andere ähnlich wirkungsvolle Nichtregierungsorganisationen Teil dessen sind, was der ehemalige Chefökonom des IWF und zu Recht verehrte Professor der University of Chicago, Raghuram Rajan, die „dritte Säule" der Gesellschaft nennt.

In meinem abschließenden Kapitel werde ich ein wenig mehr über beispielhafte Organisationen der Hoffnung und die Möglichkeiten sprechen, sie zu unterstützen und ihre Anstrengungen mithilfe von Investoren zu vergrößern. Am Ende dieses Buches finden Sie außerdem einen Anhang mit einer repräsentativen Liste von Organisationen, die als Vorbilder der Hoffnung gelten. Ich möchte Sie ermutigen, Ihre eigenen Vorschläge für die Aufnahme in diese wachsende Liste auf meiner persönlichen Website www.1pointsix.com[1] einzureichen. Ich bin davon überzeugt, dass Vorbilder der Hoffnung genauso viel oder mehr für die Welt tun können als jede öffentliche Politik oder jedes ESG-Produkt. Stattdessen verfolge ich hier eine zweifache Absicht. Erstens möchte ich unterstreichen, wie und warum gemeinnützige Organisationen wie EMPath, der Environmental Defense Fund und andere zivilgesellschaftliche Institutionen wichtige Bestandteile gesunder Nationalstaaten sind – etwas, ohne das keine florierende Gesellschaft existieren kann. Zweitens soll eine besonders wichtige Unterkategorie von zivilgesellschaftlichen Organisationen hervorgehoben werden, die jetzt am dringendsten benötigt wird: Nichtregierungsorganisationen, die lokale Gemeinschaften verändern und das Leben der Menschen *in großem Maßstab* verbessern können. Im Wesentlichen handelt es sich bei allen Vorbildern der Hoffnung um lokal engagierte, zivilgesellschaftlich ausgerichtete NRO, die nachweislich auf bewährte, systematische Weise für ein integrativeres, nachhaltigeres Wachstum und stärkere Gemeinschaften sorgen. Die Welt, die wir uns alle wünschen, kann und wird ohne ihre erfolgreiche Verbreitung nicht entstehen.

In Professor Rajans sorgfältig durchdachtem Rahmen ist menschliches Wohlergehen am ehesten in Gesellschaften zu finden, die über drei hocheffektive, unterschiedliche, aber sich ergänzende Säulen verfügen: Wirtschaft, Regierung und Gemeinschaft. Ohne lebendige zivilgesellschaftliche Organisationen, die aktiv die Auswüchse von wettbewerbsorientierten Märkten und inkompetenten oder übermäßig durchsetzungsfähigen staatlichen Behörden dämpfen, so Rajan, werden Gesellschaften unterdurchschnittlich abschneiden oder vielleicht sogar zerbrechen. Optimalität kann nur erreicht werden, wenn alle drei Säulen homöostatisch funktionieren, das heißt im Einklang mit den anderen:

> „Die Gesellschaft leidet, wenn eine der drei Säulen im Verhältnis zu den anderen übermäßig geschwächt oder gestärkt wird. Sind die Märkte zu schwach, wird die Gesellschaft unproduktiv; ist die Gemeinschaft zu schwach, tendiert die Gesellschaft zum Vetternkapitalismus; ist der Staat zu schwach, wird die Gesellschaft ängstlich und apathisch. Umgekehrt wird die Gesellschaft bei einem Zuviel an Markt ungerecht, bei einem Zuviel an Gemeinschaft statisch und bei einem Zuviel an Staat autoritär. Ein Gleichgewicht ist unerlässlich."[2]

Rajans Markt-Staat-Gemeinschaft-Paradigma hilft dabei, mögliche Lösungen für die Herausforderungen zu finden, denen sich jede Gesellschaft stellen muss. Es bietet auch einen groben Entwurf für eine optimale Gleichgewichtsdynamik, die jedes Land in Betracht ziehen sollte. So führt Rajan die Vereinigten Staaten als Beispiel für eine moderne Gesellschaft an, die es zugelassen hat, dass die Märkte ihre beiden anderen Säulen überwältigen. Man kann verstehen, warum er das tut. Der allgemeine Anstieg des Populismus in den Vereinigten Staaten wurde zum Teil durch zahlreiche negative externe Effekte ausgelöst, die durch freie Märkte verursacht wurden, die unkontrolliert blieben. Schließlich hat der uneingeschränkte Freihandel ganze Gemeinden in den Vereinigten Staaten dezimiert – wie die Kommunen in North Carolina, die von der Möbelindustrie abhängig waren, sowie Dutzende von Städten im sogenannten Rust Belt, die von der heimischen Automobil- und Industrieproduktion abhängig waren. Zumindest hätten zivilgesellschaftliche Organisationen oder staatliche Stellen Umschulungs- oder Umsiedlungsdienste anbieten müssen, um den Übergang zu erleichtern und die vertriebenen Familien wieder anzusiedeln. In ähnlicher Weise kann ein großer Teil der katastrophalen Opioidkrise in Amerika auf Gemeinden zurückgeführt werden, die durch den Freihandel gedankenlos ausgeweidet wurden, und auf skrupellose Pharmaunternehmen, denen man erlaubte, sich auszutoben. Märkte sind sehr effektiv bei der Verteilung von Ressourcen, aber alle Arbeitnehmer brauchen eine gewisse Ausbildung, und umsichtige Vorschriften werden immer notwendig sein, um die öffentliche Sicherheit zu schützen. Vielfältige externe Effekte bedrohen den gewünschten sozialen Zusammenhalt und wichtige Umweltziele. Um das Gleichgewicht wiederherzustellen, bedarf es einer aufgeklärten Regierungspolitik oder entsprechend engagierter philanthropischer Institutionen.

Rajan führt China als Beispiel für eine Gesellschaft an, in der die Regierung zu sehr die Oberhand hat: „China wird nur dann weiter wachsen, wenn es die immensen innovativen Fähigkeiten seiner Bevölkerung nutzen kann – das ist das Wesen des Wachstums an den Grenzen … Der Gemeinschaft müssen auch mehr Freiheit und Wahlmöglichkeiten eingeräumt werden, sowohl um die Innovation zu fördern als auch um eine gesunde Trennung zwischen Staat und Märkten aufrechtzuerhalten."[3] Um die Vereinigten Staaten, China und alle anderen Nationen wieder ins Gleichgewicht zu bringen, so Rajan, müssen ihre schwächsten Säulen wieder gestärkt werden. In einigen Fällen wird dies mehr Märkte und weniger Staat bedeuten, in anderen mehr bürgerliches Engagement oder eine bessere Regierung. Die Implikationen sind jedoch klar. Wenn sich die gute Gesellschaft von Robert Shiller durchsetzen soll, müssen kompetente Gesetze und Behörden, wettbewerbsfähige Märkte und eine engagierte Bürgergesellschaft allesamt

Höchstleistungen vollbringen. Keine Gesellschaft wird gedeihen, wenn nicht gesunde Märkte, kompetente Regierungen und engagierte Bürgerinstitutionen wettbewerbsfähig und kooperativ nebeneinander bestehen.

Ein kurzer Rundgang um den Globus veranschaulicht die These von Professor Rajan weiter. Man kann leicht erkennen, dass undemokratische Gesellschaften systematisch unter schwachen zivilgesellschaftlichen Institutionen leiden. So belegen China und Russland in der Zehn-Jahres-Rangliste der britischen Charities Aid Foundation zum Thema Wohltätigkeit den 126. bzw. 117. Platz – und damit das Schlusslicht ihrer weltweiten Erhebung.[4] Die Charities Aid Foundation hat in den letzten zehn Jahren in mehr als 130 Ländern Statistiken über ehrenamtliches Engagement, bedingungslose Hilfe und Wohltätigkeitsspenden erstellt – ein Zeitraum, der sowohl Finanzkrisen als auch schnelles Wachstum umfasst. Russland und China liegen in allen drei Kategorien zurück. Diese regierungslastigen Staaten leiden aus einem offensichtlichen Grund an einem Mangel an bürgerschaftlichem Engagement: Wenn den Bürgern gesagt wird, dass alles mit der staatlichen Autorität beginnt und endet, werden Selbstdarstellung, ehrenamtliche Arbeit und wohltätige Spenden als überflüssig angesehen. Keine zivilgesellschaftliche Organisation kann gedeihen, wenn Regierungsvertreter ständig oder wiederholt darauf bestehen, dass sie nicht gebraucht werden oder nicht willkommen sind. Die Analyse der Stiftung bestätigt, was Professor Rajan vorausgesagt hat: Wo der Staat dominiert, tritt die Gemeinschaft zurück. Andere autoritäre europäische, afrikanische, asiatische und lateinamerikanische Länder leiden in ähnlicher Weise unter schwachen zivilen Institutionen. Wenn Staaten Verhaltensgrenzen setzen und alle Problemlösungen für sich beanspruchen, werden persönliche und gemeinschaftliche Verantwortung auf fatale Weise unterminiert. Und wenn Märkte als allwissend und allgütig gelten, werden notwendige Interventionen von Regierungen und Gemeinschaften allzu leicht übersehen. Märkte werden nicht von sich aus

Inklusivität oder Nachhaltigkeit fördern. Ihre Auswüchse müssen mit Bedacht ausgeglichen werden.

Indien ist zwar eine Demokratie, aber Rajan stellt fest, dass sie immer noch erhebliche Schwächen in ihren staatlichen und wirtschaftlichen Säulen aufweist. Wie wir alle wissen, ist die Demokratie kein sicheres Rezept für Regierungskompetenz. Bedauerlicherweise zeichnet sich die demokratische Regierung Indiens dadurch aus, dass sie Regeln und Bürokratie schafft. Diese Vorschriften behindern oft die industrielle Basis des Landes und beeinträchtigen die Effizienz der Verwaltung. Zu viel oder zu wenig Staat ist nicht gleichbedeutend mit einer guten Regierung; nur eine gute Regierung ist es. „Indiens Herausforderung in den kommenden Jahren ist nicht seine Demokratie, sondern die Notwendigkeit, sowohl die staatlichen Kapazitäten als auch die Unabhängigkeit des Privatsektors zu stärken", schreibt Rajan.[5] Weil ihre Regierungen so anmaßend sein können, warnt Rajan, müssen sich sowohl China als auch Indien außerdem vor einem wachsenden Vetternkapitalismus hüten.

Weltweit hat sich die Philanthropie an vier großen Modellen orientiert: (1) dem angelsächsischen Modell, bei dem zivilgesellschaftliche Einrichtungen weitgehend von wohlhabenden Einzelpersonen unterstützt werden, um von ihnen als wichtig erachtete, oft religiöse oder bildungsbezogene Anliegen zu fördern; (2) dem rheinischen Modell, bei dem zivilgesellschaftliche Einrichtungen in der Regel vom Staat beauftragt werden, „sozialkorporative" Aufgaben zu erfüllen; (3) dem romanischen/mediterranen Modell, bei dem die Kirche weitgehend für die Wohltätigkeit und der Staat für die Bereitstellung umfassender Dienstleistungen zuständig ist; und (4) dem skandinavischen Modell. Das skandinavische Modell stützt sich auf ein solides öffentliches Netz der sozialen Sicherheit, das durch bewährte Traditionen der Freiwilligenarbeit ergänzt wird. Angesichts der Tatsache, dass Finnland, Norwegen, Schweden und Dänemark in einer maßgeblichen Studie aus dem Jahr 2021 regelmäßig zu den glücklichsten Ländern der Welt zählen – zusammen mit Island, der Schweiz, den Niederlanden und Bhutan –, muss etwas Positives über das skandinavische Modell gesagt werden, das ein optimales Gleichgewicht zwischen Staat, Markt und Gemeinschaft herstellt.[6]

Bei der Betrachtung dieser vier philanthropischen Modelle in der Praxis wird auch schnell klar, dass starke Märkte und Wohltätigkeit allein nicht ausreichen, um soziales Wohlergehen zu erreichen. Armut hat anhaltende generationenübergreifende Tendenzen. Die generationenübergreifende Armut kann und wird nicht allein durch Wirtschaftswachstum und episodische Almosen gelöst werden. Die Beseitigung der strukturellen Armut erfordert einen strukturellen Umbruch. Wenn Almosen allein ausreichen würden, gäbe es in der Tat keine Armut in Amerika. Nach allen finanziellen Maßstäben ist Amerika die großzügigste Nation der Welt.

In den Vereinigten Staaten gibt es mehr als 1,5 Millionen Wohltätigkeitsorganisationen. In den letzten zwei Jahren haben die Amerikaner fast eine Billion Dollar für ihre Unterstützung gespendet. Dies ist bei Weitem der größte Betrag an philanthropischer Hilfe in einem Land, sogar mehr als das jährliche BIP der Schweiz und Saudi-Arabiens. 70 Prozent dieser Spenden entfallen auf Privatpersonen, weitere 17 Prozent auf Stiftungen. Der Rest entfällt auf Nachlässe und Unternehmensquellen. Das Gesamtvolumen der von US-Stiftungen kontrollierten Finanzanlagen beträgt heute mehr als 2,5 Billionen Dollar. Dieser Betrag ist mehr als das jährliche BIP aller Nationen der Welt mit Ausnahme der sechs größten. Es entspricht im Grunde der Jahresproduktion Frankreichs. Wenn die Amerikaner irgendetwas sind, dann großzügig.

Die Vereinigten Staaten weisen jedoch auch die höchste Kinderarmut in der OECD auf – doppelt so hoch wie in Frankreich und zehnmal so hoch wie in Dänemark. Auch bei der Kindersterblichkeit rangieren die Vereinigten Staaten im OECD-Vergleich auf dem letzten Platz (Platz 33 von 36). Diese paradoxe Koexistenz von exorbitantem

Reichtum und anhaltendem Mangel erfordert eine ernsthaftere Selbstbeobachtung. Angesichts der außerordentlich hohen Zahl von Wohltätigkeitseinrichtungen in den Vereinigten Staaten und ihrer praktisch unbegrenzten Ressourcen muss etwas anderes als eine Schwäche der gemeinschaftlichen Säule vorliegen, um die chronische Armut und die Probleme der wirtschaftlichen Mobilität in Amerika zu erklären. Dieses Paradoxon muss aufgelöst werden. Die Vereinigten Staaten verfügen über mehr als genug Reichtum, um die Armut wirksam zu bekämpfen, wie es viele andere Nationen getan haben. Aus irgendeinem Grund haben sie dies aber nicht getan. Warum nicht? Was fehlt? Warum gibt es in den Vereinigten Staaten – dem bei Weitem reichsten Land der Welt – mehr verarmte Kinder als in den übrigen G-7-Staaten zusammen?

Amerikanische Wohltätigkeitsorganisationen und Stiftungen leisten zwar viele wunderbare Dinge, aber als kollektive Kraft würden sie erheblich davon profitieren, wenn sie genauer darauf achten würden, was funktioniert und was nicht. Es stellt sich heraus, dass aufgeklärtere Regierungsprogramme und ein stärkeres Engagement der Wirtschaft in Verbindung mit funktionierenden Gemeinschaftsinitiativen alles sind, was erforderlich ist, um eine größere Wirkung und einen dauerhaften Wandel herbeizuführen. Insbesondere sind staatliche Maßnahmen mit Unterstützung der Wirtschaft erforderlich, um bewährte Bürgerprogramme, die die größte Wirkung zeigen, wie das von EMPath, zu erweitern. Die drei Säulen Amerikas müssen zusammenwachsen.

In einer bahnbrechenden Studie über die urbane wirtschaftliche Mobilität in den Vereinigten Staaten kamen Forscher aus Harvard und Stanford zu dem Schluss, dass Salt Lake City besonders vorteilhafte Lektionen zu vermitteln hat.[7] Es überrascht nicht, dass der relative Erfolg von Salt Lake City zu einem nicht geringen Teil mit der Prävalenz mormonischer Traditionen und dem Prinzip der Selbstständigkeit zusammenhängt, auf dem die Kirche Jesu Christi der Heiligen der Letzten Tage (LDS = Latter-Day Saints) weitgehend beruht. Das LDS-Wohlfahrtshandbuch hebt ausdrücklich die Bedeutung der Arbeit hervor: „Der Herr hat uns befohlen zu arbeiten, denn Arbeit ist die Quelle des Glückes, des Selbstwertgefühls und des Wohlstands. Auf diese Weise erreichen wir Gutes in unserem Leben."[8] Wie im Katholizismus und anderen religiösen Traditionen betonen auch die LDS-Führer, dass die Verantwortung für das Wohlergehen des Einzelnen an erster Stelle steht. Aber die LDS beschränken sich nicht auf die Eigenverantwortung; das können sie nicht, denn Eigenverantwortung reicht nicht aus. Wenn der Einzelne in den LDS-Gemeinschaften Schwierigkeiten hat, muss die Familie die zweite Verteidigungslinie sein. Und wenn die Familie schwächelt, ist die dritte Verteidigungslinie die Kirche. Wie es der Zufall will, sind Familie und Kirche in Salt Lake City sehr starke Kräfte für den sozialen Zusammenhalt. In der Tradition der LDS wird die staatliche Fürsorge erst dann in Anspruch genommen, wenn die individuellen, familiären und kirchlichen Ressourcen erschöpft sind. Wenn Sie einer mormonischen Gemeinde angehören (deren es in Utah viele gibt) und etwas in Ihrem Leben nicht gut läuft, ist es sehr wahrscheinlich, dass Mitglieder Ihrer örtlichen Gemeinde für Sie eintreten und Ihnen helfen, wieder auf den rechten Weg zu kommen. Die Forscher aus Harvard und Stanford stellten fest, dass diese Art von gemeinschaftlicher Verantwortung besonders wirksam ist. Aufgrund des politischen Konsenses in Utah wurden die Traditionen der LDS-Gemeinden zudem von staatlichen Stellen unterstützt und weiter ausgebaut. Der Utah Intergenerational Poverty Mitigation Act verpflichtet alle staatlichen Behörden, Verwaltungsdaten über ihre Klientel auszutauschen, was bedeutet, dass ihre Programme in der Lage sind, alle Bürger Utahs zu erfassen, insbesondere die gefährdeten Einwohner. Der Zusammenhalt der Gemeinschaft in Verbindung mit einer unterstützenden öffentlichen Politik führt dazu, dass weniger Menschen durch die Maschen fallen.[9]

Das Wilson Sheehan Lab for Economic Opportunities (LEO) an der University of Notre Dame ist eines von mehreren führenden Programmen in den Vereinigten Staaten, die in ihrem auftragsgemäßen Bestreben, die wirksamsten Lösungen für anhaltende soziale Probleme zu ermitteln und zu skalieren, rigoros evidenzbasierte wissenschaftliche Methoden anwenden. Von Bildungs- und Gesundheitsprojekten bis hin zu Wohnungsbau, Strafjustiz und Methoden zur Erreichung wirtschaftlicher Selbstständigkeit arbeitet das LEO mit Nichtregierungsorganisationen und Regierungsbehörden in den gesamten Vereinigten Staaten zusammen und verfolgt dabei ein einziges Ziel: die Ermittlung innovativer Strategien und Programme, die nachweislich den Bedürftigen zugutekommen und das menschliche Wohlergehen im Allgemeinen fördern. Kurz gesagt, die Forschung von LEO ist darauf ausgerichtet, die Hoffnungsträger von heute zu unterstützen und die Hoffnungsträger von morgen zu entdecken.

Ein Beispiel für die Art von Programmen, die das LEO evaluiert, ist die Nurse-Family Partnership (NFP). Die NFP begann als kleines Hausbesuchsprogramm für einkommensschwache junge Mütter in Elmira im Bundesstaat New York, einer Kleinstadt mit nur 28.000 Einwohnern. Mehrere randomisierte, kontrollierte Studien belegten, dass der Ansatz von NFP, gefährdete junge Mütter regelmäßig zu Hause von geschultem medizinischem Fachpersonal besuchen zu lassen, den Gesundheitszustand von Müttern und Kindern deutlich verbesserte. Darüber hinaus ergaben diese Studien, dass jeder Dollar, der für NFP-Dienste ausgegeben wird, 5,70 Dollar an zukünftigen staatlichen Kosten einspart, wobei die Familien mit dem höchsten Risiko am meisten davon profitierten. Auf der Grundlage dieser Daten konnte NFP staatliche Unterstützung beantragen und erhalten, um über die Stadtgrenzen von Elmira hinaus zu expandieren. Heute profitieren mehr als 340.000 Familien in 40 Bundesstaaten und mehreren indigenen Gemeinden von der NFP. Die NFP-Methoden helfen jungen alleinerziehenden Müttern und ihren Kindern auf kosteneffiziente Weise, gesund zu bleiben, und haben die Vernachlässigung von Kindern um 48 Prozent und Verhaltensprobleme um 67 Prozent reduziert. Kurz gesagt, die erfolgreiche lokale Innovation von Elmira hat sich wie ein Virus verbreitet. Wie nicht anders zu erwarten, ist die NFP ein Vorbild der Hoffnung. Es handelt sich um ein weiteres hocheffektives, evidenzbasiertes Programm, das durch Partnerschaften mit Regierungen und Unternehmen erweitert werden kann, um ein integratives, nachhaltiges Wachstum zu fördern. Die Identifizierung von Programmen wie NFP und EMPath ist die Daseinsberechtigung des LEO.

Zu diesem Zweck untersuchte LEO kürzlich die Erfolgsquoten von Community Colleges. Obwohl 70 Prozent der US-Highschool-Absolventen irgendeine Art von College besuchen, machen nur etwa 35 Prozent einen Abschluss, was einer enttäuschenden Abschlussquote von 50 Prozent entspricht. Nachdem LEO die erfolgreichen Erfahrungen des Programms Stay the Course von Catholic Charities Fort Worth untersucht hatte, erstellte es eine Analyse, die zur Umsetzung eines neuen nationalen politischen Vorschlags führte. Die Daten zeigten, dass gefährdete Schüler, denen von Catholic Charities Fort Worth persönliche Berater für das Community College zur Seite gestellt wurden, eine um 400 Prozent höhere Abschlussquote erreichten als Schüler ohne Mentor. Es stellte sich heraus, dass nicht das Geld ihr Problem war, sondern die Entwicklung von umsetzbaren Plänen, um alles unter einen Hut zu bringen: junge Eltern zu sein, eine bezahlbare Kinderbetreuung zu finden, das Studienpensum zu bewältigen und einen zuverlässigen Transport zum und vom Unterricht zu organisieren. Not leidende Studenten der Community Colleges brauchten Ratschläge zur Logistik, keine zusätzlichen wirtschaftlichen Anreize. In Anbetracht der Tatsache, dass mehr als die Hälfte aller Arbeitsplätze im Bundesstaat Texas von einer Form der beruflichen Qualifikation abhängen, die durch Community-College-Programme vermittelt wird, ist Stay the Course nun in der Lage, Tausenden von aufstrebenden gefährdeten Texanern zu helfen, sich selbst zu versorgen. Das Institute for College Access and Success hat dieses Programm auch in Gemeinden in Kalifornien und Michigan eingeführt und seine bewährte

Methode skaliert. Was wir uns jetzt fragen sollten, ist Folgendes: Wenn Stay the Course in Texas, Kalifornien und Michigan funktioniert, wie könnten wir es auf andere Staaten ausweiten, damit auch sie von seinen Methoden profitieren?

Um in den Vereinigten Staaten und auf der ganzen Welt systematisch ein inklusiveres, nachhaltiges Wachstum zu erreichen, bedarf es eines aktiven Engagements innerhalb der Märkte und zwischen den Märkten, der Regierung und der Gemeinschaft – also den drei Säulen von Professor Rajan. Was die spezifischen Beiträge betrifft, die von der Gemeinschaft geleistet werden müssen, so sollte mehr Unterstützung für evidenzbasierte, skalierbare Lösungen wie Make It Click und Stay the Course zu einer gesellschaftlichen Priorität werden. Vorbilder der Hoffnung haben bewiesen, dass die Programme skalierbar sind. Alles, was wir tun müssen, ist, sie zu skalieren.

Menschliche Entfaltung findet nicht auf staatlicher oder globaler Ebene statt. Staaten sind politische Konstrukte, keine menschlichen Konstrukte. Menschliches Wohlergehen gibt es nur im Kontext von realen, identifizierbaren Gemeinschaften. Länder sind letztlich nur dann erfolgreich, wenn sie sich zu blühenden Gemeinschaften zusammenschließen. Auch die Welt wird nur dann erfolgreich sein, wenn sich blühende Gemeinschaften auf breiter Ebene zusammenschließen und von einer aufgeklärten Führung unterstützt werden. Wie es die katholische Aktivistin und Heiligsprechungskandidatin Dorothy Day bezeugt und gelebt hat, beginnt und endet alles mit der eigenen Gemeinschaft. Und die stärksten Modelle für die Identifizierung und Skalierung von Lösungen, um Gemeinschaften zu helfen, zu gedeihen, sind das, was der Vorsitzende des American Ideas Institute, Jeremy Beer, denkwürdig „Philanthrolokalismus" genannt hat.

Laut Beer sollte der Hauptzweck der Philanthropie darin bestehen, die Möglichkeiten einer echten menschlichen Gemeinschaft zu verbessern und zu stärken: „Die Kräfte des modernen Lebens haben sich dazu verschworen, viele, wenn nicht sogar die meisten lokalen Gemeinschaften zu fragmentieren und zu schwächen. Industrialisierung, Globalisierung, Massenkultur, moderne Kriegsführung und geografische Mobilität, um nur einige Faktoren zu nennen, haben das Leben einiger weniger glücklicher Orte bereichert, während sie die Vitalität vieler, vieler anderer beeinträchtigt haben."[10] Nach Beers Ansicht wird der menschlichen Familie am meisten geholfen, wenn man lokal spendet, sich auf lokale Lösungen konzentriert und dem unmittelbaren Nachbarn dient, anstatt „die Welt zu verändern". Lokalismus würde für viele Unternehmen und philanthropische Einrichtungen eine tiefgreifende Veränderung ihrer Denkweise bedeuten; meistens wollen sie „die Welt verändern". Aber ein solches lokales Engagement ist der beste, wenn nicht der einzige Weg, um die dringenden Bedürfnisse der Menschen systematisch zu befriedigen.

Durch die umfassende Stärkung der einzelnen Gemeinden könnte ein integrativeres Wachstum erreicht werden. Durch die aktive Verbreitung der besten Umweltpraktiken könnte auch ein nachhaltigeres Wachstum erreicht werden. Wir brauchen den Environmental Defense Fund, um alle großen Unternehmen zu beraten, nicht nur diejenigen, die sich seine Dienste leisten können. Wir brauchen Make It Click als gemeinsame Schulung für Tausende von Gemeinden in jedem Land, nicht nur für einige wenige Auserwählte. Außerdem müssen wir dafür sorgen, dass NFP-Programme in den Gemeinden, in denen eine solche Unterstützung am dringendsten benötigt wird, in größerem Umfang zur Verfügung stehen. In meinem einleitenden Kapitel habe ich viele der Probleme aufgezeigt, die behoben werden müssen. Was wir jetzt brauchen, ist eine zielgerichtete, kollektive Denkweise und engagierte Ressourcen, um bewährte Programme, die nachweislich funktionieren, zu verbreiten.

Nehmen wir zum Beispiel den erfolgreichen Geschäftsmann George B. Kaiser. Er hat das Konzept des Philanthrolokalismus in seiner Heimatstadt Tulsa, Oklahoma, auf eine paradigmatische Ebene gebracht. „Kein Kind ist für die Umstände seiner Geburt verantwortlich", stellt

Kaiser zu Recht fest. „Ich hatte den Vorteil, dass ich sowohl genetisch als auch erzieherisch begünstigt war. Als ich mir die Menschen ansah, die diese Vorteile nicht hatten, wurde mir klar, dass ich die moralische Verpflichtung habe, mit meinen Mitteln dazu beizutragen, diese Ungerechtigkeit zu beseitigen." Dank der großzügigen Unterstützung der Kaiser Family Foundation können Kinder, die in benachteiligten Familien in und um Tulsa – einer Kommune mit etwa einer Million Einwohnern – geboren werden, am BEST-Programm (Birth through Eight Strategy for Tulsa) der Stiftung teilnehmen. BEST besteht aus einem Netzwerk sich gegenseitig ergänzender Programme und Dienste, von denen einige öffentlich, andere privat sind. Gemeinsam tragen sie dazu bei, dass alle jungen Menschen in Tulsa medizinische Versorgung bei der Geburt, eine positive Entwicklungserziehung und schulischen Erfolg bis zur dritten Klasse erhalten – alles Faktoren, die sich als wesentlich für den späteren Erfolg im Leben erwiesen haben. Zum Zeitpunkt der Erstellung dieses Berichts hat BEST 80 Prozent der Zielgruppe erreicht und die Ergebnisse für Tausende von Kindern in ihren ersten Entwicklungsjahren drastisch verbessert. George Kaiser ist eindeutig ein Familienmensch – jedes Kind, das in und um Tulsa geboren wird, ist ein integrales Mitglied seiner Großfamilie.

Vorbilder der Hoffnung sind Organisationen, die über skalierbare Methoden verfügen, die das Leben vieler Menschen sinnvoll verbessern – Organisationen wie die Nurse-Family Partnership, Catholic Charities Fort Worth und die Kaiser Family Foundation. Natürlich können und werden Organisationen wie diese nicht allein alle ökologischen und gesellschaftlichen Missstände beheben. Wir brauchen immer noch ergänzende, weitsichtige und unterstützende öffentliche Maßnahmen. Entscheidend ist auch, dass wir einen florierenden Handel brauchen. Menschliches Wohlergehen erfordert die Beherrschung aller drei Säulen. Vorbilder der Hoffnung tragen wesentlich zur Kompetenz der Gemeinschaft bei. Beispiele der Hoffnung machen die Säulen der Gemeinschaft stark und wirksam.

Wir kommen nun zu unseren letzten Kapiteln über die optimale Rolle, die Wirtschaft und Finanzen bei der Gestaltung der guten Gesellschaft von Robert Shiller spielen können. Bei der Zusammenführung der hier dargelegten Geschichten und Argumente stützen wir uns auf die wichtigen Erkenntnisse von Professor Rajan und Jeremy Beer sowie auf unsere früheren Diskussionen über indexierte Investitionen, ESG-Methoden und vielversprechende Rahmenwerke wie die Shared Value Initiative. Gesellschaften blühen auf, wenn Märkte, Gemeinschaften und der Staat ihre komparativen Vorteile vervollkommnen und komplementäre Aufgaben wahrnehmen. Florierende Gemeinschaften brauchen erfolgreiche Menschen, die sich um ihre weniger erfolgreichen Mitglieder kümmern und sie fördern. Gedeihende Gemeinschaften brauchen pulsierende Volkswirtschaften. Und florierende Gemeinschaften brauchen effektive, aufgeklärte Regierungen. Philanthropische Bemühungen, die sich effektiv um lokale Bedürfnisse kümmern, sind für die Förderung von Gemeinschaften unerlässlich. Bewährte Umwelt- und Sozialprogramme, die sich effizient von einer Gemeinde zur anderen übertragen lassen, sind für eine systemische Verbesserung unerlässlich. In der Tat wird ein weitverbreitetes, integratives, nachhaltiges Wachstum ohne ihre weitere Verbreitung nicht möglich sein.

Doch was bedeutet das für die Finanzwirtschaft und für ESG-Investitionen? Meiner Meinung nach öffnet und verfeinert es die ESG-Öffnung für eine optimale Wirkung. Wie Sie gleich sehen werden, hat die Welt mehr als genug Geld, um alle ihre drängendsten sozialen und ökologischen Probleme zu lösen. Um die gesellschaftlichen und ökologischen Ergebnisse zu optimieren, müssen unsere kollektiven finanziellen Ressourcen bewusster eingesetzt werden. Insbesondere die Vermögenswerte, die unter der direkten Kontrolle von vermögenden Privatpersonen und Institutionen wie Pensionsplänen, Versicherungsgesellschaften, Staatsfonds und Stiftungen stehen, müssen in bescheidenem Maße neu kalibriert werden, um eine spürbarere und messbarere Wirkung zu erzielen. Casey Quirk stellte sich eine zukünftige Welt vor, in der ein großer Teil der ESG-Investitionen von einfachen risikointegrierten Strategien zu solchen mit wirkungsvolleren Ergebnissen übergehen würde, das heißt, mit denen greifbare ökologische und soziale Ziele erreicht werden. Wenn die Finanzwelt dazu beitragen soll, die Wahrscheinlichkeit eines integrativeren, nachhaltigen Wachstums zu erhöhen, muss diese Umschichtung stattfinden. Wir haben bereits gesehen, dass grüne, soziale und nachhaltige Impact Bonds Beispiele für ESG-Investitionen mit nachweisbarer Wirkung sind. Aber sie sind nur ein kleiner Teil der spannenden, breiteren Möglichkeiten, die Impact Investing jetzt bietet. Kombiniert man sie mit Impact Venture Capital, Impact Public und Private Equity und Impact-Real-Asset-Strategien, werden der Hebel und der Drehpunkt von Archimedes deutlich sichtbar. Am wichtigsten ist jedoch, dass Shillers Beschreibung von Investmentmanagern, die „zu den wichtigsten Verwaltern unseres Wohlstands und zu den wichtigsten Akteuren im Dienste gesunder und florierender marktwirtschaftlicher Demokratien gehören", einen Fahrplan für den Übergang von der Theorie zur Praxis erhält. Und wenn all dies in den nächsten Jahren geschieht, werden die großartigsten Kapitel menschlichen Wohlstands das Geschenk sein, das wir den ungeborenen Generationen hinterlassen können.

KAPITEL 16

IMPACT INVESTING IN GROSSEM MASSSTAB

> Ich sehe, dass eine Lösung in greifbarer Nähe ist; ich nenne sie die Impact Revolution. … Sie wird es uns ermöglichen, die gefährliche Ungleichheit und die Zerstörung unseres Planeten anzupacken.
> Sie wird uns in eine neue und bessere Welt führen.
>
> *SIR RONALD COHEN*

Was würden Sie sagen, wenn ich Ihnen sage, dass es viele Möglichkeiten gibt, ein inklusiveres, nachhaltiges Wachstum zu fördern und eine Marktrendite zu erzielen? Was würden Sie sagen, wenn ich hinzufügen würde, dass Sie hinsichtlich der ökologischen und sozialen Auswirkungen Ihrer Investitionen nicht raten müssen, wie Sie es bei den meisten anderen Investitionen, einschließlich vieler indexierter ESG-Produkte, tun müssen? Stattdessen würden Sie über die Auswirkungen genau und nachprüfbar Bescheid wissen, mit visuellen Attributionsberichten, die wie der in Abbildung 16.1 aussehen könnten.

Was veranschaulicht diese Visualisierung? Sie zeigt, dass die Unternehmen, in die das Positive Change Public Equity Team von Baillie Gifford im Jahr 2020 investiert hat, dazu beigetragen haben, mehrere

Ziele der nachhaltigen Entwicklungsziele der Vereinten Nationen zu erreichen, und das oft auf sehr sinnvolle Weise. Im Jahr 2020 haben die Unternehmen, in die Baillie Giffords primärer Impact-Investmentfonds investiert hat, (1) mobile und digitale Dienstleistungen für mindestens eine Milliarde Menschen bereitgestellt; (2) den Kunden

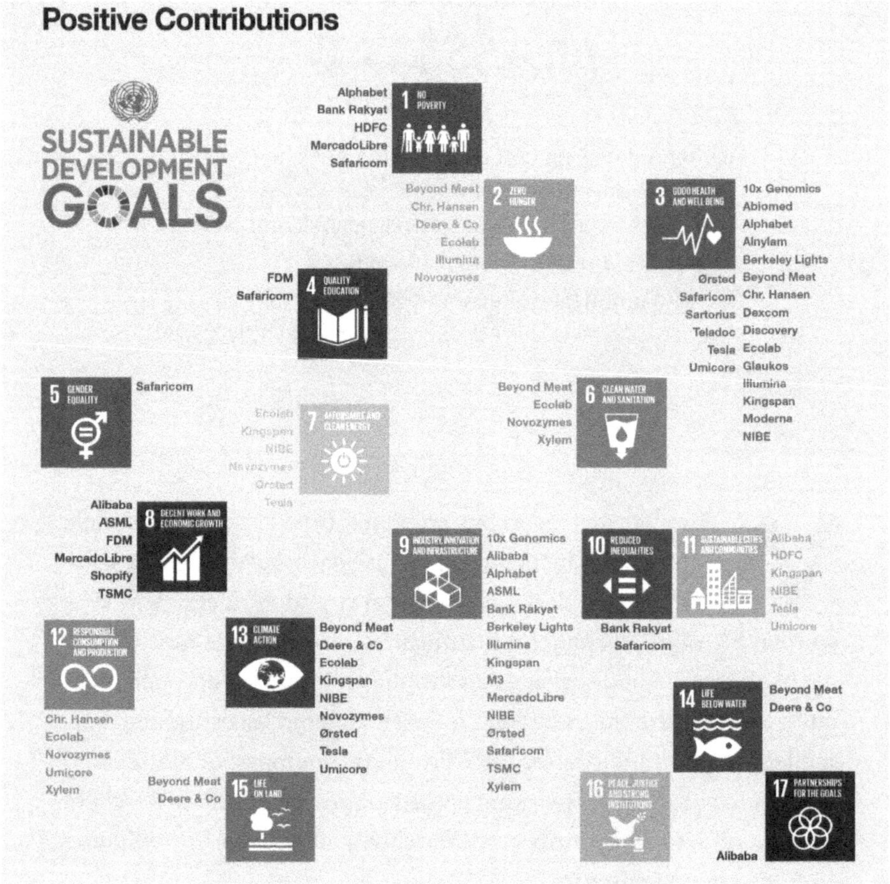

ABBILDUNG 16.1 Impact-Bericht von Baillie Gifford.
Nachdruck mit Genehmigung aus dem Positive Change Impact Report – 2020 von Baillie Gifford.

ermöglicht, insgesamt 1,2 Billionen Liter Wasser zu sparen; (3) 540 Millionen Menschen vor übertragbaren Krankheiten geschützt; (4) mehr als 1,5 Milliarden Menschen Zugang zu Finanzdienstleistungen verschafft; (5) fast 11 Millionen Termine im Bereich der Telemedizin ermöglicht; (6) den Verbrauchern geholfen, 70 Millionen Tonnen CO_2 aus der Atmosphäre zu verbannen (das entspricht der Entfernung von 15 Millionen Pkw von der Straße); und (7) die ökologischen Anbaumethoden auf 233 Millionen Hektar Land verbessert, einer Fläche fast zehnmal so groß wie das Vereinigte Königreich. Dieselben Unternehmen haben auch die Entstehung von mehr als 260.000 Tonnen Abfall verhindert.

Das ist eine Menge an greifbarer Wirkung. Was die Förderung von inklusivem, nachhaltigem Wachstum angeht, ist schwer vorstellbar, dass eine Auswahl von mehreren Dutzend börsennotierten Unternehmen mehr leisten kann. Ach, und habe ich schon erwähnt, dass dieses Portfolio von Januar 2020 bis Dezember 2021 eine annualisierte Rendite von 43,64 Prozent erzielte? Im selben Zwei-Jahres-Zeitraum erzielte die MSCI-Benchmark nur 17,39 Prozent pro Jahr. Das bedeutet, dass das Positive Change Team von Baillie Gifford von 2019 bis 2021 einen *positiven* Tracking Error beziehungsweise ein Alpha von 26,25 Prozent pro Jahr erzielte. Kurz gesagt, es hat seine erklärten Ziele massiv übertroffen:

(1) Erzielung attraktiver langfristiger Anlagerenditen, die über den Anlagezyklus mindestens zwei Prozent über dem MSCI ACWI liegen, und (2) ein sinnvoller Beitrag zu einer integrativeren und nachhaltigeren Welt.

Meine Güte! Wie ist das in Sachen gut laufen und Gutes tun?[1]

Impact Investing in seiner besten Form führt zu nachweisbaren sozialen und ökologischen Fortschritten. Dieser Fortschritt ist greifbar, messbar und wird oft in Bezug auf die Ziele für nachhaltige Entwicklung der Vereinten Nationen ausgedrückt. Die meisten Impact-Investing-Strategien erwirtschaften gleichzeitig eine finanzielle Rendite. Manchmal entspricht diese finanzielle Rendite den Marktindizes oder übertrifft sie sogar, manchmal aber auch nicht. Wenn Impact-Investing-Strategien die Marktrenditen übertreffen, bedeutet das, dass es den Nutznießern dieser Strategien sehr gut geht und sie gleichzeitig viel Gutes tun. Das ist natürlich das, was viele aufmerksame Investoren anstreben – einen doppelten Gewinn zu erzielen. Erfolgreiches Impact Investing fördert nachweislich die gute Gesellschaft nach Shiller.

Abbildung 16.2 stellt visuell dar, wie verschiedene ESG-Aktienanlagestrategien im Bereich der Rendite-gegen-Wirkung-Relation abschneiden. Diese Abbildung zeigt, wie verschiedene Arten von ESG-Aktienanlagestrategien im Vergleich zu den von ihnen gewählten Indizes und dem Ausmaß der bekannten Auswirkungen, die sie bieten und *die man erkennen kann*, abschneiden. Die meisten indexierten ESG-Aktienstrategien haben einen sehr geringen Tracking Error in Kombination mit einem geringen Maß an dokumentierter, nachweisbarer Wirkung. Sie sind im Großen und Ganzen risikomindernd und renditeorientiert. Im Gegensatz dazu haben aktive ESG-Aktienstrategien wie der von Funk und Powell bei Brown Advisory aufgelegte Fonds oder der aktivistische Fonds von Inclusive Capital Partners, der von Jeffrey Ubben aufgelegt wurde, wahrscheinlich eine größere nachweisbare soziale Wirkung und einen größeren Tracking Error. Eine dritte Kategorie, die sogenannten ESG-Impact-Strategien, hat einen noch größeren Tracking Error bei gleichzeitig größerer überprüfbarer Wirkung. Überprüfbare Auswirkungen sind kurz gesagt die Grundvoraussetzung für alle Impact-Investitionen. ESG-Impact-Strategien heben sich von anderen ESG-Strategien ab, weil sie spezifische soziale und ökologische Ziele, die sich messbar auf die UN-SDGs zurückführen lassen, direkt fördern und gleichzeitig quantifizierbare finanzielle Erträge liefern. Bei den meisten Impact-Investment-Strategien erhalten Sie die Gewissheit, dass Sie etwas Gutes tun, weil Sie detaillierte, geprüfte Wirkungsberichte erhalten, aus denen hervorgeht, was Ihre Investitionen bewirkt haben und wie sie es getan haben.[2]

Public-Equity-Strategien sind im Übrigen nicht die einzigen, die eine Wirkung anstreben. Eine Reihe von Staatsanleihen, Private-Equity- und Private-Debt-Strategien sowie viele Strategien für Immobilienanlagen verfolgen ebenfalls explizite Wirkungsziele.

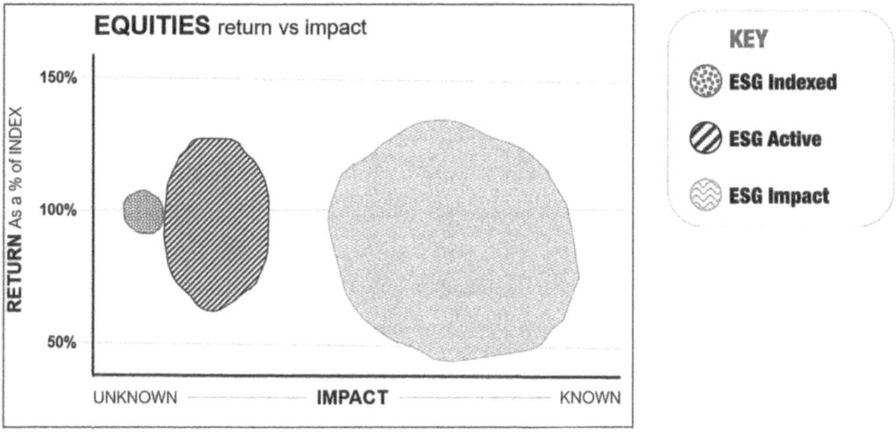

ABBILDUNG 16.2 Öffentliche und private ESG-Beteiligungsstrategien: Rendite versus Wirkung.
Die Abbildung stammt vom Autor.

Nehmen wir den Double Impact Fund von Bain Capital. Dabei handelt es sich um eine Private-Equity-Strategie, die sich weitgehend auf die Vereinigten Staaten konzentriert. Sie zielt auf drei Hauptbereiche ab: Gesundheit und Wohlergehen, Bildung und Arbeitskräfteentwicklung sowie Nachhaltigkeit. Die übergreifende Impact-Strategie von Bain besteht darin, missionsorientierte Unternehmen so zu skalieren, dass sie sowohl wettbewerbsfähige finanzielle Erträge als auch sinnvolle soziale und ökologische Verbesserungen erzielen. Als aktive Eigentümer wählen sie Unternehmen aus, die in der Lage sind, einen tiefgreifenden Wandel herbeizuführen, und stellen ihnen dann Mittel zur Verfügung, um ihr Potenzial voll auszuschöpfen. Das Impact-Team von Bain Capital arbeitet außerdem häufig mit den einzelnen Unternehmen zusammen, um deren B-Corp-Bewertungen zu verbessern. Eines ihrer Unternehmen, Rodeo Dental, wurde als erstes zahnmedizinisches Dienstleistungsunternehmen vollständig als B-Corp akkreditiert. Ein Beispiel für ein Unternehmen, das von Bain Capital gekauft, umgestaltet und dann wieder verkauft wurde, ist Penn Foster, eine führende digitale Lernplattform. Unter der Kontrolle von Bain hat sich der Gewinn von Penn Foster vor Zinsen und Steuern mehr als verdoppelt, während die Abschlussquote der Bildungsprogramme um 35 Prozent und die Zahl der Kurseinschreibungen auf einen Rekordwert von 64.000 gestiegen ist. Dies ist integratives, nachhaltiges Wachstum in Aktion. Der erste Impact Fund von Bain Capital, zu dem auch die Investition in Penn Foster gehörte, hat Berichten zufolge eine annualisierte Rendite von etwa 25 Prozent pro Jahr erzielt. Dies liegt zwar unter dem Wert anderer Private-Equity-Strategien im gleichen Zeitraum, übertrifft aber immer noch die Performance vieler öffentlicher Aktienindizes, was bedeutet, dass die Anleger für die Illiquidität, die sie auf sich genommen haben, angemessen entschädigt wurden. Kurz gesagt, er hat sich gut entwickelt und hat Gutes bewirkt. Ein zweiter Impact Fund von Bain Capital mit einem Volumen von fast 800 Millionen Dollar wurde 2021 geschlossen. Wie der erste Jahrgang kauft auch der zweite Double-Impact-Fonds Unternehmen mit vielversprechenden Fundamentaldaten und nachgewiesenen sozialen oder ökologischen Qualitäten. Das Team von Bain Capital hilft dann dabei, sie in leistungsfähigere und wertvollere Unternehmen zu verwandeln.

Ein weiterer Marktführer im Bereich Private Equity Impact ist die in San Francisco ansässige TPG. Nachdem sie im Jahr 2021 mehr als sechs Milliarden US-Dollar für einen neuen, auf den Klimaschutz ausgerichteten Fonds aufgebracht hat, dessen geschäftsführender Vorsitzender der ehemalige US-Finanzminister Hank Paulson ist, umfasst die Familie der sogenannten Rise-Fonds von TPG inzwischen mehr als zwölf Milliarden US-Dollar an Kundenkapital. Während der

Rise Climate Fund von TPG einen breit gefächerten Umweltansatz verfolgt – von Wachstumsaktien bis hin zu wertsteigernder Infrastruktur –, konzentrieren sich andere Fonds der Rise-Familie auf Wachstumschancen in den Bereichen Gesundheit, Bildung und wirtschaftliche Mobilität. Die Impact-Investing-Fonds von TPG arbeiten nachweislich mit Unternehmen zusammen, die sich in einem frühen Wachstumsstadium befinden, über ein hohes Potenzial verfügen und die Kraft haben, die Welt zu verändern.

Auch das Impact-Investment-Team von Apollo – ein weiterer großer alternativer Vermögensverwalter – ist davon überzeugt, dass die Privatwirtschaft eine wichtige Rolle bei der Verbesserung der Welt spielt, sowohl in sozialer als auch in ökologischer Hinsicht. Es nutzt die Stärke seiner Franchise und eine differenzierte Strategie, um die Wirkung in großem Umfang zu fördern, indem es mit einem hohen Maß an Intentionalität in Unternehmen in der Spätphase investiert, die Menschen helfen oder den Planeten heilen. Ein solches Beispiel ist Reno De Medici (RDM). RDM ist ein führender Hersteller von Recyclingkarton mit einer europaweiten Vermögensbasis, einem großen Marktanteil, und es ist in seinen Kernmärkten die Nummer eins. RDM spielt eine entscheidende Rolle in der Kreislaufwirtschaft, indem es Altpapier zu neuem Verpackungsmaterial recycelt und so zu einer nachhaltigeren Verpackungsindustrie beiträgt. Die finanzielle Leistung von RDM ist aufgrund des Geschäftsmodells von Natur aus mit dieser positiven Auswirkung auf die Umwelt verbunden, ein Merkmal, das als „Kollinearität" bekannt ist. In dem Maße, in dem die Absatzmengen von RDM steigen und weniger nachhaltige Alternativen wie Kunststoff- und Primärfaserverpackungen ersetzt werden, steigen auch die Einnahmen des Unternehmens. In dem Maße, in dem RDM die produktionsbedingten Kohlendioxidemissionen, den Wasserverbrauch und das Abfallaufkommen reduziert, steigen seine Gewinnspannen aufgrund der geringeren damit verbundenen Ausgaben in seiner Kostenstruktur. Die Kollinearität des Geschäftsmodells eines Unternehmens gibt

Apollo die Gewissheit, dass die Auswirkungen und die finanzielle Leistung im Gleichschritt wachsen und sich gegenseitig verstärken können. Darüber hinaus werden RDM, wie allen Impact-Investitionen von Apollo, zusätzlich zu den finanziellen Zielen spezifische Ziele zur Verbesserung des B-Impact-Assessment einem allgemein anerkannten Industriestandard für Impact, vorgegeben. Apollo sieht eine Vielzahl von Möglichkeiten wie RDM, die durch ausgereifte Unternehmen in großem Umfang Wirkung erzielen und gleichzeitig attraktive, nicht konzessionsgebundene Renditen für ihre Investoren liefern können.

Während sich die Private-Equity-Impact-Fonds von Bain fast ausschließlich auf die Vereinigten Staaten konzentrieren, konzentrieren sich die Fonds von LeapFrog Investments – 2007 von Andrew Kuper gegründet, einem renommierten Unternehmer, der zu den Pionieren der „Profit with purpose"-Investments gehört – ausschließlich auf Schwellenländer. Heute besitzt LeapFrog bedeutende Beteiligungen an wachstumsstarken Unternehmen aus den Bereichen Gesundheitswesen und Finanzdienstleistungen in weiten Teilen Afrikas und Asiens. LeapFrog war auch beratend an der Erstellung der Operating Principles for Impact Management[3] beteiligt und half bei der Entwicklung freiwilliger Investitionsstandards für den gesamten Bereich. LeapFrog hat sich Kapital von einer Reihe erfahrener institutioneller Investoren gesichert, darunter Temasek aus Singapur und die Zurich Insurance Group. Dem Vorstand gehört auch ein ehemaliger Premierminister Australiens an. LeapFrog konzentriert sich auf fünf der SDGs der Vereinten Nationen: SDG 1, keine Armut; SDG 3, gute Gesundheit und Wohlbefinden; SDG 5, Gleichstellung der Geschlechter; SDG 8, menschenwürdige Arbeit und Wirtschaftswachstum; und SDG 10, Abbau von Ungleichheiten. Im Jahr 2020 versorgten die Unternehmen, in die LeapFrog investiert hat, 221 Millionen Menschen mit Gesundheitsfürsorge und Finanzinstrumenten. 80 Prozent von ihnen lebten in einkommensschwachen Schwellenländern und hatten in der Regel weniger als zehn US-Dollar pro Tag zur Verfügung. Im gleichen Zeitraum wuchs der Wert der Portfolios um 22 Prozent. Für LeapFrog ist „Gewinn mit Sinn" nicht nur ein Motto, es ist seine Daseinsberechtigung und der Kern seines Handelns.

Die in Indien ansässige Dvara Holdings ist ein Beispiel für die Art von Unternehmen, in die LeapFrog und andere Impact-Investment-Firmen investieren können. Dvara versorgt Millionen von einkommensschwachen Haushalten in Indien mit Mikrokrediten, Finanzierungen für kleine Unternehmen und anderen Formen von Krediten. Als Covid-19 vielen Kunden von Dvara zu schaffen machte, half LeapFrog Dvara dabei, seine digitalen Inkasso- und Auszahlungskapazitäten zu verbessern, wodurch die Betriebskosten gesenkt und die Effizienz des Betriebs erheblich gesteigert werden konnten. Für viele der Kunden von Dvara bedeutete die Digitalisierung das Überleben. Für LeapFrog und seine Investoren bedeutete sie höhere Renditen.

Auf dem Immobilienmarkt – einem breiten Feld, das verschiedene Formen von Gewerbe- und Mehrfamilienhäusern sowie Infrastruktur wie Kraftwerke und Logistikanlagen umfasst – senkt eine wachsende Zahl grüner Projekte direkt die Kohlendioxidemissionen und erzielt gleichzeitig Renditen, die dem Markt entsprechen oder darüber liegen. Drei Megatrends treiben die nachhaltigen Möglichkeiten im Infrastrukturbereich voran: (1) Dekarbonisierung, (2) Digitalisierung und (3) Dezentralisierung. Carbonomics, eine von Goldman Sachs geleitete Forschungsinitiative, geht davon aus, dass bis 2050 mindestens 50 Billionen US-Dollar für die Erreichung von Netto-Null-Zielen eingesetzt werden. Mehrere grüne Infrastrukturfonds haben in der Vergangenheit Bruttorenditen von 12 bis 14 Prozent pro Jahr erwirtschaftet, während die durchschnittliche Rendite von Baranlagen 7 Prozent betrug. Diese Fonds konzentrieren sich auf die Kohlendioxidabscheidung und -speicherung, die Stromerzeugung aus erneuerbaren Energien und die Verbesserung industrieller Prozesse. Ihre Renditen sind nicht mit dem breiteren Aktienmarkt korreliert. Außerdem bieten sie einen Inflationsschutz, den andere Anlageklassen nicht bieten. Inflationsschutz und

Nichtkorrelation sind wertvolle Eigenschaften für Portfolios, die eine größere Diversifizierung und eine geringere Gesamtvolatilität anstreben. Optimale Portfolios können nicht ohne sie aufgebaut werden.

Blackstone, die weltweit größte alternative Vermögensverwaltung, hat ein Klimaprogramm entwickelt, um Portfoliounternehmen bei der Dekarbonisierung zu unterstützen und so ihren Wert zu steigern. Blackstone arbeitet eng mit seinen Portfoliogesellschaften zusammen und stützt sich dabei auf die Erfahrung des Unternehmens bei der Reduzierung von Kohlendioxidemissionen in einer Vielzahl von Anlagen in sehr unterschiedlichen Wirtschaftssektoren. Das Unternehmen hat sich zum Ziel gesetzt, die Kohlendioxidemissionen bei allen neuen Investitionen, bei denen es die Energienutzung kontrolliert, in den ersten drei Jahren des Besitzes um insgesamt 15 Prozent zu senken – ein Ziel, das sich an der Klimaforschung orientiert. Bei der Privatisierung von Hilton Hotels & Resorts durch Blackstone konnte Hilton die Kohlendioxidemissionen um 30 Prozent, den Abfall um 32 Prozent und den Energie- und Wasserverbrauch um 22 Prozent senken, bevor das Unternehmen zu einem Vielfachen des Kaufpreises an die Börse zurückkehrte. Durch die verstärkte Beachtung des ökologischen Fußabdrucks sparte Hilton mehr als eine Milliarde Dollar an Betriebskosten ein. Die Wertschöpfung durch Umweltverantwortung ist also nicht auf börsennotierte Unternehmen beschränkt; angesichts der engen Partnerschaft und des langfristigen Investitionshorizonts kann durch Nachhaltigkeit auch ein erheblicher Wert für Sachwerte geschaffen werden. Blackstone führt außerdem ein Programm zur Kohlenstoffbilanzierung ein, mit dem das Unternehmen seine Fortschritte messen kann. Zusammenfassend lässt sich sagen, dass Blackstone bestrebt ist, eine wichtige Rolle beim Aufbau einer stärkeren Wirtschaft zu spielen, indem es zur Finanzierung der globalen Dekarbonisierung beiträgt. Seit 2019 hat das Unternehmen fast zehn Milliarden US-Dollar in Anlagen investiert, die mit der allgemeinen Energiewende in Einklang stehen.

Einer der wichtigsten Investitionsbereiche, die nicht nur eine nachgewiesene Erfolgsbilanz, sondern auch einen erheblichen ungedeckten Investitionsbedarf aufweisen, sind die erneuerbaren Energien. Zwar sind erhebliche Anstrengungen im Gange, um mehr alltägliche Aktivitäten zu elektrifizieren – vom Verkehr bis zur Heizung –, aber diese gewissenhaften Bemühungen werden der Umwelt nicht viel nützen, wenn die Stromquellen, die sie antreiben, nicht auch aus nachhaltigeren Prozessen stammen. John Doerr zufolge müssen alle Kraftwerke mit fossilen Brennstoffen stillgelegt werden, wenn wir unsere Kohlenstoffemissionen drastisch reduzieren wollen.[4] Allein in den Schwellenländern werden schätzungsweise 1,5 Billionen Dollar an zusätzlichen Investitionen pro Jahr benötigt, um aus der Kohle auszusteigen und gleichzeitig den wachsenden Energiebedarf zu decken. Der überwiegende Teil dieser Mittel muss aus privaten Quellen stammen.[5] In den letzten Jahren haben insbesondere Staatsfonds weltweit etwa 80 Milliarden Dollar für Projekte im Bereich der erneuerbaren Energien bereitgestellt – sicherlich hilfreich, aber nur ein Bruchteil dessen, was tatsächlich benötigt wird (Abbildung 16.3).

Impact-Investitionen reichen von New York City, wo einkommensschwache Mütter im Teenager-Alter in Wohnungen einziehen können, die mithilfe von vergünstigten Krediten gebaut wurden, bis nach Kambodscha, wo Mikrofinanzierungen es Kleinunternehmern ermöglichen, mehr benötigte Waren zu lagern oder neue Arbeitskräfte auszubilden. Das Global Impact Investing Network (GIIN) – eine Nichtregierungsorganisation, die sich für die Steigerung des Umfangs und der Wirksamkeit von Impact-Investitionen einsetzt – schätzt, dass bis Ende 2020 rund 715 Milliarden US-Dollar in Impact-Strategien investiert wurden. Das GIIN untersuchte die historische Performance dieser Strategien sowohl in Industrie- als auch in Schwellenländern, einschließlich Private Equity, Privatkrediten und Immobilienanlagen. Überraschenderweise wurde festgestellt, dass es kaum Unterschiede in der finanziellen Performance zwischen Industrie- und

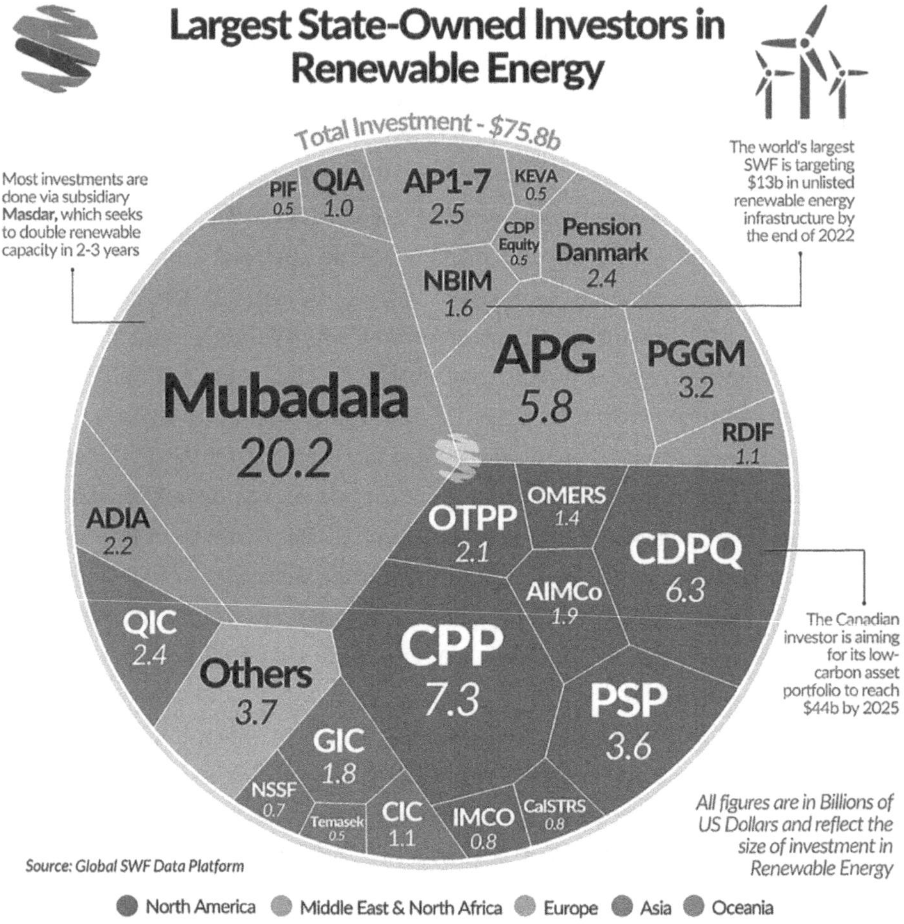

ABBILDUNG 16.3 Die Dekarbonisierung der Energienetze in den Schwellenländern ist für die globale Nachhaltigkeit unerlässlich. Nach mehreren Schätzungen der Industrie wird eine zusätzliche Billion Dollar pro Jahr aus öffentlichen und privaten Quellen benötigt, um in den Schwellenländern Netto-Null-Emissionen zu erreichen. Nachdruck mit Genehmigung der Global SWF Data Platform.

Schwellenländern gibt. Tatsächlich wurden bei den Strategien, die auf konzessionären Bedingungen basieren, sogar positive reale Jahresrenditen erzielt. Privatkredit-Strategien erzielten seit 2011 durchschnittliche jährliche Renditen von 7 bis 10 Prozent, während die durchschnittlichen Private-Equity-Renditen im gleichen Zeitraum zwischen 10 und 18 Prozent lagen. Lediglich bei den Immobilienstrategien gab es erhebliche Unterschiede zwischen den durchschnittlichen Renditen der Industrie- und Schwellenländer: 13 Prozent beziehungsweise 8 Prozent. Abbildung 16.4 zeigt die Spanne der Renditen für jede Strategie. Sie basieren auf Bewegungen um eine Standardabweichung in jeder Anlageklasse. Die Spannen zeigen, dass die Performance alternativer Impact-Strategien in den verschiedenen Anlageklassen weltweit sehr unterschiedlich ist, dass aber attraktive Renditen für diejenigen Anleger möglich sind, die ihre Sorgfaltspflicht erfüllen und die Manager sorgfältig auswählen. Dies ist nichts Besonderes: Due Diligence und eine sorgfältige Auswahl der Manager sind für die Wahl eines

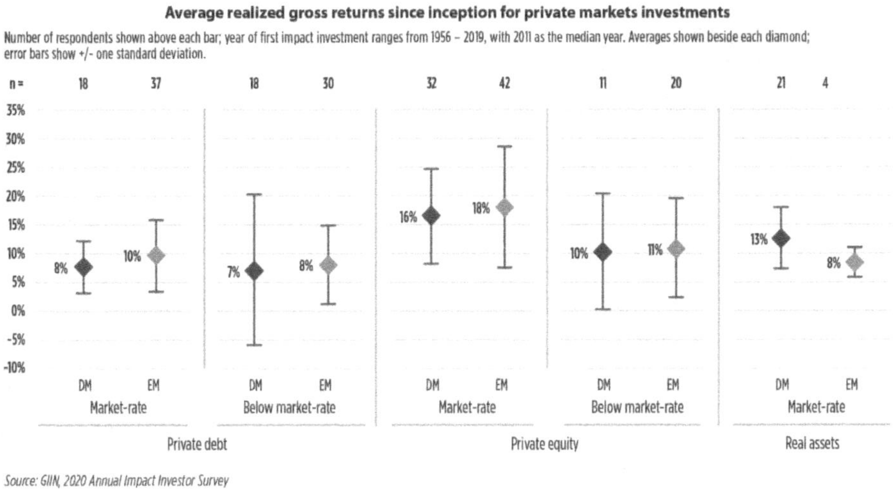

ABBILDUNG 16.4 Eine Reihe von Privatkredit-, Private-Equity- und Immobilien-Impact-Strategien erzielen marktbezogene Renditen und bieten gleichzeitig greifbare ökologische und soziale Vorteile.
Nachdruck mit Genehmigung von Global Impact Investing Network, „Annual Impact Investor Survey 2020".

jeden Topanlageprodukts oder einer jeden Topanlagestrategie von entscheidender Bedeutung, unabhängig davon, ob sie auf Impact ausgerichtet sind oder nicht.

Auf den öffentlichen und privaten Aktien- und Immobilienmärkten gibt es eine wachsende Zahl opportunistischer Strategien, die Anleger belohnen können, die mit ihrem Geld Gutes tun wollen. Dutzende von ESG-Anlagestrategien, die verifizierte und überprüfbare Wirkungsberichte auf den Aktien-, Risikokapital-, Immobilien- und Infrastrukturmärkten liefern, ermöglichen es Anlegern bereits, marktbezogene Renditen auf ihr investiertes Kapital zu erzielen und gleichzeitig bestimmte soziale und ökologische Ziele zu fördern. Einige dieser Impact-Investment-Strategien befinden sich an der Effizienzgrenze, was bedeutet, dass sie im Verhältnis zu ihren Erträgen ein Optimum an Wirkung oder im Verhältnis zu ihrer Wirkung ein Optimum an Erträgen bieten, und zwar entlang eines Kontinuums. Wenn es darum geht, inklusiveres, nachhaltiges Wachstum zu fördern, verblassen allerdings Impact-Strategien mit Aktien und alternativen Anlageprodukten sowohl in Bezug auf die Dollarbeträge als auch auf die potenzielle Bedeutung neben den Fremdkapital- und Kreditmärkten.

Allein in den letzten Jahren haben Bundes- und Kommunalregierungen, supranationale Organisationen, Finanzinstitute und Unternehmen auf den Märkten für grüne, soziale, nachhaltige und nachhaltigkeitsbezogene Kredite und Anleihen Billionen von Dollar aufgenommen (Abbildung 16.5). Wenn die Emissionsrichtlinien und die Unantastbarkeit dieser Märkte beibehalten werden können, wäre es nicht unvernünftig zu erwarten, dass die Märkte für grüne, soziale und nachhaltige Kredite und Anleihen weiterhin mit hohen zweistelligen jährlichen Raten wachsen. Das bedeutet, dass die Märkte für öffentliche Anleihen letztlich zweistellige Billionenbeträge an zusätzlichen Investitionsgeldern für viele unserer dringendsten sozialen und ökologischen Bedürfnisse in Industrie- und Entwicklungsländern gleichermaßen bereitstellen könnten. Dies ist eine immense Menge an Kapital. Es besteht kein Zweifel daran, dass damit eine enorme Wirkung erzielt werden könnte.

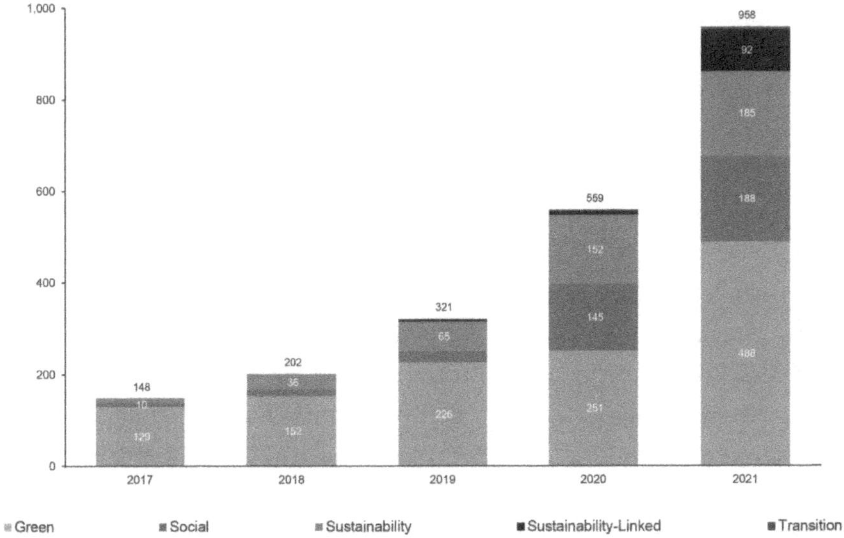

ABBILDUNG 16.5 Die Märkte für grüne, soziale und nachhaltige Anleihen und Kredite lenken Billionen von Dollar an zusätzlichen Investitionen in Projekte, die ein integrativeres, nachhaltiges Wachstum fördern.

Nachhaltige Anleihebegebungen der Citibank, Januar 2022.

Wir haben bereits ein wenig über grüne Anleihen gesprochen. Im Gegensatz zu nachhaltigkeitsgebundenen Anleihen – die die *allgemeinen* Aufgaben eines Emittenten finanzieren, der explizite Nachhaltigkeitsziele hat, die mit den Bedingungen dieser Anleihe verknüpft sind – müssen alle grünen, sozialen und nachhaltigen Anleihen spezifische, greifbare Projekte und Ergebnisse fördern. Erlöse aus grünen Anleihen können beispielsweise zur Finanzierung von Projekten verwendet werden, die von Anlagen für erneuerbare Energien, sauberen Verkehrssystemen und Abwassermanagement bis hin zu verbesserter

Energieeffizienz, Anpassung an den Klimawandel und umweltfreundlicheren Gebäuden reichen. Die Erlöse aus Sozialanleihen sind ebenso breit gefächert. Sie können neben vielen anderen Zielen zur Förderung der Ernährungssicherheit, zur Verringerung von Rückfallquoten, zur Schaffung von erschwinglichem Wohnraum, zur Verbesserung des Zugangs zu grundlegenden Dienstleistungen und zur Verwirklichung von Gesundheitszielen, einschließlich vieler Ziele im Zusammenhang mit Covid-19, verwendet werden. Die Erlöse aus Nachhaltigkeitsanleihen können zur Finanzierung oder Refinanzierung einer Kombination von grünen oder sozialen Projekten beziehungsweise Aktivitäten verwendet werden. Die Richtlinien für alle diese Märkte werden von der International Capital Market Association (ICMA) festgelegt. Die ICMA-Prinzipien für grüne, soziale, nachhaltige und nachhaltigkeitsbezogene Anleihen tragen zur Förderung von Transparenz und Konsistenz bei. Diese Grundsätze sind genauso wichtig wie die entstehenden SASB- und TCFD-Standards, wenn nicht sogar noch wichtiger. Die ICMA-Richtlinien werden von Emittenten und Anlegern gleichermaßen freiwillig befolgt. In der Praxis können auch externe Beratungsunternehmen wie Moody's und Sustainalytics einzelne Emissionen nach dem Grad ihrer verifizierten Auswirkungen bewerten. Private Vermögensverwaltungen wie PIMCO und NN Investment Partners können auch ihre eigenen Modelle und Bewertungsinstrumente anwenden, um sowohl die Kreditwürdigkeit als auch die direkten Auswirkungen zu bewerten. Ihre Instrumente und die anderer Anlageverwaltungen bewerten, ob einzelne Emissionen eine leichte, mittlere oder dunkelgrüne Gewichtung verdienen, die die wahrscheinlichen Auswirkungen ihrer Erlöse auf die Umweltziele widerspiegelt.

Stand Ende 2021 wurde die bisher größte Sozialanleihe im Jahr 2020 von der Europäischen Union mit einem Wert von fast 17 Milliarden Euro begeben. Die bisher größte grüne Anleihe wurde 2021 von der Europäischen Kommission begeben und hatte einen Wert von 12 Milliarden Euro. Die größte Sozialanleihe eines *Schwellenlands* wurde 2021 von der Republik Chile begeben, eine Multitranchen-Transaktion im Wert von 5,8 Milliarden US-Dollar. Die größte kommunale Sozialanleihe wurde von der Massachusetts School Building Authority mit einem Wert von 1,45 Milliarden US-Dollar begeben. Die Weltbank war der größte Emittent von Nachhaltigkeitsanleihen im Jahr 2020 mit einem Volumen von mehr als 54 Milliarden US-Dollar, das sich auf 51 separate Transaktionen verteilte. Diese Volumina mögen zwar groß klingen, aber alle waren deutlich überzeichnet und groß genug, um auf dem Sekundärmarkt eine kontinuierliche Liquidität zu genießen. Alles in allem besteht unter den Anlegern eine rege Nachfrage nach wirklich wirkungsvollen, liquiden und hoch bewerteten festverzinslichen Wertpapieren. Die Gesamtemissionen in allen Kategorien grüner, sozialer, nachhaltiger und nachhaltigkeitsbezogener Anleihen und Darlehen überstiegen 2020/21 1,5 Billionen US-Dollar.

Eine der innovativsten Sozialanleihen der letzten Jahre wurde von der Ford Foundation im Jahr 2020 aufgelegt. Sie setzte einen neuen Standard für eine private Stiftung, die sich für die Förderung eines inklusiveren, nachhaltigen Wachstums einsetzt. Mit einem Triple-A-Rating und zwei Tranchen – mit Laufzeiten von 30 und 50 Jahren – nahm die Ford Foundation fast eine Milliarde US-Dollar zu Gesamtkosten von weniger als 2,75 Prozent pro Jahr auf, was im historischen Vergleich recht niedrig ist. Die Erlöse aus dieser Emission wurden zur Unterstützung anderer philanthropischer Organisationen verwendet, die mit Finanzierungsproblemen zu kämpfen hatten, als sich die Covid-19-Pandemie zuspitzte. Es ist wichtig zu verstehen, wie elegant diese Transaktion wirklich war. Die Ford Foundation vermied den Verkauf von Wertpapieren in ihrem Portfolio zu niedrigen Preisen, die durch die Covid-Bedenken verursacht wurden, und erhöhte gleichzeitig ihre Auszahlungen in einer Zeit wachsenden Bedarfs. Zu den Zuschussempfängern gehörten der Environmental Defense Fund, Oxfam und Enterprise Community Partners, also viele Vorbilder der Hoffnung. Letztere unterstützen die Entwicklung von Gemeinden und die Aufwärtsmobilität mit Schwerpunkt auf erschwinglichem Wohnraum. Die Ford Foundation reagierte auf den akuten und wachsenden Bedarf rechtzeitig und wirkungsvoll, indem sie den Markt für Sozialanleihen nutzte. Sie tat dies auf finanziell verantwortungsvolle Weise. Die Befürworter eines integrativeren, nachhaltigen Wachstums sollten darüber froh sein.

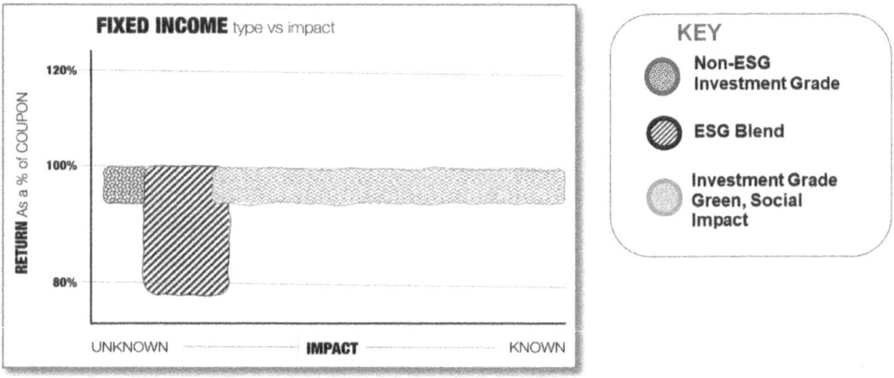

ABBILDUNG 16.6 Festverzinsliche Wertpapiere mit Investment-Grade-Rating im Rendite-Impact-Bereich.
Die Abbildung stammt vom Autor.

Ebenso wie Abbildung 16.2 zeigt Abbildung 16.6 die Profile von regulären Investment-Grade-Schuldtiteln, von gemischten Portfolios aus grünen, sozialen, nachhaltigen und nachhaltigkeitsbezogenen Wertpapieren sowie von reinen Versionen der letztgenannten Wertpapiere im Verhältnis zwischen Rendite und Auswirkung. In diesem Fall wird die Rendite als Prozentsatz des zum Zeitpunkt der Preisfestsetzung festgelegten Coupons ausgedrückt. Da die Ausfallquoten bei Wertpapieren mit Investment-Grade-Rating extrem niedrig sind, ist die Wahrscheinlichkeit, Kapital und Coupon zurückzubekommen, wie in Abbildung 16.6 zu sehen, recht hoch. Festverzinsliche ESG-Mischstrategien beinhalten Wertpapiere, die möglicherweise kein Investment-Grade-Rating haben. Da diese ein höheres Ausfallrisiko haben, kann ihre Rendite geringer sein als die der betreffenden Coupons. Die vollständige Rückzahlung des ursprünglichen Kapitals ist ebenfalls weniger sicher als bei Investment-Grade-Strategien. Abbildung 16.6 zeigt in stilisierter Form weitgehend die gleichen Informationen wie Abbildung 16.2, allerdings für Anleihen und nicht für Aktien. Wie in Abbildung 16.2 sind die Schlussfolgerungen ebenso klar: Wenn Anleger auf dem Rentenmarkt gut abschneiden und nachweislich Gutes tun wollen – das heißt marktbasierte Renditen und nachweisbare Auswirkungen erzielen wollen –, lassen sich diese Ziele eher in den Kategorien „grün", „sozial" und „Nachhaltigkeit" erreichen als mit einfachen Investment-Grade-Anleihen.

Dieser kurze, wenn auch umfassende Überblick über den Markt für Impact-Investments – eine junge, aber schnell wachsende Gruppe von Anlagestrategien, die die öffentlichen und privaten Fremd- und Eigenkapitalmärkte sowie die Märkte für Sachwerte wie Infrastruktur und Immobilien umfasst – zeigt die sich erweiternden Möglichkeiten für Anleger, die mit ihrem Geld sowohl marktbezogene finanzielle Erträge als auch greifbare soziale oder ökologische Vorteile erzielen wollen. Die zunehmende Tiefe und Ausgereiftheit dieses Ansatzes haben Sir Ronald Cohen – den derzeitigen Vorsitzenden der Global Steering Group for Impact Investment[6] und die wohl angesehenste Stimme, die die globale Impact-Investing-Revolution vorantreibt – zu größerer Zuversicht veranlasst, dass das Finanzwesen eine sinnvolle Rolle bei der Schaffung einer expandierenden Weltwirtschaft spielen kann, die optimal integrativ und nachhaltig ist. Sir Ronalds Investitions- und Moralphilosophien sind praktisch synonym:

> „Wir bewegen uns auf eine bessere und gerechtere Welt zu, in der die Märkte Gutes tun und gleichzeitig Gewinne erzielen und in der die Menschen Gutes tun und gleichzeitig gut leben wollen. Wir müssen messbare Auswirkungen als Triebfeder für jede unserer Investitions-, Geschäfts- und politischen Entscheidungen

> anerkennen. Dies ist das ‚unsichtbare Herz der Märkte', das ihre ‚unsichtbare Hand' lenkt. Diese neue Welt wird das Wohlergehen der Menschen und des Planeten verbessern und eine gerechtere und wohlhabendere Zukunft für uns alle schaffen."[7]

Als jemand, der vier Jahrzehnte seiner beruflichen Laufbahn damit verbracht hat, Pensionspläne und Staatsfonds, Reservenmanager von Zentralbanken und Versicherungsgesellschaften, Stiftungen und Familienstiftungen, Hedgefonds und Vermögensverwaltungen und – was besonders wichtig ist – meine eigenen Brüder, Schwestern, Nichten und Neffen zu beraten, wie sie ihre Ersparnisse investieren sollten, um ihre finanziellen Ziele zu erreichen, glaube ich nicht, dass „jede Investition" messbare Auswirkungen als entscheidenden Faktor beinhalten sollte. Vielmehr sollten die meisten Portfolios in erster Linie Risiko und Ertrag optimieren und erst in zweiter Linie die Wirkung berücksichtigen. So schließen beispielsweise das „Tier-1-Kapital" und die treuhänderischen Vorschriften, über die wir bereits gesprochen haben, für viele Arten von Anlegern und Gerichtsbarkeiten die Bevorzugung der Auswirkungen gegenüber anderen Überlegungen wie Liquidität oder Rendite weitgehend aus. Es ist unplausibel zu glauben, dass „Wirkung" – „Impact" – ein Ziel jeder Kapitalallokation sein sollte. Nehmen wir die Verwalter von Zentralbankreserven, die ein Schlüsselelement des Staatsvermögens eines jeden Landes verwalten. Zentralbankreserven in Höhe von 13 Billionen Dollar müssen in erster Linie im Hinblick auf Liquidität und Sicherheit verwaltet werden, nicht auf Rendite und schon gar nicht auf Wirkung. Schließlich sind die Devisenreserven die erste Verteidigungslinie eines Landes bei Finanzkrisen. Die Zentralbanken müssen Reserven vorhalten, die unter den schwierigsten Marktbedingungen, einschließlich Marktzusammenbrüchen oder globalen militärischen Konflikten, sofort eingesetzt werden können. In der Praxis bedeutet dies, dass sie viele mittel- und kurzfristige Staatsanleihen halten, keine risikoreicheren Anlageklassen oder Impact

Investments. Ebenso sollte kein Rentner, der von seinen begrenzten Ersparnissen und dem bescheidenen Jahreseinkommen, das diese Ersparnisse generieren, lebt, der sozialen Wirkung Vorrang vor seinen eigenen täglichen Bedürfnissen einräumen. Vorhersehbare, sichere und verlässliche Renditen sind für Rentner, die von einem festen Einkommen leben, viel wichtiger. Wirkungsorientiertes Investieren sollte nicht ihre oberste Priorität sein.

Doch nun kommen gute Nachrichten. Es stellt sich heraus, dass „jede Investition, jede geschäftliche und politische Entscheidung", die Einzelpersonen und Institutionen treffen, keine Auswirkungen haben muss, um die Ziele für nachhaltige Entwicklung der UN zu erreichen. Darüber hinaus stellt sich heraus, dass die Emissionsziele des Pariser Abkommens nicht außerhalb unserer finanziellen Möglichkeiten liegen, ebenso wenig wie der Traum von der Beseitigung der extremen Armut oder der Bereitstellung einer hochwertigen Bildung für alle Menschen, die erst noch auf die Welt kommen. Um eine Welt mit optimalem, integrativem und nachhaltigem Wachstum zu schaffen, müssten die Anleger lediglich in den nächsten zehn Jahren jedes Jahr einen kleinen Teil ihres Vermögens für die Erreichung der Ziele einsetzen. Wenn jeder institutionelle und vermögende Anleger dieser sehr bescheidenen Vermögensumschichtung folgen würde, wäre die Weltwirtschaft in der Lage, inklusiver und nachhaltiger zu wachsen. Mit anderen Worten: Alle könnten davon profitieren.

Wie klein, fragen Sie sich? Nun, was halten Sie von 1,6 Prozent pro Jahr – oder weniger als zwei Cent von jedem gesparten Dollar? Wie klingt das für Sie?

KAPITEL 17

DIE 1,6-PROZENT-„LÖSUNG“

Wenn der Mensch nicht im Mittelpunkt steht, dann wird etwas anderes dorthin gestellt, und dem haben dann alle Menschen zu dienen.

PAPST FRANZISKUS

Der Kapitalismus ist nicht unmoralisch: Er ist amoralisch. Er ist eine wilde Bestie, die geführt werden muss.

BONO

Wenn Sie so sind wie ich, schrecken Sie zurück, wenn Ihnen jemand sagt, er habe eine einfache Antwort auf ein äußerst schwieriges, um nicht zu sagen unlösbares Problem: Um die Einkommensungleichheit zu beseitigen, müssen wir nur die öffentliche Bildung verbessern. Der Frieden im Nahen Osten wird möglich sein, wenn die Konfliktparteien lernen, ihre Kinder mehr zu lieben, als sie die der anderen Seite hassen. Um die Jugendkriminalität zu beenden, müssen die Kernfamilien intakt gehalten werden. Behauptungen wie diese sind natürlich nicht unwahr. In der Tat würde sich jede dieser „Lösungen“ als äußerst förderlich erweisen. Sie sind zwar völlig sachlich, aber faktisch unvollständig. Für sich genommen würden sie sich als unzureichend erweisen, um die komplexen Probleme zu lösen, auf die sie abzielen.

Deshalb habe ich den Begriff „Lösung" absichtlich in Anführungszeichen gesetzt. Um eine Welt mit optimaler Inklusion und Nachhaltigkeit zu schaffen und gleichzeitig das notwendige Wirtschaftswachstum aufrechtzuerhalten, sind umfassende Veränderungen in der öffentlichen Politik, im unternehmerischen Denken, in der Investitionsverantwortung, im Konsumverhalten von Milliarden von Menschen und in vielen anderen Bereichen erforderlich. Jede dieser Veränderungen wäre revolutionär, und jede muss über einen längeren Zeitraum aufrechterhalten werden. Niemand sollte so tun, als ob eine umfassende Lösung für unsere ökologischen, sozialen und wirtschaftlichen Herausforderungen eindimensional oder mühelos wäre. Auf einer anderen Ebene jedoch geht es bei der Verwirklichung unserer zahlreichen ökologischen und sozialen Ziele um pure und einfache Mathematik. Um allgegenwärtiges, nachhaltiges menschliches Wohlergehen für künftige Generationen zu fördern, müssen wir Billionen von Dollar an zusätzlichen, gezielten Investitionen mobilisieren, und zwar ab sofort. Wenn ich von einer „Lösung" spreche, dann meine ich damit nur, dass wir diese Rechnung aufgehen lassen können. So ehrgeizig es auch klingt, es ist möglich, die Billionen Dollar aufzubringen, die wir brauchen, um die UN-Ziele für nachhaltige Entwicklung und andere Prioritäten zu erreichen. Es ist auch möglich, diese zusätzlichen Billionen in die Ergebnisse zu lenken, die sich zivilgesellschaftlich engagierte Menschen und die breite Öffentlichkeit wünschen.

In seiner *Roadmap for Financing the 2030 Agenda for Sustainable Development* nennt UN-Generalsekretär António Guterres 3 Ziele, 6 Aktionsbereiche und 15 Forderungen. Zu seinen Zielen gehören (1) die Anpassung der globalen Wirtschaftspolitik und der Finanzsysteme an die vielschichtige Agenda 2030 der Vereinten Nationen; (2) die Verbesserung nachhaltiger Finanzierungsstrategien und Investitionen auf regionaler und nationaler Ebene; und (3) die Nutzung des Potenzials von Finanzinnovationen, neuen Technologien und der Digitalisierung, um einen gerechteren Zugang zu Finanzmitteln zu ermöglichen.

Guterres' UN-Agenda 2030 orientiert sich weiterhin an dem Ziel, bis 2050 keine Kohlendioxidemissionen mehr zu verursachen. Seine Pläne sind mit einem geschätzten jährlichen Kostenaufwand von etwa 2,5 Billionen US-Dollar allein für die Schwellenländer verbunden.[1] Ein anderer, aktuellerer Bericht des BlackRock Investment Institute schätzt, dass mindestens eine Billion US-Dollar an zusätzlichen gezielten Investitionen in die Energiewende pro Jahr erforderlich sind.[2] Wenn man die Zahlen in diesen Berichten saldiert, die wahrscheinliche Finanzierung aus öffentlichen Quellen abzieht und zusätzliche Umwelt- und Sozialausgaben durch öffentlich-private Partnerschaften hinzunimmt, die jetzt in den Industrieländern in den nächsten zehn Jahren erforderlich sind, kommt man auf einen geschätzten zusätzlichen jährlichen Investitionsaufwand von 3,5 Billionen US-Dollar.[3]

Wichtig ist, dass diese zusätzlichen 3,5 Billionen Dollar pro Jahr aus privaten Quellen kommen müssen; die öffentlichen Kassen und die meisten Regierungen sind bereits ausgeschöpft. Auch wenn 3,5 Billionen Dollar eine Menge zu sein scheinen, muss man diese Zahl in die richtige Perspektive rücken. Das Gesamtvolumen des Finanzvermögens, das sich unter der direkten Kontrolle von sehr vermögenden Privatpersonen und globalen Institutionen – einschließlich Staatsfonds, Pensionsplänen, Versicherungsgesellschaften und Zentralbanken – befindet, wird derzeit auf mehr als 220 Billionen Dollar geschätzt.[4] Um die dringendsten Herausforderungen unserer Zeit zu bewältigen, müsste diese spezielle Gruppe von Vermögenseigentümern in den nächsten zehn Jahren jährlich 1,6 Prozent ihres Kapitals für explizite Zwecke mit doppelter Wirkung bereitstellen: 1,6 Prozent von 220 Billionen Dollar sind 3,52 Billionen Dollar. Dieser Pool von getrennten Vermögenswerten müsste auch angemessen zugewiesen werden, in erster Linie mit nachgewiesener Wirkung, aber auch so, dass unsere Energiewende und die allgemeinen wirtschaftlichen und sozialen Bedürfnisse umfassend berücksichtigt werden.

Jetzt verstehen Sie, warum ich „Lösung" in Anführungszeichen gesetzt habe. Die objektive mathematische Wahrheit ist, dass die menschliche

Familie alles Geld hat, das sie braucht, um die Art von Zukunft zu gestalten, von der wir sagen, dass wir sie alle wollen und brauchen. Aber werden wir auch den kollektiven Willen aufbringen, es zu tun – und werden wir die Weisheit haben, diese Mittel angemessen zu verteilen?

Ein Ziel von 1,6 Prozent pro Jahr ist gleichzeitig ehrgeizig und plausibel. So könnte beispielsweise ein bescheidener Teil der Vermögenswerte, die derzeit in indexierte ESG- und Investment-Grade-Anleihenstrategien fließen, umgeschichtet werden. Wie wir erfahren haben, verfügen diese Strategien und Produkte heute über ein Vermögen von mehr als 140 Billionen Dollar. Schon eine bescheidene jährliche Umschichtung von 2,5 Prozent aus diesen Pools würde unser geschätztes Ziel von 3,5 Billionen Dollar / 1,6 Prozent erreichen. Abbildung 17.1 ist eine Version der gleichen Abbildung, die wir im letzten Kapitel gesehen haben, und stellt verschiedene ESG-Aktieninvestitionsstrategien im Verhältnis zu ihren Auswirkungen dar. Die y-Achse zeigt jedoch nicht die Renditeaussichten im Vergleich zu einem Index, sondern die Vermögensgröße jeder Strategie, von denen es drei gibt: indexiert, aktiv und Impact. Diese Abbildung zeigt einleuchtend und überzeugend, dass die derzeitigen ESG-Investitionsmittel effizient umgeschichtet werden könnten, um eine optimale und nachvollziehbare Wirkung zu erzielen. Wie wir bereits wiederholt erörtert haben, sind viele indexierte ESG-Strategien in Bezug auf das Risiko-Ertrags-Verhältnis sinnvoll. Sie sollten nicht für den falschen Zweck aufgegeben werden. Die Wahl des richtigen Index gehört zu den wichtigsten Entscheidungen, die ein Anleger treffen muss. Wie wir bereits erörtert haben, werden die besten indexierten ESG-Strategien wesentliche ESG-Risiken so systematisch berücksichtigen, wie es die Verbesserung der Datenlage erlaubt. Investitionen mit doppelter Bilanz – oder umgangssprachlich: „Gutes tun und gleichzeitig gut laufen" – sind am besten in der Kategorie ESG-Impact zu finden. Zu diesen Strategien gehören sowohl Public- als auch Private-Equity-Strategien wie die von Bain Capital, Baillie Gifford und TPG, die wir betrachtet haben.

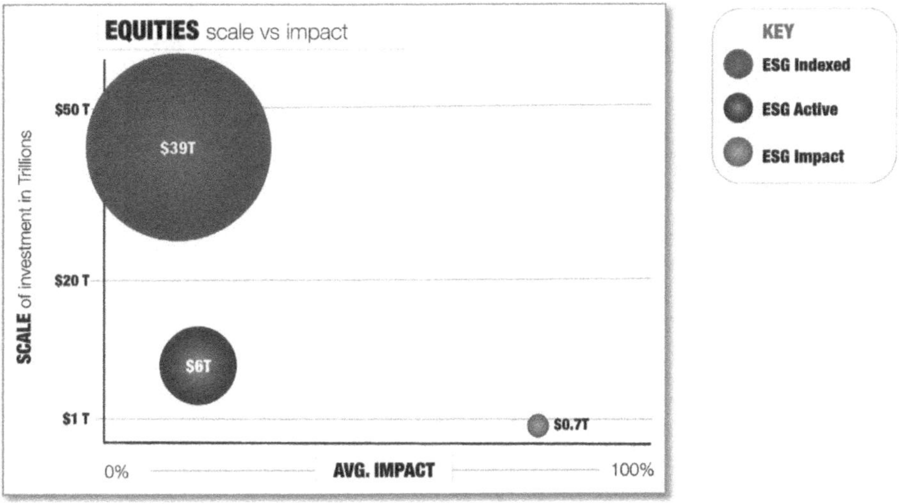

ABBILDUNG 17.1 Gegenwärtige ESG-Aktienallokationen: Umfang versus erkennbare Auswirkungen.
Die Abbildung stammt vom Autor.

Ebenso besteht eine beträchtliche Chance, festverzinsliche Vermögenswerte mit Investment-Grade-Rating von ihrer derzeitigen Kategorie mit geringer bis gar keiner Auswirkung auf wirkungsvollere Strategien umzustellen, wie sie jetzt in den schnell wachsenden Kategorien grüner, sozialer und nachhaltiger Anleihen zu finden sind. Wie Abbildung 17.2 zeigt, ist der Markt für Investment-Grade-Anleihen derzeit ein 100-Billionen-Dollar-Markt. Emittenten aus dem Staats- und Unternehmenssektor haben die Möglichkeit, einen beträchtlichen Teil der künftigen Erlöse aus ihren Anleiheemissionen für explizite SDG-Bedürfnisse sowohl im Umwelt- als auch im sozialen Bereich zu verwenden. Institutionelle Anleger, die bereit sind, nachprüfbare Auswirkungen in ihren Anlagezielen höher zu bewerten, könnten diese Bemühungen unterstützen, indem sie Teile ihrer derzeitigen Investment-Grade-Bestände in ESG-Mischungen oder spezielle Strategien für grüne, soziale und nachhaltige Anleihen umschichten. In gewisser Hinsicht ist diese

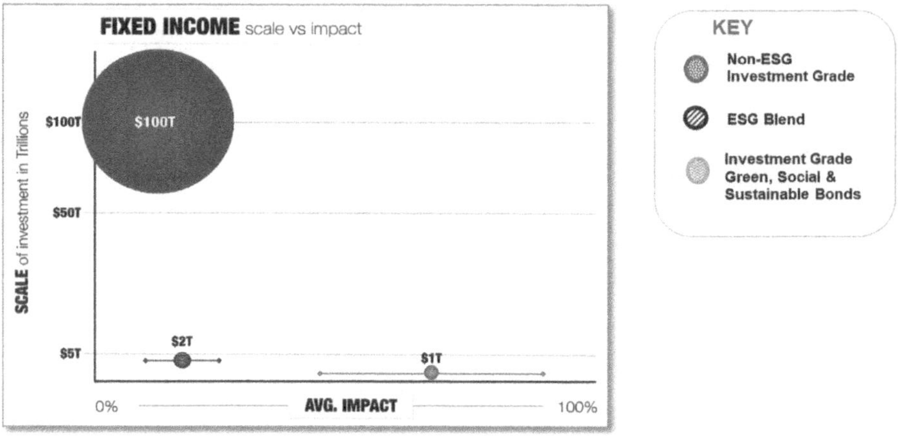

ABBILDUNG 17.2 Festverzinsliche Investment-Grade- und Impact-Strategien nach Größe.
Die Abbildung stammt vom Autor.

Umschichtungsstrategie sogar noch überzeugender als die Umschichtungen von öffentlichen und privaten Aktienfonds in ESG-Impact-Strategien. Wie kommt das? Zum einen haben die Investment-Grade-Märkte für grüne, soziale und nachhaltige Anleihen den Vorteil, dass sie sehr viel gezielter auf spezifische, gewünschte und messbare Ergebnisse ausgerichtet sind. Ein Anleger könnte gezielt auswählen, ob und wie seine Investitionen Emissionen senken, Einkommens- oder Geschlechterungleichheit verbessern oder mehr Wohnraum für Einkommensschwache schaffen, um nur drei von vielen möglichen Anwendungen zu nennen. Wirkungsgenauigkeit ist möglich. Die Anleger könnten gleichzeitig ihre bevorzugten Wirkungsbereiche wählen – von der South Bronx bis Südafrika oder von Santiago de Chile bis Selma in Alabama. Mit anderen Worten: Auch eine präzise Standortwahl ist möglich. Grüner, sozialer und nachhaltiger Kreditbedarf lässt sich in fast jeder Gemeinde finden. Die Anleihemärkte sind jetzt auch ideal positioniert, um spezifische Bedürfnisse der Gemeinden zu befriedigen.

Ebenso wichtig ist die Tatsache, dass sich die globalen Regulierungsbehörden und Zentralbanken offenbar dafür einsetzen, dass die globalen Märkte für nachhaltige Anleihen auf lange Sicht gut funktionieren. Ein wesentlicher Teil der quantitativen Lockerungskäufe der Europäischen Zentralbank in den letzten Jahren hat den Markt für grüne Anleihen effektiv unterstützt. Auch die Zentralbanker überlegen nun aktiv, welche Rolle sie bei der Dämpfung der destabilisierenden Auswirkungen von Kohlendioxidemissionen und sozialen Unruhen spielen können und sollten. Eine sorgfältige, aktive Unterstützung grüner, sozialer und nachhaltiger Anleihemärkte scheint den meisten Zentralbanken durchaus zuzutrauen zu sein. Impact-orientierte Fixed-Income-Investoren haben den zusätzlichen Trost, dass die Unverletzlichkeit dieser Märkte bereits als öffentliches Gut angesehen wird.

In ähnlicher Weise könnte und würde die weitere Vertiefung des Marktes für Aktien mit öffentlichem Einfluss mit ziemlicher Sicherheit mehreren sozialen und ökologischen Zielen dienen. Aktiengesellschaften und Finanzinstitute, die ihren Nachhaltigkeitsauftrag erfolgreich und im Einklang mit bewährten Geschäftspraktiken erfüllen, würden von der Gewissheit profitieren, dass sie sich auf die volle Bewertung ihrer Unternehmen verlassen können und bei sich bietenden Wachstumschancen leichten Zugang zu den Kapitalmärkten haben. Dazu gehören Mikrokreditunternehmen wie Dvara Holdings oder RDM, ein weltweit führender Hersteller von Recyclingkarton, den das Impact-Team von Apollo gefördert hat. Wenn Unternehmen wie Penn Foster und Rodeo Dental an die Börse zurückkehren würden, könnten engagierte Aktionäre ihnen auch das nötige Stewardship und zusätzliches Kapital zur Verfügung stellen, das sie für ihr weiteres Wachstum benötigen. Schließlich koexistieren öffentliche und private Märkte in einem einzigen, vereinheitlichten Finanzökosystem. Die Gesundheit und das Wohlergehen der *öffentlichen* Anleihe- und Aktienmärkte haben direkten Einfluss auf die Gesundheit und das Wohlergehen ihrer *privaten* Gegenstücke.

Der unmittelbarste und praktischste erste Schritt, den motivierte institutionelle und vermögende Anleger bei der Umsetzung der von mir vorgeschlagenen 1,6-Prozent-„Lösung“ unternehmen könnten, ist die Ermittlung des nachweisbaren Wirkungsgrads, der bereits in ihren bestehenden Portfolios vorhanden ist. Im Anschluss an diese wichtige Wirkungsbilanzierung könnten sie dann schrittweise Ziele für die Höhe der Wirkung festlegen, die sie in Zukunft erzielen möchten. Ein Wirkungsziel, das eine Stiftung oder ein öffentlicher Pensionsplan anstrebt, könnte beispielsweise darin bestehen, den künftigen Investitionsplan an bestimmte Ziele zur Verringerung der Kohlendioxidemissionen zu knüpfen; ein anderes könnte darin bestehen, höhere Löhne oder explizite Ziele für die Geschlechtervielfalt in der eigenen Gemeinschaft anzustreben. In allen Fällen können jedoch *nur Auswirkungen gezählt werden, die nachweislich gemessen werden können.* Zugegebenermaßen wird dieser Prozess für die Eigentümer und Verwalter von Vermögenswerten anfangs etwas anspruchsvoll sein. Dennoch würden die erforderlichen zusätzlichen Anstrengungen letztlich nachweislich mit einem integrativeren, nachhaltigeren Wirtschaftswachstum belohnt. Dieses Umdenken bei den Investitionen könnte auch für diejenigen von besonderem Interesse sein, die sich zu Netto-Null-Portfolios verpflichtet haben. Die Umstellung von einer Netto-Null-Zusage auf die greifbarere 1,6-Prozent-„Lösungs“-Zusage könnte helfen, zwei unangenehme Probleme gleichzeitig zu lösen.

In der derzeitigen Konzeption gibt es für Netto-Null-Portfolios keine klare Definition und keinen allgemein anerkannten Rechnungslegungsrahmen. Netto-Null-Portfolios müssen auch keine greifbaren sozialen oder ökologischen Auswirkungen haben. Ein Portfolio, das aus einer kleinen Handvoll von Netto-Null-Unternehmen besteht, ist zwar ein Netto-Null-Portfolio, aber zu welchem Zweck? Auch die Annahme, dass ein Netto-Null-Portfolio der Welt zu einem Netto-Null-Ergebnis verhilft, ist lediglich eine Annahme. Ohne überprüfte und gemessene Auswirkungen ist unklar, welchen wahren ökologischen

Wert ein Netto-Null-Portfolio wirklich hat. Beachten Sie außerdem, dass es durchaus möglich ist, dass jeder Kapitalanlage- und Pensionsplan der Welt ein Netto-Null-Portfolio hat, ohne dass sich der Globus auf einem echten Netto-Null-Pfad befindet. Wie kommt das? Wie wir gesehen haben, werden staatliche und private Unternehmen weiterhin die gesamte Öl- und Gasnachfrage der Verbraucher decken, unabhängig davon, was mit dem Eigentum der staatlichen Öl- und Gasunternehmen geschieht. Um es noch deutlicher zu sagen: Putin wird tun, was ihm verdammt noch mal gefällt, egal wie Cambridge seine Mittel investiert. Darüber hinaus ist es schwierig zu wissen, wie Netto-Null-Portfolios letztendlich gemessen werden, und das wird wahrscheinlich auch in den kommenden Jahren so bleiben. Wenn Sie Short-Positionen in Exxon- oder Chevron-Aktien haben, sollten diese dann als Kohlendioxidgutschrift in Ihr Portfolio aufgenommen werden? Wenn Sie eine große Baumfarm oder einen Windpark von einem anderen Eigentümer kaufen, dürfen Sie dann eine Kohlendioxidgutschrift verbuchen, obwohl keine zusätzlichen Bäume gepflanzt oder neue Windräder in Betrieb genommen wurden? Wenn es darum geht, unsere sozialen und ökologischen Herausforderungen zu lösen, kommt es vor allem auf die Nettoauswirkungen an, nicht auf ein einfaches Kohlenstoffbuchhaltungssystem. Es geht um zusätzliche Investitions*ströme*, nicht um *Bestände.* Und warum? Für einen echten Wandel und eine echte Wirkung sind zusätzliche Investitionsströme erforderlich: Nur sie bedeuten einen echten Fortschritt gegenüber der Vergangenheit. Aus diesem Grund erfordern marktführende Impact-Investing-Strategien eine überprüfbare Zusätzlichkeit. Wenn man eine Investition verzeichnet, die angeblich eine Gemeinschaft oder ein Unternehmen integrativer oder nachhaltiger macht, müssen Daten zur Zusätzlichkeit vorgelegt werden, um diese Behauptung zu untermauern. Die 1,6-Prozent-„Lösung“ versucht, dieses Rätsel der Kohlenstoff- und Wirkungsmessung gleichzeitig zu lösen. Im Gegensatz zu Netto-Null-Portfolios wird bei der 1,6-Prozent-

„Lösung" explizit gefordert, dass die Zusätzlichkeit berücksichtigt wird. Alle teilnehmenden Institutionen und Einzelpersonen müssen sich verpflichten, nicht gebundenes Kapital in Produkte umzuschichten, die akkreditierte, jährliche, zusätzliche Wirkungsberichte enthalten. Da die Nachfrage nach Impact-Produkten und -Strategien zunimmt, versichere ich Ihnen, dass der private Sektor sehr viel innovativer und sorgfältiger in der Genauigkeit seiner Wirkungsbilanz und -berichterstattung werden wird. Das tun wettbewerbsfähige Märkte nun einmal. Tatsächlich wird der mürrische alte Schumpeter selbst aktiv werden und dafür sorgen, dass mehr nachprüfbare Güter erzeugt werden, während die Gebühren für anspruchsvolle Verbraucher niedrig gehalten werden. Es ist nur so, dass die schöpferische Zerstörung nach Schumpeter in umgekehrter Weise funktioniert. Vielleicht sollten wir sie als schumpeterschen *schöpferischen Aufbau* bezeichnen!

Auch wenn es nicht völlige Gewissheit bietet, könnte eine Umschichtung von 1,6 Prozent pro Jahr in den nächsten zehn Jahren auch so schrittweise vonstattengehen, dass die aktuellen Marktbewertungen nicht gestört werden und keine unhaltbaren Vermögensblasen entstehen, auch wenn in diesem Fall ein hohes Maß an Umsicht bei den Investitionen erforderlich wäre. Wie aus Abbildung 17.3 hervorgeht, machen die jüngsten Zuweisungen von Impact-Investitionen auf den Märkten für private Schuldtitel und privates Beteiligungskapital weniger als zehn Prozent aller Allokationen aus. Auf den Märkten für öffentliches Beteiligungskapital und öffentliches Fremdkapital sind die Zuweisungen noch geringer, nämlich weniger als ein Prozent des gesamten zugesagten Kapitals. Investoren, die wollen, dass ihr Kapital Gutes tut, sind nicht mehr auf der Suche nach wertvollen und praktikablen Alternativen. Wie Casey Quirk vorausgesagt hat und wie europäische und andere Regulierungsbehörden aktiv planen, sind die Märkte für Impact Investments bereit für weitere Innovationen, Klarheit und Wachstum. Wenn Vermögenseigentümer anfangen, mehr nachweisbare Auswirkungen in ihren Portfolios zu fordern, werden die Vermögensverwalter kreativ und angemessen reagieren.

Wenn institutionelle und vermögende Anleger 1,6 Prozent ihres Vermögens pro Jahr in echte Impact-Strategien umschichten würden, die sich auf die Märkte für Schulden, Aktien, Infrastruktur und Immobilien erstrecken, könnten öffentliche und private Investoren weltweit ihren Teil dazu beitragen, dass der Kohlenstoffausstoß bis 2050 auf null reduziert wird. Sie könnten auch einen spürbaren Bei-

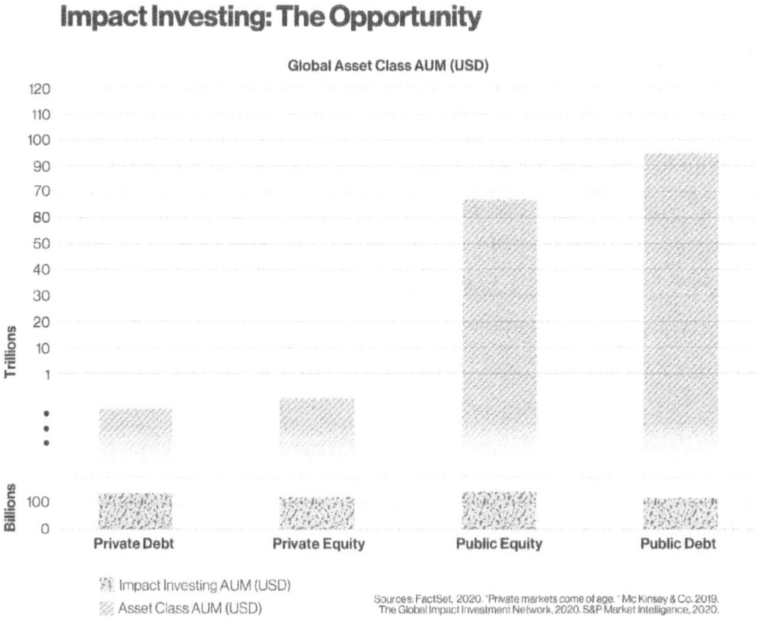

ABBILDUNG 17.3 Impact-Investitionen machen heute etwa zehn Prozent der privaten Fremd- und Eigenkapitalmärkte aus – und weniger als ein Prozent der öffentlichen Fremd- und Eigenkapitalmärkte. Allen Impact-Asset-Strategien können beträchtliche zusätzliche Mittel zugewiesen werden, ohne dass die globalen Impact-Möglichkeiten ausgeschöpft werden.

Datenquelle: Deal Logic.

trag zu besseren Gesundheitsstandards, besseren sanitären Einrichtungen und sicheren Wasserquellen, universeller Grundschulbildung, größerer Gleichberechtigung zwischen den Geschlechtern, höherer Nahrungsmittelsicherheit, weitreichenderer Telemedizin und jedem anderen heilsamen Ziel leisten, das in den nachhaltigen Entwicklungszielen der UN vorgesehen ist.

Dies scheint mir genau die Gelegenheit zu sein, die Robert Shiller voraussah, als er schrieb, dass Investoren „zu den wichtigsten Verwaltern" und „lebenswichtigen Akteuren im Dienste gesunder und florierender marktwirtschaftlicher Demokratien, alle im Dienste der guten Gesellschaft" gehören. Anspruchsvollere und umfangreichere Impact-Investitionen würden unseren Weg zur guten Gesellschaft zweifelsohne beschleunigen. Wir haben das Geld, das wir brauchen. Wir haben auch ein klares Verständnis für die wachsenden Möglichkeiten.

Aber vielleicht ist die verstärkte Investition in die Wirkung mehr als nur eine Chance. Solange Investoren ihren Investitionen keine spezifischeren und messbaren Wirkungsziele zuweisen, ist es höchst unwahrscheinlich, dass unsere laufenden Ziele in den Bereichen Emissionen, Umwelt, Geschlechtergerechtigkeit und wirtschaftliche Gerechtigkeit die für ihre Umsetzung erforderlichen Mittel erhalten. Private Investoren werden benötigt, um die Finanzierungslücken zu schließen, die sich die öffentlichen Kassen nicht leisten können. Fortschritte hängen jetzt mehr denn je von privaten Investitionsentscheidungen ab.

Mit anderen Worten: Mehr als eine *Chance* könnten größere Beträge an gezielten Impact-Investitionen vielleicht sogar unsere kollektive *Verantwortung* sein. Vermögenseigentümer müssen heute bewusster investieren, um die Welt zu schaffen, die unsere Kinder und Enkelkinder zu bewohnen verdienen. Wenn wir diese Art von Impact-Investitionen nicht mit mehr Bedacht und in größerem Umfang mobilisieren, was sagt das über unser Engagement für die nachfolgenden Generationen aus?

Alle Eltern wollen in die Zukunft ihrer Kinder investieren. Wenn wir uns verpflichten, für unsere Brüder und Schwestern zu sorgen, wird jedes Kind auf der Welt unser eigenes. Die 1,6-Prozent-„Lösung“ oder etwas sehr Ähnliches würde die finanziellen Mittel mobilisieren, die für eine wirklich umfassende Strategie zur Ankurbelung eines integrativeren, nachhaltigen Wirtschaftswachstums erforderlich sind. Eine umfassende, durchdachte und dauerhafte Umschichtung von Mitteln, weg von Strategien mit wenig bis gar keiner nachweisbaren Wirkung, hin zu solchen, die nachweislich das Leben der Menschen und unserer Umwelt verbessern, ist jetzt völlig vernünftig und notwendig.

FAZIT

(oder: Wie wir unsere gescheiterte Zukunft abwenden können)

> Ich bin optimistisch. Ich denke, wir können von Eroberern zu Verwaltern werden.
>
> *E. O. WILSON*

Dieses Buch befürwortet eine Vision des Kapitalismus, die für die Menschen und für den Planeten funktioniert. Es bietet auch einen praktikablen Aktionsplan, der ein inklusiveres, nachhaltiges Wachstum fördern würde. Es gibt einen optimalen Weg in die Zukunft für die menschliche Familie – einen Weg, der das menschliche Wohlergehen für die kommenden Jahrhunderte maximieren könnte –, aber er ist weder der einfachste noch der wahrscheinlichste. Er unterscheidet sich auch in vielerlei Hinsicht von dem Weg, auf dem wir uns derzeit befinden. Es gibt viele praktische Dinge, die wir jetzt tun könnten und die das Leben von Milliarden von Menschen verbessern würden. Außerdem sind die Risiken der Untätigkeit groß …

In unserer gescheiterten Zukunft würden Milliarden von Menschen durch ein jahrzehntelang verzögertes Wirtschaftswachstum und die Vernachlässigung der Umwelt in ein erbärmliches, entbehrungsreiches Leben gedrängt. Unzureichendes Wachstum hat schon immer das menschliche Wohlergehen gefährdet. Da die Weltbevölkerung weiterhin wächst, würde unzureichendes Wachstum in den kommenden

Jahren schnell zu einem sinkenden Lebensstandard und zu zunehmenden sozialen Unruhen führen. Wenn Volkswirtschaften scheitern, folgen die Regierungen. Pleite zu sein ist das häufigste Merkmal bankrotter Regierungen. Bei der derzeitigen Entwicklung werden nur wenige Staaten der Welt in der Lage sein, für ihre alternde Bevölkerung zu sorgen. In einer Handvoll Länder – Norwegen, der Schweiz und vielleicht den Niederlanden – wird ein komfortabler Ruhestand weiterhin möglich sein. Aber in den meisten anderen Ländern – darunter die Vereinigten Staaten, Frankreich, China, Brasilien, Indien und Japan – gibt es derzeit keinen tragfähigen Plan, um ihre alternden Bürger auch in ein paar Jahrzehnten noch zu unterstützen. Diese und viele andere Länder sind in gefährlicher Weise auf demografisch unsolide „umlagefinanzierte" Rentenfonds angewiesen; ehe sie sichs versehen, wird die Zahl der Rentner die Zahl der Arbeitnehmer bei Weitem übersteigen. Wie können Länder überleben, wenn jeder Arbeitnehmer neben sich selbst noch zwei oder drei Rentner versorgen muss? Ohne größere Voraussicht, die durch viel höhere private Ersparnisse gestützt wird, werden Milliarden von älteren Menschen auf der Welt in nicht allzu ferner Zukunft nur mit einem mageren monatlichen Einkommen überleben müssen. Hunderte von Millionen werden nicht in der Lage sein, sich angemessene Nahrung, Unterkunft und Gesundheitsfürsorge zu leisten. Diese Krise wird wahrscheinlich alle anderen an Schwere übertreffen, mit Ausnahme von verschärften und länger andauernden militärischen Konflikten.

Aber die demografische Entwicklung ist nicht unsere einzige Herausforderung. Unser derzeitiger Kurs lädt auch zu zahlreichen Umweltkatastrophen ein. Anstatt unseren CO_2-Fußabdruck zu verringern, lassen wir zu, dass er sich unkontrolliert vervielfacht. Außerdem beuten wir die Erde zu stark aus, um wichtige Mineralien wie Kobalt und Lithium zu gewinnen, nur um die Batterien herzustellen, die wir jetzt brauchen. Keine Energiequelle hat einen ökologischen Fußabdruck von null. Bei unserem derzeitigen Kurs ist es durchaus möglich, dass

10 bis 15 Prozent der Landmasse der Erde im Laufe der Zeit unbewohnbar werden, weil sie unerträglichen Temperaturen, fortschreitenden Wüsten, steigenden Meeren und/oder dem Tagebau zum Opfer fallen. Viele dicht besiedelte Küstenstädte – von Miami bis Jakarta, von Dhaka bis Lagos – könnten ebenfalls unbewohnbar werden. Wie bei Hunderten von anderen Küstenstädten könnte ihre Kerninfrastruktur aufgrund von verheerenden Stürmen und wiederkehrenden Überschwemmungen zu teuer werden, um sie zu unterhalten. In bestimmten extremen, aber dennoch denkbaren Szenarien könnten Millionen verzweifelter Migranten auf der Suche nach einer besseren Zukunft kreuz und quer über den Globus wandern. Wie könnte es anders sein? Sein Leben auf tückischen Überfahrten und an tödlichen Stacheldrahtzäunen zu riskieren ist die einzige rationale Entscheidung, wenn ein sinnvoller Lebensunterhalt zu Hause nicht mehr möglich ist.

Wenn Staaten versagen, herrscht Gesetzlosigkeit. Wenn Menschen sich weigern, andere als ihre Brüder und Schwestern zu betrachten, treten Stammesidentitäten wieder in den Vordergrund. Staatenlose Milliardäre können ihre eigenen Armeen aufstellen und ihre eigenen Formen von Recht und Ordnung einführen, indem sie sich von den Ländern, in denen sie ihr Vermögen gemacht haben, loslösen. Kollektive Verantwortung ist ein soziales Gut, doch man kann sich leicht vorstellen, wie das Leben auf See zur ultimativen Gated Community für die Ultrareichen wird.

In unserer gescheiterten Zukunft würde es natürlich keine weltweit respektierte Reservewährung geben. Dollar, Euro, Renminbi und Yen würden als leere papierne Versprechen betrachtet werden. Selbst die vermeintlichen finanziellen Erlöser von heute – die Kryptowährungen – könnten sich vervielfachen, bevor sie alle in Misskredit geraten. Es gibt keine wirklichen Eintrittsbarrieren für Kryptowährungen. Wechselnde Boom-Bust-Zyklen, nicht durchsetzbare transnationale Regulierung und wiederkehrende Betrügereien werden wahrscheinlich verhindern, dass Kryptowährungen ein ausreichend breites, nachhaltiges

Verbrauchervertrauen gewinnen. Es ist schwer vorstellbar, wie man im Worst Case unserer gescheiterten Zukunft irgendeiner offiziellen Währung vertrauen könnte, ob digital oder nicht. Stattdessen könnten Lebensmittel, Süßwasser, große und kleine Feuerwaffen und wichtige Rohstoffe wie Öl, Gas, Kobalt, Kupfer und Nickel die am häufigsten verwendeten Tauschmittel werden. Der Tauschhandel würde im Endeffekt die Blockchain verdrängen.

In unserer gescheiterten Zukunft würden Kanada, die Mongolei, Finnland, Schweden, Russland, Nordkorea, Tadschikistan, Kirgisistan, die Tschechische Republik, Argentinien, Alaska und Island – das heißt alle Staaten mit kälteren Klimazonen – *relative* Wettbewerbsvorteile gegenüber ihren weniger gut situierten Gegenstücken in wärmeren Zonen erlangen. Allerdings hätten auch sie mit extremen Wetterereignissen, unzuverlässiger Lebensmittel- und Wasserversorgung und unsicheren Grenzen zu kämpfen. Die ständige Bedrohung durch nukleare, chemische und biologische Kriege könnte sie und viele andere Nationalstaaten leicht zu lebensfeindlichen Orten machen. So sieht eine Welt ohne Gesetze aus. Die weitreichenden Risiken von Nachlässigkeit und Untätigkeit wären für alle schwerwiegend. Wenn das Elend zunimmt, kann man sich nirgendwo mehr verstecken. All die offensichtlichen Möglichkeiten für ein inklusiveres, nachhaltiges Wachstum, die wir oben mühsam erörtert haben, könnten schändlich ignoriert werden. Statt eines „Frühlings der Hoffnung" würde der Menschheit in unserer gescheiterten Zukunft ein nicht enden wollender „Winter der Verzweiflung" bevorstehen.

Aber ebenso wie der berühmte Biologe E. O. Wilson bin ich optimistischer. Viel optimistischer. Ich glaube nicht, dass die extremen Szenarien, die ich gerade beschrieben habe, eintreten werden. Ganz und gar nicht. Ich bin optimistisch, weil ich glaube, dass eine große Mehrheit engagierter und aufgeklärter Bürger darauf bestehen wird, sich weg von der Eroberung unserer Umwelt und unserer Mitmenschen hin zu treuen Verwaltern und achtsamen Mitbürgern zu entwickeln.

Ich bin optimistisch, weil Hoffnung und Fortschritt in ihrer Abwesenheit verkümmern und ohne Hoffnung kein sinnvolles Leben gelebt werden kann. Und ich bin optimistisch, weil ich *Pragmatiker* bin. Wenn Sie die Geschichte studieren, werden Sie feststellen, dass die Optimisten die Pessimisten immer widerlegt haben. Vor der Morgendämmerung ist es immer am dunkelsten.

In unserer besten Zukunft werden die privaten Märkte immer noch die Vermögensaufteilung und die Investitionen bestimmen; sie werden dies bloß noch erfolgreicher tun, weil sie achtsam geführt werden. Es geht nicht nur darum, dass die Kartell- und Wettbewerbsgesetze weiterhin aufrechterhalten werden; die kollektive Verpflichtung gegenüber unseren Kindern und Enkeln wird sich einfach als zu stark erweisen, als dass mutwillige Nachlässigkeit und Korruption herrschen könnten. Viele derzeitige und in naher Zukunft aufkommende Innovationen werden ebenfalls revolutionäre positive Auswirkungen haben und die Menschheitsfamilie einmal mehr vor dem retten, was wir heute fälschlicherweise als existenzielle Bedrohung wahrnehmen. Solche Innovationen haben den malthusianischen Schwarzmalern stets das Gegenteil bewiesen. Verheerende und kostspielige Naturereignisse, die durch den Klimawandel verursacht werden, werden mit ziemlicher Sicherheit häufiger auftreten – um ehrlich zu sein, sind sie in diesem Stadium nicht mehr zu vermeiden. Doch die Art und Weise, wie wir uns an diese wiederkehrenden, extremen Naturereignisse anpassen und sie abmildern, kann und wird mit ziemlicher Sicherheit die derzeitigen Prognosen übertreffen. Unter anderem wird sich unsere Infrastruktur besser auf den Klimawandel einstellen und so gebaut sein, dass sie dauerhaft hält. Mit anderen Worten: *Wir werden den Klimawandel zu einem großen Teil dadurch besiegen, dass wir ihn vorwegnehmen.* Wie Singapur jetzt beweist, muss der durch den Klimawandel verursachte Anstieg des Meeresspiegels für tief liegende Länder keine Bedrohung durch Auslöschung darstellen. Intelligente Menschen haben schon immer Wege gefunden, mit der sich verändernden natürlichen Umwelt umzugehen. Dennoch ist der Anstieg des Meeresspiegels für viel zu viele Menschen in Ländern mit niedrigem Einkommen eine Bedrohung. Eine der größten Herausforderungen für einen gerechten Übergang sind bessere Vorbereitungen, Warnungen und Schutzmaßnahmen für die am meisten gefährdeten Menschen – etwas, was die bestehenden Kommunikationstechnologien bereits leisten.

An der Spitze der transformativen Innovationen, die ich in unserer aufgeklärten Zukunft sehe, stehen Tausende von technologischen Durchbrüchen. Wir werden nicht nur den Verkehr elektrifizieren und das Stromnetz schneller als erwartet dekarbonisieren, sondern auch die große Mehrheit der Unternehmen, Gemeinden und Länder wird glaubwürdige Pläne für eine Kreislaufwirtschaft umsetzen. Zu diesen Überraschungen gehören neue Formen der Kohlendioxidabscheidung und -speicherung sowie eine wachsende Zahl von persönlichen, unternehmerischen und nationalen Verpflichtungen zu nachhaltigerem Wirtschaften. Neben anderen Erfolgen werden die gleichen Institutionen und Einzelpersonen dazu beitragen, Hunderte von Milliarden von Bäumen zu pflanzen, eine Initiative, die allein über ihre Lebenszeit 200 Gigatonnen Kohlenstoff binden könnte. Neben der Sanierung der Industrie werden revolutionäre technologische Durchbrüche die Umweltschäden, die die moderne Lebensmittelproduktion verursacht, verringern, wobei sich regenerative statt erschöpfende Techniken durchsetzen werden. Die treibende Kraft hinter all diesen Bemühungen um mehr Nachhaltigkeit werden Legionen von achtsamen Verbrauchern sein, die ihren Geldbeutel konsequent mit den Interessen ihrer Kinder in Einklang bringen; schließlich sind die Verbraucher die treibende Kraft hinter den Unternehmensentscheidungen. Ein achtsamerer Konsum wird neue, nachhaltige Wachstumsbranchen und Produkte hervorbringen. In unserer aufgeklärten Zukunft werden persönliche Verpflichtungen zur Erreichung von Netto-Null viele Elemente unseres Lebens durchdringen, so wie Selbstaufopferung und die allgegenwärtige „No-Lose"-Mentalität die „Greatest Generation" im Zweiten

Weltkrieg zum Sieg geführt und der massiv unterlegenen ukrainischen Armee geholfen haben, die Welt zu inspirieren.

Wenn wir ab 2022 von den Bemühungen einer Gruppe weitsichtiger Wissenschaftler, globaler Investoren, Experten aus der Energiebranche und politischer Entscheidungsträger profitieren, glaube ich auch, dass sich unsere derzeitige kontraproduktive Besessenheit von Öl- und Gasproduzenten in eine weitaus fruchtbarere und ehrlichere Diskussion darüber verwandeln wird, wie wir unser zukünftiges Wachstum zuverlässig und nachhaltig mit Energie versorgen können. Wenn wir nämlich Netto-Null-Emissionen erreichen können, wird das Gerede von einer „Energiewende“ überflüssig. Wichtig ist, dass mehr Kernenergie in den Mix eingebracht wird. Öl und Gas werden dann als das angesehen werden, was sie sind, nämlich als notwendige Energiequellen, die viele Unternehmen, Länder und den Fortschritt der Menschheit über Jahrhunderte hinweg antreiben müssen. Die letzten Jahre haben auf schmerzhafte Weise gezeigt, dass die rücksichtslose Besessenheit von nur einer unserer größten Herausforderungen – den übermäßigen Kohlendioxidemissionen – nicht dadurch gelöst werden kann und wird, dass man die Anbieter der Energie, die wir brauchen und auf die wir weiterhin angewiesen sein werden, ständig beschimpft. Unser kollektiver Fokus muss nicht weniger auf Zuverlässigkeit, Sicherheit und Erschwinglichkeit gerichtet sein als auf ökologische Nachhaltigkeit. Es liegt nicht im Interesse der Menschheit, unseren bestehenden Energiemix aufzugeben, wenn andere, sauberere und kostengünstigere Lösungen noch nicht zuverlässig verfügbar sind. Es ist ebenso unsinnig, sich in irgendeiner Weise von einem autokratischen Russland abhängig zu machen, ganz zu schweigen von unserem wirtschaftlichen Wohlergehen. Putins Öl und seine dynastischen Ambitionen sind in jeder Hinsicht viel zu schmutzig. Die Menschheitsfamilie braucht reichlich vorhandene, zuverlässige, erschwingliche, sichere *und* saubere Energiesysteme. Diese Systeme werden sowohl auf der Ebene der einzelnen Gemeinden als auch auf nationaler Ebene benötigt. Wir sollten und dürfen von keinem Nationalstaat erwarten, dass er sich bei der Schaffung des Energiesystems, das er für das Gedeihen und den Wohlstand seiner Bürger benötigt, den Launen des Wetters oder dem Wohlwollen anderer ausliefert. Energiesicherheit muss auf lokaler und nationaler Ebene funktionieren, bevor sie eine Chance hat, global zu funktionieren.

Aus diesem Grund wird sich in unserer aufgeklärten Zukunft eine Gruppe institutioneller Investoren unter der Führung von Staatsfonds, öffentlichen Pensionsplänen und multilateralen Institutionen wie der Weltbank und anderen Entwicklungsbanken zu einer umfassenden Lösung zusammenfinden, um die Schwellenländer bei der Umstellung von schmutziger Kohle und anderen stark kohlenstoffhaltigen Kraftwerken auf sauberere, zuverlässigere und nachhaltigere Energiequellen zu unterstützen. Sie werden dies tun, indem sie innovativere Wege finden, um staatliche Kredit- und Währungsrisiken zu teilen und so Billionen von Dollar an dringend benötigtem öffentlichem und privatem Kapital freizusetzen, die letztendlich China, Indien, Indonesien, Vietnam, Polen, die Türkei und andere stark kohlenstoffabhängige Länder Jahre früher als derzeit prognostiziert in eine sauberere Netto-Null-Wirtschaft verwandeln. Ihre gemeinsamen weitsichtigen Anstrengungen werden nicht nur umweltfreundlichere Ergebnisse fördern, sondern auch ein integrativeres Wirtschaftswachstum für alle ihre Bürger. Energieunsicherheit ist eine direkte Ursache für Armut. Wenn integratives, nachhaltiges Wachstum ausdrücklich als dreifaches Ziel jeder Gemeinschaft und jedes Landes akzeptiert wird, ist erschwinglichere, zuverlässigere und sauberere Energie eine Selbstverständlichkeit.

Parallel zu den zunehmenden Erfolgen im Bereich der sauberen Energie wird in unserer aufgeklärten Zukunft eine Gruppe öffentlicher und privater Investmentfirmen wie Bain Capital, TPG, Apollo, LeapFrog, Fidelity, BlackRock, Amundi, Baillie Gifford und andere wiederholbaren und skalierbaren Erfolg bei der Schaffung eines bedeutenden Shareholder-Value durch die Identifizierung und Belohnung bewährter Anwendungen der Kreislaufwirtschaft erzielen. Tausende von Unternehmen, die Einsparungen durch nachhaltigere Geschäftspraktiken anstreben, werden von Organisationen wie dem Environmental Defense Fund und der Shared Value Initiative unterstützt. Durch die Anwendung bewährter kostensparender Techniken werden diese führenden Investmenthäuser und Beratungsfirmen nicht nur sinnlose Verschwendung durch Unternehmen zu einem vergessenen Relikt vergangener Jahrhunderte machen, sondern durch die deutliche Senkung der Betriebskosten und die Verbesserung der Gewinne auch dazu beitragen, bessere Renditen für ihre Kunden zu erzielen, was zu besser finanzierten Renten führt. Investitionen in die Nachhaltigkeit werden Hunderten Millionen Rentnern helfen, ihre Not abzuwenden und echten Komfort zu erlangen. Neben Blackstone, Starwood, Oaktree, Brookfield und anderen führenden Investmentfirmen für Immobilienanlagen werden auch die weltweiten Gewerbeimmobilien-, Infrastruktur- und Logistikunternehmen weiterhin bedeutende betriebliche, kohlenstoffärmere und kostensparende Umwälzungen erleben. Ein nachhaltiger ökologischer Fußabdruck wird mit anderen Worten zum Synonym für Wertschöpfung. Aus diesem Grund werden Zehntausende von qualitativ hochwertigen, erschwinglichen Ruhestandsdörfern in umweltverträglichen, weniger dicht besiedelten Gebieten gebaut werden, um sichere, kohlenstofffreie Gemeinschaften zu schaffen, in denen Hunderte Millionen von 70- und 80-Jährigen ihren Lebensabend bequem und mit sinnvollen menschlichen Beziehungen verbringen werden. Die Investoren dieser Projekte werden außerdem von Marktrenditen profitieren, die weit über der Inflation liegen, sodass ihr Kapital an Wert gewinnt und gleichzeitig eine dringend benötigte soziale Infrastruktur geschaffen wird – das ultimative Modell, um gut zu laufen und gleichzeitig Gutes zu tun.

Die Privatwirtschaft wird auch einen größeren Beitrag zum sozialen Fortschritt leisten. Der gute Wille und das Engagement des Business Roundtable zur Förderung eines integrativeren, nachhaltigen Wachstums werden sich in unserer besten Zukunft weiter vervielfachen. In der Tat werden sich mehr Unternehmen als je zuvor dazu verpflichten, mehr Gutes zu tun. Einige werden dem neuen Policy Center von JP-Morgan folgen und faktenbasierte politische Lösungen in ihren jeweiligen Fachgebieten zur Förderung von Chancen einsetzen. Schließlich ist die *Second Chance Agenda* von JPMorgan – die Amerikanern, die eine Verhaftung oder Verurteilung hinter sich haben, bei der Wiedereingliederung in den Arbeitsmarkt hilft – eines von Hunderten von Beispielen dafür, wie aufmerksame Unternehmen gut laufen und Gutes tun können. Durch die Zusammenarbeit mit beispielhaften Programmen wie One Million Black Businesses (1MBB) von Operation HOPE werden viele Banken und andere Finanzintermediäre neue Wege finden, um ihre Gemeinden zu verbessern und gleichzeitig ihre Aktionäre zu unterstützen. Da es sich bei all diesen Programmen um Hilfen und nicht um Almosen handelt, werden sie das Leben der Geber nicht weniger verbessern als das der Empfänger.

Natürlich wird die Politik in unserer sich abzeichnenden inspirierenden Zukunft der Beschleunigung eines integrativen, nachhaltigen Wachstums nicht stillstehen. Die Bürgerinnen und Bürger werden eine starke, visionäre Führung fordern und letztlich auch damit belohnt werden, die sich durch Geradlinigkeit und Umsetzungsstärke auszeichnet. Die visionären Führungskräfte in unserer besseren Zukunft werden kampferprobte Krisenmanager sein. Sie werden auch verstehen, dass man etwas besteuern sollte, wenn die Gesellschaft weniger davon will; wenn die Gesellschaft mehr davon will, lässt man es in Ruhe oder schafft Anreize. Aus diesem Grund wird in unserer aufgeklärten Zukunft eine allgemein geltende Kohlenstoffsteuer – zunächst gering, aber allmählich ansteigend – Gesetz werden, mit Grenzausgleichszahlungen für die Produkte und Dienstleistungen von Ländern wie Russland oder China, die den Kohlenstoffgehalt ihrer Waren nicht angemessen besteuern oder die sich anderweitig über weithin vereinbarte Verhaltensnormen hinwegsetzen. Wenn wir im Laufe der Zeit weniger Kohlendioxid haben wollen, müssen wir es entsprechend besteuern; wenn wir expansionistische, autokratische Regimes nicht bereichern wollen, müssen wir aufhören, mit ihnen Geschäfte zu machen. Steuern auf übermäßigen Konsum und Luxusgüter werden ebenfalls eingeführt, um sicherzustellen, dass diejenigen, die mehr zahlen können, dies auch tun. Wichtig ist, dass in unserer erfolgreichen Zukunft konfiskatorische Einkommensteuern weitgehend *vermieden* werden, sodass niemand einen Grenzsteuersatz von mehr als 50 Prozent auf sein regelmäßiges Einkommen zahlen muss. Die Besteuerung aller kurzfristigen Finanzspekulationen wird stark ansteigen, während die Steuern auf langfristige Investitionen und auf Kapitalbildung über längere Zeiträume schrittweise gesenkt werden. So werden alle Steuern auf Kapitalerträge nach fünf Jahren schrittweise auf null gesenkt. Investitionen für bessere langfristige Ergebnisse sind entscheidend. In unserer erfolgreichen Zukunft wird es endlich einen entsprechenden Anreiz geben.

Ebenso wird in unserer erfolgreichen Zukunft eine bescheidene, aber unvermeidliche Vermögenssteuer für Nachlässe oberhalb einer inflationsindexierten Grenze zum Gesetz und ersetzt die ineffektiven, leicht zu umgehenden Erbschaftssteuern. Mit weniger als einem Prozent pro Jahr auf das gesamte Vermögen wird diese bescheidene Steuer zu gering sein, als dass jemand aktiv dagegen verstoßen könnte, und dennoch sehr wirksam sein, um über Jahrzehnte hinweg erhebliche Einnahmen aus großen Familienvermögen zu erzielen. In jedem Land mit mittlerem und höherem Einkommen werden Versionen eines bedingungslosen Grundeinkommens, einer allgemeinen Erziehung vom Kindergarten bis zur zwölften Klasse und eines grundlegenden allgemeinen Gesundheitsschutzes eingeführt werden. Unterstützungsprogramme wie diese sind unverzichtbar, um jedem Kind einen fairen Start ins Leben zu ermöglichen, wie es John Rawls zu Recht vorschwebte. Allerdings werden Einkommensunterstützungsprogramme niemals so bequem oder so großzügig sein, dass sie ihre Empfänger davon abhalten, mehr zu wollen. Anreize sind wichtig. Sie richtig auszurichten ist die wichtigste wirtschaftliche Variable, die den Erfolg einer Gemeinschaft über den Misserfolg stellt. Die richtigen Anreize sind der Grund dafür, dass in unserer aufgeklärten Zukunft Fleiß, Innovation, langfristige Investitionen, persönliche Sparsamkeit und großzügige karitative Aktivitäten weitverbreitet sein werden. Solange unsere Sozialprogramme nicht mit der menschlichen Natur übereinstimmen, wie sie wirklich ist – also dass sinnsuchende Geschöpfe ihre größte Erfüllung darin finden, ihre gottgegebenen Gaben zu nutzen, anstatt von fortwährenden ungedeckten und unverdienten Leistungen abhängig zu sein –, kann das menschliche Wohlbefinden niemals maximiert werden. Wenn wir die individuelle Verantwortung und die gemeinsamen Tugenden nicht als Eckpfeiler unserer Gemeinschaften beibehalten, werden die Menschen nicht in der Lage sein, ein Leben von Bedeutung und Wert zu führen, geschweige denn materiellen Wohlstand zu erlangen. Fleiß ist der Grundstein für jeden Wohlstand. Freizeit ist nur durch die Aufrechterhaltung des Wohlstands möglich. Wenn wir jedoch nicht gleichzeitig denen helfen, die sich nicht selbst helfen können, haben wir unsere heilige Verantwortung, für unsere Brüder und Schwestern zu sorgen, aufgegeben, und unsere Gemeinschaften werden weit weniger reich und unser Leben weit weniger lohnend sein. Der schnellste und sicherste Weg zur persönlichen Erfüllung besteht darin, anderen zu helfen, die ihre zu erreichen. Die reichsten und glücklichsten Gemeinschaften sind diejenigen, in denen jedes Mitglied aufblüht, vor allem die am wenigsten Begünstigten.

Was im Kontext dieses Buches besonders wichtig ist: In unserer aufgeklärten Zukunft wird es an Kapital für dringende ökologische, soziale und wirtschaftliche Bedürfnisse nicht mangeln. Das liegt daran, dass jeder institutionelle Anleger und jede vermögende Privatperson darüber nachdenken wird, wie viel Einfluss sie auf ihr Portfolio haben und ob sie einen Teil ihres Vermögens für wirkungsvollere Investitionen einsetzen können. Besonderes Augenmerk wird dabei auf die Themen gelegt, die in den eigenen Gemeinden am wichtigsten sind, denn schließlich können unsere Probleme nur von Gemeinde zu Gemeinde gelöst werden. Da immer mehr Vermögenseigentümer ihre eigene optimale Version der 1,6-Prozent-„Lösung" übernehmen, werden grüne, soziale und nachhaltige Anleihen in vielen festverzinslichen Portfolios einen größeren Anteil einnehmen, vor allem bei Versicherungsgesellschaften und Pensionsplänen. Als versicherungsmathematisch orientierte Investoren verstehen diese Institutionen sehr wohl das Kreditrisiko und die Notwendigkeit integrativerer nachhaltiger Ergebnisse. Wie bei öffentlichen Pensionsplänen wird es auch für Versicherungsunternehmen selbstverständlich sein, sich mehr auf ertragsbringende, zweckorientierte Anlagemöglichkeiten zu konzentrieren. Auch die Zentralbanken werden mit ihren Devisenreserven verstärkt in grüne und nachhaltige Staatsanleihen der G20 investieren. Alle Investoren werden einen größeren Einfluss haben.

In unserer besten Zukunft werden viele Universitätsstiftungen ihre weitverbreiteten und wahrscheinlich ineffektiven Netto-Null-Investitionsverpflichtungen durch explizitere Impact-Investitionsziele ergänzen. In Zusammenarbeit mit Organisationen wie dem Global Impact Investment Network, der Ellen MacArthur Foundation, der Global Steering Group for Impact Investment, dem Impact Management Project und Climate Action 100+ sowie mit Indexgiganten wie MSCI, Bloomberg und S&P wird diese aufgeklärte Gruppe führender Universitätsstiftungen auch dazu beitragen, Best-Practice-Standards für die Messung von Auswirkungen zu etablieren. Zu ihnen gesellt sich ein erstaunlich hoher Prozentsatz von Family Offices, die bereit sind, die 1,6-Prozent-„Lösungs"-Bewegung zu überholen und bis zu 20 Prozent ihres Vermögens für Impact zu verwenden – oder sogar mehr. Aufgrund ihrer starken individuellen Überzeugung von der Mission werden mehrere Family Offices und vermögende Privatpersonen vergessene Bedürfnisse der Gemeinschaft und andere dringende soziale Ziele wie Rückfallquote, Alphabetisierungsrate, Gefängnisreform, wirtschaftliche Mobilität und Gesundheitsfürsorge für Mütter stärker berücksichtigen.

Und zusätzlich zu ihren Partnerschaften mit Entwicklungsbanken zur Dekarbonisierung der Energienetze in vielen Schwellenländern wird eine einzigartig aufgeklärte Gruppe von Staatsfonds ihren beträchtlichen Einfluss und einen bedeutenden Teil ihres Vermögens für die Ausbildung künftiger Generationen von global denkenden Bürgern aus 195 Ländern (einschließlich des *Staates* Palästina und des Heiligen Stuhles) einsetzen. Ihr Ziel? Die grenzüberschreitende Zusammenarbeit dort zu optimieren, wo sie am dringendsten benötigt wird. Mehr als alle anderen Investoren verstehen Staatsfonds, wie die Nationen letztlich als Familie zusammenkommen müssen. Sie wissen, dass grenzüberschreitende Probleme wie Pandemien, saubere Ozeane, saubere Luft, Einwanderung und Welthandel nur gemeinsam angegangen werden können.

Ergänzend zu all diesen skalierbaren Impact-Investment-Innovationen und außergewöhnlichen politischen Durchbrüchen wird es parallel dazu eine positiv verstärkende Revolution in der privaten Philanthropie geben. In dem Maße, wie eine wachsende Zahl von Vorbildern der Hoffnung identifiziert wird, werden ihre bewährten Methoden skaliert werden. Darren Walker von der Ford Foundation war visionär, als er in einer Krise die beträchtlichen finanziellen Mittel seiner Institution einsetzte, um die dringend benötigte Hilfe zu beschleunigen. Warum mit der Bewältigung zukünftiger Probleme warten, wenn die Ressourcen leicht verfügbar sind und jetzt so viel getan werden muss? In Kombination mit den rigorosen Erkenntnissen des Wilson Sheehan Lab for Economic Opportunity in Notre Dame, des Tamer Center for Social Enterprise in Columbia und des dem MIT angeschlossenen Abdul Latif Jameel Poverty Action Lab (J-PAL) werden viele wissenschaftlich fundierte Lösungen für die Armutsbekämpfung und die Verbesserung der wirtschaftlichen Mobilität gefunden und für die Massenanwendung verfeinert werden. Legionen von philanthropischen Institutionen mit einem Gesamtvermögen von mehr als zwei Billionen Dollar werden sich zusammenschließen und ihre eigene Version des

„Versprechens der Milliardäre“ (das vielleicht „Versprechen der Billionäre“ genannt werden sollte) unterzeichnen. Sie werden versprechen, ihre beträchtlichen Ressourcen zu nutzen, um skalierbare Lösungen in den nächsten Monaten und Jahren und nicht erst in Jahrzehnten umzusetzen. So wie Mary Barra sich bei GM auf inspirierende Weise zu „null Unfällen, null Emissionen und null Staus“ verpflichtet hat, werden diese visionären und philosophisch ausgerichteten Philanthropen null Verschwendung, null Mangel, null Ungerechtigkeit und *null* ungeliebte Kinder versprechen.

Und in einem historischen Akt des Multilateralismus, wie ihn die Menschheit in Friedenszeiten noch nie erlebt hat, wird sich die G20 auf wundersame Weise zusammenfinden. Unter dem Vorsitz der USA, Chinas, Indiens, Frankreichs, Mexikos, Südafrikas, Japans, Indonesiens, Kanadas, des Vereinigten Königreichs, Saudi-Arabiens, Deutschlands, Australiens, Brasiliens und eines putinfreien Russlands wird die G20 kollegial eine Zukunft entwerfen, in der die Menschheitsfamilie wirklich als Einheit gedeihen kann. Neben anderen bahnbrechenden Maßnahmen werden diese Nationen unsere derzeitige anachronistische Ansammlung von Bretton-Woods-Institutionen und UN-Institutionen neu konzipieren und modernisieren, um sie für das kommende Jahrhundert fit zu machen, anstatt sie als zunehmend ineffektive Relikte des vergangenen Jahrhunderts zu hinterlassen. Zu den Zielen dieser Reformen gehören: Nulltoleranz gegenüber Korruption, Militärdespoten, Geldwäsche und der Verbreitung von Massenvernichtungswaffen; angemessene gemeinsame Kapitalpools für die Umstrukturierung von Staatsschulden, multilaterale Kreditvergabe zu Vorzugsbedingungen und globale Gesundheitsbedürfnisse (einschließlich der Finanzierung zur Unterstützung armer Länder bei der Bekämpfung künftiger Pandemien) sowie einvernehmlich festgelegte Regeln für die Verteilung dieser Mittel; eine wiederbelebte unantastbare Achtung der nationalen Grenzen und der Rechte aller Menschen, unter den politischen Systemen zu leben, die sie selbst gewählt haben; anerkannte und befugte globale

Gerichte für die faire Beilegung von Handelsstreitigkeiten sowie die Verfolgung globaler Straftäter; und ein neuer globaler Reservewährungsstandard, der die notwendigen Anforderungen an Vertrauen zwischen den Generationen, Effizienz, Fairness und Durchsetzbarkeit erfüllt.

In unserer aufgeklärten Zukunft werden die Optimisten triumphieren, der menschliche Einfallsreichtum wird siegreich sein und die ewigen Tugenden und Grundsätze werden bekräftigt und erhöht worden sein. Das Böse wird nicht ausgerottet sein; wie wir alle wissen, kann es das nie sein. Aber die Grundsätze zur Förderung der aristotelischen Gerechtigkeit – das heißt die Förderung des sozialen Gleichgewichts durch Korrektur aller Ungerechtigkeiten – werden auf breiterer Basis angenommen und kodifiziert worden sein. Damit wird auch das Engagement für die Bekämpfung aller Formen von Ungerechtigkeit stärker werden.

„Zu optimistisch?", werden Sie sich jetzt vielleicht fragen. Nun, ja, vielleicht ein bisschen.

Aber es wäre auf jeden Fall besser als unsere gescheiterte Zukunft – und allein aus diesem Grund sollten wir es versuchen.

DANKSAGUNGEN

Als ich im Frühjahr 2021 mit der Arbeit an diesem Buch begann, war mir nicht klar, wie sehr seine Fertigstellung von der Freundlichkeit und den hervorragenden Einsichten so vieler anderer abhängen würde. Im Laufe der Erstellung und Überarbeitung des Buches habe ich immer wieder auf die Großzügigkeit und Weisheit von Familienmitgliedern, Kollegen, Freunden und dem Team von Columbia University Press zurückgegriffen. Aus Platzgründen kann ich nur den Wichtigsten danken.

Während ich seit Langem vom Fachwissen Dutzender BlackRock-Kollegen profitiere, bin ich für die Zwecke dieser Publikation insbesondere Professor Andrew Ang, Jim Badenhausen, Rachael Banton, Scott Barber, Brian Beades, Susan Beadle, Dalia Blass, Paul Bodnar, Sandy Boss, Caroline Crozat, Annelise Eschmann, Thomas Fekete, Larry Fink, Lili Forouraghi, Laura Hildner, Mark Hume, Rich Kushel, Nitin Malik, Mark McCombe, Chris Meade, Matt Mosca, Salim Ramji, Jack Reerink, Eric Rice, Rick Rieder, Ned Rosenman, Ashley Schulten, Laura Segafredo, Mark Spizner, Laura Figlina Stahl, Quyen Tran, Peter Vaughan, Dan Waltcher, und Max Zamor dankbar. Meine Freundin und Vertraute Sarah Hallac verdient eine besondere Erwähnung für ihre unermüdliche persönliche und berufliche Unterstützung. Ich habe von Sarah und ihrem verstorbenen Ehemann Charlie, der als Co-Präsident von BlackRock tätig war, viele wertvolle Lektionen für das Leben gelernt. Um es ganz klar zu sagen: Ich glaube, dass BlackRock mehr Gutes für mehr Menschen auf der Welt und für ihre zukünftigen Generationen getan hat als jedes andere Finanzdienstleistungsunternehmen in der Geschichte. Ich habe die Hoffnung, dass dies auch weiterhin der Fall sein wird. Während das besondere Verdienst für BlackRocks unvergleichliche finanziellen Erfolge und sozioökonomischen Beiträge den Gründern und dem von Larry Fink geleiteten Group Executive Committee gebührt, wissen Larry und alle seine Senior Partner, dass noch mehr Verdienst den derzeit 18.000 Mitarbeitern von BlackRock sowie einem wachsenden Ehemaligen-Netzwerk gebührt, zu dem ich jetzt gehöre. Dennoch sollten weder BlackRock noch die oben genannten Personen für den Inhalt dieses Buches verantwortlich gemacht werden. Die darin enthaltenen Meinungen, Schlussfolgerungen, Fehler und Auslassungen sind allein meine.

Weitere Kollegen und Freunde, deren Rat sich bei der Erstellung dieses Werkes als wertvoll erwiesen hat, sind Professorin Jennifer Aaker, Pater George Augustin, Marc Becker, Brian Bedell, Afsaneh Beschloss, Kevin Boucher, Matthew Breitfelder, Erzbischof Charles Brown, John Hope Bryant, Oren Cass, Joseph Chi, Joe Connelly, Todd Cook, Senator Joe Donnelly, Stuart Dunbar, Charles Ewald, Maggie Fergusson, Professor Stanley Fischer, Professorin Mary Ann Glendon, Senator Phil Gramm, Wendy Gramm, Jon Gray, Britt Harris, Rikki Jump, Karen Karniol-Tambour, Kardinal Walter Kaspar, Tara Kenney, George Magnus, Scott Malpass, Paul McCulley, Blake Murphy, Geoffrey Okamoto, Mike Pyle, Professor Emma Rasiel, Steve Reifenberg, Matthew Rutherford, Sprecher Paul Ryan, Erik Schatzker, Deborah Spar, Savita Subramanian, Andrew Sullivan, Professor Jim Sullivan, Scott Tinker, Paul Tudor Jones, Jeffrey Ubben, Krae Van Sickle, Susan Webster,

Pater Oliver Williams CSC und Spencer Zwick. Ich muss auch den großen Einfluss hervorheben, den der verstorbene legendäre Präsident der Universität von Notre Dame, Pater Theodore M. Hesburgh CSC, auf meine irische Hartnäckigkeit und mein Engagement für die Gestaltung einer besseren Welt hatte. Wir alle können viel von Pater Ted lernen, angefangen bei seinem frommen Glauben und seiner Intoleranz gegenüber Ungerechtigkeit.

Es gäbe dieses Buch nicht ohne die ständige Anleitung von Myles Thompson von Columbia University Press oder die Arbeit seines unermüdlichen Kollegen Brian Smith. Sheri Gilbert hat fleißig Dutzende von Nachdruckgenehmigungen eingeholt. Meredith Howard und Robin Massey halfen mir bei der Planung der Veröffentlichung. Kalie Koscielak half bei der Beseitigung vieler Fehler.

Ich bin eines von acht Kindern, und alle meine Geschwister haben großzügig ihre Meinungen und Vorschläge eingebracht, wobei mein jüngster Bruder Mark sogar angeboten hat, in der Mitte des Buches zu erscheinen (siehe zweite Auflage!). Meine Brüder Tim und Larry und meine Schwester Carol haben die Entwürfe immer wieder gelesen und dabei hilfreiche Vorschläge gemacht, die dem endgültigen Werk sehr zugutekamen. Viele meiner Nichten und Neffen haben ebenfalls Entwürfe gelesen und Kommentare abgegeben. Meine älteste Nichte, Maren Keeley, deren berufliches Leben weitgehend einem bewussteren Kapitalismus gewidmet ist, lieferte seitenweise detaillierte Verbesserungen. Ihre Energie und ihre Visionen haben mich dazu inspiriert, meine Schlussfolgerungen noch zielgerichteter und mutiger zu formulieren. Unsere gemeinsamen Leidenschaften sind der Grund dafür, dass wir uns nun verpflichtet fühlen zusammenzuarbeiten, um all diesen Worten Bedeutung zu verleihen.

Nicht zuletzt haben meine Lebensgefährtin Saskia Bory-Keeley und unsere beiden Söhne Julian und Calum Hunderte von Stunden ertragen, in denen ich Cocktailgespräche dominierte, zu spät zum Abendessen kam und SEHR früh aufstand, um in meinem Homeoffice zu tippen.

Meine Dankbarkeit für ihre Präsenz in meinem Leben lässt sich nicht in Worte fassen – ich hoffe, die Widmung in diesem Buch macht das deutlich.

ANHANG

VORBILDER DER HOFFNUNG

Ein Beispiel der Hoffnung ist eine NRO oder eine andere zivilgesellschaftliche Organisation, die über ein skalierbares Programm oder eine Methodik verfügt, die nachweislich integratives, nachhaltiges Wachstum fördert. Um sich als Beispiel für Hoffnung zu qualifizieren, dürfen die Methoden der NRO oder der zivilgesellschaftlichen Organisation nicht die Inklusion oder Nachhaltigkeit auf Kosten des Wachstums fördern oder die Inklusion oder das Wachstum auf eine nicht nachhaltige Weise fördern. Alle drei Ziele – Inklusivität, Nachhaltigkeit und Wirtschaftswachstum – müssen durch eines oder mehrere ihrer Kernprogramme gefördert werden.

Die folgende Liste dient der Veranschaulichung und ist, wie ich zugeben muss, zu sehr auf die USA ausgerichtet. Eine aktuelle, umfassendere Liste finden Sie unter www.1pointsix.com. Wenn Sie eine Organisation als Vorbild Hoffnung vorschlagen möchten, senden Sie bitte den Namen der Organisation, eine Beschreibung ihrer Methodik und die Adresse ihrer Website an terry@1pointsix.com. Erfolgreiche Nominierungen werden nach einem Überprüfungs- und Genehmigungsverfahren in die Liste aufgenommen.

Alamo Academies macht Highschool-Schüler mit MINT-Berufen mit hervorragenden Beschäftigungsaussichten vertraut. Absolventen des Programms haben ein durchschnittliches Einstiegsgehalt von 42.000 US-Dollar (https://www.alamoacademies.com).

Beyond Differences fördert die Eingliederung durch sozial-emotionales Lernen (SEL), ein transformatives, proprietäres Curriculum, das in mehr als 8.500 Schulen in allen 50 US-Bundesstaaten eingesetzt wird. SEL hat mehr als 3,5 Millionen Schülern geholfen, ihre Isolation und Einsamkeit zu überwinden und sich der Gemeinschaft anzunähern (https://www.beyonddifferences.org).

Botvin LifeSkills Training ist ein dreijähriges universelles Programm zum Schutz vor Drogenmissbrauch und Gewalt, das sich an Schüler der Mittel-, Sekundar- und Oberstufe richtet. Mit LST lässt sich der Drogenkonsum von Jugendlichen nachweislich um 75 Prozent, der Tabakkonsum um 87 Prozent und der Alkoholkonsum um 60 Prozent senken (https://www.lifeskillstraining.com).

C40 Cities ist eine Gruppe von 97 Städten auf der ganzen Welt, die sich dem Austausch bewährter Verfahren zur Verringerung von Treibhausgasemissionen und zur Minderung von Klimarisiken widmet (https://www.C40.org).

Career Academies sind akkreditierte Beratungsprogramme, die in kleinen Lerngemeinschaften an Highschools in den Vereinigten Staaten durchgeführt werden. Ihre „Schule in der Schule"-Programme bieten umsetzbare Beratungen zu lokalen Karrieremöglichkeiten sowie die technischen Fähigkeiten, die für den Übergang in die Arbeitswelt nach dem Schulabschluss erforderlich sind (https://www.evidencebasedprograms.org/programs/career-academies).

Catholic Charities Fort Worth leistet Dienst an Bedürftigen, fördert Mitgefühl und Gerechtigkeit in den Strukturen der Gesellschaft und ermutigt alle Menschen guten Willens, das Gleiche zu tun. Ihr Programm „Out of Poverty Pathways" ist streng ergebnisorientiert und evidenzbasiert. Dieses Programm hat Zehntausenden von Familien in der 28 Bezirke umfassenden Diözese von CCFW geholfen (https://www.catholiccharitiesfortworth.org).

Charter for Compassion wurde von der Religionswissenschaftlerin Karen Armstrong gegründet. Die CFC lädt alle Menschen dazu ein, eine friedliche, freundliche, integrative und lohnende Welt mitzugestalten. Die Unterzeichner der Charta sind der Meinung, dass Mitgefühl jede menschliche Beziehung und jede Herangehensweise an das gesellschaftliche Leben durchdringen kann und sollte (https://www.charterforcompassion.org).

Critical Time Intervention bietet kurzfristige Interventionen für Personen, die in Notunterkünften und Obdachlosenzentren gelebt haben, und bietet ihnen die Hilfe, die sie benötigen, um in ein normales Leben zurückzukehren. Längerfristige Ziele sind die Wiedereingliederung und die Unabhängigkeit von gemeinschaftlichen Unterstützungsnetzen (https://www.criticaltime.org).

EMPath (Economic Mobility Pathways) bietet intensive Beratung, um Menschen, die in Armut leben oder von Armut bedroht sind, zu wirtschaftlicher Unabhängigkeit zu verhelfen. EMPath stellt den angeschlossenen Einrichtungen und Organisationen auch die Instrumente zur Verfügung, die sie zur Umsetzung ihrer bewährten Programme benötigen (https://www.empathways.org).

Der Environmental Defense Fund gehört zu den weltweit führenden Umweltorganisationen, mit mehr als 2,5 Millionen Mitgliedern und einer 50-jährigen Erfolgsgeschichte, die die Umwelt sicherer und gesünder macht. Er berät Unternehmen, Gemeinden und Länder in Bezug auf die besten Praktiken der Nachhaltigkeit (http://www.edf.org).

FAME USA (Federation for Advanced Manufacturing Education) bietet Qualifizierungsmaßnahmen für Arbeitskräfte an und vermittelt 85 Prozent seiner Teilnehmer an mehr als 400 Unternehmen in 12 US-Bundesstaaten (https://fame-usa.com).

Die George Kaiser Family Foundation setzt sich dafür ein, dass jedes Kind in und um Tulsa, Oklahoma, die gleichen Chancen auf Erfolg im Leben hat. Sie setzt ein breites Spektrum an lokalen und nationalen öffentlich-privaten Partnerschaften ein, um evidenzbasierte Praktiken zu verbreiten, die Chancenlücken bis zum Alter von acht Jahren verringern (https://www.gkff.org).

Die Good Things Foundation ist eine im Vereinigten Königreich ansässige Wohltätigkeitsorganisation, die das Leben der Menschen verbessert, indem sie hilft, die digitale Kluft zu schließen. Ihr „Make It Click"-Programm bietet kostenlose Kurse, Tools und Vorlagen im Vereinigten Königreich und weltweit an, um die digitale Kompetenz zu verbessern (https://www.goodthingsfoundation.org).

Das Green Belt Movement wurde 1977 von Professor Wangari Maathai gegründet. GBM hat in ganz Afrika Dutzende von Millionen von Bäumen gepflanzt und setzt sich auf lokaler, nationaler und internationaler Ebene für die Erhaltung der Umwelt, die Widerstandsfähigkeit gegenüber dem Klimawandel und die Gleichstellung der Geschlechter ein (https://www.greenbeltmovement.org).

Die Internationale Föderation der Rotkreuz- und Rothalbmond-Gesellschaften will humanitäre Aktivitäten durch 192 nationale Gesellschaften in Ländern auf der ganzen Welt inspirieren, ermutigen, erleichtern und fördern. Sie tut dies mit dem Ziel, menschliches Leid zu verhindern und zu lindern und zur Erhaltung und Förderung der Menschenwürde und des Friedens beizutragen (https://www.ifrc.org).

Die KIPP Public Schools sind ein Netz aus Hunderten von gebührenfreien öffentlichen Charter Schools in den Vereinigten Staaten mit mehr als 10.000 Lehrkräften und 160.000 Schülern und Absolventen. Die Zugehörigkeit zu KIPP erfordert eine besondere Verwaltung und pädagogische Instrumente. Aufgrund des Nachfrageüberhangs nach ihren Dienstleistungen erfolgt die Zulassung häufig über eine Lotterie (https://www.kipp.org).

Lutheran Services in America betreibt eines der größten Netzwerke für Gesundheits- und Humandienstleistungen in den Vereinigten Staaten. Sie helfen bei der Betreuung von mehr als 6 Millionen Amerikanern in 1.400 Gemeinden im ganzen Land sowie einer großen Zahl von Einwanderern und Flüchtlingen. Lutheran Services hat mehr als 150.000 aktive Freiwillige (https://www.lutheranservices.org).

Nurse-Family Partnership ist ein landesweites kommunales Gesundheitsprogramm, das Erstgebärende befähigt, ihr Leben und das Leben ihrer Babys durch den gezielten Einsatz bewährter Verfahren zu verbessern. Ihre Vision ist eine Zukunft, in der alle Kinder gesund sind, Familien gedeihen und der Kreislauf der Armut durchbrochen wird (https://www.nursefamilypartnership.org).

Operation HOPE hat sich zum Ziel gesetzt, die wirtschaftlichen Möglichkeiten zu erweitern, indem das freie Unternehmertum für alle besser funktioniert. Ihr Hauptaugenmerk liegt auf der Förderung der finanziellen Würde, der finanziellen Bildung und der Integration der unterversorgten Bevölkerung. Ihre Bewegung „Financial Literacy for All" (Finanzielle Bildung für alle) entwickelt Inhalte für den allgemeinen Gebrauch in Amerika und auf der ganzen Welt (https://www.operationhope.org).

Ready, Willing & Able (auch bekannt als Doe Fund) bietet Männern mit einer Vorgeschichte von Inhaftierung, Obdachlosigkeit und Arbeitslosigkeit bezahlte Arbeits- und Karriereentwicklungsdienste an, die nachweislich Wege aus der Unsicherheit und Not zu einem Vollzeitjob und einer dauerhaften Wohnung aufzeigen. Ihr Work-Works-Modell reduziert nachweislich die Rückfälligkeit und hat das Potenzial, Hunderte von Millionen an öffentlichen Kosten für Programme einzusparen und gleichzeitig Zehntausende von Leben zu verbessern (https://www.doe.org).

Robin Hood kämpft seit mehr als 30 Jahren erfolgreich gegen die Armut in New York City und Umgebung. Während der Covid-19-Pandemie war es vorrangiges Ziel, Familien wieder auf die Beine zu bringen, Kinder wieder auf den richtigen Weg zu bringen und arbeitsfähige New Yorker wieder in Arbeit zu bringen (https://www.robinhood.org).

Rumie wurde von dem ehemaligen BlackRock-Manager Tariq Fancy gegründet. Rumie ist eine kanadische NRO und ein Technologieunternehmen, das mehr als 300.000 aktiven Lernenden in über 191 Ländern Bildungsressourcen und -werkzeuge zur Verfügung gestellt hat. Rumie hat mehr als 1.100 kostenlose und offene Kurse kuratiert und hofft, bis 2023 20 Millionen Lernende zu erreichen (https://www.rumie.org).

Year Up setzt sich dafür ein, dass jeder junge Erwachsene sein volles Potenzial ausschöpfen kann, und schließt die Kluft zwischen den Möglichkeiten, indem es Zugang zu Qualifizierungsmaßnahmen und bewährten Programmen zur Stärkung der Persönlichkeit bietet (https://www.yearup.org).

Der YMCA/CVJM ist eine weltweite Jugendorganisation mit Hauptsitz in Genf, die mehr als 100 Millionen Menschen in 120 Ländern betreut. Der CVJM ist bestrebt, christliche Grundsätze wie Mitgefühl, Geduld, Selbstbeherrschung und Freundlichkeit in die Praxis umzusetzen und gleichzeitig einen gesunden Körper, einen gesunden Geist und eine gesunde Seele zu entwickeln (https://www.ymca.int).

ANMERKUNGEN

Einführung

1. In den Trümmern der weltweiten Finanzkrise schrieb ich: „Als Mann mit Gewissen haben mich die wirtschaftlichen und finanziellen Schlagzeilen der letzten 18 Monate sehr erschüttert. Ich habe mich gefragt, ob ich mein Leben ungewollt einem schändlichen Streben, wenn nicht gar dem Bösen, überlassen habe. Sind die Söhne und Töchter von Notre Dame an der Wall Street, zu denen auch ich gehöre, irgendwie schuld an dem Chaos, in dem sich unser Land befindet? Wenn ja, was um Himmels willen sollten wir dagegen tun?" Terrence Keeley, „Eye of the Needle", *Notre Dame Magazine*, Sommer 2009. Dieser Artikel wurde 2010 von der Catholic Press Association mit dem General Interest Award ausgezeichnet.
2. Robert J. Shiller, *Finance and the Good Society* (Princeton, NJ: Princeton University Press, 2012), 27.

1. Die Einsätze

1. Brad Cornell, „The ESG Concept Has Been Overhyped and Oversold", *Financial Times*, 15. Juli 2020.
2. Tariq Fancy, „Financial World Greenwashing the Public with Deadly Distraction in Sustainable Investing Practices", *USA Today*, 16. März 2021.

3. Lassen Sie mich klarstellen, warum ich Tariq Fancys pauschalem Vorwurf der „Übervorteilung" nicht zustimme. Die Verantwortung für die Kapitalallokation liegt in erster Linie bei den Eigentümern des Kapitals. Es gibt keine Anhaltspunkte dafür, dass Tausende von Anlegern irgendwie blind in die Irre geführt worden sind. Darüber hinaus sind die Vermögensverwaltungen nicht für die fundierten Entscheidungen verantwortlich, die die Vermögensinhaber treffen. Die Anleger beauftragen Vermögensverwaltungen, bestimmte Ziele zu erreichen. Wenn diese Ziele nicht erreicht werden, haben die Vermögensinhaber das Recht, ihre Manager zu entlassen. Wenn bestimmte ESG-Produkte nicht die von den Eigentümern benötigten und gewünschten Ergebnisse liefern, haben diese Anleger die Möglichkeit, den Kurs zu korrigieren. Und wenn das gesamte System nicht die von der Gesellschaft gewünschten Ergebnisse liefert, ist ein systemischer Wandel erforderlich.
4. Wie Professor Mazzucato überzeugend schreibt: „Nur die Regierung ist in der Lage, einen Wandel in dem erforderlichen Umfang herbeizuführen." Diese Regierung „muss zunächst mit den Instrumenten, der Organisation und der Kultur ausgestattet werden, die sie benötigt, um einen missionsorientierten Ansatz voranzutreiben". Mit anderen Worten: Wir müssen zunächst aufgeklärte Führungspersönlichkeiten hervorbringen und ihnen dann die nötigen Befugnisse geben, um Veränderungen zu bewirken. Das ist eine überzeugende Idee, aber man fragt sich, inwiefern sie sich von dem unterscheidet, was China bereits tut. Ist der chinesische Kapitalismus dem westlichen Kapitalismus nachweislich überlegen? Auf diese Frage gehe ich im nächsten Kapitel ein. Siehe Mariana Mazzucato, *Mission Economy: A Moonshot Guide to Changing Capitalism* (New York: HarperCollins, 2021).
5. Es ist unerklärlich, dass die verheerende Rolle des ehemaligen Vorsitzenden des Finanzausschusses des Repräsentantenhauses, des Demokraten Barney Frank, bei der Aussaat und dem anschließenden Anfachen der Subprime-Krise nie richtig dargestellt wurde. „Ich möchte die Würfel in dieser Situation ein wenig mehr in Richtung des subventionierten Wohnungsbaus rollen lassen", sagte Barney im Jahr 2003 und billigte damit Hunderte von Milliarden zusätzlicher Subprime-Kredite, die in den Bilanzen von Fannie Mae und Freddie Mac landeten. Diese Würfel fielen nur ein paar Jahre später äußerst ungünstig. In der Regel sollten Regierungen keine Kredite vergeben. Wenn die Politik Einfluss auf versicherungsmathematische Analysen und Kreditanalysen nimmt, führt dies zu weniger soliden Finanzentscheidungen.
6. Peter H. Lindert und Jeffrey G. Williamson, *American Incomes 1774–1860*, NBER Working Paper 18396 (Cambridge, MA: National Bureau of Economic Research, September 2012).

7. Die Brookings Institution berichtet, dass die Zahl der Menschen, die in extremer Armut leben, von 1,9 Milliarden im Jahr 1990 auf 648 Millionen im Jahr 2019 gesunken ist, und geht davon aus, dass sie in den nächsten Jahren weiter auf 537 Millionen sinken wird. Nicht lange vor Russlands sinnlosem Einmarsch in die Ukraine prognostizierte sie, dass die weltweite Armut nicht vor 2023 unter das Niveau von 2019 fallen wird und dass im Jahr 2030 588 Millionen Menschen in extremer Armut leben werden. Russland bedroht nun alle Menschen, ob arm oder reich – auch die russischen Bürger.
8. Das Wachstum der Weltbevölkerung ist selbst eine ergebnisoffene Debatte. Die angesehene britische medizinische Zeitschrift *The Lancet* prognostizierte kürzlich einen Höchststand der Weltbevölkerung von 9,73 Milliarden im Jahr 2064 gegenüber 7,8 Milliarden im Jahr 2021. Dies ist etwas niedriger und früher als frühere UN-Schätzungen, die den Höchststand der Weltbevölkerung um das Jahr 2100 bei fast 11 Milliarden Menschen ansetzten. Die Tendenz ist jedoch eindeutig: steigend. Zumindest sollten wir in diesem Jahrhundert einen Anstieg der Mitglieder der menschlichen Familie um etwa 25 Prozent erwarten und einplanen. Jeder von ihnen wird Nahrung, Unterkunft, Bildung und eine sinnvolle Arbeit benötigen.
9. Für eine überzeugendere systemweite Analyse der positiven Auswirkungen der Mitarbeiterzufriedenheit auf das Endergebnis siehe Clement Bellet, Jan-Emmanuel De Neve und George Ward, „Does Employee Happiness Have an Impact on Productivity?“. Saïd Business School WP 2019-13, *SSRN*, 14. Oktober 2019, http://dx.doi.org/10.2139/ssrn.3470734.
10. In seinem neuen Buch „Unsettled“ widerspricht der bekannte Physiker Steven Koonin einigen dieser Behauptungen und argumentiert, dass „die wirtschaftlichen Nettoauswirkungen des vom Menschen verursachten Klimawandel zumindest bis zum Ende dieses Jahrhunderts minimal sein werden“. Dr. Koonin bestreitet nicht, dass der Mensch die Zusammensetzung der Atmosphäre in einem Rekordtempo verändert oder dass das nächste Jahrhundert letztlich viel wärmer werden könnte. Vielmehr glaubt er, dass „sozio-technische Hindernisse bei der Reduzierung der CO_2-Emissionen es wahrscheinlich machen, dass der menschliche Einfluss auf das Klima in diesem Jahrhundert nicht stabilisiert, geschweige denn reduziert werden kann“. Anstatt Billionen auszugeben, um die Art und Menge der von uns genutzten Energie zu verändern, plädiert Koonin für eine Politik, die der Gesellschaft hilft, sich an die negativen Auswirkungen unserer derzeitigen Energiequellen anzupassen. Die Debatte über die Verwendung unserer begrenzten finanziellen Ressourcen für die Eindämmung des Klimawandels und die Anpassung an den

Klimawandel wird in den kommenden Jahren eine der folgenreichsten sein. Siehe Steven E. Koonin, *Unsettled: What Climate Science Tells Us, What It Doesn't, and Why It Matters* (Dallas, TX: BenBella, 2021).

11. Eine ernüchternde Lektüre darüber, was mit Gesellschaften passieren kann, wenn die Einkommensunterschiede zu groß werden, ist Walter Scheidel, *The Great Leveler: Violence and the History of Inequality from the Stone Age to the Twenty-First Century* (Princeton, NJ: Princeton University Press, 2018).

12. Mein lieber Freund und langjähriger Mentor, Senator Phil Gramm aus Texas, kann Sie zu diesem Thema zu Tränen rühren. Beginnen Sie mit Phil Gramm, „The Truth About Income Inequality", *Wall Street Journal*, 3. November 2019. Dann Phil Gramm, „Incredible Shrinking Income Inequality," *Wall Street Journal*, 24. März 2021. Warnung: Wenn Sie sich auf eine Debatte mit Senator Gramm zu diesem Thema einlassen, werden Sie verlieren. Er ist mit Fakten bewaffnet, liegt selten falsch und ist einfach unerbittlich.

13. John Rawls, *A Theory of Justice* (Cambridge, MA: Harvard University Press, 1971).

14. Katharine Graham wurde 1972 die erste weibliche Vorstandsvorsitzende eines Fortune-500-Unternehmens, nachdem ihr Mann von ihrem Vater zum Vorstandsvorsitzenden ernannt worden war, dann aber Selbstmord beging. Ihre Amtszeit an der Spitze der *Washington Post* wurde nicht zuletzt durch ihren Umgang mit dem Watergate-Skandal geprägt. Nixons Generalstaatsanwalt John Mitchell sagte über die Watergate-Berichterstattung der *Washington Post*: „Katie Graham wird mit ihrer Titte in eine große, fette Wringmaschine geraten, wenn das veröffentlicht wird." Aber es waren die Titten von Generalstaatsanwalt Mitchell und Präsident Nixon, die am Ende ausgewrungen wurden. Katharine Graham überlebte nicht nur, sondern sie und die *Washington Post* gediehen.

15. Um es klar zu sagen: Es gibt keinen Grund, von einem kontinuierlichen, linearen oder auch nur quasilinearen menschlichen Fortschritt auszugehen. In modernen Gesellschaften gab es viele Rückschläge, die mehrere Jahrzehnte andauerten, wie etwa in New York City von Mitte der 1960er- bis Mitte der 1990er-Jahre und in Deutschland in der ersten Hälfte des 20. Jahrhunderts. Auch ganze Zivilisationen sind in relativ kurzen Zeiträumen von einem hohen Entwicklungsstand in ein völliges Chaos gestürzt, um dann dort zu verharren. Berühmt ist das antike Rom, das unter einer Abfolge von fünf Kaisern über 200 Jahre hinweg ein beispielloses Wirtschaftswachstum erreichte, aber in den zwei Jahrhunderten nach dem Tod von Marcus Aurelius im Jahr 180 n. Chr. in den

chaotischen Ruin verfiel. Keine westliche Gesellschaft schaffte es, das wirtschaftliche und politische Niveau Roms wieder zu erreichen, bis es rund 1.400 Jahre später zu systematischen Fortschritten in der europäischen Landwirtschaft und zur Aufklärung kam. Wenn wir jetzt schwerwiegende Fehler machen, könnte die gesamte Menschheitsfamilie leicht für Jahrzehnte oder sogar Jahrhunderte in Verzweiflung versinken.

2. Stakeholder versus Aktionäre

1. Richter Russell Ostrander for the majority, Dodge v. Ford Motor Company, 204 Mich. 459,170 N.W. 668 (Februar 1919).
2. Um es klar zu sagen: Henry Ford war kein Mann von grenzenloser Tugendhaftigkeit. Seine antisemitische Gesinnung war allgemein bekannt und wurde nur allzu oft zur Schau gestellt, unter anderem durch seine öffentliche Unterstützung für Adolf Hitler bis zum Beginn des Zweiten Weltkriegs.
3. Adolf A. Berle Jr., „For Whom Corporate Managers Are Trustees: A Note," *Harvard Law Review* 45, Nr. 8 (Juni 1932): 1365, 1367, 1372.
4. Das einleitende Zitat dieses Kapitels stammt aus „Stakeholder Capitalism vs. Milton Friedman: A Discussion with Darren Walker and James Stewart". Dieses Gespräch fand am 16. September 2020 im Aspen Institute in Washington, DC, statt. Darren Walker ist einer der eloquentesten und leidenschaftlichsten Kritiker des Shareholder-Kapitalismus. Die Stiftung, die Walker leitet, wurde 1936 mit einer Spende von 25.000 Dollar von Henry Fords Sohn Edsel gegründet. Mitte der 1940er-Jahre schenkte die Familie der Stiftung zusätzlich Aktien von Ford Motor im Wert von 250.000 Dollar, wodurch die Ford Foundation zur größten philanthropischen Stiftung der Welt wurde. Ihr erklärtes Ziel ist es, Armut und Ungerechtigkeit zu bekämpfen, demokratische Werte zu stärken, die internationale Zusammenarbeit zu fördern und menschliche Errungenschaften voranzutreiben – also all das zu tun, was den Interessenvertretern der Kapitalisten am Herzen liegt. Ohne Henry Fords geschäftlichen Erfolg und seine Großzügigkeit wären der Ford Foundation diese Möglichkeiten nie gegeben worden. Mit anderen Worten: Ohne die enormen Gewinne, die Henry Ford erwirtschaftete, hätte Darren Walker vielleicht nie die Möglichkeit gehabt, viele derjenigen zu hinterfragen, die sich heute aktiv darum bemühen, Fords geschäftlichen Erfolg zu wiederholen.
5. Für eine ausführlichere Diskussion über die Varianten, Stärken und Schwächen des Kapitalismus siehe William J. Baumol, Robert E. Litan und Carl

J. Schramm, „Good Capitalism, Bad Capitalism and the Economics and Growth and Prosperity“ (Newhaven, CT: Yale University Press, 2009).

6. Meiner Meinung nach stammt vieles von dem, was Papst Franziskus' Ansichten über den Kapitalismus gefärbt haben mag, aus seiner Zeit als Kardinal in Buenos Aires und seinem Sitzplatz in der ersten Reihe bei den wiederholten oligarchischen Fehltritten Argentiniens. Obwohl Argentinien mit reichlich natürlichen Ressourcen gesegnet ist, haben seine politischen Führer die Wirtschaft des Landes wiederholt abgewürgt und die Bevölkerung im Stich gelassen. Argentinien ist fast ein Dutzend Mal mit seinen Schulden in Verzug geraten, öfter als jedes andere Land. Außerdem haben die Argentinier wiederholt unter Hyperinflation gelitten. *Laudato si'*, die kraftvolle Enzyklika von Papst Franziskus über die Sorge für unser gemeinsames Haus, die Erde, prangert alle Unternehmen für ihre Vernachlässigung der Umwelt an.
7. Bitte erinnern Sie sich an diese DJIA-Diskussion, wenn wir zu Kapitel 8, „Ein paar Worte über Indizes“, kommen. Wie der DJIA entstanden ist und wie er seitdem immer wieder neu zusammengesetzt wurde, ist eine Geschichte, die es wert ist, erzählt zu werden. Sie hat auch einen bedeutenden Einfluss darauf, wie man „den Markt schlägt“, auf moderne ESG-Investitionen und die optimale Kapitalallokation.
8. Dominic Barton, James Manyika, Timothy Koller, Robert Palter, Jonathan Godsall und Joshua Zoffer, „Measuring the Economic Impact of Short-Termism“, Diskussionspapier (Washington, DC: McKinsey Global Institute, Februar 2017).
9. Wir kommen auf dieses Thema in Kapitel 10, „Die Festverdrahtung unternehmerischer Güte“, zurück.
10. Der Vermögensverwaltungs-Riese Fidelity ist nur eines von vielen überzeugenden Beispielen für Unternehmen in Privatbesitz, die über Jahrzehnte hinweg floriert haben und einige magere Jahre brauchten, um sich strategisch zu erneuern und neu zu erfinden, um dann längerfristig besser aufgestellt zu sein. Dem Ingenieur- und Bau-Riesen Bechtel sowie dem Gesundheitsausrüster Medline erging es ähnlich. Weitere Beispiele, die das Prinzip des komparativen Vorteils verdeutlichen, sowie wertvolle gemeinnützige Initiativen und Strategien, die ein integrativeres, nachhaltiges Wachstum fördern, finden Sie in Kapitel 13, „Lassen Sie uns unter vier Augen sprechen“, und in Kapitel 15, „Staatsbürgerkunde“.

3. Aktivisten, ihre Argumente – und eine kleine Maschine, die es kann

1. Lee Ray, Catharina Hillenbrand von der Neyen, Durand D'souza, Valeria Ehrenheim, Lily Chau, Nicolás Gonzalez, Lorenzo Sani und Aurore Le Galiot, *Do Not Revive Coal: Planned Asia Coal Plants a Danger to Paris* (London: Carbon Tracker, Juni 2021).
2. Für ausführlichere Analysen siehe David Blitz und Laurens Swinkels, „Does Excluding Sin Stocks Cost Performance?" *SSRN* (25. Juni 2021), http://dx.doi.org/10.2139/ssrn.3839065; und Lisa Smith, „Socially Responsible Investing Vs. Sin Stocks", *Investopedia*, 12. Mai 2020. In Kapitel 12, „Überlaufene Märkte", untersuche ich, ob ESG-Indizes die gleichen Renditeverzerrungen verursachen wie der Ausschluss von Sündenaktien. Sollte sich herausstellen, dass dies der Fall ist, werden einige der anspruchsvollsten Anleger der Welt ESG-Indizes wahrscheinlich ablehnen, während die Aufsichtsbehörden gleichzeitig auf ihre breitere Einführung drängen.
3. Siehe Shira Tarrant, „The Pornography Industry: What Everyone Needs to Know" (New York: Oxford University Press, 2016). Eine der überraschenderen Enthüllungen von Tarrant ist die Rolle, die JPMorgan Chase, die Fortress Investment Group und der Stiftungsfonds der Cornell University bei der Konsolidierung mehrerer Pornoanbieter in einem einzigen kanadischen Privatunternehmen namens MindGeek gespielt haben. Der Haupteigentümer von MindGeek, Bernard Bergemar, hatte vor Kurzem ein geschätztes Vermögen von 1,2 bis 2 Milliarden Dollar.
4. Bradford Cornell und Aswath Damodaran, „Valuing ESG: Doing Good or Sounding Good?", *SSRN* (März 20, 2020), http://dx.doi.org/10.2139/ssrn.3557432.
5. Die Umweltverpflichtungen der Charter for Compassion können unter https://charterforcompassion.org/charter eingesehen werden.

4. Aufrührer in der Chefetage

1. Für diejenigen, die es nicht wissen: Der „Weg nach Damaskus" bezieht sich auf die berühmte Bekehrung des Pharisäers Saulus von Tarsus, der zum Heiligen Apostel Paulus wurde. Der Ausdruck wird umgangssprachlich verwendet, um eine 180-Grad-Wende in den eigenen Überzeugungen zu beschreiben. Die Geschichte erzählt, dass Saulus die ersten Christen brutal verfolgte, bis zu einem Tag im Jahr 34 n. Chr., als „ein Licht vom Himmel um ihn herum aufblitzte", während er zu Pferd auf dem Weg nach Damaskus war. Saulus wurde geblendet und stürzte zu Boden, woraufhin ihm Jesus

von Nazareth erschienen sein soll, der ihn dazu bewog, sich zum Christentum zu bekehren. Von da an wurde der Apostel Paulus zu einem der größten Beschützer und Verfechter des Glaubens, gründete zahlreiche christliche Gemeinden in Kleinasien und Europa und verfasste viele lehrreiche Briefe. Heute bilden die 13 Briefe des Paulus an die von ihm mitbegründeten Ortsgemeinden die Grundlage für einen bedeutenden Teil der Bibel, der als Neues Testament bekannt ist. Ich beziehe mich hier auf einen möglichen Wandel in der Einstellung von CEOs – von einer Konzentration auf das Kurzfristige und nur auf die Aktionäre hin zu einer Konzentration auf das Langfristige und alle Stakeholder, einschließlich der Aktionäre.

2. Alan Murray, „America's CEOs Seek a New Purpose for the Corporation", *Fortune*, 19. August 2019.
3. Diese Auszüge stammen aus Lucian Bebchuk und Roberto Tallarita, „The Illusory Promise of Stakeholder Governance", *Cornell Law Review* 106 (Dezember 2020): 91–178. Die Schlussfolgerungen der Autoren werden durch eigene Untersuchungen der Unterzeichner der Neuformulierung 2019 gestützt. Bebchuk und Tallarita fanden heraus, dass nur ein einziger CEO in ihrer Umfrage sich die Mühe gemacht hatte, seinen Verwaltungsrat vor der Unterzeichnung der Neuformulierung zu konsultieren. Sie führen dies als Beweis dafür an, dass die Teilnahme keine wesentliche Abweichung von der bisherigen Praxis darstellte. Wäre sie bedeutend gewesen, wäre eine vorherige Genehmigung des Verwaltungsrats erforderlich gewesen.
4. Andrew Winston, „Is the Business Roundtable Statement Just Empty Rhetoric?", *Harvard Business Review*, 30. August 2019.
5. George Magnus, „The Age of Aging: How Demographics Are Changing the Global Economy and Our World" (Singapur: Wiley, 2009). In diesem Buch untersucht Magnus vorausschauend alle sozialen und wirtschaftlichen Aspekte im Zusammenhang mit dem außergewöhnlichen, noch nie da gewesenen demografischen Wandel der Menschheit.
6. Es gibt keinen Grund dafür, dass die Vereinigten Staaten unter der gleichen demografischen Überalterung leiden wie Europa, Russland oder China. Vernünftige Einwanderungs- und Familienförderungsgesetze könnten dafür sorgen, dass die US-Bevölkerung jahrzehntelang auf gesunde Art und Weise wächst. Matt Yglesias hat in seinem Buch „One Billion Americans: The Case for Thinking Bigger" (New York: Penguin, 2020) nicht nur vorbildlich erklärt, dass solche Gesetze funktionieren könnten, sondern auch, warum.
7. Alicia H. Munnell, Anqi Chen und Robert L. Siliciano, *The National Retirement Risk Index: An Update from the 2019 SCF* (Boston: Center for Retirement Research at Boston College, Januar 2021).

8. Es ist nur allzu leicht zu erkennen, dass viele Länder das erleben werden, was Griechenland zwischen 2010 und 2012 durchmachte, als die Zahlungsunfähigkeit des Staates sein öffentliches Rentensystem dezimierte und viele Leben ruinierte. Rentner, die keine anderen Einkommensquellen hatten, waren plötzlich gezwungen, für sich selbst zu sorgen, und die Selbstmordrate in Griechenland stieg um mehr als 35 Prozent an. So verkündete beispielsweise Dimitris Christoulas im Alter von 77 Jahren: „Ich begehe keinen Selbstmord, sie bringen mich um", bevor er sich vor dem Parlament in Athen erschoss. Die hier berichteten globalen Daten stammen von Mercer, *Mercer CFA Institute Global Pension Index 2021: Pension Reform in Challenging Times* (New York: Mercer, 2021).
9. Bei Redaktionsschluss dieses Buches hatte BlackRock dieses Versprechen eingelöst und die MSCI-Kennzahl „Implied Temperature Rise" (ITR) für die meisten seiner Indexfonds und ETFs veröffentlicht. Es wird Sie nicht überraschen zu erfahren, dass sich die Temperaturanpassung bei Fonds als Schlüsselkennzahl für die Gewinnung neuer Kunden erweist. Wir werden in Kapitel 11, „Das ESG-Wettrüsten", darauf zurückkommen.
10. Wie bereits kurz erwähnt, sind Scope-1-, -2- und -3-Emissionen Bezeichnungen, die die Art und Quelle des eigenen Treibhausgas-Fußabdrucks kategorisieren. Scope 1 umfasst alle direkten Emissionen, die unter der eigenen Kontrolle stehen, zum Beispiel Emissionen aus Heizung, Beleuchtung und Fuhrpark. Scope 2 umfasst die indirekten Emissionen, einschließlich derjenigen, die durch den eigenen Strom und andere Energieversorger entstehen. Für Scope-2-Emissionen müssen Informationen darüber bereitgestellt werden, wie die Anbieter ihre Energie erzeugen. Scope 3 umfasst alle anderen indirekten Emissionen, einschließlich der von Zulieferern. Dazu gehören Emissionen im Zusammenhang mit Geschäftsreisen, Lieferketten, Abfall und Wasserverbrauch. Scope-3-Emissionen machen den weitaus größten Teil des Kohlenstoff-Fußabdrucks der meisten Unternehmen aus und sind natürlich am schwierigsten zu messen und zu managen.

5. Was wäre, wenn +1 °C = -100 Billionen Dollar?

1. Falls Sie es noch nicht getan haben, sollten Sie sich die schrittweise Analyse von Mark Lynas ansehen, wie das Leben auf der Erde mit jedem steigenden Grad aussehen könnte. Mark Lynas, „Our Final Warning: Six Degrees of Climate Emergency" (London: HarperCollins, 2020). Wie die *Times of London* schrieb, ist Lynas' Buch „die klarste Darstellung, die wir bisher gefunden haben, wie der Klimawandel aussehen wird, je nachdem, was wir dagegen tun".

2. BlackRock Investment Institute, *Climate Aware Capital Market Assumptions* (New York: BlackRock, März 2021).
3. BlackRock, *Climate Aware Capital Market Assumptions.*
4. BlackRock, *Climate Aware Capital Market Assumptions.*

6. Was haben die Vereinten Nationen damit zu tun?

1. Francis Fukuyama, *The End of History and the Last Man* (New York: Free Press, 1992).
2. Mit „neu" meine ich die letzten 75 Jahre, nicht die Definition der Universität Oxford, die alles nach Diokletian und dem Untergang des Römischen Reiches einschließt.
3. Heute hat die UN-Generalversammlung 193 Mitglieder, darunter auch der Vatikan.
4. Die angesehene Harvard-Law-School-Professorin (und, wie ich hinzufügen muss, äußerst wortgewandte Eleanor-Roosevelt-Biografin!) Mary Ann Glendon hat überzeugend dargelegt, dass der Kalte Krieg die Erklärung tatsächlich in zwei Hälften geteilt hat, wobei die Vereinigten Staaten öffentlich für die politischen und bürgerlichen Rechte eintraten, während die Sowjetunion die sozialen und wirtschaftlichen Bestimmungen verteidigte. Letzten Endes kann natürlich keine der beiden Seiten den Sieg für sich beanspruchen, nicht einmal auf der Grundlage der von ihnen gewählten begrenzten Gründe. In den Vereinigten Staaten sind die Bürgerrechte noch nicht vollständig verwirklicht, und die erwiesene Unfähigkeit jeder Kommandowirtschaft, weitverbreiteten, gleichberechtigten wirtschaftlichen und finanziellen Wohlstand zu schaffen, ist ausführlich dokumentiert. Nach den Gräueltaten in der Ukraine steht Russland nicht mehr für irgendwelche Prinzipien, weder moralisch noch finanziell. Wie Eleanor Roosevelt selbst plädiert auch Professorin Glendon für Grundprinzipien als Grundlage für dauerhaften Fortschritt.
5. Während viel über die heutige Ungleichheit innerhalb der Länder gesprochen wird, haben sich die globalen Gini-Koeffizienten – ein Maß für die Ungleichheit zwischen den Nationen – in den letzten vier Jahrzehnten nachweislich verbessert. Im Klartext: Die ärmeren Länder haben seit 1980 zu den reicheren Ländern aufgeholt. Diese Leistung wird oft übersehen. Die größten Privatvermögen, die je angehäuft wurden, sind übrigens nicht die von Bezos, Buffett, Gates oder irgendeinem Monarchen wie Königin Elisabeth II. Man schätzt, dass Jakob Fugger aus Deutschland (1459–1525) und John D. Rockefeller (1839–1937) mit einem inflations-

bereinigten Privatvermögen von über 400 Milliarden Dollar die reichsten Menschen der Geschichte waren. Die heutigen Gini-Koeffizienten in den Vereinigten Staaten, Europa und China deuten jedoch darauf hin, dass sich heute mehr Reichtum bei dem obersten Prozent konzentriert als zu irgendeinem anderen Zeitpunkt in der Geschichte, auch während der Ära von Fugger und Rockefeller. Die Argumente für eine Verbesserung vieler nationaler Gini-Koeffizienten, wie sie beispielsweise von Thomas Piketty vorgebracht werden, sind zwingend.

6. Gestatten Sie mir, eine persönliche Geschichte über Kofi Annan zu erzählen. Im Jahr 2009 flog ich nach einer internationalen Konferenz von Zürich zurück nach New York. Ich hatte meine überschüssigen Flugmeilen für ein Upgrade in die erste Klasse bei Swiss Air verwendet. Nur eine weitere Person war mit mir unterwegs: der UN-Generalsekretär. Nachdem wir getrennt zu Mittag gegessen hatten, kam Herr Annan zu mir, um sich vorzustellen und zu fragen, was ich gerade lese. Es war ein Buch über die bewaffnete Neutralität der Schweiz während des Zweiten Weltkriegs von Stephen Halbrook. „Die Schweiz befand sich während des Zweiten Weltkriegs in einer weitaus schwierigeren Lage, als den meisten bewusst ist", sagte Annan. Ich beendete das Buch vor der Landung und überreichte es mit Widmung dem Generalsekretär. Drei Wochen später erhielt ich eine handschriftliche Notiz des Generalsekretärs der Vereinten Nationen, in der er sich herzlich für meine Freundlichkeit bedankte. „Es war sogar besser, als ich erwartet hatte", schrieb er. Ich erlebte, was viele schon wussten: Kofi Annan war ein zutiefst nachdenklicher, fürsorglicher, liebenswürdiger internationaler Diplomat von seltenem Geschick und – für mich und viele andere – eine persönliche Begegnung mit unauslöschlicher Wirkung.
7. PRI, *PRI Board Report: 2020 Signatory General Meeting* (London: PRI, 2020).
8. „What are the Principles for Responsible Investment?" PRI, https://www.unpri.org/about-us/what-are-the-principles-for-responsible-investment.

7. Wesentlichkeit

1. Als dieses Buch geschrieben wurde, änderte Facebook seinen Namen in Meta. Die in diesem Kapitel beschriebenen Vorfälle ereigneten sich, als es noch Facebook hieß. Aus Gründen der Einheitlichkeit wird es im weiteren Verlauf dieses Buches bei Facebook bleiben.
2. Die größte Unternehmensstrafe in der Geschichte der USA wurde gegen BP für das Deepwater-Horizon-Ölteppich-Fiasko verhängt, ein Bußgeld

von 20,8 Milliarden Dollar. Bank of America, Volkswagen, JPMorgan Chase und BNP Paribas vervollständigen die Top 5 mit Geldstrafen zwischen 8 und 18 Milliarden Dollar für Aktivitäten wie Hypothekenbetrug, gefälschte Emissionsdaten, Geldwäsche und andere weniger spezifische „kriminelle Verhaltensmuster".

3. Die Daten zum Innovationsgefälle zwischen der Europäischen Union und den Vereinigten Staaten sprechen für sich. Obwohl die Europäische Union und die Vereinigten Staaten einen ungefähr vergleichbaren Anteil am globalen BIP haben, bringen die Vereinigten Staaten dreimal so viele „Unicorns" pro Jahr hervor wie die Europäische Union und fast die Hälfte der gesamten Welt. Aus diesem Grund gibt es keine europäischen Äquivalente zu Apple, Facebook, Google, Microsoft oder Twitter. China steht mit einem Anteil von 26 Prozent an den Unicorns weltweit an zweiter Stelle nach den Vereinigten Staaten. Europa muss mehr innovieren.
4. Die Entscheidung von Royal Dutch Shell (jetzt Shell, PLC), seine niederländische Börsennotierung aufzugeben und sich ausschließlich im Vereinigten Königreich niederzulassen, ist nur das jüngste Beispiel dafür, dass ein großes Unternehmen in eine günstigere Rechtsordnung umzieht. Es gibt eine umfangreiche und tiefgründige Literatur über das sogenannte Race-in-Laxity- oder Race-to-the-Bottom-Phänomen, auf das hier nicht näher eingegangen werden soll. Sie stützt sich auf Adolf A. Berles Buch „The Modern Corporation and Private Property" (Piscataway, NJ: Transaction, 1932) sowie auf mehrere Fälle des Obersten Gerichtshofs, darunter die wichtige Entscheidung von Richter Louis Brandeis aus dem Jahr 1933, *Liggett Co. v. Lee* (288 U.S. 517, 558-59). Die Frage, ob jeder Schritt hin zu kulanteren Regulierungsstandards ein „Wettlauf nach unten" oder ein „Wettlauf um mehr Effizienz" ist, sorgt für viel Diskussionsstoff. Ich persönlich befürworte den Wettbewerb zwischen den Rechtsordnungen genauso wie zwischen Unternehmen und Branchen. Lassen Sie Schumpeter Schumpeter sein!
5. Dane Christensen, George Serafeim und Anywhere Sikochi, „Why Is Corporate Virtue in the Eye of the Beholder? The Case of ESG Ratings", *Accounting Review* 97, Nr. 1 (Januar 2022): 147-75.
6. Als dieses Buch in Druck ging, hatte MSCI seine relative Rangfolge von Coca-Cola und Pepsi geändert. Ich bat darum, ihre frühere Analyse zu veröffentlichen, aber MSCI erteilte mir nicht die Erlaubnis, dies zu tun.
7. Florian Berg, Julian F. Kölbel und Roberto Rigobon, „Aggregate Confusion: The Divergence of ESG Ratings", *SSRN* (15. August 2019), http://dx.doi.org/10.2139/ssrn.3438533.

8. R. Boffo und R. Patalano, *ESG Investing: Practices, Progress and Challenges* (Paris: OECD, 2020), https://www.oecd.org/finance/ESG-Investing-Practices-Progress-Challenges.pdf.
9. Jay Clayton, „Remarks at the Meeting of the Asset Management Advisory Committee", U.S. Securities and Exchange Committee, öffentliche Anhörung, 27. Mai 2020.

8. Ein paar Worte über Indizes

1. Verachtete Fiktionen? Der Journalismus hat sich wirklich verändert ...
2. Der legendäre Investor Benjamin Graham ist Charles Dow zu besonderem Dank verpflichtet. Ohne Dows Indexinnovation hätte die Idee von „Mr. Market" niemals Eingang in Grahams legendäres Buch „Intelligent investieren" gefunden. Eine von Grahams denkwürdigeren Betrachtungen über Mr. Market ist, dass er kurzfristig eine Wahlmaschine und langfristig eine Wiegemaschine ist. Wie das? Kurzfristig, so Graham, kann Mr. Market irrational, euphorisch und launisch sein – er ist also eine Wahlmaschine. Längerfristig spiegelt der Markt jedoch immer die allgemeinen Wirtschaftstrends, Unternehmensgewinne und Ausschüttungen wider. Das macht ihn zu einem Wiegeautomaten. Graham vertritt die Ansicht, dass die wichtigste Eigenschaft einer erfolgreichen Investition Geduld ist. Intelligente Anleger kaufen Aktien, wenn Mr. Market pessimistisch gestimmt ist, und reduzieren ihre Positionen, wenn er zu übermütig geworden ist. Angesichts der Tatsache, dass Volkswirtschaften im Laufe der Zeit expandieren, muss man Aktien über lange Zeiträume besitzen, um ihr volles Potenzial auszuschöpfen. Warren Buffett bezeichnete „Intelligent investieren" als „das bei Weitem beste Buch über Investitionen, das je geschrieben wurde". Grahams Meisterwerk veranlasste Buffett zweifellos dazu, seine meistzitierte Anlageweisheit zu prägen: „Sei gierig, wenn der Markt ängstlich ist, und ängstlich, wenn der Markt gierig ist." Siehe Benjamin Graham, „The Intelligent Investor" (New York: HarperCollins, 1973).
3. GE wurde 1896 in den DJIA aufgenommen und 2018 wieder herausgenommen, was eine rekordverdächtige Laufzeit von 122 Jahren bedeutet. CEO Jeff Immelt konnte in seiner 17-jährigen Amtszeit von 2001 bis 2018 nicht an die bemerkenswerte Renditebilanz von Jack Welch anknüpfen. Während Welchs Amtszeit übertraf GE den S&P 500 um das Zweifache. Während Welch als begnadeter Manager gilt, war seine Amtszeit bei GE auch von mehr als 600 strategischen Übernahmen geprägt. Die GE-Aktie erreichte am 29. September 2000 mit

55,57 Dollar ihren historischen um Aktiensplits bereinigten Höchststand – und fiel genau 20 Jahre später um 90 Prozent. Im gleichen Zeitraum stieg der S&P 500 um 281 Prozent. Wieder Schumpeter? Ja, aber auch schlechtes Management. Die Unternehmensführung ist ein entscheidender Faktor für den Erfolg eines Unternehmens. Immelt scheiterte, wo Welch geglänzt hatte.

4. Die Panik von 1896 wurde durch einen starken Rückgang der nationalen Silberreserven und die dadurch ausgelösten Bedenken hinsichtlich des Goldpreises und der Deflation ausgelöst. Da die Fed heute praktisch nach Belieben Geld druckt, vergessen wir gern, dass die Vereinigten Staaten einst einen ganz anderen Ansatz zur Verwaltung ihrer Geldmenge verfolgten. Wie andere Länder auch wechselten wir zwischen der Verwendung „metallischer" Währungsstandards hin und her, wobei der US-Dollar zu verschiedenen Zeiten an Gold, Silber oder eine Kombination aus Gold und Silber gekoppelt war. Ein Rückgang der offiziellen Edelmetallreserven erforderte eine Verringerung des Bargeldumlaufs, was unweigerlich zu einer Verschärfung der monetären Bedingungen, höheren Zinsen und Bankencrashs führte. Die offiziellen Gold- und Silberreserven bestimmten effektiv, wie hoch die Zinssätze sein mussten. Keynes bezeichnete den Goldstandard einmal als ein „barbarisches Relikt". Während der Wahlen von 1896 beschwor der Kandidat der Populistischen Partei, William Jennings Bryan, die Zentralbanker und andere politische Führer, „die Menschheit nicht an einem Goldkreuz zu kreuzigen". Heute verwenden die Zentralbanken natürlich keine Metallstandards mehr, um ihre Zinssätze oder den Notenumlauf festzulegen. Die Schweizerische Nationalbank war die letzte, die 1999 die Goldbindung des Schweizer Franken aufgab. Stattdessen steht es den Zentralbanken frei, ihre Bilanzen nach eigenem Ermessen auszuweiten und zu schrumpfen, sofern dies mit der Finanz- und Preisstabilität vereinbar ist. Zusätzlich zu diesen beiden Zielen ist die amerikanische Zentralbank, die Federal Reserve, verpflichtet, Vollbeschäftigung anzustreben. Ob es einer einzigen Institution möglich sein wird, all diese Ziele zuverlässig zu erreichen, ist noch sehr ungewiss.
5. Halten Sie Ausschau nach dem CRSP US Total Market Index. Er ist bestrebt, 100 Prozent des investierbaren US-Aktienmarkts abzubilden, einschließlich Large-, Mid-, Small- und Micro-Cap-Aktien. Er ist auch die Grundlage für den größten ETF der Welt: Vanguards VTI.
6. Die Faktoren Qualität, Wachstum, Wert und Dynamik erklären bis zu 95 Prozent der Kursbewegungen von Aktien und Anleihen. Ein erfolgreiches Verschieben und Timing dieser Faktoren im Einklang mit dem Konjunkturzyklus führt zu einer außergewöhnlichen Überrendite, dem Alpha.

9. Werte versus Bewertungen

1. Richard Scott Stultz, „An Examination of the Efficacy of Christian-Based Socially Responsible Mutual Funds“, *Journal of Impact and ESG Investing* 1, no. 2 (Winter 2020): 105-19.
2. Jan-Carl Plagge und Douglas M. Grim, „Have Investors Paid a Performance Price? Examining the Behavior of ESG Equity Funds“, *Journal of Portfolio Management* 46, no. 3 (Februar 2020): 123-40.
3. Tensie Whelan, Ulrich Atz, Tracy Van Holt und Casey Clark, *ESG and Financial Performance: Uncovering the Relationship by Aggregating Evidence from 1,000 Plus Studies Published Between 2015-2020* (New York: NYU Stern Center for Sustainable Business, 10. Februar 2021).
4. Lauren Solberg, „Why Sustainable Strategies Outperformed in 2021“, Morningstar, 19. Januar 2022, https://www.morningstar.com/articles/1075190/why-sustainable-strategies-outperformed-in-2021.
5. Die Aktie mit der besten Performance im S&P 500 im Jahr 2021 war Devon Energy: Sie stieg um 185 Prozent und damit mehr als siebenmal so stark wie der breite Markt. Es ist leicht nachvollziehbar, dass S&P-500-Indexfonds, die Unternehmen wie Devon Energy ausschließen, schlechter abschneiden würden.
6. Shane Shifflett, „Funds Go Green, but Sometimes in Name Only“, *Wall Street Journal*, 9. September 2021.
7. „Sustainable Investing: A ‚Why Not‘ Moment“, BlackRock Investment Institute, 9. Mai 2018, https://www.blackrock.com/us/individual/insights/blackrock-investment-institute/sustainable-investing-is-the-answer.
8. Wie wir in den nächsten Kapiteln sehen werden, behaupten die meisten Vermögensverwaltungen, dass ESG-Überlegungen ein beträchtliches Alpha-Potenzial bieten könnten. Eine solche Behauptung ist zweifellos richtig. Ein aktuelles Projekt von Scientific Beta lehnt jedoch die Zusätzlichkeit der meisten ESG-Kennzahlen entschieden ab und argumentiert, dass ESG-Ratings keinen Mehrwert gegenüber den Informationen bieten, die bereits durch Sektorenklassifizierungen oder bekannte Faktorattribute bereitgestellt werden. Laut ihrer Studie „verhalten sich ESG-Strategien wie einfache Qualitätsstrategien, die mechanisch aus buchhalterischen Kennzahlen konstruiert werden“. Die Zeit wird bessere Daten und besser prognostizierbare Risiken bringen. Bis dahin werden andere Überlegungen ins Spiel kommen müssen. Siehe Giovanni Bruno, Mikheil Esakia und Felix Goltz, *Honey, I Shrunk the ESG Alpha: Risk-Adjusting ESG Portfolio Returns* (Singapur: Scientific Beta, April 2021).

9. Øystein Olsen und Trond Grande, „Climate Risk in the Government Pension Fund Global", Schreiben an das Finanzministerium (Oslo: Norges Bank, 2. Juli 2021).
10. Norges Bank Investment Management, *Responsible Investment: Government Pension Fund Global*, Nr. 7 (Oslo: Norges Bank Investment Management, 2020).
11. Olsen und Grande, „Climate Risk", 14–15. Beachten Sie, dass ein paralleler Bericht eines Expertengremiums sich dafür aussprach, die Stewardship-Praktiken des Fonds aggressiver zu nutzen und Stresstests der Unternehmen für alle Klimaergebnisse mit dem Ziel der Risikominderung zu fordern.
12. Ellen Quigley, Emily Bugden und Anthony Odgers, *Divestment: Advantages and Disadvantages for the University of Cambridge*, Paper no. 20.09.21.SM6 (Cambridge: University of Cambridge, September 2020).
13. Norwegisches Finanzministerium, Pressemitteilung Nr. 44/2006, Juni 2006. Für einen umfassenden Überblick über diese Entscheidung und die Dynamik dahinter siehe Andrew Ang, *The Norwegian Government Pension Fund: The Divestiture of Wal-Mart Stores Inc.*, Columbia CaseWorks, Fall-ID 080301, Frühjahr 2008, https://www8.gsb.columbia.edu/caseworks/node/256.

10. Die Festverdrahtung unternehmerischer Güte

1. Harvard Business School Case 119-092, März 2019 (überarbeitet 19. April 2019).
2. Konkret unterzeichnen GameChangers ein nicht überprüfbares Versprechen, sich an die folgenden Grundsätze zu halten: (1) Gutes tun ist gut fürs Geschäft; (2) Führen mit Sinn verbessert die Leistung; (3) langfristige Rentabilität entsteht durch Anreize für langfristige Entscheidungen; (4) Menschen sollten als menschliche Wesen und nicht als menschliche Ressourcen behandelt werden; (5) die Umwelt und alle lebenden Arten sollten geschützt und geschätzt werden; (6) Führungskräfte sollten unterstützt und dafür belohnt werden, dass sie zweckgerichteten Bemühungen Priorität einräumen; (7) Kunden, Lieferanten, Investoren und alle Stakeholder sollten mit Würde, Einfühlungsvermögen und Liebe behandelt werden; (8) die Gemeinschaften, in denen Unternehmen tätig sind, sollten durch ihre Präsenz positiv beeinflusst werden; (9) die Menschen sollten einen fairen Anteil an den Erträgen ihrer Arbeit sowie ein Mitspracherecht bei Entscheidungen haben, die sie betreffen; und (10) die

gegenseitige Abhängigkeit zwingt die Unternehmen, sich zusammenzuschließen, um eine nachhaltige und blühende Welt für alles Leben und für künftige Generationen zu schaffen.

3. Michael E. Porter und Mark R. Kramer, „Creating Shared Value: How to Reinvent Capitalism–and Unleash a Wave of Innovation and Growth", *Harvard Business Review*, Januar-Februar 2011.
4. George Serafeim, „Social-Impact Efforts That Create Real Value: They Must Be Woven Into Your Strategy and Differentiate Your Company", *Harvard Business Review*, September-Oktober 2020.
5. Alex Edmans, *Grow the Pie: How Great Companies Deliver Both Purpose and Profit* (Cambridge: Cambridge University Press, 2020), 3.

11. Das ESG-Wettrüsten

1. Natürlich wird „explizit" anspruchsvoller sein als „integriert". Die Frage ist, wie viel anspruchsvoller. Bloomberg Intelligence, „ESG Assets May Hit $53 Trillion by 2025, A Third of Global AUM", Bloomberg Professional Services, 23. Februar 2021, https://www.bloomberg.com/professional/blog/esg-assets-may-hit-53-trillion-by-2025-a-third-of-global-aum/.
2. Patricia Kowsmann und Ken Brown, „Fired Executive Says Deutsche Bank's DWS Overstated Sustainable-Investing Efforts", *Wall Street Journal*, 1. August 2021.
3. Adeline Diab und Maxime Boucher, „ESG ETF Watch: Are ESG ETFs Doing What They Claim?" *Bloomberg Intelligence*, 29. September 2021.
4. Alyssa Buttermark, J. Tyler Cloherty und Benjamin F. Phillips, *It's Not Easy Being Green: Managing Authentic Transformation Within Sustainable Investing* (New York: Casey Quirk, 2021).
5. Joseph Chi, Eric Geffray, Jeromey Thornton und Jim Whittington, „ESG Data, Ratings, and Investor Objectives", Dimensional Fund Advisors, 17. Mai 2021.
6. Brian Bedell und Debbie Jones, „Are We at an Inflection Point in Asset Manager ESG Product Launches?" #dbSustainability Tracker, 31. August 2021.
7. Wie zu erwarten, sind mehrere Sektoren im S&P Net Zero 2050 Paris-Aligned ESG Index stärker gewichtet als im S&P 500, darunter Informationstechnologie, Gesundheitswesen, Kommunikationsdienste und Finanzwerte. Zusammengenommen machten sie kürzlich 85 Prozent des Paris-Aligned Index aus, gegenüber nur 60 Prozent des Unaligned Index.

Diese starke Abhängigkeit von Technologie und Gesundheitswesen in den meisten ESG-Fonds wirft Fragen zu überlaufenen Märkten auf, die in unserem nächsten Kapitel behandelt werden.

8. InfluenceMap, *Climate Funds: Are They Paris Aligned?* (London: InfluenceMap, 27. August 2021).
9. Professor Scott Galloway von der NYU Stern hat diese Sorge in seinem Blog noch deutlicher formuliert. ESG-„Kapitalströme werden eine Vielzahl von Unternehmen hervorbringen, die von der konsensuellen Halluzination profitieren, dass die größten Probleme der Gesellschaft gelöst werden können, während unsere Aktienportfolios im Wert explodieren. Ja ... wäre das nicht schön. Nein, so wie die Bekämpfung von Hitler und der Pocken Führungsstärke, wertvolle Ressourcen und Blut erforderte, wird dies auch hier der Fall sein." Scott Galloway, „Jumping the SPAC", *No Mercy/No Malice* (Blog), 17. September 2021. Galloway sollte jedoch auch anerkennen, dass durch die Unternehmen ein echter Mehrwert für die Aktionäre durch eine stärkere Berücksichtigung von ESG-Belangen geschaffen werden kann und oft auch wird. Wenn Unternehmen edle Ziele anstreben und ihren Mitarbeitern, Zulieferern und Gemeinden mehr Aufmerksamkeit schenken, kann dies auch ihren Aktionären zugutekommen und tut es oft auch.
10. NN Investment Partners, *Green Bond Funds Impact Report 2020: Financing the Transition to a More Sustainable World* (Den Haag: NN Investment Partners, 2020).
11. BlackRock, *Sustainable Investment in Fixed Income: Our Proprietary PEXT/NEXT Framework* (New York: BlackRock, September 2021).
12. Hortense Bioy, Elizabeth Stuart und Andy Pettit, *SFDR – The First 20 Days: What the Early Batch of New Disclosures Are Telling Us So Far* (Morningstar, 30. März 2021).
13. U.S. Securities and Exchange Commission Asset Management Advisory Committee, *Recommendations for ESG* (Washington, DC: U.S. Securities and Exchange Commission, 7. Juli 2021).
14. Investment Company Institute, *Funds' Use of ESG Integration and Sustainable Investing Strategies: An Introduction* (Washington, DC: Investment Company Institute, Juli 2020).
15. Jennifer Choi an Raluca Tircoci-Craciun, „Re: Public Comment on *Recommendations on Sustainability-Related Practices, Policies, Procedures and Disclosure in Asset Management*", ICI Global, 13. August 2021, https://www.ici.org/system/files/2021-08/ioscoltr.pdf.

12. Überlaufene Märkte

1. Es ist nicht meine Absicht, mich hier mit der spannenden Debatte darüber zu befassen, wann, wo und wie die Hypothese der Markteffizienz zusammenbricht. Es sei darauf hingewiesen, dass sie von dem Princeton-Ökonomen Burton G. Malkiel in einem viel zitierten Artikel verteidigt wurde. Siehe Burton G. Malkiel, „The Efficient Market Hypothesis and Its Critics", *Journal of Economic Perspectives* 17, Nr. 1 (Winter 2003): 59–82. Eugene Fama und sein Kollege Kenneth French, Professor an der University of Chicago, entwickelten weitere Modelle, die auf ihrer ursprünglichen Hypothese aufbauten. Diese Modelle sagten schließlich etwa 90 Prozent aller Preisbewegungen von Vermögenswerten voraus – eine erstaunliche Leistung. Andere Theoretiker und Praktiker sind in ihren Studien sogar noch weiter gegangen und haben gezeigt, dass bestimmte Faktoren wie Dynamik, Qualität, Wachstum und minimale Volatilität eine erhebliche Erklärungskraft für Aktien- und Anleihekurse haben.
2. Heute ist Sir Johns Vermächtnis natürlich viel größer als die Milliarden, die er verdient hat. Die John Templeton Foundation und die mit ihr verbundenen Einrichtungen unterstützen eine Vision „des unendlichen wissenschaftlichen und spirituellen Fortschritts, in der alle Menschen ein tieferes Verständnis des Universums und ihres Platzes darin anstreben und erlangen". Mit welchem Ziel? „Wir freuen uns auf eine Welt, in der die Menschen neugierig auf die Wunder des Universums sind, motiviert sind, ein sinnvolles und zielgerichtetes Leben zu führen, und überwältigt sind von großer und selbstloser Liebe." Die John Templeton Foundation und ihre Tochtergesellschaften sind ein Beispiel für diese Hoffnung.
3. Savita Subramanian, Marisa Sullivan und Panos Seretis, *ESG Matters: ESG 30 Percent of Equity Inflows YTD* (New York: Bank of America Securities, 5. August 2021).
4. Natürlich können idiosynkratische Risiken sowohl positiv als auch negativ ausfallen. Morningstar hebt zum Beispiel hervor, dass im Jahr 2021 zwei Techunternehmen – Nvidia und Microsoft – einen großen Teil der nachhaltigen Outperformance ihres Index ausmachten. Nvidia erzielte im Jahr 2021 eine Rendite von 125 Prozent, während Microsoft um 52 Prozent zulegte. Die Gewichtung von Nvidia im U.S. Sustainability Leaders Index ist dreimal und die von Microsoft zweimal so hoch wie die im breiteren Index. Im Vergleich dazu hat Exxon, das 2021 um 57 Prozent zulegte, im breiten Morningstar-Index eine Gewichtung von weniger als einem Prozent, was bedeutet, dass seine überdurchschnittliche Wertentwicklung seiner Leistungsmessung kaum geschadet hat. Erinnern Sie sich, was ich Ihnen in Kapitel 8 gesagt habe? Indexanbieter sind heute mächtiger als Päpste oder Präsidenten! Sie können die Performancemessung in einer

Weise verzerren, die ihren Erfolg wahrscheinlicher macht, und das tun sie auch oft.

5. Jean-Marie Dumas und Jean-Jacques Barberis, *Temperature Scores: An Innovative Tool for ESG Fundamental Investors*, Investment Insights Blue Paper (Paris: Amundi Asset Management, April 2021).
6. Jennifer Choi an Raluca Tircoci-Craciun, „Re: Public Comment on *Recommendations on Sustainability-Related Practices, Policies, Procedures and Disclosure in Asset Management*", ICI Global, August 13, 2021, https://www.ici.org/system/files/2021-08/ioscoltr.pdf.

13. Lassen Sie uns unter vier Augen sprechen

1. John Asker, Joan Farre-Mensa und Alexander Ljungqvist, „Corporate Investment and Stock Market Listing: A Puzzle?", *Review of Financial Studies* 28, no. 2 (Februar 2015): 342-90.
2. Publix Super Markets, H-E-B, C&S Wholesale Grocers und Meijer haben mehr Mitarbeiter als das börsennotierte Unternehmen Kroger. „America's Largest Private Companies", *Forbes*, September 2021.
3. Tim Dickinson, „Inside the Koch Brothers' Toxic Empire", *Rolling Stone*, 24. September 2014.
4. Anjli Raval, „A $140 Billion Asset Sale: The Investors Cashing In on Big Oil's Push to Net Zero", *Financial Times*, 6. Juli 2021.
5. Raval, „A $140 Billion Asset Sale".
6. OECD, *The Risk of Corruption In and Around State-Owned Enterprises: What Do We Know?* (Paris: OECD, 27. August 2018).

14. Kämpfen oder fliehen?

1. Eleonora Broccardo, Oliver Hart und Luigi Zingales, *Exit vs. Voice*, European Corporate Governance Institute-Finance Working Paper No. 694/2020 (Brüssel: ECGI, August 2020).
2. Engine No. 1 und Witold J. Henisz, *A New Way of Seeing Value: Introducing the Engine No. 1 Total Value Framework* (San Francisco: Engine No. 1, September 2021).
3. John C. Coates, *The Future of Corporate Governance Part I: The Problem of Twelve* (Cambridge, MA: Harvard Law School, 20. September 2018).
4. State Street Global Advisors, *Stewardship Report 2020* (Boston: State Street, 2021).

5. BlackRock Investment Stewardship, *Our 2021 Stewardship Expectations* (New York: BlackRock, 2020).
6. Siehe zum Beispiel Rob Berridge, „With New Power Comes New Responsibility: How Asset Managers Can Improve Their Voting Record on Climate in 2021“, Ceres, 22. Dezember 2020; und Majority Action, *Climate in the Boardroom: How Asset Manager Voting Shaped Corporate Climate Action in 2021* (San Francisco: Majority Action, 2021).
7. Im Geschäftsjahr 2016/17 unterstützte das führende Beratungsunternehmen ISS 71 Prozent der Aktionärsanträge, während es bei Vanguard nur 15 Prozent, bei BlackRock 16 Prozent und bei State Street 33 Prozent waren. Fidelity lag mit 14 Prozent sogar noch darunter. Quelle: ISS Analytics.
8. John Rekenthaler, „Three Solutions for Index-Fund Voting“, Morningstar, 14. Juni 2021, https://www.morningstar.com/articles/1042975/3-solutions-for-index-fund-voting.
9. John C. Bogle, „Bogle Sounds a Warning on Index Funds“, *Wall Street Journal*, 29. November 2018.
10. Insbesondere der Schritt von BlackRock, eine Wahlmöglichkeit bei der Vermögensverwaltung einzuführen, sollte die Kritik von Leuten wie Stephen Soukup, dem Autor von *The Dictatorship of Woke Capital: How Political Correctness Captured Big Business* (New York: Encounter, 2021), sowie die Behauptung von Charlie Munger, CEO Larry Fink sei irgendwie zu einem „Kaiser“ geworden, zum Schweigen bringen. Wahlfreiheit und Diktatur sind Gegensätze.

15. Staatsbürgerkunde

1. Wenn Sie eine Organisation als „Vorbild der Hoffnung“ vorschlagen möchten, senden Sie bitte eine E-Mail an terry@1pointsix.com oder besuchen Sie www.1pointsix.com. Nach einem formellen Prüfungsverfahren werden alle qualifizierten Einrichtungen auf die Website „Exemplars of Hope“ aufgenommen. Bitte beachten Sie, dass alle nominierten Organisationen nachweislich wirtschaftliche Inklusion und/oder ökologische Nachhaltigkeit in einer skalierbaren Weise fördern müssen. Wichtig ist, dass ihre Methoden das Wirtschaftswachstum, die Inklusion oder die Nachhaltigkeit in keiner Weise beeinträchtigen; alle drei Ziele müssen durch ihre spezifischen pädagogischen Ansätze unterstützt werden.
2. Raghuram Rajan, „The Third Pillar: How Markets and the State Leave Community Behind“ (New York: Penguin, 2019), xvii.
3. Rajan, *The Third Pillar*, 266-67.

4. Charities Aid Foundation, *CAF World Giving Index: Ten Years of Giving Trends* (London: CAF, Oktober 2019).
5. Rajan, „The Third Pillar", 248.
6. John F. Helliwell, Richard Layard, Jeffrey D. Sachs, Jan-Emmanuel De Neve, Lara B. Aknin und Shun Wang, Hrsg., *World Happiness Report 2021* (New York: Sustainable Development Solutions Network, 2021).
7. Raj Chetty, Nathaniel Hendren, Patrick Kline und Emmanuel Saez, „Where Is the Land of Opportunity? The Geography of Intergenerational Mobility in the United States", *Quarterly Journal of Economics* 129, no. 4 (November 2014): 1553-623.
8. Church of Jesus Christ of Latter-day Saints, *Providing in the Lord's Way: A Leader's Guide to Welfare* (Salt Lake City, UT: Corporation of the Presidents of the Church of Jesus Christ of Latter-day Saints, 1990).
9. In der Tat weist der Ansatz der LDS in Bezug auf Selbstständigkeit und Gemeinschaftsverantwortung zahlreiche Parallelen zur katholischen Soziallehre (CST = Catholic Social Teaching) auf. Zwei Grundsätze bilden den Rahmen der CST: Subsidiarität und Solidarität. Subsidiarität bedeutet, dass alle sozialen Fragen auf der nächstgelegenen Ebene behandelt werden müssen, um sie vollständig zu lösen. Wie bei den LDS beginnt dies mit der Verantwortung des Einzelnen. Wie die LDS vertritt auch die katholische Kirche die Auffassung, dass jeder für sein eigenes Verhalten verantwortlich ist; wäre dies nicht der Fall, hätten der freie Wille und das verdiente Heil keine Bedeutung. Wenn der Einzelne jedoch nicht in der Lage ist, aus eigener Kraft erfolgreich zu sein, liegt die nächste Ebene der Verantwortung laut CST bei der Familie oder der erweiterten Familie. Wenn die Familie nicht in der Lage ist, ausreichend zu helfen, sind die Kirche und die Gemeinschaft aufgerufen, zusätzliche Unterstützung zu leisten. Solidarität bedeutet, dass wir, egal was passiert, immer und überall für unsere Brüder und Schwestern da sind. Die Seelen der Menschen werden nicht durch Einkommen, Rasse, nationale Grenzen oder unterschiedliche Glaubensrichtungen getrennt. Jede menschliche Seele ist gleich wichtig. Daraus folgt, dass die CST der Meinung ist, dass niemand ruhen sollte, bevor nicht alle ruhen können. Wenn man Subsidiarität und Solidarität zusammenbringt, werden die Bande der persönlichen und gegenseitigen Verantwortung untrennbar miteinander verwoben. Nach der CST müssen Gemeinschaften zusammenkommen, um gemeinschaftliche Probleme zu lösen – und Staaten müssen zusammenkommen, um globale Probleme zu lösen. Die CST ist anspruchsvoll. Sie verlangt nie endende Arbeit. In dieser Hinsicht ist sie gleichzeitig auch unendlich lohnend.

10. Jeremy Beer, *The Philanthropic Revolution: An Alternative History of American Charity* (Philadelphia: University of Pennsylvania Press, 2015).

16. Impact Investing in großem Maßstab

1. Öffentlich zugänglichen Daten zufolge erzielte der Positive Change Fund von Baillie Gifford von seiner Auflegung bis Dezember 2021 eine jährliche Überrendite von 18,87 Prozent gegenüber seiner MSCI-Benchmark. Zu den anderen börsennotierten Impact-Managern, die in diesem Zeitraum positive Renditen erzielten, gehören Teams von Aberdeen, Arjuna Capital, BlackRock, BMO, Impax Asset Management, M&G Investments, NN Investment Partners, Wellington und WHEB. Mit börsennotierten Aktienstrategien Gutes zu tun, wobei es einem gut geht, ist nicht nur möglich, sondern wird bereits praktiziert.
2. Ich will damit nicht sagen, dass die Messung der Auswirkungen eine präzise und entwickelte Wissenschaft ist. Das ist sie nicht. Sie ist jedoch weiter fortgeschritten, als viele annehmen. Eine ausführliche Beschreibung eines Ansatzes namens IMM finden Sie in Chris Addy, Maya Chorengel, Mariah Collins und Michael Etzel, „Calculating the Value of Impact Investing: An Evidence-Based Way to Estimate Social and Environmental Returns“, *Harvard Business Review*, Januar-Februar 2019. Es gibt beträchtliche Möglichkeiten für weitere Forschungen und einen Branchenwettbewerb bei der Messung von Impact-Investitionen. Asset Owner sollten von ihren Managern mehr Transparenz darüber verlangen, welche Auswirkungen ihr Kapital auf die sozialen und ökologischen Ergebnisse hat, die ihnen am wichtigsten sind.
3. Die Operating Principles for Impact Management wurden 2019 von einer Gruppe globaler Investoren in Absprache mit der International Finance Corporation, einer Schwesterorganisation der World Bank Group, ins Leben gerufen. Sie tragen dazu bei, Best-Practice-Standards für die Messung und Berichterstattung über die Wirkung in Übereinstimmung mit neun Grundsätzen festzulegen, angefangen bei der strategischen Absicht über die Entstehung und Strukturierung bis hin zur Verwaltung und der Wirkung beim Ausstieg. Diese Bemühungen tragen dazu bei, die Unantastbarkeit und das Vertrauen in den Bereich der Wirkungsinvestitionen zu fördern. Weitere Einzelheiten finden Sie unter https://www.impactprinciples.org/9-principles.
4. John Doerr, „Speed and Scale: An Action Plan for Solving Our Climate Crisis Now“ (New York: Penguin Random House, 2021). Um es klar zu sagen: Ich stimme Doerr bei dieser Behauptung nicht zu. Die Welt steckt

in einer Emissionskrise, nicht in einer Krise der fossilen Brennstoffe. Wenn wir Wege finden, saubere fossile Kraftwerke zu bauen oder Kohlendioxid in großem Maßstab aus der Luft zu entfernen, werden fossile Brennstoffe ein sicherer und zuverlässiger Teil unseres Energiemixes bleiben. Einige fossile Brennstoffe werden zweifelsohne benötigt. Letztlich muss jedes Land sauberen, erschwinglichen, sicheren und zuverlässigen Energiesystemen den Vorrang geben. In vielen Fällen wird dies fossile Brennstoffe erfordern. Es wird auch zusätzliche Kernkraftkapazitäten erfordern.

5. BlackRock Investment Institute, *The Big Emerging Question: How to Finance the Net-Zero Transition in Emerging Markets* (New York: BlackRock, Oktober 2021).
6. Die Global Steering Group for Impact Investment ist eine unabhängige, im Vereinigten Königreich eingetragene Wohltätigkeitsorganisation, die Impact-Investitionen und Unternehmertum zum Wohle der Menschen und des Planeten anregt. Sie ist die Nachfolgeorganisation der Social Impact Investment Taskforce, die unter dem britischen G-8-Vorsitz im Jahr 2015 gegründet wurde. Weitere Informationen finden Sie unter https://www.gsgii.org.
7. Ronald Cohen, „Impact: Reshaping Capitalism to Drive Real Change" (London: Ebury, 2020).

17. Die 1,6-Prozent-„Lösung"

1. Vereinte Nationen, *United Nations Secretary General's Roadmap for Financing the 2030 Agenda for Sustainable Development: 2019–2021* (Vereinte Nationen, 2019).
2. BlackRock Investment Institute, *The Big Emerging Question* (New York: BlackRock, Oktober 2021).
3. Zufälligerweise hat das McKinsey Global Institute in seinem jüngsten Bericht „The Net Zero Transition" dieselbe Zahl von 3,5 Billionen Dollar an zusätzlichen Investitionen genannt: *What It Would Cost, What It Could Bring*, Januar 2022.
4. Die Daten, die ich hier zitiere, stammen von Allianz Research, *Allianz Global Wealth Report 2021* (München: Allianz Research, 7. Oktober 2021). Andere Schätzungen für das weltweit investierbare Vermögen liegen jedoch bei 400 Billionen US-Dollar, da sie umfassendere Messungen des individuellen Vermögens beinhalten. Da wir jährlich zusätzlich 3,5 Billionen Dollar an Impact Investing benötigen, um die meisten SDGs der Vereinten Nationen zu erreichen, hängt der Nenner direkt von der Wahl des Zählers ab.